PSYCHANALYSE ET CANCER

Au fil des mots... un autre regard

Danièle DESCHAMPS

PSYCHANALYSE ET CANCER

Au fil des mots... un autre regard

L'Harmattan
5-7 rue de l'Ecole Polytechnique
75005 Paris

L'Harmattan Inc
55, rue St-Jacques
Montréal(Qc) – Canada H2Y 1K9

© L'Harmattan, 1997
ISBN : 2-7384-4931-X

Introduction

Chacun d'entre nous est porteur d'une question particulière, inscrite en lui tôt ou tard, consciemment ou à son insu, mais qu'il se doit de reprendre en son nom, à compte d'auteur. Chacun le fait à sa façon, se laisse plus ou moins prendre par elle, toucher, interpeller par ses expressions successives. Ce livre est né d'une interrogation qui, sans doute, me taraude depuis l'enfance et qui m'a accompagnée jusqu'à ce jour, parfois silencieuse, presque oubliée, parfois insistante, brutale dans l'urgence de l'événement qui se précipite.

Au fil des jours et des nuits, cette question « originelle » s'est élaborée, transformée, s'éclairant et se dérobant tour à tour pour garder son halo de mystère. Qu'est-ce qui fait donc vivre et mourir les humains ? Qu'est-ce qui donne corps à la vie, densité humaine à l'histoire d'une vie ? Qu'est-ce qui soutient le désir et lui sert de radeau, de tremplin au cœur des éléments déchaînés, ou l'anesthésie jusqu'à l'anéantir dans les passages à haut risque, à grande turbulence émotionnelle ? Qu'est-ce qui aide aussi à mourir ? Cette question se déploie pour moi dans tout le champ du vivant, mais elle a pris forme particulière à propos de la maladie cancéreuse. Ce travail fut ma façon de l'élaborer, dans un va et vient constant entre la vie et la théorie pour y trouver un ancrage de réflexion, un contenant pour mes pensées, autant qu'un enracinement de paix.

Si le mot CANCER vient s'inscrire en lettres de feu dans nos esprits, c'est que son dérèglement se plante comme une épine dans le corps des certitudes les plus élémentaires. Comment imaginer « tomber malade » au risque d'en mourir ? Comment quitter ce paradis de l'innocence où nous flottons tous plus ou moins dans l'enivrante illusion d'être immortels ? Comment renoncer à cette certitude qui depuis la nuit des temps a permis aux hommes de déployer leurs ailes créatrices, d'affronter les pires dangers, de se lancer dans l'inconnu pour aborder de nouveaux rivages, dépasser les frontières du possible et donner corps à leurs rêves les plus fous ?

A l'annonce du mot CANCER se brisent les ailes du désir, et l'esprit se noie dans un abîme sans fond, tandis que le corps est précipité dans l'horreur de la chute : tomber cancéreux, c'est « tomber-mourir » dans un univers déchaîné, désaffecté. C'est éclater en mille morceaux cancérisés, métastasés dans un océan d'indifférence alors que le monde réel continue imperturbablement de tourner. C'est aussi être propulsé dans l'enfer des cauchemars réalisés, peuplés de monstres dévorants. L'éclatement des frontières de l'imaginaire nous renvoie aux images tragiques et fascinantes qui hantent l'esprit des humains, mises en tableau avec tant de vérité par Jérôme Bosch. « Ainsi remonte du fond des âges la culpabilité enfouie, la terreur de la faute dévoilée, tandis que grimace et accuse la figure obscène et féroce du sur-moi » (LACAN). Comment reprendre pied, retourner à bon port ? Icare peut-il renaître, retrouver souffle et corps sur la terre des humains, dans la lente métamorphose de l'épreuve traversée ?

S'il supporte « d'entrer en maladie », le paysage change, les choses se transforment. Après le choc de la chute, ce moment suspendu d'irréalité, la maladie rentre dans le temps, elle devient un voyage au long cours dans des terres inconnues. L'épreuve creuse les chairs et les âmes, elle y trace des sillons profonds. Elle rouvre des questions en suspens, ravive des blessures enfouies, dans l'espoir et la nécessité d'y faire germer du sens. Elle fait aussi découvrir d'autres urgences, inventer d'autres repères pour réinventer la vie, entrevoir d'autres horizons, se laisser guider par d'autres étoiles.

Au fil des années, j'ai tendu l'oreille pour comprendre. Ce parcours m'a d'abord enseigné la nécessité d'envisager la maladie cancéreuse d'un regard impliqué, du même côté de la barrière même si les places et les fonctions diffèrent. Du côté des êtres humains souffrants, mortels et désirants. Il est des choses qu'on ne peut comprendre qu'à ce prix. J'ai aussi entendu répétitivement combien la maladie n'est jamais simplement « naturelle », ou alors combien l'être se stérilise et se désespère d'être réduit à cette simple expression.

La rencontre de chacun de ceux qui m'ont fait la confiance de les accompagner dans leur chemin de souffrance et leur tentative de renaissance, m'a montré à quel point le corps humain est dès avant la naissance repris dans le culturel, imbibé de langage, quadrillé de symbolique ou en déprivation grave, dévitalisante de mots justes qui l'assignent à résidence dans son corps, en son nom. Elle m'a montré en même temps combien cette résidence peut devenir prison, ou habitat désaffecté, moulin ouvert à tous les vents, quand surgit la maladie et la menace de mort. La rupture d'évidence, de certitude sur la vie engendre une fracture de l'unité « psychosomatique » comme une fracture de l'âme, un vacillement du désir qui peut s'anéantir si toutes les zones du corps ne sont pas « affectées » par la prise du désir qui s'y manifeste, reliées ensemble, réunies dans la rencontre plus ou moins harmonieuse des pulsions libidinales et narcissiques, dans l'alternance et l'alliance des pulsions de vie et de mort, dans la rencontre de l'Autre.

Janine L., dont je relate l'histoire, découvrit avec moi l'horreur de n'être que « naturelle » et la réalité affolante d'un moi-cellule flottant hors de l'orbite d'un « corps familial » reconnu, d'une filiation symbolique, d'une « maison » originelle. Le corps et la maison sont indissociablement liés pour les enfants, tous leurs dessins le montrent. Cela reste vrai pour toute la vie, à tout âge.

Dans quelle mesure son cancer fut-il déterminé ? Nul ne le sait, et moins que tout autre, j'oserais l'affirmer. Les voies de passage de l'expression psychique au somatique et inversement sont si complexes et l'harmonie psychosomatique si fluctuante, reflet de puissants courants souterrains, tant psychiques que somatiques ! Mais il est clair qu'à esquiver cette question de la reconnaissance, certains symptômes physiques l'y ramenèrent jusqu'à l'acculer à la formuler dans l'urgence. Il était peut-être « trop tard » pour guérir « les cellules en délire », mais ce fut bien le « temps pour comprendre »[1] dans l'urgence de la mort entrevue, qui

---

1. LACAN J., Le temps logique et l'assertion de certitude anticipée. Un nouveau sophisme, *Ecrits*, Paris, Seuil, 1966.

précipita sa venue chez moi et son « temps pour conclure ». L'histoire de sa maladie éclaire les moments de cette valse-hésitation entre les traitements médicaux « purs », les traitements « naturels purs » et une thérapeutique humaine entachée d'équivoque, dans l'ambivalence du désir, où le sujet repose sa question pour enfin se reposer.

Cette question du Sujet : « Qui suis-je ? et que vais-je devenir ? » s'adresse toujours à un Autre, et cette question-là se loge aussi dans le corps ! Ceci explique peut-être le paradoxe de la guérison. Car guérir, c'est aussi reprendre la question là où on l'avait laissée : « Qui suis-je aujourd'hui ? Qu'est-ce que je veux ? Qu'est-ce que tu me veux ? Qu'est-ce qui va encore me pousser à vivre ? ». Guérir, comme tomber malade, précipite le rendez-vous avec soi-même, dans le temps des relevailles, des retrouvailles.

Ainsi, avec Janine L., j'ai découvert, confirmé à quel point le cancer pouvait relancer les questions essentielles : celles des origines, de la sexuation et de la mort, celles du nom et de la filiation, du désir et de la transgression dans le devenir humain. Je l'ai suivie dans sa rage de vivre, dans ses retrouvailles passionnées et désabusées avec son mythe originel pour le démystifier, et faire de cette désillusion le fondement de sa recréation. Chacun n'éprouve pas une aussi impérieuse nécessité. Les choses sont parfois plus claires, et le passage plus serein. Les mots n'épuisent pas le mystère et le silence parfois exprime que point n'est besoin d'en soulever le voile, ou qu'il vaut mieux en rester là. Pour Janine L., comme pour d'autres, ce fut son ultime tentative de se remettre au monde.

Écrire sur ce travail fut pour moi aussi une épreuve et un passage initiatique, à l'issue desquels s'est imposée l'étrange proximité de ces thèmes « levés comme des lièvres » par Janine L., et ceux proposés par Freud dans tous ses écrits. Je suis partie alors à la recherche de l'homme FREUD, pour entendre à demi-mots le partage de cette souffrance d'être au cœur de sa théorie, comme de ce cancer qui envahissait peu à peu sa mâchoire. Pourquoi, comment avait-il été « habité » par ces questions universelles qui hantent les humains ? Pourquoi et comment avait-il été acculé à les formuler, les exprimer ? Pourquoi et comment sa bouche en portait-elle aussi manifestement la trace, et pourtant de façon si énigmatique, comme la face d'ombre des mots qu'il prononçait si ouvertement et lançait à la face du monde comme « la peste » ?

Les concepts freudiens les plus obscurs et certainement les plus chargés d'angoisse pour lui-même comme pour ses disciples, lecteurs et moi-même, comme cette inquiétante et mystérieuse « pulsion de mort », se sont alors éclairés, animés à la lueur de ce qui transparaissait comme souffrance interdite de parole, à l'insu de Freud lui-même, souffrance inenvisageable, innommable et pourtant répétitive, lancinante à fleur de lignes. La théorie freudienne m'est apparue lentement comme venant tisser un voile sur cette souffrance, la nommant sans la nommer, dans le « mi-dire », l'évoquant à bas bruit pour en masquer l'horreur absolue : la perte, l'absence, la mort.

Il est des textes qui momifient le Savoir, il en est d'autres qui intriguent, qui déstabilisent à force de se répéter, de tourner inlassablement autour des mêmes énigmes et qui bousculent les idées reçues à peine établies, à commencer par celui qui les conçoit. Ils sont comme ces messages cachés sous l'écriture apparente du manuscrit, et qu'il faut rechercher en filigrane, décoder pour en extraire le vrai sens, grâce au « révélateur » qu'est celui qui le lit.

Une nouvelle image de Freud s'est peu à peu esquissée, ou plutôt un nouveau visage, qui redonnait chair, vie, présence et humanité à une stature imposante, si ce n'est une statue désaffectée. J'ai rencontré un homme poussé par une passion secrète, le « démon de la curiosité », et prêt à payer de sa chair le prix de ses transgressions. Un homme fort et vulnérable, un homme de conviction tranchée et de doute aigu, un homme farouchement rebelle, ouvertement vainqueur et secrètement blessé, parfois irritant de défenses absolues et émouvant de solitude muette. Oui, « Notre Freud aussi » avait bien sa bouche d'ombre, ses zones d'ambiguïté, son partage impossible, tellement vulnérable et tellement blindé... Il avait lui aussi navigué de doutes en certitudes, de trahisons en retrouvailles, de haines en passions, de tendresse en rejets. Lui aussi avait eu besoin d'un « public bienveillant », et s'était confronté au double jusqu'à l'anéantir, père, fils ou frère, dans la passion de transmettre et l'horreur d'être volé du plus intime de soi-même : le corps de ses pensées ! Lui aussi avait éprouvé que les morts ne meurent pas et hantent la mémoire des vivants. Lui aussi s'était laissé emporter par de sourdes « convictions », jusqu'à « négocier avec l'ange » ou être tenté de « vendre son âme au diable », et à d'autres moments avait résisté farouchement au courant, refusant à tout prix de se laisser entamer par l'appel « revenant » de l'autre, pour sa survie sans doute comme avec Ferenczi. L'auréole de sa gloire cessa alors de le séparer du commun des mortels. Et son génie créateur cessa d'exclure les limites de sa parole, les impasses de son discours, là où sa terreur n'avait plus de mot. Il laissait à la charge de ses successeurs d'en reprendre le flambeau pour éclairer les passions humaines et s'aventurer dans ces zones incertaines de la vie et de la mort, physique et psychique.

« Notre Freud aussi » s'était peut-être arrêté, interdit, au seuil de la terre promise, oubliée, terrifiante et fascinante, la terre de l'enfance et des songes réalisés, pour ne pas raviver ses « blessures de mémoire »[2]. Pour lui aussi, comment mesurer la part du psychisme dans cette désintrication psychosomatique, dans la survenue de son cancer ? C'est bien là une question piège. Ah ! « Notre Freud aussi... ? » Et bien oui, et c'est peut-être tant mieux, non pas pour lui, mais pour l'ébranlement des théories qui ignoreraient ce que lui-même avait inlassablement répété, élaboré : ce moi-corps étayé sur des besoins vitaux dans la rencontre aléatoire avec l'autre, animé d'un désir partagé et inconnu de lui-même, bousculé ou rassemblé par des forces inconscientes puissantes, appelé en lui-même et hors de lui à l'existence. La découverte de l'inconscient n'en donne pas la maîtrise, ni la mainmise sur la vie. Elle ne fait qu'en éclairer un peu les ramifications complexes.

Ainsi, le fil de la quête de l'homme FREUD me mena à la souffrance secrète de l'enfant Sigmund, se reliant à l'explication d'autres hommes et femmes avec eux-mêmes, se reliant à d'autres histoires de vie et de mort. Ceci encadre ma réflexion théorique comme un « sandwich de mémoire » et un rappel constant que la théorie s'inspire et se risque à l'épreuve de la vie. L'éthique de la recherche et du savoir est exactement celle qui préside à la thérapeutique clinique :

---

2. SCHNEIDER M, *Blessures de mémoire*, Paris, Gallimard, 1980.

éthique qui se fonde sur le mystère de l'homme, l'équivoque du sens, la dualité des pulsions et la division de l'être dans l'insistance du désir.

Si Janine L. et Sigmund Freud me sont apparus porteurs des mêmes questions, hantés par les mêmes démons, poursuivis par les mêmes revenants que chacun de nous, alors les « catégories » et les « structures psychiques de cancéreux » m'ont semblé bien limitatives. Comment peuvent-elles répondre de la façon originale dont chacun peut réagir à la faille catastrophique que représente le cancer, et des moyens originaux mis en œuvre pour traverser l'épreuve ?

Les « critères de personnalité à risque », les classements entre réactions normales et pathologiques nous entraînent sur des sables mouvants. En ce domaine, le « normal » n'est-il pas la démesure, à la mesure du danger ? Et le normal même ne devient-il pas... Étrangement risqué ?

La notion chère à Freud du double sens du symptôme s'y engloutit, comme celle de la valeur des mécanismes de défense : création nécessaire et enlisement, répétition et questions inlassablement répétées, tension de désir et de non-désir en quête d'un entendeur. La notion même de « désaffectation », si utile et objective soit-elle pour décrire certaines réactions, risque de paralyser l'entendement et d'anesthésier la créativité. En rester là contribue plus à la protection du chercheur qu'à une avancée possible dans la « nécessité psychique » de mécanismes de défense si extrêmes.

Quant à la « causalité psychique », elle ouvre la route à la culpabilité, à la traque d'un coupable, et barre la voie à la question du sens, qui ne peut s'élaborer que sur l'énigme d'un désir pris dans un destin qu'il a contribué à forger et auquel il est soumis à la fois. La question du sens du passé n'a de sens vivifiant que s'il reste équivoque et s'il éclaire le « sens des nécessités à venir ».

Le cancer met l'homme au pied du mur du réel. Il impose une expérience corporelle douloureuse et fracturée, une conscience « cellulaire ». Ce déchaînement cellulaire ramène aux forces les plus indomptées, les plus archaïques, dans le magma du psychique et du biologique. Il suppose, pour en supporter le tourbillon, un ancrage dans les forces les plus essentielles du monde : l'eau, la terre, l'air, le feu, là où l'effervescence des éléments rejoint le bouillonnement des forces primitives pulsionnelles. Il provoque aussi la mise en place brutale de mécanismes de défenses extrêmes, vitalement nécessaires pour survivre à ce traumatisme. Comment le, la malade pourront-ils au fil des jours assouplir ces défenses pour qu'elles ne les figent pas dans un retrait mortifère ? Pourront-ils se laisser transformer par l'épreuve, modeler par l'intense travail psychique auquel elle convie et contraint, en vue d'une renaissance, d'une recréation vivifiante ? Et comment les aider dans ces passages à haut risque ? Dans ces graves questions, les malades sont nos maîtres.

J'ai assuré mon pas à leur suite pour témoigner et réfléchir sur le cancer comme épreuve fondatrice, déliante et structurante à la fois, comme mise à l'épreuve des failles, des points de force ou de fragilité, de la solidité des fondements du sujet. Dans ce temps suspendu de la maladie, avec son risque d'effondrement bio-psychique, j'ai aussi perçu la mise à l'épreuve de l'entendement pour une remise en jeu du désir quand se délient le corps, l'image et la parole.

Dans la violence de la « désaffectation » et du déni, j'ai perçu la violence du désespoir, l'intensité de l'appel et du doute sur l'Autre, la terreur de douter aussi de son propre désir.

Dans l'effroi devant un imaginaire aplati et débridé à la fois, j'ai reconnu la quête affolée d'un ordre symbolique pacifiant, autant que parfois la haine de toute limite imposée à la sauvagerie des pulsions, des passions « aveugles », ou bien la férocité d'un sur-moi régnant en maître absolu.

Dans l'obstination du voyage, dans la tentative de redevenir « comme avant » à tout prix, ou bien celle « d'aller de l'avant », je me suis questionnée sur l'insistance du désir, son intemporalité même dans la répétition la plus sourde, muette et aveugle. Et ceci m'a fait réfléchir sur la réponse de l'entendeur, sur le transfert et le contre-transfert dans la thérapeutique du cancer, comme ailleurs.

De relais en relais, j'ai suivi le fil d'Ariane de cette parole souffrante et désirante, muette ou murmurée, avouée ou déniée, cachée sous le masque du rire ou de l'objectivité. Dans son sillage, ne rejoint-on pas l'enfant « en souffrance », en attente au fond de chacun de nous, celui qui doit se taire ? L'enfant rebelle et soumis, l'enfant voué à la mort, l'enfant du désir, de la haine ou de l'indifférence, l'enfant en attente ardente de paroles justes, enfin, qui l'assignent à résidence dans la maison de son corps, et lui permettent d'y circuler librement, d'y avaler la vie, d'en incorporer les douceurs comme les douleurs et d'en traverser les épreuves sans mourir. L'enfant dont les mots ou le silence demandent d'urgence un espace où se dire, se reconnaître, pour pouvoir « grandir », aimer, créer, pour que son oui soit oui et son non soit non, en son nom. Pour pouvoir aussi un jour y mourir, quand le temps sera venu.

Grâce à chacun, j'ai approfondi ma question : où s'enracinent la sécurité de base, la permanence bio-psychique de l'être, la certitude d'exister et la capacité de « guérir », de panser ses blessures physiques et psychiques ? Où trouver la force de supporter les traumatismes, ces effractions terribles de la surface du corps et du psychisme ? La réponse paraît simple... « Dans l'Autre, et en soi ». Et pourtant... si souvent l'on oublie l'un, ou bien on oublie l'autre. Et entre les deux, on oublie surtout « le corps », perdu en cours de route. Car bien sûr, il y a le CORPS.

Ce corps douloureux, gémissant qui se rappelle à nous et nous rappelle à l'ordre, ce corps que nous nous devons avant tout de tenter de soulager. Les soins palliatifs nous rappellent à cet ordre-là, qui est le premier ordre de l'humain. Ne pas le reconnaître est d'une violence insupportable. Mais ce corps s'est « construit », assemblé, et « pensé », reconnu peu à peu comme un « corps libidinal », un corps de plaisir, de « bien-être chez moi dans la maison de mon corps », en lien d'échange subtil avec l'Autre. Ou alors il est déshabité, aliéné ou en quête folle de jouissance. Il ne peut que se rebrancher sur cet Autre lorsqu'il devient souffrant, de nouveau morcelé, perdu, désinvesti par trop de souffrance, d'inquiétude, pour lentement se rassembler sous une peau de mots, de gestes, de soins qui signent le souci de l'Autre. Mais en même temps se rejoue l'éternelle ambiguïté de la rencontre, dans « l'être porté » et « se porter », dans le va et vient entre la dépendance et l'autonomie, la promiscuité et la distance, la fusion et la séparation, la présence et l'absence. En même temps revient du fond des âges l'angoisse du lien, le risque de se perdre dans l'autre ou d'en devenir l'objet, ou l'angoisse de l'infinie solitude, d'un passage impossible. C'est « l'aimantation », à la fois attraction et répulsion...

Où mettre les mots ? Entre soi et l'autre ? Écran ou médiation, passerelle ténue vers la guérison ? Si guérir, cicatriser l'épreuve, c'est aussi pouvoir la penser, la mettre en mémoire vivante pour l'oublier dans l'album des souvenirs, ce grenier de notre histoire, quelle est la tâche et le pouvoir des mots ?

J'ai finalement voulu retransmettre ici ce qui m'est apparu comme vital : l'intense travail psychique où l'irruption de la maladie cancéreuse nous plonge tous, et nous provoque à notre corps défendant : corps personnel et corps familial, corps médical et corps social. C'est un travail accéléré de métamorphose corporelle, émotionnelle et psychique pour les malades en même temps qu'une métamorphose du lien avec l'autre.

J'ai voulu aussi réfléchir aux façons que nous avons inventées et inventons encore pour supporter l'intensité de ce travail, l'accompagner ou le dénier, individuellement et collectivement, comme sur les effets de cet accompagnement ou de ce déni, effets mortifères ou pacifiants.

Et j'ai voulu témoigner de ce que l'écoute des malades comme des soignants a ancré comme certitude en moi : la nécessité vitale en cette fin de siècle de laisser place dans la thérapeutique du cancer, à cette parole « pleine » dont parle LACAN[3] pour nous recentrer sur l'homme souffrant et désirant. La nécessité aussi de nous défasciner des machines pour réfléchir aux ressorts multiples de l'efficacité thérapeutique.

Devant le défi cancéreux, comme bien d'autres, les hommes de sciences se retrouvent aussi comme Icare : ils risquent de se brûler les ailes aux feux de leur savoir, à vouloir reculer les limites de la mort jusqu'à la considérer comme l'échec de leur médecine. Ils risquent de perdre sens de l'humain et contact avec l'essence de leur fonction de soignants s'ils ne retrouvent pas les sentiers anciens de l'accompagnement et de l'écoute à l'heure de la mort comme au temps du diagnostic et des traitements. Et il leur

---

3. LACAN J., Fonction et champ de la parole et du langage en psychanalyse, Ecrits- Paris-Seuil

faut intégrer dans leur transmission de l'art thérapeutique comme du savoir médical ou psychologique cette métamorphose du regard, de la présence et du langage héritée du passé qui seule peut rendre supportable la violence de certains actes thérapeutiques, et rendre leur dignité aux hommes souffrants comme à ceux qui les soignent. Ceci suppose de reconnaître et soutenir en chacun la permanence du sujet désirant quelque soit son état. Alors l'hôpital pourra retrouver son sens originel, pour offrir une réelle hospitalité aux malades, tout comme les hospices du Moyen-âge, alliée à une réelle qualité de soins.

Devant l'énigme de « Je » devenu autre, altéré, le malade s'interroge et appelle. Devant l'énigme de cet autre dévisagé, mortifié, le soignant, comme le thérapeute, se recueille et écoute, ce qui le renvoie à sa propre division et le heurte à ses propres limites.

Reconnaître dans cette traversée l'énigmatique insistance d'une vérité qui se cherche et bute sur le roc du réel du corps ne se fait pas sans souffrance de part et d'autre. Comment envisager, rendre un visage à ce qui est souffrance d'un corps réduit à l'état cancéreux et garder un nom dans l'anonyme communauté des malades ? A ces questions, éminemment personnelles, chacun de nous peut être confronté un jour, et les esquiver ou tenter de les résoudre selon sa personnalité et son histoire.

Ce voyage aux pays des passions, de la douleur et de la joie d'exister, fut pour moi constante source de méditation, dans le rire ou dans les larmes, la légèreté ou la gravité. Il m'a moi-même transformée, renforçant mon désir de soutenir le travail de métamorphose et ma surprise devant la capacité de rebondissement humain, tout en en reconnaissant les limites, les impasses.

Ce voyage fut aussi, je le réalise aujourd'hui, accompagné en sourdine par la présence et le support de divers compagnons : d'abord ceux qui devinrent peu à peu mes « compagnons de route », depuis les plus proches et les plus intimes jusqu'à ceux dont l'expérience vitale, inscrite dans leur chair, m'a poussée à écrire, à m'interroger à partir de leurs histoires de vie, de Sigmund Freud à Janine L. et bien d'autres encore. Ceux aussi que j'ai choisis pour m'encadrer dans ce travail d'écriture qui fut d'abord universitaire, dans l'effort ardu de mettre en mots ces choses si intenses. Ceux encore dont l'expérience clinique et théorique audacieuse m'a précédée sur ce terrain difficile et passionnant et dont les écrits m'ont servi de balises, de guides précieux. J'ai trouvé support et matière à réflexion avec ces psychanalystes qui se sont tant interrogés sur l'origine et la naissance à la vie psychique, la construction du « soma » comme « moi-corps », moi-cellule, moi-peau, sur la violence des pulsions originelles et les conditions de la « pensée ». Et enfin tous ceux et celles qu'avec moi ces questions interpellent. Elles nous poussent à inventer ensemble les voies actuelles de la thérapeutique, cet artisanat de l'humain.

Ce livre est tissé de toutes ces rencontres. Il rentre à présent dans une autre circulation d'échange, avec le soutien de Didier Anzieu qui m'a encouragée dans le chemin de sa publication, ce dont je le remercie profondément.

Enfin, dans ce long parcours m'ont accompagnée à leur façon ceux qui m'ont directement précédée dans la chaîne des générations, et à qui je dois l'origine et l'urgence toujours actuelle de mes questions. A mon père, Philippe, et à ma mère, Jacqueline, par ce texte enfin « délivré » je rends hommage respectueux.

PREMIÈRE PARTIE

**TOMBER MALADE :
UNE HISTOIRE NATURELLE ?**

> « Celui qui ne veut pas entreprendre le voyage au pays des passions, ne devrait pas y être contraint. »
> Viktor Von Weizacker
> *Le cycle de la Structure*

CHAPITRE I

La demande de Janine L : « guérir » mais de quelle souffrance ?

Janine L., 60 ans, kinésithérapeute, m'avait appelée en mai 1984, sur les conseils d'un ami médecin. Après une hépatite, elle venait d'être opérée d'une « ombre » au sein droit, une « toute petite tumeur ». Mais, ajoutait-elle, les examens révélaient des métastases osseuses « très étendues et fleuries, qui couvaient depuis au moins un an » sur les côtes, omoplates, bassin et genoux. Un traitement d'hormones mâles avait été commencé en attendant une chimiothérapie.

Elle avait confiance en son médecin cancérologue, mais s'était adressée parallèlement, sans oser l'en informer, à un homéopathe, un magnétiseur, et à moi-même, comme elle s'adresserait plus tard à une voyante, une radiesthésiste, des groupes de méditation et en dernier recours à l'instinctothérapie. Ces démarches lui apportaient l'assurance de recevoir tous les soutiens possibles, de ne perdre aucune chance de guérison, tout en la garantissant de « ne pas mettre tous ses œufs dans le même panier ». En jouant sur la diversité des personnes et leur concurrence supposée, elle restait maîtresse du jeu, que ce soit au centre ou à la marge, dans la médecine officielle ou parallèle. Elle se préservait aussi d'une emprise redoutée et absolue sur elle, corps ou âme, et se gardait des possibilités de fuite, des cartes en réserve, à l'insu les uns des autres. Elle manifestait peut être aussi sa difficulté à réellement faire confiance à l'autre, à se reconnaître lieu et sujet d'un désir reconnu et respecté, et à s'engager dans sa parole.

Sa demande d'être « prise » en psychothérapie rentrait dans ce cadre ambivalent. Elle voulait être soutenue psychologiquement dans sa lutte contre la maladie, car elle avait lu le livre des SIMONTON[1], et voulait utiliser cette méthode d'imagerie mentale et de dessins pour remobiliser son énergie défaillante. Demande claire et limitée, assurément, d'une technique efficace, mais demande de soutien absolu en ce domaine précis à une personne précise...

Plusieurs questions s'imposaient à moi : Contre quel risque impensable de dépression luttait-elle si farouchement ? De quelle rencontre se préservait-elle en multipliant ainsi ses adresses, en s'engageant dans des transferts fragmentés ? Qu'est-ce qui l'avait donc menée à s'adresser à moi ? Qu'est-ce qui m'a poussée en retour à accepter d'entreprendre un travail avec elle ?

De son côté, la réponse était claire. Elle venait sur la recommandation de son ami médecin, un collègue avec qui je réfléchissais sur les problèmes de cancer au sein d'une association.

De plus, sa première impression téléphonique avait été « très positive », bien que je lui aie indiqué ma position d'analyste et proposé d'autres noms de collègues plus spécialisés dans le travail qu'elle souhaitait entreprendre. « Ce n'est pas nécessaire. J'ai votre nom par cet ami... Et votre voix est sympathique. Pourquoi chercher ailleurs ? » Appel à une voix supposée chaleureuse, peut-être aussi à une oreille qui recueille, qui entende son appel au-delà de l'évidence de cette demande de guérison « envers et contre tout » ? Je lui proposai quelques entretiens.

Courageuse et énergique, Janine L. semblait avoir bien supporté l'annonce de ce cancer et le choc de l'opération. Physiquement, elle ne paraissait pas son âge, et se montrait très tonique. Elle avait aussitôt repris ses rendez-vous de kinésithérapeute indépendante, et mis en route son « système de défense » sur tous les fronts. Et je me demandais, à l'entendre raconter son histoire avec vivacité et une sorte de distance humoristique, comme à observer les dessins qu'elle

---

1. SIMONTON C, MATTHEWS-SIMONTON S., CREIGHTON J. (1978), *Guérir envers et contre tout,* Le guide quotidien du malade et de ses proches pour surmonter le cancer, Trad. fr., Paris, Epi, 1983.

avait d'emblée apportés, quelle « ombre » se cachait derrière cette lumineuse énergie, et quelle difficulté de vivre se masquait derrière cette rage de guérir.

Ce qui l'inquiétait surtout, c'était le possible impact de ce cancer sur sa vie affective. Célibataire, elle avait toujours mené sa barque courageusement sans jamais arriver à « décrocher » pour de bon un homme. Sa première déception remontait à l'âge de 20 ans, où elle était « tombée » amoureuse dans un camp d'un chef scout qui lui en avait préféré une autre et l'avait épousée. Elle avait encaissé la nouvelle avec une forte dépression, brutalement interrompue par sa « chute » accidentelle d'un tram. Elle s'en était sortie avec de multiples fractures, et la volonté acharnée de repartir et d'oublier.

Sa vie sentimentale avait été une suite de liaisons plus ou moins longues avec des hommes qui se trouvaient souvent beaucoup plus âgés qu'elle, et mariés, ou « pris » par une autre femme. Elle se découvrait à chaque fois « seconde », et avait pris l'habitude de rompre la première pour ne pas trop souffrir d'être délaissée. Elle était ainsi passée de « petits en gros chagrins » pour lesquels elle se pénalisait par des pièces de dix centimes quand elle se surprenait à y penser... Une seule relation l'avait accrochée au point de la replonger dans une tristesse infinie. Elle avait rencontré dans le sud de la France un homme dont elle était fort éprise, et avec qui une liaison s'était instaurée pendant dix ans. Elle avait même acheté une maison dans cette région du Midi. Cet Emmanuel était, disait-elle, le seul homme avec lequel elle aurait réellement envisagé de vivre et d'avoir un enfant. Mais une autre femme avait de nouveau pris la place, et elle s'était retirée avec résignation. Lorsque par hasard elle avait appris quelque temps après la chute accidentelle de cheval et la mort d'Emmanuel, elle en fut désespérée au point de s'enfermer chez elle pendant plusieurs mois sans plus rencontrer personne... Puis elle décida de réagir, et de ressortir. Elle répondit à diverses annonces et reprit son circuit de liaisons et ruptures, qui se soldaient souvent par des accidents physiques : rhumatismes articulaires, fistules anales et dernièrement hépatite, avant le cancer, comme si son corps seul encaissait le choc, la tristesse et la rage de ces pertes.

En évoquant devant moi cette succession d'échecs, elle se demandait soudain si le hasard seul l'avait accrochée à tous ces hommes « pas libres » ? Le risque ne l'attirait-il pas ? Et la stabilité l'intéressait-elle vraiment ? Elle réalisait aussi à quel point elle s'était toujours interdit de souffrir, et donc de s'attacher trop, en rompant la première.

« Je n'ai pleuré qu'à la mort de ma mère et de ce français, Emmanuel », disait-elle fièrement... Et pourtant à chaque fois, avouait-elle pensivement, je me suis sentie abandonnée comme une petite fille, comme si j'avais perdu un objet précieux. Obéissant aux conseils de la magnétiseuse, elle s'autorisait maintenant quelques larmes mais ne supportait pas bien de s'apitoyer sur elle-même. Elle préférait « liquider » la question des hommes en passant à un autre ! Par rapport aux femmes, elle réprimait aussi tout sentiment de jalousie, sans oser imaginer qu'elle puisse « prendre » cette place de première. « Ce n'est pas beau d'être jalouse ! », énonçait-elle d'un ton de petite fille.

D'échec en échec, elle rebondissait toujours, espérant trouver enfin l'âme sœur et libre, l'oiseau de rêve ! Elle s'y était presque laissée prendre un an auparavant, à la rencontre de Jean, un homme de son âge, « mais très jeune et beau de corps !. Au lieu de prendre mes jambes à mon cou, je l'ai cru »... Et voilà qu'il était lui aussi encombré d'une femme malade, qu'il ne touchait plus mais ne pouvait quitter ! A cet aveu tardif, elle avait failli le quitter mais le trio qu'ils formaient, Jean, sa femme et elle, la fascinait au point de projeter d'y consacrer un livre, avec des illustrations fantastiques.

Le cancer intervenait en ce point. Après son hépatite, quelques mois auparavant, Jean avait proposé d'espacer les rencontres, par peur des « microbes ». Comment réagirait-il à l'annonce d'un cancer ? Ceci faisait déborder son angoisse si longtemps contenue. Ce n'était pas tant la peur de mourir, elle se sentait « battante », mais pour la première fois elle entrevoyait le manque, la solitude, et par là sa dépendance possible et sa propre demande, imprévisible et insondable... Elle qui avait toujours été forte, indépendante affectivement et professionnellement, elle qui soignait les fractures des autres, et non l'inverse, que se passerait-il si son corps la lâchait, la seule chose par laquelle elle espérait « décrocher » cet homme ? Cette ombre au sein compromettait ses chances ultimes d'être enfin préférée. Elle refusait une nouvelle fracture de l'âme, et venait « apprendre » avec moi à se battre contre le mal. Elle se battait aussi contre elle-même, et l'intensité de sa demande, mais cela elle ne le savait pas encore...

Les dessins qu'elle m'avait apportés dès la première fois témoignaient à profusion de son désir de lutter et de sa bonne volonté à la tâche qu'elle pensait devoir m'apporter. Elle s'y montrait si agressive et dynamique contre les cellules cancéreuses qu'on pouvait se demander comment une seule d'entre elles échapperait à sa vigilance. Il y avait là des Chevaliers en armes, avec lances et chevaux piaffant, écrasant les misérables « larves » cancéreuses, des aspirateurs géants, des enzymes gloutons avaleurs de cellules, des chiens sauvages qui plantaient leurs crocs dans les os cancérisés.

Toute cette application guerrière aboutissait à une image triomphante d'elle-même, en un corps glorieux flottant au-dessus du sol comme l'image de « Man-Power », à des rêves de paradis terrestre d'avant la chute de l'ange et d'avant la pomme, ou à l'image impeccable et aseptisée d'un squelette léché, nettoyé, blanchi.

Quelle parole la ramènerait sur terre, dans son corps de femme et dans la vérité tremblante de son désir ?

A son écoute me venait l'intuition, l'assurance d'une souffrance aussi intense qu'ignorée, une souffrance esquivée depuis toujours et qui traversait paroles et images, tapie derrière cet acharnement à vivre et cette répétition d'échecs amoureux. Son obstination de bonne élève à mériter la vie et l'amour devant une psychanalyste témoin de son application m'incitait au silence et à l'attente. De quel prix, de quel silence et de quelle obéissance avait-elle dû payer cette vie, jusqu'à soixante ans passés ? Quelle autorisation ou quel permis venait-elle chercher dans ces entretiens qu'elle se surprenait à appeler « leçons » ?

En dépit de leur positivisme acharné, ses dessins rendaient figurable une sorte de contradiction, ou d'hésitation (voir dessins en annexes) :

- **Dessin 1** : « Tiens, j'ai oublié les côtes... j'oublie toujours les côtes ! »

- **Dessin 1 bis** : Au « tout petit noyau cancéreux isolé sur le sein, et aux fleurs grises, diffuses, pas bien méchantes et déjà stoppées » répliquait sa remarque désabusée sur ce « squelette mité ».

- **Dessin 2** : A la violence des chevaliers et au mouvement tourbillonnant des épées répondait sa réflexion : « Quelque chose me choque : les pattes des chevaux... J'ai toujours eu du mal à faire les articulations »..... Ces articulations qui relient les membres au corps... Mais articuler, n'est-ce pas aussi faire lien, avec des mots, sortir de soi, parler, mettre en mouvement et en sens ses interrogations ? Aller dans le sens de soi-même... Mais pourquoi ces cellules « larves » étaient-elles si dangereuses ?

- **Dessin 3** : Les chiens blancs croquent-ils ou lèchent-ils les cellules ? Ils ne peuvent tout croquer : « Il faut quand même refaire des os ! » Alors, chiens ou loups ?

- **Dessin 4** : L'équipe de nettoyage qui « élimine » déchets et cadavres est-elle réellement efficace ? « Il doit bien y avoir des cellules qui se cachent, si tout ce qui est évident est éliminé... ». Le doute s'infiltre, quelque chose d'inconnu en elle échapperait-il à sa vigilance ?

- **Dessin 5** : intitulé « Le paradis perdu ». L'image radieuse du couple est tempérée par l'hésitation des bras de l'homme. Va-t-il entourer la femme ? se retirer ? Ce paradis est envahi de luxuriantes fleurs... Les fleurs grises des cellules cancéreuses ? Et les chats ? « J'ai d'abord dessiné mon chat, au milieu. (Un chat siamois qu'elle avait acheté pour se consoler de la déception d'Emmanuel, et castré aussitôt...). Ce chat (si-à-moi ?) est mort depuis, il a fait boum, d'une crise cardiaque. A côté, c'est une espèce de femelle qui dort. Je ne sais pas très bien qui ils sont l'un pour l'autre... Et un petit chaton, tout tremblant sur ses pattes... C'est une espèce de famille »... Sur quels liens familiaux s'interrogeait-elle ainsi ? Et quelle était cette rivière qui faisait frontière entre l'image de rêve et la réalité ? Le fleuve du Léthé, de l'oubli ?

Ainsi mettait-elle peu à peu en scène ses doutes, ses interrogations, et me laissait-elle entrevoir qu'elle n'était peut-être pas dupe de la vanité de ses efforts. Mais pour laisser tomber le masque, s'aventurer plus avant dans ses failles de certitude, il lui fallait s'assurer d'un lien avec moi, lien de transfert possible. A ma question sur ce que je pourrais faire de ces dessins qu'elle me remettait, elle répondit par une pirouette : « Oh ! Des boulettes en papier ! » L'analyste était ressentie comme une poubelle, mais aussi comme un contenant possible de ses ébauches successives de « mise en forme » et de ses questions ! Je lui proposai alors de les garder chez elle, et de m'en apporter photocopie, témoin de son travail en ce lieu. Je lui proposai aussi de se dessiner comme elle se le représentait spontanément actuellement, et non pas « volontairement ». Elle m'apporta alors un dessin qui marqua un virage dans son travail, et signa mon engagement, en réponse à son appel.

- **Dessin 6** : Sous l'image répétitive d'un corps lumineux de rêve, elle avait tracé un rectangle rempli de sortes de petites bulles, et écrit, en signe d'excuse ou d'aveu ? « Parfois je me vois comme la chèvre de Monsieur Seguin, se battant jusqu'au matin, mais çà, je ne veux pas le représenter de peur de le concrétiser ».

Ainsi la pensée magique pouvait se retourner contre elle et faisait piètre barrage devant l'horreur d'une représentation aussi implacable qu'impossible, et à laquelle elle ne pouvait donner forme qu'en pointillés, ou plutôt en bulles enfermées dans ce rectangle. Enclos ? Contenant ? Cellules en délire, non reliées et indifférenciées ? Prison du corps ? Destin obligé ? Cercueil ou carré blanc ? Peut-être bulles de désespoir, et paroles impossibles comme dans les bulles vides des bandes dessinées, image fascinante qui la laissait interdite.

Derrière ses fantasmes de guérison paradisiaque se profilait sous forme de verdict la logique absurde de la « Tumeur » et peut-être la figure féroce du sur-moi. Car l'ordre du combat de la chèvre de Monsieur Seguin contre le loup, tout le monde le sait, c'est quand même d'être mangée par le loup, au lever du jour, même et surtout après s'être battue courageusement toute la nuit. Et cette mort n'est-elle pas liée directement à sa fugue de chez Monsieur Seguin ? Elle aussi payait de « chair » sa soif d'indépendance !

Cette phrase de Janine L. résonnait comme l'aveu imprévu d'un ordre désespéré. En cet instant de vérité se conclut notre accord. Je lui proposai d'inventer d'autres issues à cette histoire. Puisque celle-ci la terrifiait au point de la laisser sans voix, touchée au vif, il importait de l'aider à trouver un autre ordre, viable psychiquement en tout cas, d'où elle puisse articuler son angoisse. Elle arriva la fois suivante, exultante : « C'est une idée géniale d'inventer d'autres scénarios ! Je n'ai pas dormi de la nuit, mais j'ai inventé quatre histoires, et je me suis bien amusée ! »

Elle y mettait en scène son désarroi actuel, et la vanité des ruses employées pour apprivoiser ce loup sauvage. S'accrocher à lui en un corps à corps farouche ne servait à rien et ne laissait qu'un goût amer dans la bouche, malgré la griserie de l'affaire. Comment donc négocier avec lui, sinon à tromper sa faim et faire naître en lui le désir d'autre nourriture, de relation peut-être, de distraction ou d'aide ? Elle inventa un loup solitaire et déprimé, avide de rencontre, et un loup vieilli, malade et dépendant. Mais n'était-il pas fatiguant de jouer à Schéerazade avec un loup, et déprimant de jouer à l'infirmière ? Elle se surprit à imaginer un Monsieur Seguin soucieux de sa chèvre, courant à sa recherche en s'identifiant à elle pour suivre sa trace, et avec lequel il serait possible de négocier sa liberté et son retour au bercail[2].

Elle put alors lâcher un peu de sa panoplie guerrière pour s'aventurer vers sa propre quête, et envisager d'aborder avec moi les durs moments de dépression toujours fuis auparavant.

« J'en ai assez de cette armée de globules blancs », me lança-t-elle un jour en apportant son **10ème dessin**. Les globules blancs y entouraient les cellules cancéreuses comme s'ils les enserraient dans leurs bras pour les faire fondre. Son partage entre amour et haine commençait à s'y profiler : Dévorer, phagocyter, embrasser ?

Au **11ème dessin**, elle se découvrait heureuse et gênée de recevoir... cadeaux ou flèches empoisonnées ?

Le **12ème dessin**, le dernier de cette étape, donnait forme à sa question, dans l'image inconsciente du corps qu'elle me donnait à voir. Pouvait-il rester en elle une « chambre vide » sans que quelqu'un ou quelque chose ne vienne s'y « loger », Dieu ou Diable, cancer ou amour, enfant ou avorton, pour le pire ou pour le meilleur ?

---

2. Les quatre versions de la chèvre de M. Seguin se trouvent p. 35.

Comment supporter cette place vide ? Mais comment supporter la perte, si elle venait à être lâchée ?

Dans ce premier temps de notre travail, temps de mise à l'épreuve du transfert, elle m'avait elle-même lancé tous ces dessins et histoires comme des ballons d'essai à rattraper au vol de ce qui pourrait faire sens, pour lui être renvoyé en retour, tremplin vers sa propre histoire. En remettant son sort entre mes mains, parmi d'autres, elle esquissait l'ombre d'une question obsédante, que j'entendais ainsi en ce point de notre travail. Comment, à son âge, provoquée par l'urgence du réel cancéreux, quitter les feintes et les esquisses répétitives que la vie lui avaient enseignées et qui la laissaient à présent démunie ? Comment s'aventurer vers d'autres repères, d'autres façons de se représenter, de créer et d'aimer ?

Elle ne pouvait plus esquiver l'épreuve de la mémoire pour remonter le fil de son histoire où s'était égarée son adresse à l'homme, qu'il fût loup ou Monsieur Seguin, séducteur ou geôlier, protecteur ou menaçant, désirant ou indifférent. Comment diable pouvait-elle donc accrocher leur désir sans s'y laisser prendre toute entière ? Et comment y reconnaître le sien sans perdre sa précieuse indépendance ?

Pourquoi la rencontre était-elle impossible ? Question vitale, puisque ce n'était plus d'un tram qu'elle était tombée avec ses dernières illusions, mais dans la maladie. Comment et qui la relèverait de ce « tomber » là ? Échapper au cancer serait-il équivalent à échapper au loup ? ou à Monsieur Seguin ? Quel « autre » inventer, dont le désir serait capable de la sauver ? Au prix de quelles négociations ?

Mais comment en était-elle arrivée là ?

1. L'histoire de Janine L. : une histoire naturelle

Il faut dire qu'à 61 ans, elle n'avait plus beaucoup de repères. Célibataire, fille unique, elle n'avait plus aucune famille proche, personne qui se soucie réellement d'elle. Ses toutes premières paroles restaient gravées dans ma mémoire : « Il faut d'abord que je me présente : Je suis une enfant naturelle », avait-elle énoncé comme une évidence non questionnable.

Cette façon de remonter d'emblée à la marque énigmatique d'une origine perdue contrastait avec le naturel absolu de cette énonciation. Provocation à l'écoute de l'autre ? Enfant de la nature et non de la culture, peut-être avait-elle l'intuition dans cette ultime démarche pour sauver sa peau, qu'un père lui restait « dû », et une place vide dans une filiation symbolique. En repartant de l'histoire « naturelle » des femmes de sa famille, n'espérait-elle pas trouver sens aux ratés de la sienne, et réponse à son énigme ?

Sa mère, Marcelle, elle aussi fille unique, avait quitté Bruxelles à 20 ans pour tenter une carrière artistique à Paris, dans le dessin. Elle avait connu « les plus grands », mais n'avait pas vu ses talents reconnus et s'était rabattue sur le dessin de caricatures. De plus, elle était « tombée » enceinte par deux fois. Après un « premier enfant avorté », elle avait décidé de garder le deuxième, mais rompu avec le père, qui refusait le mariage. Elle s'était dépêchée de revenir en Belgique, de peur qu'il « ne mette le grappin » sur l'enfant : il avait proposé de la garder en nourrice et de payer ses études. Sa carrière brisée, elle était retournée chez ses parents, confiant le bébé à sa mère, Jeanne, en cadeau de réparation de cette fugue parisienne.

Elle répétait d'une certaine façon la tentative elle aussi avortée de son propre père, « Léo L. », franc-maçon, artiste et « raté de génie », d'après le roman familial. Il avait lui-même été fasciné dans sa jeunesse par le milieu anarchique des artistes parisiens, et y avait tenté une percée pendant quelques mois, laissant à Bruxelles femme et enfant alors toute petite. Il avait par contre été rejoint par une de ses jeunes belles-sœurs, Blanche, que sa femme avait recueillie sous leur toit à la mort de leur mère et qui avait passé son adolescence avec eux. Forte femme, Jeanne avait bientôt découvert le pot-aux-roses et la trahison de son mari. Elle avait aussitôt débarqué à Paris avec sa fille, chassé Blanche du lit conjugal et ramené tambour battant son époux à la maison…

C'était une femme de devoir, solide et présente, qui avait pris en charge l'éducation de sa petite fille avec fermeté. Elle était très bonne, mais peu chaleureuse physiquement, dira Janine L. « d'ailleurs, elle n'aimait pas çà »…que ce soit les manifestations de tendresse ou l'amour d'un homme…

Son mari Léo étant mort un an après la naissance de la petite Janine, elle l'avait élevée « comme un père », compensant par sa présence ferme le tourbillon maternel. Celle-ci continuait comme elle le pouvait une carrière artistique, dessinant des décors de théâtre et des caricatures pour les journaux, et sortant beaucoup. Elle restait dans le sillage de son père, signant ses œuvres du même nom d'artiste que lui : « Léo L. », en souvenir de Léo Ferré. Elle restait aussi sous la coupe de sa mère, donnant à sa fille presque le même prénom qu'elle = Jeanne était devenue Janine. Quant au nom de famille, elle lui avait donné son nom de jeune fille, le nom de son propre père. Ainsi la petite Janine L. portait-elle à peu de lettres près le même nom que sa grand-mère maternelle. Mais surtout, elle avait été élevée dans l'ignorance de l'existence et du vrai nom de son père géniteur. Jusqu'à 12 ans, sa mère lui avait prétendu que son père était un cousin du côté paternel, donc du même nom, et mort depuis.

Dès l'origine, Janine L. s'était donc trouvée dans la confusion des noms et des places dans la chaîne des générations. Ne pouvait-elle qu'être « réplique » de sa grand-mère, comme sa mère l'avait été de son père ? Comment échapper à cette redoutable et vigilante « Madame Seguin » ? Où son désir pouvait-il être reconnu ? Adolescente, elle ignorait tout des hommes, avec ce mystérieux grand-père disparu, et ce faux père, oncle décédé… Elle ignorait tout du « nom du père » et de la fonction paternelle. La question était réglée par sa grand-mère. Le mariage de sa mère n'y avait rien changé, à ses douze ans, sinon pour la chasser de la chambre maternelle vers le lit de sa grand-mère, mère-grand ou loup ? Elle méprisait ce beau-père inconnu, commerçant, buveur et frustre, qui ne semblait avoir convenu à sa mère que pour la chance d'être appelée « Madame ». Tout en gardant son pseudonyme, celle-ci avait définitivement renoncé à exploiter ses talents pour s'installer à « la côte » avec son mari qui y tenait un petit commerce de « frivolités ». Elle laissa sa fille à la charge et en otage de sa mère.

Coincée entre ces images féminines, Janine L. n'avait pas eu le choix de son avenir. Attirée par des études artistiques, comme sa mère, elle avait bien sûr été enjointe par sa grand-mère de faire d'abord des études d'institutrice, comme elle ! Ayant obtempéré, elle avait ensuite esquissé un pas timide vers l'académie, aussitôt stoppé par un échec à être admise dans le cours choisi. Désabusée, elle était entrée à 20 ans dans l'administration, pour se retrouver amèrement déçue de ce premier contact avec le monde adulte, si mesquin et limité. Où trouver une issue créatrice ? Son destin professionnel bouché, elle avait été alors anéantie par sa première déception amoureuse, et en avait acquis la certitude qu'elle finirait « vieille fille » et n'aurait pas d'enfant. Mais la dépression aussi lui était interdite, et la chute du tram l'avait ramenée à l'ordre des réalités ! La rencontre d'une kinésithérapeute avait soudain ouvert une brèche d'espoir et réorienté sa carrière. Là, du moins, pouvait-elle prétendre à l'indépendance et à se sentir importante par l'aide qu'elle apporterait aux autres.

Ainsi avait-elle mené sa vie, ou été mal-menée par la vie. La mort de son beau-père, lorsqu'elle avait 30 ans, et de sa grand-mère à 32 ans, l'avait ramenée dans l'ombre maternelle, qui lui apportait l'originalité manquant à ses diverses liaisons, mais qui lui faisait aussi beaucoup d'ombre ! Elle avait espéré mener enfin sa barque seule avec « son français », Emmanuel, comme sa mère avait tenté de le faire avec ce père français inconnu, dont elle n'avait appris l'existence qu'à douze ans pour aussitôt l'oublier. Sa rupture définitive avec Emmanuel coïncida avec la mort de cette mère fantasque et admirée.

A 50 ans, elle se retrouvait libre... Elle s'offrit le luxe d'une dépression et de fistules anales, à l'occasion desquelles elle abandonna son vieux médecin pour un jeune chirurgien qui n'hésitait pas à opérer, à trancher dans le vif ! Pour sa dépression, elle consulta un « vieux psychanalyste » qu'elle lâcha aussitôt après avoir acheté et castré son chat siamois... « Le meurtre du père ? » disait-elle en riant. Il est vrai que pour la première fois aussi elle s'était interrogée sur ce père. Le temps de quelques séances d'« Eutonie », elle le fit ressurgir des limbes pour aussitôt lui faire un sort et liquider la question. Il l'avait abandonnée, il lui était complètement indifférent, ce grand français égoïste.

A 58 ans, elle rencontra Jean. Ultime espoir, dernière déception. Cette fois, elle tomba vraiment malade = Hépatite virale, puis cancer. Une petite ombre au sein, les métastases osseuses qui flambent... Elle réagit courageusement et vint en thérapie remettre son sort entre mes mains... parmi d'autres. Comment dès lors, envisager la suite de ce travail ? Que venait-elle chercher chez moi à son insu ?

2. La quête de Janine L. : une quête originelle ?

L'évolution des premières séances m'avait éclairée sur l'intensité et l'ambivalence de sa demande. Guérir. Certes... Mais de quelle souffrance soudain aiguisée par l'irruption de ce cancer ? Sa maladie servait-elle de révélateur à un autre abcès, aussi grave et sans doute profondément entremêlé à ce cancer ? Cette souffrance sans nom, ce désespoir larvé, cette rage impuissante à se faire reconnaître « pour de vrai », filtraient dans tous ses dessins et commentaires.

Si le cancer montrait patte blanche, elle était décidée elle aussi à jouer le tout pour le tout, puisque les défenses qui l'avaient aidée à vivre debout vacillaient. Entre le cancer dévorant et un M. Seguin prêt à lui mettre le grappin dessus pour peu qu'elle montre sa vulnérabilité, elle ne pouvait que s'enfuir, comme la petite chèvre « Blanchette », hors la loi des humains. Mais devant le risque d'être abandonnée à la solitude et à la mort, elle était acculée à enfin appeler à l'aide, à baisser le masque de son autonomie, dérisoire devant le danger. La partie serait rude, et le transfert violent, je le soupçonnais bien. Elle ne pouvait que répéter ici cette attente folle d'une reconnaissance originelle, et cette rage à l'idée d'être dévorée, ou d'être laissée pour compte ! Comment supporterait-elle l'angoisse d'y reconnaître le gouffre de sa propre demande ? Jusqu'où pourrait-elle réaménager sa relation avec les femmes, faite d'envie intense et de haine, de rage et de soumission, ou au contraire de protection ? Et jusqu'où pourrait-elle s'aventurer dans l'ambivalence de sa demande à l'homme ? Dans cette question enterrée du père, quand déterrerait-elle la hache de guerre, et laisserait-elle prendre forme son appel lancinant, étouffé depuis toujours ?

Puisque dans son adresse à moi, toutes ces questions s'engouffraient en vrac, presqu'en désespoir de cause, il me parut aussi urgent de lui donner les moyens de les élaborer que pour les médecins du corps de combattre les cellules cancéreuses. Qui pouvait dire la part que la lassitude, la dépression et la colère avaient fait à la maladie ? Le cancer fait feu de tout bois... Ne fallait-il pas accorder une large part à ces « articulations » là ?

Avant de poursuivre, je lui demandai de rédiger son arbre généalogique, elle qui avait esquissé cette espèce de famille où elle ne se retrouvait pas et ne pouvait comprendre ce que chacun représentait pour les autres. Elle le fit sans enthousiasme, mais me l'apporta à la séance suivante : deux feuilles séparées et reliées par deux morceaux de papier collant. Elle était, par contre, passionnée par ses rêves, impatiente de me les raconter.

Dans l'un, il était question de lui retirer son permis de conduire. Une femme intervenait : « Si vous conduisez ma Honda Suzuki, vous aurez le permis » ! Ce qu'elle fit aussitôt. La voiture hoquetait, mais avançait pour se retrouver dans un tunnel bouché par une montagne de nourriture. Dans l'autre, « j'ai rêvé de vous, annonçait-elle avec une lueur dans les yeux. Vous remettiez ensemble deux morceaux déchirés de papier bleu, avec quelque chose d'écrit dessus, l'un petit dans la main gauche, l'autre grand dans la main droite ».

Elle avait aussi pour la première fois de sa vie posé ses conditions à un homme. Elle avait parlé à Jean de son cancer, pour lui demander son aide, et il avait accepté. « Monsieur Seguin a décidé de combattre le loup » !

Elle découvrait l'effet possible de sa parole, ce qui l'encourageait à poursuivre cet étrange travail. Elle pouvait peut-être compter sur Monsieur Seguin dans sa lutte pour la vie. Mais jusqu'où accepterait-elle cette aide ? Une femme aussi avait pouvoir de l'aider ou non à garder son permis de conduire... son autonomie ? Mais le chemin était semé d'obstacles !... Incontournables ? Elle remettait entre les mains d'une autre femme le sort de ses papiers déchirés, à l'image de ce Moi divisé qu'elle avait représenté sur son **arbre généalogique** (voir annexes).

Si l'on pouvait parler d'arbre ! Deux feuilles blanches recollées par deux bouts de scotch ! On y voyait des flèches dans tous les sens, des prénoms qui glissaient dans la chaîne des générations, et des noms impossibles à représenter, sinon dans des corps sphériques dépourvus de visage et de membres. Corps-boule d'une grand-mère portant chapeau si ce n'est culotte, corps « raté » d'un grand-père touche à tout, corps filant d'une mère insaisissable, et corps-cellule d'un moi divisé, privé de nom, anonyme. Un moi qui ne pouvait se relier ni donner corps à ses origines paternelles, cette mystérieuse ascendance du midi dont elle ne connaissait que le nom, et une flèche prête à la retenir au lasso et en nourrice à la campagne...

A bien examiner cet « arbre », on pouvait observer : Sur la feuille de droite, son ascendance maternelle. Au-dessus d'elle, deux générations de femmes veuves, sans hommes, élevant leurs quatre filles avec l'aide des « francs-maçons », comme substitut paternel. Puis sa mère, elle aussi devenue veuve, avec une seule fille, venue d'un amant français. Un grand-père, lui aussi franc-maçon, volage, fugueur et raté de génie, disparu très tôt. Un beau-père, buveur, dépensier et commerçant, de passage dans la vie de sa mère, le temps d'un prête-nom. Une mère, « copie d'artiste ». Sa fille, Janine, copie de sa grand-mère ? ou de sa tante Blanche ?

Sur la feuille de gauche, un blanc : l'ascendance du Midi, la France. Un « mon père », grand égoïste, une flèche prête à l'accrocher... en nourrice à la campagne.

Au Centre, coupé en deux, un « moi » cellulaire, relié par deux flèches, plus une troisième vers la France... vers l'originel...

A ce niveau des générations, la « reproduction » s'arrête. Dernier rejeton de cette famille, l'enfant naturelle n'a pu devenir femme légitime, ni suivre la loi de la vie : enfanter. La trace du nom est perdue. En sa mémoire, « une chambre vide ». En son corps, « une place vide qui doit être remplie ». A 60 ans, « le cancer s'y loge », une ombre au sein, des fleurs au bassin, lieu du désir et de la maternité... En son cœur, un espoir : qu'un homme l'en chasse pour s'y loger... En son esprit, une ritournelle : « qui va à la chasse perd sa place » ! Cancer chassé, rejeton avorté ? Et un doute soudain : « L'ennui c'est que je suis dépendante... s'il me lâche » ?

Mais qui est « IL » ? Donner forme, corps et nom à cette question n'allait plus la lâcher, malgré ses efforts. Où loger l'idée d'un père dans cette anarchie originelle ? Comment « concevoir » au sens le plus strict, l'idée d'un Moi en promesse de devenir sans se relier à un repère fondateur de vie, à un désir originel ? Comment supporter sa vie et encore plus la transmettre, à partir d'un blanc sur ce désir ?

A la maladie cancéreuse, cette anarchie cellulaire, répliquait cette anarchie familiale, trompe-la-vie, dont elle ne s'était jamais souciée. Tout le sens de son travail serait de s'expliquer avec cette question énigmatique. Jusqu'où irait-elle dans cette identification d'une femme ?

LA CHÈVRE DE MONSIEUR SEGUIN

« La chèvre combattait avec tactique, avec courage, suivant le schéma de combat inscrit dans ses gênes et développé dans le jeu des chevreaux. Elle fonçait, cornes en avant, essayait d'attraper les flancs ou la gorge de l'adversaire. Elle esquivait quand le loup essayait de la mordre à la gorge ou de croquer à la nuque. Le loup, bien entendu, avait lui aussi ses feintes et ses attaques rituelles. Mais au bout d'une grosse heure de lutte, la chèvre sentit que la fatigue commençait à ralentir ses réflexes. Le loup, par contre, menant une vie rude et sauvage semblait très résistant. Mais la chèvre n'était pas bête, elle se rendit compte qu'il fallait trouver une autre formule et tout en continuant les automatismes de la lutte, elle se mit à réfléchir et fit le bilan des possibilités. « Puisque je ne l'aurai pas par la force, je dois l'avoir par la ruse ». Et plusieurs autres solutions lui apparurent.

1. Elle avait lu des romans d'aventure de l'ouest et savait que pour distraire l'attention de l'adversaire, un bon truc était de regarder derrière lui avec un air surpris et intéressé. Le loup, distrait une seconde, tourna la tête, et la chèvre fonça à ses arrières et s'accrocha à sa queue avec ses dents et ses pattes. Le loup, furieux et affolé, se mit à tourner comme un fou, ce qui était grisant pour la chèvre, puis partit à fond de train par monts et par vaux. Là, la chèvre se trouva trop secouée, meurtrie par les cailloux et abandonna. Le loup court toujours. La chèvre prit un bain pour se détendre dans le premier ruisseau, se rinça longuement la bouche car les poils de loup en bouche, c'est désagréable, et partit en musardant à la recherche du chemin de retour à la maison.

2. Elle avait divers talents, pas assez exploités, de clown, de mime et de ventriloque. Elle commença par imiter le coucou, ce qui obligea le loup à mettre la main en poche pour tâter sa pièce d'or et s'assurer la prospérité de l'année. Puis elle imita les dindons, le chien, le chat et le cheval, que le loup cherchait des yeux de tous côtés. Ayant gagné un peu de temps elle se mit à faire des grimaces tellement curieuses et drôles que le loup se mit à rire. Le pauvre loup avait faim, mais avait aussi faim de distractions et de compagnie, la vie en montagne étant fort solitaire. Il se surprit à préférer un

bon spectacle à un bon dîner, et à rire avec éclats en se tenant les côtes, et en réclamant : « Encore, encore » ! Le dialogue s'engagea et pour finir la chèvre le quitta en promettant de revenir le distraire à chaque pleine lune.

3. Monsieur Seguin ne dormait pas. Il était triste et se faisait du souci pour sa chèvre. Pour finir il décida de partir à sa recherche.

Il s'habilla, prit son fusil, pas de lampe car il y avait pleine lune et sortit au seuil de la porte. Mais où aller chercher ? La montagne était tellement vaste ! Alors il alla dans l'enclos de la chèvre, s'assit par terre et essaya de se mettre dans la peau d'une petite chèvre romanesque, poète, imaginative, avide de sensations, qui s'ennuyait ferme dans son enclos. Et quand il se fut mentalement transformé en chèvre, il partit, suivant son instinct de chèvre, à chaque virage, à chaque fleur, à chaque paysage nouveau. Et il le fit si bien qu'il suivit exactement le chemin qu'avait suivi sa chèvre... et tomba sur les deux combattants. Il n'eut aucune peine à abattre le loup. Il eut plus de mal à convaincre la chèvre de rentrer à la maison. Il dut lui promettre « un enclos plus grand, plus jamais de chaînes, un compagnon, deux jours de sortie par semaine et 15 jours de congés payés » !

4. Le loup avait faim, terriblement faim, et en plus était anxieux. Car chercher son bifteack devenait chaque jour plus difficile et l'attraper avec l'âge devenait parfois très laborieux. Il avait mal à l'estomac. En fait il commençait un ulcère. Les efforts n'arrangeant pas les choses il dut bientôt s'asseoir, plié en deux de douleur. La chèvre surprise, s'arrêta et lui demanda ce qui n'allait pas. Pour finir, n'écoutant que son bon cœur, elle lui fit une décoction à base de simples plantes de la montagne, avec une recette Messegué qu'elle avait lue récemment, et prudente quand même, le quitta subrepticement pendant qu'il la buvait.

Le travail de Janine L., un personnage en quête d'auteur. « Cherche désespérément »...

1. Ordonner le chaos. « Et la tendresse bordel » ?

Avant de s'engager plus loin, Janine L. avait pris soin de compter ses atouts. Sage précaution pour un voyage au long cours, dont nul ne pouvait prévoir l'issue. Elle ne voulait pas mettre tous ses œufs dans le même panier, mais ses paroles l'entraînaient à poser des actes conséquents. Sous l'armure qu'elle s'était forgée, « ça » bouillonnait à l'intérieur, et le souffle du transfert l'entrainait au-delà de ses calculs. Les vacances d'été mirent une limite à cet emballement, et lui donnèrent l'occasion de vérifier la permanence de ce lien tout en s'appuyant sur d'autres épaules. « Il me faut autre chose quand vous n'êtes pas là ». Elle ne pouvait lâcher si vite ses garde-fous mais le travail poursuivait son cours.

De retour de vacances, elle était décidée à mettre de l'ordre à différents niveaux. Elle s'aménagea un espace dans son appartement pour dessiner, et donner des cours de relaxation. Elle jeta, tria, rangea ses vieux papiers, après avoir cherché en vain un dessin d'elle qu'elle pensait m'avoir laissé par mégarde... Mais les « originaux » étaient chez elle. Cherchait-elle son image otage chez une analyste-ravisseur, ou témoin de ses métamorphoses ? « Il faudra bien que je me décide à trier mes papiers, ou à les jeter » ! Trier, régler les questions en suspens... Elle se décida à aborder la question de Jean. Un rêve l'avait précédée dans ce sens. Rêve de « bordel », où rien ne va plus. Rêve où une femme démolit sa voiture, une 2 CV de seconde main. Un agent l'arrête, l'aide à ranger l'intérieur bordélique de cette voiture, et lui donne en cadeau une fougère. Dans l'auto, restait du passage de l'autre femme quelques fleurs d'oranger... Gérer la folie, trier les rêves de mariage fou, et les aventures de seconde main... L'urgence apparaissait. « Et la tendresse, bordel » ?

Elle ne supportait plus bien de garder le masque avec cet homme. Elle lui avait demandé son aide, ce qu'il avait accepté jusqu'à un certain point, mais pas au point d'y engager sa fidélité en échange de la sienne. Devant cette demande incongrue, il s'était défilé, et elle avait grondé. « J'ai posé mes conditions, tu as pris la mort aux dents » avait-elle répliqué, s'interrogeant avec moi sur ce drôle de lapsus...

C'était en effet une question de survie. Elle ne pouvait plus faire semblant. Elle voulait être aimée sans fard, sans masque, sans perruque même, montrer son crâne mis à nu par les traitements. La place de seconde lui devenait soudain intolérable. Elle aussi prenait la mort aux dents ! Elle montrait les crocs. Elle provoqua une situation telle que Jean décida de rompre. Lors de leur dernière nuit passée ensemble, elle avait délibérément enlevé sa perruque, ce qu'elle n'avait jamais fait jusque là. « Qu'est-ce que tu as vu ? Tu as vu la mort » ? lui lança-t-elle en défi face à son recul. Le lendemain elle avait téléphoné chez lui pour décommander leur rendez-vous. En « tombant » sur sa femme, elle avait mis fin à ce jeu de cache-cache à trois personnages... « puisqu'il dit qu'elle sait tout » ! Pour la première fois, elle avait signifié son existence à « l'autre », rivale officielle. « Cette fois-ci, je ne suis plus la deuxième de personne » !, m'annonça-t-elle, à moitié triomphante, en ravalant ses larmes.

Elle rêva d'une chatte très belle, pas facile, entourée de plein de petits chatons, et dont personne ne voulait. Elle rêva qu'elle tuait deux « Philistins », qu'elle associait aux marchands du temple chassés par le Christ. Elle faisait le ménage et préférait n'avoir plus rien qu'encore brader sa vie. Elle retrouva chez elle l'image perdue, étonnée de s'y découvrir en couleurs... Alors, elle parla de partir vendre sa maison du midi, la maison de ses rêves défunts. Mais elle voulait poursuivre son roman, inspiré de cette aventure avec Jean, qui ressemblait si étrangement à son roman-familial. L'énigme du désir de l'autre la taraudait... l'autre-homme, sans doute aussi l'autre femme de ce trio infernal...

Elle se délestait peu à peu de ses illusions, en même temps que la maladie creusait les sillons de la demande. La fatigue aidant, elle demanda de s'allonger sur le divan, pour se reposer... Elle s'y installa comme sur un radeau, en désespoir de cause, malgré son horreur réitérée de l'analyse. Son corps criait à la délivrance, ses rêves la précédaient dans la forêt de ses besoins, ses actes tranchaient dans le vif. Même si elle disait « non » avec sa bouche, ses pieds disaient « oui » et l'amenaient sur ce divan-radeau, là où elle ne voulait pas aller mais où les mots en rade franchissaient le seuil de ses lèvres. Médusée, elle s'entendait les lancer comme une bouteille à la mer. De quel lieu recueillir son appel, entendre ce partage impossible qui divisait son être ? Devant l'irruption d'un cancer, il est exclu et mortifère de chercher une explication causaliste de la maladie, de traquer une cause psychologique dont l'effet aurait engendré « à coup sûr » un dérèglement cellulaire. Et Janine L. le relevait vigoureusement : « Je suis une enfant naturelle. Et alors ? Tous les enfants naturels ne font pas un cancer » ! Tous, non. Elle, oui... Chacun de nous se débrouille avec le mystère de ses origines et la transmission de son nom. Mais le cancer avait rappelé cette femme à l'ordre de ce qui fonderait sa vie, aujourd'hui, même si elle guérissait, comme au jour de sa naissance. Était-il possible de guérir « aussi » de cette blessure de mémoire, ce trou de mémoire originel ? Ne plus s'épuiser à auto-générer sa vie ? Se reconnaître « Alien », c'est-à-dire autre, différente, sans être aliénée à un mot qui colle à la peau et au visage, que ce soit « cancéreuse », ou « enfant naturelle », et rentrer dans la communauté des hommes ?

Paradoxalement, ce cancer, signe de destruction dans son assimilation à l'ordre aveugle de la nature, lui ouvrait un possible espoir de re-création symbolique, et la voie d'un appel à l'autre. Être acceptée, s'accepter vivante et souffrante, mortelle et désirante, être appelée et s'appeler par son nom en un corps marqué par la loi de la vie, l'interdit de l'inceste et du meurtre... Ceci l'engageait à rude métamorphose, pour donner place à l'autre et reconnaître son visage. L'issue était loin d'être claire. Mais elle était en droit d'attendre que cette « Autre » à laquelle elle s'adressait reconnaisse l'urgence de sa quête, et l'accompagne dans le défilé de cette métamorphose.

2. De l'image au modelage : un dessin qui s'anime. Une question qui prend forme

« Père, où es-tu, nom de Dieu ! »
A son retour de voyage, la chimiothérapie étant arrêtée, ses cheveux avaient repoussé, mais elle ne supportait toujours pas le traitement d'hormones mâles qui avait succédé. « J'ai l'impression que ma voix mue... Et si je me retrouvais comme un jeune garçon ? » Le rire se muait en interrogation muette. L'humour déraillait. Adolescent au sexe indifférencié... homme, femme, quel était le secret de la sexualité ? Dans quel corps se sentirait-elle enfin elle-même ? Dans quelle image se verrait-elle enfin pacifiée ?

Elle apporta deux dessins où elle avait mis en scène quelques souvenirs d'enfance, sur ma proposition, et qu'elle avait « laissés en plan » depuis le début. Sur chacun apparaissait sa question en déroute, au moment où elle m'assurait qu'elle n'aurait jamais une relation « pépère » avec un homme...

Le premier dessin représentait un jeu avec des cousins plus âgés, dont elle était le souffre-douleur étant enfant. Ils partent à la chasse derrière la colline, et lui montrent quelque chose de loin, prétendant que c'est un lapin, ce qu'elle croit sur parole. Au retour, ils se moquent de sa naïveté. Elle a le sentiment insupportable d'avoir été abusée, trahie dans sa confiance. Qui croire ?

Dans **le deuxième dessin**, elle explique comment une petite amie l'avait forcée à raconter le secret de la naissance, secret que sa mère lui avait fait promettre de garder pour elle afin de ne pas « choquer » les autres enfants. « Les enfants ne naissent pas dans les choux. Ils naissent dans le ventre de la maman ». Curieuse formulation, où étaient confondues dans une même enceinte conception et naissance, où étaient ignorés autant la « petite graine » paternelle que le nom de son auteur.

Et elle, comment avait-elle découvert le secret de sa naissance ? « Longtemps, je ne m'en suis pas souciée. Mes parents, c'étaient ma mère et ma grand-mère. Vers 8 ans, ma mère m'a parlé d'un de ses cousins mort depuis, et qui aurait été mon père. Il était inexistant pour moi. Mais je l'ai crue. Je m'en fichais... Elle a menti. Je lui en ai terriblement voulu. Vers 12 ans, j'ai enfin su que j'étais une enfant naturelle. Elle me l'a dit quand elle s'est mariée. J'étais soulagée de savoir enfin. Mais je me sentais honteuse, hors la loi par rapport aux autres, différente, et abandonnée ».

Cette deuxième version, la « vraie », atténuait la perversion de la première, mais la plongeait dans un abîme de différence. Elle n'était plus « incestueuse » mais « hors la loi » des humains. Il manquait une place vide dans le triangle œdipien, ou alors une place prise par la grand-mère « paternelle ». Autre duperie. Devant cette confusion de places, cette cellule familiale déréglée, je lui proposai d'articuler en modelage cette interrogation sur son identité et ce qui la reliait aux autres personnages de son histoire. Elle apporta **quatre personnages modelés**, en disant : « C'est moi par rapport à la mère ».

« **La mère** ». « Elle est assise par terre. Elle a l'air impavide. Elle est enceinte... C'est venu comme çà » (couleur = ocre).

Moi — La jeune fille. « Je me représente comme jeune fille à 20 ans. La fantaisie. (De toutes les couleurs). J'ai pris exprès de nouvelles couleurs. Elle a comme des pantalons bouffants de danseuse. Elle est partagée entre la mère et l'homme, elle est attirée par l'homme. Elle est en équilibre instable, mais elle tient debout... »

L'homme (assis). « Tête lourde. Il se tient la tête. Intellectuel. Disponible, mais pas accueillant, ouvert... Il accepte la femme,... de loin. (couleur = blanc).

La femme. « La femme forte, debout, solide !... Mais ici, elle ne tient pas debout ! ! » (se demande où la mettre. L'allonge par terre)... Elle est comme morte. Mais je veux la garder quand même ! » (couleur = ocre, comme « la mère » avec un peu de vert).

Ses commentaires : « La mère enceinte empêche la fille d'aller vers l'homme, qui lui est attiré par la femme solide, celle qu'il épouse... La mère enceinte, ce n'est pas ma mère ! Elle était le contraire de cela, ma mère. Elle n'était pas du tout maternelle. Elle me faisait de l'ombre ».

De nouveau, Janine L. se demande en partant quoi faire de ces modelages. Elle les enveloppe soigneusement dans son carton à chaussures, et me les laisse en « consigne », ne sachant qu'en faire. (Par la suite elle reprendra ses modelages à chaque fois signant là son appropriation).

Ainsi commença une seconde phase de son travail, où elle tentait de représenter les « rapports » qui la liaient aux personnages de sa vie. Elle modelait sa question au fil de ses rêves, et s'étonnait de ses métamorphoses. Le rectangle fermé où bouillonnait son désespoir de vivre prenait forme humaine et révélait peu à peu les lieux où son désir s'était embourbé. Lentement se dévoilait la scène où ses personnages étaient restés figés, et sa valse-hésitation entre diverses images d'elle-même apparemment contradictoires : Image inconsciente du corps, dont le mouvement pulsionnel, libidinal, en désir-tension de communication restait interdit, suspendu. Entre l'image de « la mère », cette « un-pas-vide », remplie, éternellement enceinte, et non désirante, couleur de terre, et « l'homme », penseur, fantôme blanc accablé, disponible de loin mais non désirant, introverti et indifférent, elle ne pouvait que se représenter en dédoublé : « La femme » idéale, solide, celle qui est sensée retenir l'homme, elle en savait bien dans son cas la prétention dérisoire puisque pour du vrai cette femme ne tenait pas debout, dans le secret de mon cabinet.

Restait une image d'elle-même figée à 20 ans, à la jeune fille d'avant la chute du tram et de ses illusions. Jeune fille aux pantalons bouffants de danseuse, Schéerazade éternellement adolescente... Danse, ma fille, cours toujours ! Vingt ans... une vie... Une question suspendue, au bout des lèvres, jamais formulée... Quel désir, quel élan entre ces personnages ? Impavide, « la mère » observe. Mais qu'est-ce qui peut donc relier un homme et une femme ? Quel rapport entre eux ?

Elle tenta de modeler **un couple**, une femme enlacée comme une liane autour d'un homme. L'homme brun foncé, la femme verte avec un peu de jaune. Mais devant ce couple idéal, elle revivait de façon cuisante l'échec de sa relation avec Jean, et l'irruption de ce cancer comme une brèche ouverte dans son image sociale, solide, sûre. Qu'est-ce donc = une femme ?

A ce stade précis de notre travail, elle s'inquiéta de l'analyse. Pour l'instant, tout ceci lui était agréable, amusant, comme un jeu. Elle aimait se laisser surprendre, vagabonder de rêves en modelages. Mais elle redoutait soudain de plonger trop loin dans son passé, de « faire tomber ses défenses et de se mettre à nu ». Elle pressentait ce dont il serait question et évoqua ses premiers mots d'enfant, lorsque, en colère, elle n'obtenait pas ce qu'elle voulait. « Nom de Dieu » hurlait-elle en tapant sur la table. « Je jurais comme un homme ! et comme ma mère ! » Elle n'était pas prête à se départir de cette défense là, nom de Dieu ! Ni se dépouiller de ses pantalons, même s'ils étaient « bouffants »... Elle ne voulait pas de la souffrance... et l'angoisse l'étreignit. Elle faillit ne pas revenir.

Un rêve la remit en route. Elle va soigner un client à l'hôpital Brugmann. Elle trouve en route un chat siamois prénommé « anguille » qu'elle recueille, et elle réserve une chambre à deux lits pour la nuit à Brugmann, comme dans un hôtel (de passe ?). Elle ressort pour rentrer chez elle, s'arrête chez une pâtissière qui l'aide et lui donne le nom d'un très ancien client M. Delcol. Il lui demande les reçus de ses séances. Elle sort, et s'aperçoit qu'elle a perdu sa voiture. Elle est désespérée.

Elle m'apporta alors de **nouveaux modelages**, une nouvelle mise en scène. Elle avait d'abord rajouté une « prothèse » de fil de fer aux pieds de la femme pour qu'elle tienne debout... Mais elle l'allongea devant nous. Elle installa aussi l'homme, et la jeune fille. Puis elle sortit une énorme **araignée** noire agrippant un **filet** noir qu'elle étendit sur le corps de la femme allongée. « Ça, c'est vous ! L'araignée qui veut prendre la femme dans sa toile ! ! » Echec et mat à l'analyste ! Elle me regardait triomphante, malicieuse, anxieuse. Elle associa aussitôt l'araignée à sa grand-mère, devant laquelle elle avait toujours été si appliquée, bonne élève, sage comme une image. Mais l'avertissement était valable aussi pour l'analyste-araignée ! Elle lui montrait bien qu'elle savait se révolter, si ses fondements étaient menacés...

Pour l'instant, rien de grave = L'autre personnage, la jeune fille n'était pas en danger de grappin. Elle lui avait échappé : elle était hors de sa zone d'influence, elle créait, jouait, dansait... Alors elle remit la femme à la prothèse debout. Car son but était bel et bien de vivre debout, pour le temps qui lui restait, affirmait-elle. Elle voulait bien s'allonger ici, puisque son corps la trahissait, mais elle avait la boulimie de vivre, et se sentait insatiable. «... Mais puis-je « tout » demander à un homme ? »... Elle redevenait pensive. Je lui rappelai le rêve du tunnel bloqué par une montagne de nourriture, un buffet froid, et cet énigmatique M. Delcol qui réclamait ses reçus, tel un revenant... Elle évoqua un rêve récent où elle devait franchir une colline, tentait de la creuser, se perdait dans un labyrinthe impossible. Elle avait aussi rêvé d'une rude tâche à accomplir : Relever sa voiture renversée. Des hommes venaient à point pour l'encourager : « N'abandonne pas, on va t'aider ».

Quel col restait à franchir pour renaître à elle-même et conduire sa vie, enfin rencontrer l'autre ? Passer par le défilé du manque, réveiller cette absence qui lui collait à la peau, affronter l'araignée, celle qui colle et prend dans sa toile, voilà ce qui l'attendait là-haut, sur la colline... Et reconnaître ce qu'elle avait reçu : la vie. Elle ne s'y laisserait pas prendre, nom de Dieu ! « Et pourtant, j'aime bien les araignées. Là-bas, dans les collines du midi, dans ma maison, je les laisse là, j'aime les voir, elles nettoient, mangent les mouches, elles font le ménage »...

Transfert de haine, transfert d'amour... La passion de l'ignorance lui devenait difficile ! Elle avait été ravie de mettre en scène cette révolte, et de « faire ce tour de vache » à l'analyste-araignée, lui prouver qu'elle pouvait ruer dans ses filets. La bonne élève quittait son image sage... Elle avait aussi été bien contente de rafistoler la femme avec un fil de fer pour la faire tenir debout, « même si c'est un peu tricher ». Piètre ruse dont aucune n'était dupe. Mais il faut bien vivre, et se défendre de l'angoisse... Et pourtant elle faisait de l'ordre dans sa vie. Et pourtant, elle aimait aussi les araignées. Et pourtant, elle s'était allongée, fatiguée de lutter avec elle-même. Qu'est-ce qui l'avait donc poussée à le faire, si elle voulait tant vivre debout ? « C'est à cause du livre de Denise Morel[3] et du signifiant forclos... Si je ne vais pas voir par là, ça recommencera... J'ai envie de chercher pour liquider cela... » (« Cà ») Mon cancer... ma dépression... je veux liquider la question de l'homme... du père... »

Tout en se demandant à quoi lui servirait de remuer le passé, puisqu'on ne peut changer les faits, elle s'était prise au filet de ses histoires, menée par les mutations de ses dessins et modelages. Elle se disait surtout sidérée par deux choses : La première était d'avoir vu surgir l'image d'une mère si peu maternelle, qui s'occupait si peu d'elle, plutôt rivale, ombrageuse, alors qu'elle pensait vraiment avoir eu une enfance heureuse. La seconde était l'apparition d'un M. Seguin soucieux de sa chèvre, au point d'essayer de la comprendre en s'identifiant à elle. Cette idée lui faisait infiniment plaisir.

Elle avançait ainsi à reculons dans l'analyse, ou plutôt de travers, comme les crabes. Elle biaisait, rusait avec l'autre et avec son désir, mais elle venait s'allonger sur le divan-radeau. Elle renâclait d'entrer dans le vif du transfert. Ce n'était plus pour rire, pour du semblant : « Entrer dans l'analyse, c'est entrer sous votre coupe, me mettre sous votre règne ». Elle renâclait, mais ne lâchait pas son fil. Pressentait-elle que l'analyse propose en dernier ressort de se couper des anciens règnes pour pouvoir se relier ailleurs ? Mais couper n'est pas « liquider ». Et le vif du sujet n'est pas le corps cancérisé...

Elle voulait liquider la question du père, et c'est l'emprise de la grand-mère qui remontait à la surface. Comment se tirer de cette enceinte là, si les enfants naissent *dans* le ventre de la maman ? Comment franchir ce col, liquider cette emprise-là, viscéralement incestueuse ? L'inceste maternel n'est-il pas celui où sombre la raison humaine ?

Nommer, représenter le danger lui permettait d'avancer pas à pas... à pas de loup ? Elle amena donc toute sa « ménagerie » la fois suivante, et l'installa tranquillement

---

3. MOREL D., *Cancer et Psychanalyse*, Paris, Belfond, 1984.

devant moi avant de s'allonger, tout en laissant l'araignée dans la boite. La menace s'estompait momentanément. Elle avait le champ libre.

Elle avait tenté d'imaginer une circulation de désir entre ses personnages, pour réaliser soudain que trois femmes tournaient autour d'un homme absent, blanc comme un fantôme ! Elle l'aurait bien refait en brun, couleur de la terre... Alors, elle retira le personnage de « la mère », et le mit par terre, dans les coulisses. « Elle a eu ce qu'elle voulait, l'homme ne l'intéresse plus. Elle a vendu son âme au diable pour avoir un statut. Elle a décroché un homme au prix de sa créativité ». Parlait-elle ainsi de sa mère qui avait pris un « homme-statut » pour échapper à sa mère, ou de cette grand-mère qui restait statufiée dans cette image de marbre, impavide ? Elle aussi avait eu ce qu'elle voulait, une enfant-prothèse dont elle restait éternellement grosse...

Restaient en scène l'homme et les deux femmes entre lesquelles oscillait sa préférence. Elle les appela, faute d'idée plus originale, « **la grande fille** », et « **la petite fille** ». Laquelle prendrait le dessus dans son identification ? Saurait-elle les réconcilier en elle ?... » La grande fille est d'abord partie aussi, en disant qu'elle non plus l'homme ne l'intéressait pas. Elle voulait être libre, vivre sa vie... Et puis elle revient... »

Elle sortit alors le couple, mais cette vision idéale et idyllique ne lui convenait pas rationnellement. Elle rêvait d'un couple où chacun soit autonome. Cette relation là était trop fusionnelle. La femme-liane autour de l'homme le retient-elle prisonnier, le parasite-t-elle ? Elle avait horreur de s'imposer, horreur d'être « collante »...

A ce moment précis rentre en scène « la petite fille » pour « *la danse des sept voiles* ». Elle évoqua la danse de **Salomé** devant Hérode pour obtenir la tête de Jean-Baptiste, cet homme étrange qui regardait ailleurs et parlait de baptême, de renaître de l'esprit...

Comment s'y retrouver dans tout cela ? Elle avait toujours dansé devant des hommes insaisissables, et voilà qu'elle s'interrogeait sur les rapports d'un couple et la place d'une femme. Liane, parasite, « amante-religieuse » qui dévore le mâle, collante, amoureuse ? Femme-enfant séductrice et mortifère, elle balançait entre l'amour et la haine, la demande infinie ou la vengeance. Salomé cherchait sa proie, elle ne supportait pas d'entendre une parole prophétique, dénonciatrice des fautes, une parole qui prêchait la pénitence et le retournement, qui préparait les voies du Seigneur... un homme parlant d'amour, de rencontre en vérité ? Quelle folie ! Mais la grande fille était si fatiguée d'être libre... Elle cherchait des liens viables... elle était prête à se laisser tenter...

« Alors, dit-elle, l'homme se rapproche de la grande fille et de la petite fille pour former un triangle. Il se relève, et semble les protéger »... L'homme blanc se rapprochait, mais ce trio de rêve ne tenait pas le choc de la réalité. Sa relation à Jean lui rappelait à quel danger elle avait échappé, et elle discernait après coup combien leur rencontre avait été maléfique. « Il détruit tout ce qui marche... C'est une relation complètement sado-masochiste ». Elle s'en alla pensive, grave, lourde de toutes ces contradictions. Comment ne pas prendre ses désirs pour des réalités ? Renoncer à ses rêves ? Rêve d'amour ou rêve de destruction ? Qui était-elle, et que voulait-elle, en fin de compte ?

Elle remodela un **nouveau couple** de rêve, où la femme dansait avec des voiles, et où l'homme avait pris couleur de terre. Mais surtout, elle me lut un texte écrit la nuit précédente à la lecture du livre de Denise Morel. (Livre qu'elle avait « déniché » elle-même, sans aucune allusion de ma part). Elle avait été très intriguée et même frappée par la thèse de cette analyste, reliant cancer et dépression, cancer et psychose, et la recherche d'un signifiant « forclos », noyau interdit, enkysté, délirant, auquel répondrait le délire cellulaire. Ce texte l'avait réveillée d'un long sommeil, comme une brutale interrogation, comme une gifle salutaire, ou un coup de massue, elle ne savait pas encore... Elle savait seulement que l'urgence d'écrire lui était venue cette nuit-là. Elle avait intitulé son texte « **Les cellules en délire** ». Et ce texte commençait ainsi : « J'ai rencontré Lucifer !... Révélateur des cellules cancéreuses, du petit cancer bien sage, au biberon, jusqu'au grondement cancéreux... » Elle semblait vomir les mots, et ces mots en délire laissaient échapper sa plainte. Elle avait cru en cet homme, Jean, qu'elle surnommait Luc. Luc, la lumière. Luc, l'évangéliste... Mais Lucifer, c'est l'ange déchu parce qu'il voulait garder la lumière. Déchu et tentateur, brûlant de désir... Elle commençait à percevoir ce qu'il en coûte à vouloir faire la lumière sur sa vie. Elle avait toujours esquivé la tristesse, interdit la dépression. Elle entrait dans le temps du chagrin, dans l'espace du manque et de la solitude, dans le travail de l'analyse, hors des sentiers battus. Saurait-elle y garder le pied ferme ? ou du moins le cap ?

Noël approchait, avec son cortège de dénuement et de solitude, ses guirlandes et ses réjouissances. Elle retrouvait des larmes oubliées, comme au cinéma devant les scènes de séparation, ou même devant les fêtes villageoises et leur chaleur communicative. « On va quand même se retrouver seul après... »

De plus, les résultats de ses analyses étaient en baisse. La rechute la guettait. « Et je suis du signe du cancer ! Je me sens comme ce crabe : une carapace dure, et tout mou à l'intérieur... » Elle guettait sa bonne étoile, et accrocha le chariot de ses espoirs à d'autres alliés « magiciens » : guérisseur, homéopathe, voyante, diététicienne, radiesthésiste. Elle voulait leur prêter ce pouvoir magique. « Après tout, l'analyse, ça ne guérit pas ! »...

Mais en même temps elle modelait ses images au gré de son évolution. Monsieur Seguin l'y encourageait. Elle déballa devant moi un nouveau modelage : un petit personnage tout rouge, vif et nerveux, pulsionnel en diable, avec une queue et une grande fourche : « **Lucifer** ! » Il était aussi un allié, il représentait le bon côté du mal, incarné par Satan. Et Lucifer, au moins n'était pas blanc ! Il était rouge et malin, il séduisait la femme en elle, ou peut-être Salomé ? Lucifer, c'était la face d'humour, de jeu. Elle s'était bien amusée à lui donner vie. « Mais est-ce que du mal peut sortir un bien » ? s'interrogeait-elle pensivement...

Son estomac se rebellait devant le régime de la diététicienne. « Elle me supprime tout plaisir »... La magicienne virait à la sorcière ! Elle rêvait de nourriture, et fut inondée de diarrhées. Est-ce ainsi qu'on élimine le cancer, ou la dépression, se demandait-elle ? Était-ce sa façon de liquider la question lancinante de l'homme ?

Mais elle ne pouvait faire l'économie de la perlaboration, ce rude labour de l'âme, cette rumination du verbe.

3. Du modelage à la scène primitive. « Quand donc passent les cigognes ? »

L'apparition de Lucifer l'avait redynamisée et réveillé sa curiosité, si ce n'est son désir. Elle modela **sa famille originelle**, telle qu'elle se la représentait maintenant. Pour la première fois, elle introduisait « **Le père** » sur la scène de ses fantasmes. « Il est très grand, mais il y a des fractures ». Ce père là était figé, inanimé, et friable. Il se cassait en morceaux... Elle avait voulu changer de pâte à modeler, et acheter de la pâte à peindre. Mais la peinture ne tenait pas... Il était resté gris-blanc, couleur de muraille. C'était une ébauche de « père ». Ce n'est plus un fantôme, ce n'était pas encore un homme de chair et de sang, sexué. « Je l'ai fait habillé... Je ne pouvais pas l'imaginer autrement ».

« **Le bébé** » était tout rose, « très mignon », un vrai petit Jésus en sucre ! Elle le déposa par terre, entre le père et « **la mère** ». Elle était revenue à sa « drôle de famille » chat, mais celle-ci prenait dimension humaine, dramatique et dérisoire. La scène donnait l'impression d'une structure figée, sans lien entre les personnages, avec un bébé planté là comme un reste dont personne ne savait que faire, comme un fœtus abandonné... Un Noël de carton-pâte !

Elle avait bien tenté de leur donner vie. « J'ai pensé que peut-être le père aurait voulu prendre le bébé au lasso... Mais même pas ! J'ai abandonné l'idée... Alors c'est la mère qui prend le bébé et s'occupe de lui » dit-elle désabusée. Mais le cœur n'y était pas. Cette mère-là n'aimait pas s'occuper d'un bébé. Son esprit était ailleurs. Elle ne ressemblait en rien à la « mère symbolique », nourricière, celle qui restait à part, éternellement enceinte.

Sa mère à elle rêvait toujours d'être artiste, elle avait délaissé son enfant et lui avait fait de l'ombre comme femme. L'ombre de l'autre tombait sur elle : son « ombre » au sein ? Serait-elle restée dans l'ombre de sa mère ? ou bien fœtus bloqué dans l'enceinte de sa grand-mère ? Sa mère ne se reconnaissait de nom que celui de son père, dans l'ombre de ce patronyme. L'autre, le mari, n'avait été qu'un prête-nom. Qu'est-ce que cette mère attendait donc des hommes ? Elle avait justement rêvé d'elle. Elle rencontrait sa mère, vêtue d'un manteau. En-dessous, elle portait une drôle de jupe : un côté jupe, côté pantalon. Arrivait quelqu'un qui lui reprochait de n'avoir pas assisté à l'enterrement de quelqu'un de la famille lointaine, un homme... un vague cousin ? Sa mère rétorquait que ça n'avait aucune importance, les enterrements ! D'ailleurs, renchérissait sa fille, ma mère n'a pas assisté à la mort de son « mari ». Et elle non plus. Il comptait pour du semblant... Qu'y avait-il d'impensable à porter le deuil d'un homme ? Les femmes pouvaient-elles ainsi esquiver toute trace, toute castration symbolique ? Garder pile et face sous le manteau ? Homme et femme à la fois ? Janine L. réalisait peu à peu la double face de sa mère, et sa double vie. Seul le côté pile avait compté pour elle, la face cachée de son désir : « Léo L. »... Elle non plus n'avait pu porter le deuil de son père. Elle s'était assimilée à lui.

Janine L. sortit alors, comme un prestidigitateur sort un lapin de sa boite, un **autre père**. « Je n'étais pas contente du premier ! Celui-ci est nettement plus petit, mais beaucoup plus vivant. Il est coloré, en vert et jaune ». Au moment où elle envisageait le deuil d'un homme, voilà qu'elle envisageait de donner corps et dimension humaine à un père. Et elle évoqua ce beau-père qui lui avait ravi sa mère, et à l'enterrement duquel elle avait refusé d'aller. Suffirait-il de vouloir ignorer pour être quitte de toute perte ? et de toute dette ?

Ainsi, elle élaborait lentement son roman familial, en lui donnant corps, en lui cherchant sens, présence symbolique. A la séance suivante, elle ne mit debout que le « second père ». L'autre, le grand blanc fracturé restait allongé par terre comme la mère symbolique, le bébé rose, la mère et le couple enlacé. Elle suivait à la trace la piste de ses fantasmes, guidée par Lucifer. De père en père, elle tentait d'apprivoiser l'idée d'un père qui ne soit ni un modèle inaccessible et indifférent, ni un monstre d'égoïsme. Un homme, quoi ! avec ses lignes de force et ses fractures, mais un homme en chair et en os. Elle alla en chercher trace concrète dans les fouillis des vieux papiers hérités de sa mère...

Elle remonta dans ses filets un seul et **unique dessin**, tracé de la main de sa mère : une esquisse au crayon, un visage de profil. Des cheveux noirs, le visage mince, le nez aquilin, long, « un peu caricaturé » quand même... mais un « visage racé »... Elle s'aperçut qu'elle avait toujours rajouté un H au début du nom de ce père. Elle barra le H. En échange, elle lui modela un sexe... D'homme introuvable, il était devenu simple mortel, un homme parmi les hommes.

Elle avait bien essayé d'imaginer sa « conception ». Mais elle ne concevait entre ses géniteurs qu'une sorte de « camaraderie amoureuse », presque fraternelle, sans grand élan. Elle n'imaginait pas quel désir aurait pu circuler entre eux. Elle savait par sa mère qu'elle fréquentait à Paris tout un groupe d'amis, et qu'elle avait eu plusieurs amants, artistes anonymes... Réussir comptait plus que les hommes pour elle... Et pourtant, elle avait été par deux fois enceinte ! Cette répétition l'intriguait, sa mère était si peu maternelle ! Quelle dette avait-elle dû payer ? Elle avait toujours pensé que sa mère avait fait « un chantage au mariage » pour avoir le nom, et que son père s'était enfui. Aussi réagit-elle violemment à l'idée qu'ainsi sa mère aurait « perdu » le nom de son père pour prendre celui de cet homme. « Bien sûr que non ! » répliqua-t-elle furieuse. C'était juste pour l'enfant. Même à la mort de son mari, elle avait fait inscrire sur les faire-parts « Madame Veuve... dite Léo L. ! »

Son père avait-il senti le marché de dupe, pour refuser ce « mariage » ? En tout cas, il ne l'avait pas prise au lasso... Il avait quand même proposé de la mettre en nourrice à la campagne, et de payer pour ses études... Il n'avait pas proposé d'avortement... Mais sa mère s'était dépêchée de rentrer à Bruxelles, chez ses parents... Lui avait-elle « ravi » l'enfant ? sa paternité ? Elle avait d'abord caché cette grossesse en souillant ses serviettes hygiéniques de sang de lapin ! ! Toujours du semblant ! Sang blanc, sang rouge, fausses règles, règles dépourvues de sens. Enfant dépourvue de père, parée d'un prête-nom incestueux. A qui sa mère devait-elle cacher cette grossesse ? à sa mère ? à son père ? pour le « qu'en dira-t-on » ; comme elle l'avait prétendu à sa fille lorsqu'elle lui avait parlé de ce sang de lapin ?

Le grand-père avait vite disparu du tableau familial, laissant Janine L. doublement orpheline, d'un grand-père et d'un père, avec en bouche-trou une fausse « grand-mère symbolique », qui l'avait gavée de sa présence et une vraie mère absente qui ne rêvait que d'être ailleurs. Entre ces « parents » là, elle n'avait pas eu le temps, ni même l'idée de souffrir d'un manque. Elle ignorait jusqu'à l'idée d'un père... Elle souffrait de solitude, peut-être... Oui ! Elle aurait rêvé d'un frère, et s'était tellement réjouie à l'annonce d'une « surprise » de sa mère ! Mais ce n'était qu'un petit chien... ou un petit sac d'enfant, elle avait oublié. Elle avait appris à l'occasion qu'il fallait bien un homme pour faire un enfant. Un homme oui, mais un père ! On ne peut contourner les lois de la nature. Mais qu'est-ce qui fait la différence entre un enfant et un chien, du sang de lapin et des règles, le cadeau d'un sac et une promesse de fécondité, si aucune parole ne vient ordonner le chaos, signifier la loi du désir ?

Elle s'interrogeait sur son « couple-modèle », celui qu'elle avait modelé... Elle commençait à l'aimer, sans savoir pourquoi. Peut-être qu'une femme n'était pas que parasite ? Peut-être pouvait-elle apporter quelque chose à l'homme ?

Mais le bébé ? L'infans ? Qu'est-il sinon un parasite ? Quel désir vers lui ? en lui ? « Lui, il ne peut pas parler. Il est tout seul. Il attend qu'on le ramasse... Je ne vous l'ai pas dit ? Je suis née à 9 mois et demi ! Je ne voulais pas sortir... C'est peut-être pour çà... ? » Je repensais à son secret impossible à dévoiler : « Les bébés naissent dans le ventre de leur mère ». Comment pourraient-ils en sortir ? Ce bébé n'avait contact avec son père ou sa mère qu'à leur pied, sur leur pied. Pas dans leurs bras. Leurs bras restaient ballants, indifférents. Il ne pouvait qu'attendre... C'était par le pied qu'elle avait consolidé la femme, la « grande fille », avec un fil de fer. Et c'est Lucifer qui l'avait guidée vers le visage de son père. Mais comment prendre pied sur terre, marcher debout sur ses deux jambes, sans prothèses, si elle n'avait jamais été portée ? Si elle n'était pas reliée à une chaîne de générations, véritable armature symbolique de la vie qui se transmet ? D'ailleurs, lorsqu'elle avait voulu mettre debout ses « parents-modèles », ils s'étaient effondrés ! Décidément, tout çà ne tenait pas debout !

...« Et pourtant, moi qui n'avais pas de père, me voilà avec deux ! et même trois ! » Elle se surprit à rire, avec une étincelle dans les yeux. « Par contre, je n'arrive pas à trouver l'image de la mère nourricière. Je vois toujours une mauvaise mère, comme dans les contes de fée ».

L'image de la « grand-mère-loup » lui revint de son enfance. Une histoire de solitude, de boulimie, jusqu'au jour où elle avait été chassée de la chambre maternelle par l'arrivée du beau-père, cet homme décidément bien encombrant ! Elle était allée dormir dans le lit de sa « mère-grand », qui était énorme. « J'ai toujours eu horreur des gros. J'ai moi-même terriblement peur de devenir grosse, et j'empêchais ma mère de grossir, pendant la guerre... » Justement après le mariage de celle-ci et au moment où elle, à 13 ans, voyait son sang se régler comme une femme... ou comme une lapine ? Comment sait-on si on est « grosse »...enceinte ?

Elle voyait sa grand-mère éternellement grosse. Elle-même avait quitté son premier amant parce qu'il était devenu énorme... Cette confusion l'affolait, annulant toute différence entre un homme et une femme. Manger, dévorer, pénétrer, quelle différence ? Et comment diable naissent les enfants ? De quel désir s'originent-ils ?

Toutes ces questions surgies du fond des âges, la troublaient. L'angoisse remontait par bulles. Et Noël arrivait ! Durant ces fêtes, elle se sentait toujours « laissée pour compte ». La dépression la guettait, dont elle avait tant horreur. Elle s'interrogeait sur ce travail. Une amie lui conseillait d'arrêter, parce que cela la déprimait trop. Et elle s'était plongée dans la correspondance de Freud avec Lou Salomé ! « D'ailleurs, votre Freud aussi est mort d'un cancer ! » me lança-t-elle d'un ton d'un défi. Oui... notre Freud aussi... Quant à « Lou Salomé »... Une autre femme qui était allée séduire Freud, le père de la psychanalyse. Une femme attirée par ce Lucifer des songes... Une femme prénommée « Lou » ! De tous ses personnages, Salomé était décidément sa préférée ! Janine L. reprenait ses voiles, et le loup du poil de la bête.

Elle avait pourtant parcouru bien du chemin depuis la chèvre de M. Seguin. Elle avait affronté l'araignée, le loup avait pris forme de Lucifer, puis visage paternel. Mais elle se heurtait de nouveau à la montagne de nourriture, et M. Delcol attendait toujours ses reçus. A qui s'adressait cette redevance de dette ? M. Delcol... ancien client..ancien amant... ou père inconnu ? M. Delcol... l'araignée dévorante, collante, la mère faussement symbolique, montagne de nourriture ? Pourrait-elle lever le voile de son ambiguïté et régler ses comptes, devenir « quitte » de toute dette sans toujours réclamer la tête de Jean-Baptiste ?

Que faire d'un père qui ne soit plus absent, ni fracturé, un père humain, imparfait mais réel ? Il avait pris nom, visage et sexe d'homme, mais il n'avait pas de bras, sinon pour l'attraper au lasso... Reconnaître l'existence d'un père, c'était aussi reconnaître sa place de fille, son désir de femme. Se risquer à cette place retournerait complètement la donne, les repères de son univers symbolique, où ce qui en tenait lieu. Reconnaître la différence des sexes et des générations, c'était quitter le royaume du tout, et quitter ce monde hors la loi, c'était lâcher la passion de la haine qui l'animait depuis toujours et la faisait vivre. Était-il encore temps ?

Le moment viendrait-il de conclure ? de se déterminer elle, et pas seulement d'interroger le désir de l'autre pour mieux l'anéantir ?

4. La mémoire à fleur de peau

- « Père, où es-tu ? Loup, y es-tu ? »
- « Tu pues toi ! »
- « Mère-grand, que vous avez de grands bras ! »

Avec janvier commença son dernier trajet. Au Noël suivant, elle aurait cessé de vivre... Nous l'ignorions alors.

Ce Noël-là la ramena déprimée et morose, comme elle l'avait prévu. Ses analyses étaient mauvaises, et dans sa vie, « rien ne se passait ». Elle avait pourtant fait un rêve de réjouissance, comme si elle sortait d'un tunnel. Mais elle ne savait qu'en faire. C'était dans une ville du grand Nord. Elle avait rendez-vous avec quelqu'un près d'une banque. Elle entrait dans une boulangerie pour aller se rafraîchir à la toilette, car elle avait beaucoup voyagé. Ici, intervenait un long épisode à propos de chasse d'eau, qu'elle avait oublié. Puis elle sortait, et voyait un hélicoptère dans le ciel, d'où descendait un homme tenu par un fil. De plus près, elle le reconnaissait : c'était son frère ! Elle pleurait de joie de le retrouver. Mais il n'avait pas le droit de la rejoindre, car il appartenait à l'armée. Pour avoir l'autorisation de prendre pied sur terre, il aurait fallu demander des papiers officiels...

Elle avait aussi **modelé le couple** de sa mère et de son beau-père, deux petits personnages trapus, peu sexués, frustres. Et elle avait détaché le bébé de la mère debout, pour le mettre sur la mère enceinte... Mais impossible de relier ce trio en une cellule familiale officielle : l'un chassait toujours l'autre, comme dans l'histoire de sa famille. La tante Blanche avait chassé sa sœur qui l'avait chassée en retour. Sa naissance avait chassé son grand-père. Elle avait été chassée du lit de sa mère par son beau-père. Le cancer avait fait son lit d'une chambre vide, et Jean avait voulu chasser le cancer avant d'être chassé... La nature a horreur du vide ! Ses diarrhées reprenaient, une débâcle qui chassait de son ventre toutes ces présences encombrantes...

Elle venait aussi de démissionner d'un conseil d'administration, après maintes hésitations. Ses collègues y fumaient excessivement. Malgré son désir de rencontrer des « hommes intelligents », elle ne supportait plus cet envahissement de leur part, cette « phallocratie » insupportable ; leurs cigares l'agressaient trop.

Elle ne savait plus quoi faire des hommes dans sa vie, des hommes en chair et en os. Il lui tombait du ciel, du fil rouge de ses rêves, un « frère » désiré depuis si longtemps. Encore fallait-il le reconnaître officiellement ! Pourquoi ces retrouvailles interdites ? Elle retournait au nœud de sa question, à cette duperie qui avait régné sur toute son enfance, où elle avait « gobé » n'importe quel mensonge. Les lapins, le sang de lapin, les fausses règles, le secret inavouable, le petit chien, la « père-version » de sa mère et de sa grand-mère... Aucune parole vraie n'était venue couper ce ramassis de mensonges.

Elle repensait à sa « naïveté » bafouée quand elle avait appris le secret de sa naissance. Elle réalisait tant d'années après combien cette histoire avait été littéralement affolante, à rendre fou. Elle n'était pas devenu folle mais elle avait perdu son innocence en se découvrant hors la loi, et ne savait toujours pas quoi faire de cette révélation. Salomé dansait toujours, fatiguée de danser. Qui avait finalement posé un lapin à qui ? A qui revenait la faute ?

Elle se découvrait un « frère-fils-père » comme sa mère avait été une « fille-mère », et elle une « enfant-batarde ». Elle en pleurait de joie, mais l'ordre symbolique supposait une reconnaissance officielle, des papiers pour quitter l'armée, ce monde unisexe. Et les papiers lui rappelaient le fisc : « on n'en finit pas de payer ! » Elle ne voyait que le côté gendarme, répressif du fisc, et non pas la reconnaissance de dette et la protection de la loi envers ceux qui sont « en règle ». Elle ne connaissait de la loi que son négatif : la loi symbiotique, vampirisante, qui colle le fœtus à l'antre maternelle, relié à un placenta imaginaire par un cordon impossible à couper… Et la colle, elle en avait horreur ! Loi d'incorporation totalitaire, ou d'élimination massive, en un rejet absolu de tout lien. Le lasso paternel intervenait comme une tentation menaçante, lui qui avait parlé de la garder « en nourrice »… Dangereux, M. Delcol ! Faux-frère ? Lucifer tentateur, ou sauveur ?

Elle ne savait plus que faire, que penser. « Je réagis comme un lapin affolé » avouait-elle. Qui croire ? Elle était assaillie de bons conseils thérapeutiques, en particulier d'ordre alimentaire. Certains amis lui conseillaient absolument d'essayer l'instinctothérapie, une nouvelle méthode d'alimentation qui faisait alors de nombreux adeptes. Il s'agissait de retrouver l'instinct perdu à travers les âges et la civilisation, et de redécouvrir par l'odorat ce dont le corps avait besoin : une nourriture exclusivement crue, saine, non polluée par la culture, le culinaire, le cuit. Bref, une nourriture « naturelle ». Elle était tentée par cette thérapie. Et le mot thérapie n'était pas trop fort pour elle, car elle balançait entre la « psycho » thérapie et « l'instincto » thérapie. Là, le cru devenait culte. Il convenait de chasser de son corps les mauvaises influences des traditions culinaires familiales, d'éliminer les poisons éducatifs, la contrainte sociale pour retrouver la liberté, l'instinct primitif qui avait fait la survie de nos lointains ancêtres…

D'ailleurs, elle ne savait plus de quoi parler ici ! Elle s'appuyait sur ses papiers pour trouver des sujets de conversation… ou d'inspiration. Elle était bien tentée de penser qu'elle avait eu un cancer « à la place » d'une dépression. Et alors ? Elle lui préférait les fistules anales ou l'hépatite virale. Au moins elle savait ce qu'elle avait ! Ici, elle se sentait comme un « vieux rogaton », et supportait mal de reconnaître son échec. Elle s'en voulait de « pleurnicher » sur son sort, et comprenait les gens tentés d'abandonner. « En plus, je sens mauvais ! » Elle transpirait beaucoup, et avait toujours des diarrhées incoercibles. Affolée comme un lapin, elle sentait des odeurs interdites remonter des oubliettes par les nappes souterraines de son corps, par tous les pores de sa peau.

Elle avait épuisé ses sujets de conversation et se sentait bien près de lâcher prise sur ce divan, de tomber le masque. Elle était tentée de fuir comme un lapin, mais revenait s'allonger comme par une fuite en avant.

J'écoutais, attentive à ce « remue-ménage » dans son corps : la débâcle des eaux qui s'échappaient de partout, la « chasse d'eau » de son rêve ?... Diarrhées, transpiration, larmes oubliées, mais pleurer, c'était pleurnicher. C'est pas beau ! Et transpirer, « çà pue ! quelle chiasse ! »

« Tiens ! Pleurnicher, çà me fait penser à des moments de rage incoercible, quand j'étais toute petite, vers 3-4 ans. Je me souviens d'une scène avec ma mère. Je hurlais de rage, je trépignais. Ça s'est terminé sous le robinet d'eau froide... Une autre fois, je refusais d'avancer. J'étais assise dans la rigole. Après 2-3 douches froides, c'était fini. J'étais devenue sage ». L'eau froide avait liquidé sa rage !

Elle associait soudain ce « çà pue » insupportable, avec le mot « putois ». Putois ? Elle avait un jour lancé à sa mère, beaucoup plus tard, alors qu'elle l'embrassait au petit déjeuner : « Tu pues, toi ! » Et elle s'en était longtemps sentie coupable... Mais elle avait très peu souvenir de s'être mise en colère. Sa rage n'éclatait jamais. « D'ailleurs, c'était impossible chez ma grand-mère ! Déjà, avec ma mère... »

Je lui fis remarquer que cette grand-mère était la seule qui n'ait pas pris forme dans sa succession de personnages... (sinon sous la forme omniprésente d'une « mère symbolique » éternellement grosse, mais absente comme personne réelle, à la place de grand-mère, représentante des générations passées). Elle n'y avait jamais pensé...

Il lui fallut plusieurs séances pour apporter son **modelage de sa grand-mère**. Elle « l'oubliait » chez elle à chaque fois. « D'ailleurs, çà ne m'a pas avancée à grand chose ! » Elle avait repris de la pâte à peindre, blanche, et avait peint le visage en rose et le le manteau bleu. « Ça ne lui ressemblait plus du tout ! Elle ressemblait à un petit ange ! »...ou à une Sainte Vierge ? Elle avait voulu traduire son côté maternel par des bras ouverts. « Elle a quand même été ma stabilité pendant toute mon enfance ! » Elle fit un lapsus tellement énorme qu'elle en éclata de rire : «... Mon grand-mère ! » « Grand-père-mère » à elle toute seule, symbole de stabilité, ou « mère-grand » inquiétante du petit chaperon rouge ? Pile ou face ? Quel était son vrai visage ? Image d'Epinal, Sainte Nitouche, vierge-mère bleue et rose, au visage et à l'apparence d'un ange ?... Mais çà ne lui ressemblait pas du tout ! Sauf qu'on peut débattre à l'infini sur le sexe des anges...

Les boues de la colère remontaient en elle, frayant un passage à la mémoire oubliée. Elle avait la rage à fleur de peau... chassez le naturel... Elle s'était d'ailleurs violemment emportée pour une bêtise, envers un magasin qui n'avait pas en stock ce qu'elle avait commandé au téléphone plusieurs semaines auparavant et qu'elle venait chercher. Elle s'était sentie « traitée pour rien » et avait exprimé sa fureur de façon « mordante », stupéfaite de son audace.

Mais elle devait remonter loin pour retrouver trace de sa violence tarie... Souvenir de colère ravalée à 12 ans, quand l'arrivée du beau-père l'avait envoyée dans le lit de sa grand-mère... Comme une boule dans un jeu de quilles, il l'avait propulsée dans l'horreur de cette masse informe, dans un univers de confusion. Ce mariage avait démoli le fragile équilibre des générations installé entre ces trois femmes. Du moins jusque là, la structure de l'appartement protégeait-elle mère et fille de l'antre de la grand-mère. Elles partageaient la même chambre avec deux lits « jumeaux », séparées de la chambre de « la mère symbolique » par un long couloir de 13 mètres ! Au milieu, les WC...

Par son mariage, sa mère avait repris rang de femme, et remonté d'un cran dans la chaîne des générations. Mais elle avait envoyé sa fille de l'autre côté du couloir, comme le petit chaperon rouge... Au milieu, les WC, une chasse d'eau, piètre frontière. Dans ce lit de « conte de sorcière », ni simple ni double, cette mère-grand débordait de sa chair, son souffle, ses ronflements,...et de son odeur... Son odeur ! Tu pues toi... Elle envahissait l'air et l'espace, chaque nuit. Et sa petite-fille se hérissait à ce contact là, sans que les mots étranglés puissent franchir le seuil de sa gorge. Elle aurait voulu dire, murmurer, hurler. « Pousse-toi !... Tu prends toute la place »... Impossible à dire à 12 ans à la Bobonne ! Bon sang ! Tu pues toi ! Le cri s'étranglait, ravalé avec le souffle coupé. Impossible aussi d'imaginer la présence d'un homme dans ce lit « bâtard », trouble. Où donc aurait-il pu trouver place, ce grand-père touche-à-tout, encombrant et fugueur, ce génie raté ? D'ailleurs qu'est-ce que ce diable d'homme pouvait faire avec Bobonne, une femme-angélique, et qui bien sûr « n'aimait pas çà » ? Impossible à concevoir !

Et pourtant, elle était si grosse... invariablement grosse... Qu'est-ce qui fait qu'on tombe enceinte ? Et qu'est-ce qui fait qu'on sort un jour de cette enceinte là ? La naissance apparaissait comme une sorte de parthénogénèse, de génération spontanée, comme les poupées russes s'emboîtent à l'infini les unes dans les autres. Aucune place pour la différence des sexes. Et puis les anges n'ont pas de sexe, c'est bien connu ! Elle apporta alors le modelage de sa grand-mère. Elle avait effectivement l'air d'un ange, un ange sans jambes, donc sans sexe, évidemment ! Une femme-tronc, rose et bleue.

Elle s'était aussi plongée dans les souvenirs maternels et avait retrouvé des lettres que son grand-père avait adressées à sa femme de Paris, lors de sa « fugue ». Il lui racontait la ville... Il lui demandait pardon pour certaines choses. Alors seulement, elle fit le lien avec l'histoire de Blanche que sa mère lui avait raconté autrefois et qu'elle me raconta alors.

Voilà pourquoi le grand-père Léo était parti à Paris, rejoint par sa jeune belle-sœur Blanche ! La tromperie remontait loin ! Là aussi, il y avait eu du « semblant », dès la mort de l'arrière-grand-mère maternelle. Bobonne, étant l'aînée des quatre filles, et à l'époque jeune mariée, avait recueilli chez elle deux de ses jeunes sœurs. Drôle de famille ! Elle et son fringuant mari avaient joué « papa-maman » avec les petites sœurs. Mais Blanche avait grandi, et la partie avait viré à d'autres jeux... Le désir s'en mêlait, et

Blanche n'était plus une oie blanche ! Dans cette histoire, l'escapade avait été de courte durée. Blanche s'était finalement mariée, pour devenir à son tour veuve sans avoir eu d'enfant. Elle était devenue aussi « un éteignoir »... Sa flamme s'était éteinte à son retour à Bruxelles... Elle avait pour unique compagnie un chat très gros, qui curieusement était « redevenu jeune » à sa mort, comme s'il s'ennuyait avec elle !

En racontant tout cela, Janine L. baillait à son tour, comme ennuyée elle-même de ce qu'elle ramenait à la surface. Une histoire de tromperie, d'inceste, de vol, de bâtard, de déception et d'ennui. Le désir interdit. L'échec des aspirations personnelles et professionnelles. Blanche s'était éteinte. Son grand-père n'avait pas pu « percer » à Paris, sa mère non plus. Il était mort. Elle s'était mariée. Et sa présence à elle signait cet échec, comme un rappel d'évidence, une malédiction.

Percer ? Cela lui évoquait Persée, cette figure mythologique dont elle avait oublié l'histoire. Elle pensait aussi à « violer » et au sexe de l'homme qui perce l'hymen. Et encore au « père qui sait »... Qui sait quoi ? La vérité sur le désir ? Pensait-elle à son grand-père, à son père, à « un Père » ? Comment savoir « la vérité » ? Elle avait percé les secrets d'alcôve de sa famille, ouvert un œil sur les impasses du désir aux générations précédentes. Piètre victoire ! Comment avancer plus loin, réussir là où les autres avaient échoué ? Comment se décoller de ce destin ?... Mais percer, n'était-ce pas aussi « naître », trouer l'orifice vaginal, traverser le col utérin, pour atterrir dans un corps séparé, dans un monde subtil ? Et réussir ? Ne dit-on pas aussi : « Faire son trou » dans la vie ?

Elle était fatiguée, elle avait maigri, mais elle ne sentait plus mauvais. Elle se sentait très seule et très triste. Elle avoua qu'elle s'appuyait sur moi. Mais cet aveu l'inquiétait. S'abandonner, c'était retrouver l'araignée, le risque d'engloutissement, de dévoration. L'araignée ne paralyse-t-elle pas ses proies avec son venin avant de les piéger dans sa toile ? Le filet se resserrait. Salomé s'affolait... Si une tête devait tomber, ce ne serait en tout cas pas la sienne !

Salomé — **Persée** : Deux personnages, l'un mythologique, l'autre humaine. Deux têtes tranchées par leur détermination. D'un côté, celle de Jean-Baptiste, la parole coupée, la promesse suspendue, meurtrie. De l'autre celle de la Méduse, le regard castré, la fascination mortifère empêchée. Et celle du serpent : la bouche castrée, la dévoration interdite, le désir aveugle arrêté. D'un côté la passion destructrice, de l'autre la passion de la justice, l'amour délivré, le regard rendu. De-sidérer pour désirer...

Et Janine L. ? Sa parole l'amenait au-delà de ce qu'elle avait imaginé. En ce point où l'on en a trop dit, ou pas assez. En ce point de non-retour où il lui faudrait prendre parti, se déterminer, conclure. On ne perce pas sans conséquence les secrets de ses ancêtres : c'est la sortie de l'innocence. Elle était à la croisée des chemins. Voudrait-elle se séparer du même, sortir d'une identification aliénante à l'ange sans faire la bête ? Sortir de l'imposture et du mensonge pour inscrire son nom et son désir dans la dette et dans la loi de l'alliance ?

Saurait-elle lâcher la passion de la haine, qui en ce point avait pris le relais de l'ignorance ? Elle accédait à l'arbre de la connaissance du bien et du mal, par ce qui avait entravé la vie dans sa famille. L'analyse lui proposait d'avancer sur ce chemin, sans promesse de guérison en retour, du moins sans promettre que ce mouvement aurait effet magique sur les cellules de son corps. Je ne pouvais qu'espérer que cette parole se fasse trace vivifiante et qu'il ne soit pas trop tard...

5. Au jeu du désir... et pourtant « Krishnou aussi fumait »...

« *Un puits se fore en vous. Avant que n'affleure l'eau claire, attendez-vous à la montée des boues* ».[4]

Le travail reprit après une interruption d'une semaine, en février. Cette fois-ci, elle avait mal supporté mon départ. Elle avait comblé ce manque par quatre jours « d'initiation à l'instinctothérapie » à Bruxelles, dont elle ne souffla mot

---

4. SINGER C., *Histoire d'âme,* Paris, Albin-Michel, 1988.

sinon à travers un rêve avant cette séparation. « Je n'ai rien à dire... juste un rêve pas intéressant... Je suis dans une chambre, au club méditerranée. Je me prépare pour une excursion en bateau de quatre jours. Il faut emporter juste pour quatre jours, pas plus. Or j'ai des tas de bagages, une malle, un sac, et encore des sacs. Je suis en retard, je me dis qu'on va m'attendre. Je ferai le tri après. Il y avait même un maquillage desséché pour les yeux... quelqu'un m'aide à porter tous mes sacs. Elle est gentille ».

Enchaînant sur ce rêve, elle avait alors raconté ses recherches et ses tris dans les malles maternelles, les lettres du grand-père, l'histoire de la tante Blanche et de Persée. Elle m'avait quittée sur cet aveu de tristesse, et sa demande d'appui, au moment où ma présence risquait de lui manquer. Mais elle savait qu'on « allait l'attendre ».

Elle revint fatiguée, et perdue dans ses choix. Elle mettait cette fatigue sur le compte de la nouvelle chimiothérapie. Ses résultats médicaux oscillaient de progrès en régressions et la lassitude commençait à peser sur ses épaules. Que décider sur ce qui serait bon pour elle ? Qui pourrait la convaincre ? L'assurer de guérir ? Elle doutait des médecins. D'ailleurs ils ne disaient rien, sinon de continuer les traitements. Mais jusqu'à quand ? Elle ne fit aucune allusion à son « initiation », mais annonça qu'on lui proposait une semaine d'instinctothérapie en Suisse, avec le fondateur de cette méthode. Seul le prix la faisait hésiter. « Ça coûte cher... Comment décider ? » Elle parlait d'angoisse diffuse le matin. « Quand çà n'allait pas, je m'accrochais à ce que vous aviez dit de la naissance comme poussée, percée, trouée »...

Elle avait bien fait quelques rêves, avec un sentiment agréable, mais qui ne l'avançaient à rien.

a) Dans l'un, elle assistait à une course cycliste, en spectateur. Elle voyait passer devant elle un cycliste, largement le premier. Il marchait près de son vélo, une cigarette aux lèvres, tranquillement. Cet homme l'attirait comme un sur-homme. Surprise, elle l'interpellait : « Et même vous fumez ! » Il la regarda alors longuement et répondit simplement : « Mais Krishnou aussi fumait... » Elle le voyait effectivement comme une réincarnation de

Krishnou, et se sentait en tomber amoureuse. Puis elle voyait arriver un couple de cyclistes, aussi à pied et tenant leur vélo. Elle attrapait ses papiers pour en faire un croquis : « Mais je les croquais en caricaturant le côté déhanché de la femme... Et je dessinais l'homme de façon à ce qu'il n'entre pas dans le dessin ! »

b) Dans un autre rêve, elle essayait une nouvelle collection de robes faites d'un tissu anglais. Elle portait un manteau très léger, où l'on avait mis du plomb dans l'ourlet pour le faire bien tomber ». Salomé, la femme-rapace avait-elle pris corps de femme, charme subtil ? Allait-elle lâcher sa proie ? Avait-elle pris du plomb dans la tête plutôt que dans les ailes ? Elle associait plutôt à un film policier où l'on avait mis du plomb dans le bas de la veste pour pouvoir dégainer plus rapidement !

Elle avait autant de mal à rendre les armes qu'à incorporer l'homme dans le dessin d'une vie... Elle caricaturait le couple. Mais le côté déhanché de la femme lui rappelait le cliché de ses hanches envahies de métastases fleuries, cliché curieusement égaré par le cancérologue. La dérision masquait mal l'angoisse. « Et en plus, je reprends des hormones mâles... Si j'avais de la barbe ? » Le rire se fêlait à cette idée. Et pourtant... faire peau neuve, peau de femme, quelle tentation ! une nouvelle collection de robes légères... un couple... Et Krishnou ! Cet homme l'attirait décidément avec ses cheveux noirs, épais.

Et le vélo ? Elle l'associait à l'époque où elle faisait du tandem avec son beau-père, à la mer. Ils partaient parfois en ballade, râlant l'un sur l'autre parce qu'ils ne pédalaient pas assez fort... Mais c'était quand même un souvenir agréable... Cet homme n'avait pas eu que de mauvais côtés...

Et pourtant... Krishnou allait à pied, comme le couple, comme s'ils avaient terminé la course, renoncé à la compétition. Le plus surprenant était quand même de le voir fumer... Et cette réponse énigmatique, comme une évidence : « Mais Krishnou aussi fumait ! » Alors ? « Krishnou ? J'ai transformé le nom de Krishna. C'est je crois une déesse qui détruit la vie pour le faire renaître...... Mais si je change une femme en homme, ça ne m'arrange pas. Je ne peux pas m'identifier ! » Qui était Krishnou ? L'autre visage de Lucifer ? Tiens !

Elle avait revu Jean, et lui avait parlé de son travail ici, de ses modelages, de sa recherche. Narquois, il l'avait interrogée sur la compétence et l'âge de son analyste. « Je parie que tu ne lui as même pas parlé de nos partouzes... Pourtant, elle a dû en entendre d'autre, si elle est psychanalyste. Le sexe, ils n'entendent que ça... » Non, elle n'avait jamais « avoué » cela, l'eau trouble de la sexualité de groupe, l'indifférenciation, la vase. Une autre vase qu'ici dont elle n'aimait pas se souvenir. Alors le personnage de Jean lui parut effectivement incarner son image de Lucifer, pervers et tentateur. Prince des ténèbres, jouissance sans limite, aveugle et dispendieuse. « Il m'a aussi effrayée en me parlant de ses emprunts bancaires pour rembourser ses dettes. Il recule toujours les échéances et nie ses dettes... Faire un trou pour en boucher un autre, c'est vraiment effrayant... » Et pourtant, elle s'était de nouveau adressée à lui...

Lucifer écartait l'ombre de Krishnou. Mais qui était ce Dieu mystérieux qui l'interpellait en songe ? Longtemps après, à l'occasion de ce travail, je suis allée rechercher à la source le secret de son nom. Cette moisson m'a surprise à mon tour[5].

Krishna : Divinité indoue, surnommée « **Le Noir** ». c'est « le berger d'amour » aux multiples noms. On le représente souvent comme un jeune homme au teint bleu-noir, magnifiquement paré de tous les bijoux d'un roi et des attributs de Vishnu. Il joue souvent de la flûte, entouré de ses épouses. Il symbolise l'amour divin, étant « celui qui attire », un aspect de Vishnu.

Vishnu : « L'immanent ».

Deuxième grande divinité de la trinité brahmanique et hindoue. (Brahma — Vishnu — Shiva). Son rôle est de préserver et faire évoluer la création. Il s'oppose à Shiva, car il représente les forces passives qui font évoluer le monde entre deux créations et destructions. Il représente la Cause interne de l'existence. Certains textes le disent époux de Bhumi : la terre — la prospérité. En attendant chaque

---

5. *Dictionnaire des divinités indoues*, Paris, Laffont, Coll. Bouquins.

nouvelle création, ou « réveil », il se repose, allongé sur le serpent à mille têtes Ananta lui-même flottant sur les eaux primordiales. A chacun de ses réveils, Vishnu engendre la création en utilisant sa propre substance. Au cours de la création, et afin que la Loi divine ne sombre sous l'emprise de forces contraires, il se manifeste sous des apparences diverses, et souvent s'oppose alors à Shiva, à des démons ou à des humains. Il retarde ainsi une nouvelle destruction (ou dégénérescence) de la création, et infuse à celle-ci une énergie « passive » qui permet au monde de survivre.

Shiva : « Gentil — Bon », une des trois divinités majeures.

Sa colère cosmique détruit les démons. Il est considéré comme le Créateur, symbolisant la vie en tant que « consommatrice », et par là même personnifie la mort. C'est le feu intérieur qui brûle les ascètes, et c'est également le temps qui annihile tout et fait œuvre de régénération. Il est la thèse et l'antithèse, l'Alpha et l'Omega.

Moteur du monde sensible, il est l'Amour dans ce que ce concept a de créateur et de destructeur à la fois. C'est pourquoi il est symbolisé par le « lingam », organe sexuel masculin représenté en érection et entrant ou sortant du « Yoni », ou organe sexuel féminin.

Il symbolise les forces centrifuges de désintégration. Il est souvent identifié avec Kala, le temps destructeur. C'est le Seigneur du Sommeil, l'Indestructible.

En tant que Nataraja, « roi de la danse », il danse la création et la destruction du monde au rythme du Damaru, écrasant sous son pied droit le nain difforme Mulayaka, qui symboliserait soit la nature mauvaise de l'homme, ou ses passions, soit le monde phénoménal. On le représente souvent avec un troisième œil sur le front, symbolisant la connaissance parfaite. Il est généralement considéré comme la divinité qui détruit la création afin de la recréer, alors que Vishnu a des aspects plus conservateurs et évolutifs.

Brahma : Première divinité de la Trinité. C'est le directeur du Ciel, celui qui est incommensurable, sans limites, l'Espace-temps, l'Embryon d'or dont l'œuf donne naissance à la création. Il est aussi le grand Prajapati qui gouverne le corps physique irradiant de l'Etre cosmique. Sa couleur est le **rouge**. On le crédite de l'invention du théâtre.

Ainsi, sans le savoir, à travers Krishnou, Janine L. faisait appel à plusieurs divinités à la fois, autant qu'elles l'interpellaient.

Shiva l'encourageait à se laisser entraîner par le feu du désir pour accéder à la connaissance que donne le troisième œil. Il l'invitait à rentrer sans crainte dans la danse des humains-désirants, où la vie cotoie la mort, et à se laisser séduire, attirer par son incarnation humaine en Krishna le Noir, le berger d'amour, le beau jeune homme à la flûte.

Vishnu lui proposait de se laisser travailler passivement dans le silence de son âme et des ses organes, ou plutôt dans un corps animé d'attente, vibrant d'énergie passive, nécessaire abandon à sa reconnaissance dans la rencontre avec l'Autre. Il l'appelait à reconnaître la cause interne de son existence.

Et Brahma le Rouge transcendait Lucifer, l'invitant sur le théâtre de la vie, dans l'Espace-Temps de sa vie de femme.

La vase, n'était-ce pas aussi la fermentation nécessaire à la métamorphose, la pourriture ferment de renouvellement ? C'était aussi le vase sacré des alchimistes, la forme creuse où les choses se transforment dans l'ombre et le secret. Ou simplement un récipient, réceptacle qui reçoit, contient, épouse et donne forme à l'élément liquide, l'eau vitale. Eros, dans le mythe grec, n'était-il pas né du chaos originel, de ce gouffre où demeurait la mort ? Eros, fils de la nuit et de la mort, fils de Poros et de Penia, de l'ombre et de la pauvreté, du mystère et du manque absolu... Et si Krishnou aussi fumait ?

Janine L. assistait à l'irruption brutale et imprévue sur la scène de sa vie d'un Dieu inaccessible redevenu humain, une réincarnation au pouvoir d'attraction irrésistible, un homme aux cheveux noirs. Elle avait imploré Krishna, la Déesse-Destruction pour lui permettre de survivre à elle-même, et voilà que surgissait à sa place Krishnou le Noir, qui la touchait au point vulnérable dans son désir étouffé de rétablir du « nous », de l'être ensemble et de la différence, dans l'union entre le masculin et le féminin.

Mais si Krishnou fumait... Elle sortait du manichéisme du Bien et du Mal, ange ou démon, mâle ou femelle, Mal absolu ou mère symbolique impavide. Et si Krishnou la séduisait quand même ? Elle se sentait tomber amoureuse...

Troublante, fascinante et dangereuse perspective ! Car si elle transformait la déesse-dévorante en homme-dieu séduisant malgré, avec son phallus, alors elle ne pourrait plus s'identifier à la première, dans la même passion dévorante et castratrice. Elle se surprenait à désirer l'Autre, au lieu de le liquider... Et elle se rebellait, troublée...

6. Conclure ?... trop tard !... ? Mais Renoir ?

« Première chose ! lança-t-elle à peine allongée. Cette fois, j'ai rêvé de vous ! » Et sa voix ironique me provoquait sans fard.

« Vous étiez à une sorte de guichet, avec d'autres. Il y avait la queue. J'arrivais à 11 h 3/4. J'attendais au moins 3/4 d'heure ou 1 h 3/4. Vous receviez quelqu'un d'autre. Et quand c'était mon tour, il était trop tard. Vous ne vouliez plus me recevoir ! Et vous refusiez de me donner un verre d'eau que je vous demandais, contre 1 franc que je vous donnais. C'était comme du schweppes, de l'eau pétillante.

Alors je lançais la pièce par terre, et je me disputais très fort. Et je partais en criant : « Vous pouvez toujours m'attendre lundi matin ! » Et je me disais, une fois partie : « Et bien ça y est ! Je me suis bagarrée... Je suis partie ! Et j'étais bien embêtée... »

...Mais en réalité, je ne vous en veux pas, ajouta-t-elle aussitôt... C'est l'analyse qui est dure ! »

Par ce rêve, me donnait-elle à entendre que l'affaire était déjà conclue ? Je lui avais refusé l'eau pétillante, les bulles de champagne de la vie. Elle rencontrait la vase, la montée des boues, et le surgissement du désir, elle se découvrait femme, une parmi d'autres... Et Krishnou aussi fumait. Séance après séance, elle avait attendu de recevoir « cela », d'être reçue dans cette demande là : le schweppes. Et voilà que je le lui refusais... Je pouvais toujours l'attendre à mon tour ! Juste retour de la monnaie de ma pièce, l'absence répondant au manque ! Mais l'eau qui pétille n'est pas l'eau du désir, ni l'eau nécessaire à la vie. Et le « franc » qu'elle donnait en échange avait-il valeur réellement symbolique ou dérisoire ? Ce franc qu'elle rejetait avec rage... Franc-maçon, français du midi, franc-tireur ? ou bien aussi Krishnou ? En échange de quelle tête troquait-elle sa vie ? Il est des destins qui se jouent sur un coup de dé, une pièce lancée en l'air. Pile ou face ? Entre le temps du lancer et le temps des retombées, il est déjà trop tard. Le destin a tranché. Ce rêve en était-il l'avertissement ? Et pourtant... « Vous pouvez toujours m'attendre... ».

Elle m'annonça aussi qu'elle s'était inscrite à cette semaine d'instinctothérapie en Suisse, à la suite des quatre jours d'initiation dont elle parla alors. Ils l'avaient convaincue de poursuivre. Je lui rappelai que sa place lui restait gardée ici, que je l'attendais quoi qu'elle fasse, le signe tangible en étant le paiement des séances. Ces paroles engendrèrent une explosion de colère : « Je n'ai pas assez d'argent pour les deux. Or j'ai essayé cette méthode, ça a l'air d'aller mieux. D'ailleurs on m'a dit que des gens ont guéri avec ça... Et personne n'a guéri avec la psychanalyse !... Et puis j'ai été voir la radiesthésiste, il faut que je la paie. Et je dois aussi payer ma femme de ménage, c'est le prix d'une séance ici, et je n'ai pas le temps de tout faire ! »

Combien de personnes lui faudrait-elle payer pour « guérir » ? Et Payer cher ! Payer pour sa vie, oui. Mais payer pour être attendue ? Payer pour rien, sinon un lien de présence-absence ?

Je l'écoutais en silence. Sa colère se tarissait peu à peu. A force de vomir les mots, la rage s'estompait... Je repris seulement la vase, Krishnou et son travail ici qui était de nommer les ombres, de se laisser travailler par ses rêves et se laisser mener au plus secret de son désir. Elle avait le choix. Si elle s'absentait une semaine, je l'attendrais. Au retour, je serai là. Elle décida de continuer quand même. Elle ne voulait pas renoncer à l'analyse. Mais pour combien de temps ? Jusqu'à quand pourrait-elle jouer sur les deux tableaux ? Ne m'avait-elle pas avertie qu'il était quand même trop tard ?... Mais au fait, trop tard pour quoi ? Désirer, manquer, attendre, faire la queue, être attendue ? Recevoir, être reçue ? Se disputer, partir, attendre du schweppes, un franc... » Vous pouvez toujours m'attendre... J'étais bien embêtée »...

Durant les séances suivantes, qui se révélèrent les dernières, la tension se resserra avec l'urgence de conclure. Elle semblait s'engager dans deux voies divergentes et contradictoires à la fois. Plus elle pénétrait dans les zones obscures de son être pour y discerner l'obscur objet de son désir, plus elle semblait s'en détourner, en une sorte d'autodestruction acharnée. Elle se coupait des fondements symboliques mêmes qu'elle s'occupait à mettre en place.

Mais au-delà de cette évidence, peut-être, sans doute devait-elle éprouver leur capacité de résister et survivre à sa pulsion destructrice pour ré-concilier enfin en elle l'inconciliable, renouer enfin la vie avec la mort, la haine avec l'amour, le temps avec l'éternité, le désir avec le manque, et son nom avec ses racines.

Après cette séance explosive, elle s'était sentie mieux, moins fatiguée, et se demandait s'il fallait mettre ce mieux au compte physique ou moral... Elle se sentait soulagée d'un effort de volonté, mais ne savait par quel bout continuer.

Krishnou l'amenait à s'interroger sur Dieu. Elle ne pouvait l'imaginer que comme une intelligence cosmique, anonyme qui ne pouvait s'intéresser à un petit être humain comme elle. Ou alors comme « le grand superviseur ». Pour sa part, elle se suffisait à elle-même, créateur et création, originaire de sa propre vie. Mais Dieu Père ?... Par contre, dans son travail de kinésithérapeute, là elle se mettait en place de Dieu et voulait faire marcher ses clients. « Je ne supporte pas le non-désir de vie ! ». Elle avait pourtant ressenti un élan spirituel quand elle était enfant, vers l'âge de dix ans. Elle cherchait Dieu et rapportait des tas de livres religieux à la maison. « J'étais furieuse contre mes parents qui ne croyaient pas en Dieu ! Et puis çà m'a passé » Tant de choses lui avaient passé depuis, qui lui revenaient à présent... Elle ajouta pensivement : « Mon grand-père, lui, aurait pu me répondre. Il était franc-maçon. Il était très orienté vers les questions religieuses ». Mais le grand-père avait disparu dans la trappe de l'absence, lui qui cherchait aussi l'ombre d'un père dans les « loges » maçonniques... Un père, ou l'ombre d'un commandeur ? Et comment des « parents », mère-fille-sœurs-jumelles sans homme, auraient-elles pu faire place à Dieu ? qu'il soit Père, Fils ou Esprit ? La « mère symbolique » impavide bouchait toute question.

Pour contourner la chose, elle était allée chercher Lucifer pour imaginer Dieu à son tour. Lucifer, l'ange des ténèbres, et puis Krishnou le Noir, celui qui attire.

Krishnou... Ce rêve l'avait décidément plus impressionnée qu'elle ne pensait ! Elle se souvenait parfaitement de son visage... « La peau lisse, bazanée, et les cheveux tirés, très noirs... Il avait la peau jeune, pas frippée comme moi... La peau tendue comme un fruit... Ce n'était pas une image de père. C'était une image dont je pouvais tomber amoureuse ». Le père, c'était comme Dieu : au mieux, l'anonymat, l'indifférence. Au pire, la gestapo, la police de la mort. Elle pouvait seulement concevoir les forces du Bien et du Mal à l'état brut, mais pas une conscience personnalisée, et encore moins un désir orienté, un regard porté vers elle.

... Mais alors, d'où s'origine la Vie ? De la vase ? Du grouillement des cellules ? « C'est la question du sens... D'où je sors... ma mère a voulu laisser faire »... La vie... la chance ? Plutôt le hasard et la nécessité. Mais le hasard l'inquiétait dans son interférence aveugle avec le vivant... quant à la nécessité... à quelle force aveugle obéissait-elle ?

Il lui arriva justement « par hasard » un accident de voiture. Bien sûr elle avait la priorité, s'empressa-t-elle de me préciser. Elle était absolument dans son droit. Mais pas de chance, une femme lui était rentrée dedans, et avait démoli sa portière !... Elle avait pourtant absolument besoin de sa voiture pour partir à cette semaine d'instinctothérapie !

Elle avait aussi assisté à une journée Balint sur les maladies rhumatismales. Un psychanalyste y avait parlé de Renoir de façon étonnante. Renoir avait présenté très jeune des problèmes rhumatismaux, au point de devoir se déplacer en fauteuil roulant. Sous la pression familiale, il avait suivi une rééducation de kinésithérapie. Après quelques mois, il avait un jour réuni toute sa famille, et devant leurs regards stupéfaits, il s'était levé pour faire lentement, péniblement, le tour de la pièce, et revenir dans son fauteuil. « Voilà ! Vous avez vu : j'ai marché ! Mais je ne le ferai plus jamais ! Cela me prend trop d'énergie. Et je n'ai plus d'énergie pour peindre... »

Cette histoire de renoncement l'avait touchée au vif. Renoncer pour renaître... Renoir aussi avait dû choisir...

Elle-même était prête à renoncer à sa chère « gourmandise » pour guérir par l'instinctothérapie. « Mais je craque au moins une fois par jour, et je m'en veux !... Si au moins j'étais sûre... » Elle aurait tant voulu être convaincue sans aucun doute, sans risque de se tromper, ou d'être trompée ! Suivit un long silence...

Guérir... oui... Et créer ? Renoir... renoncer pour créer... Elle aussi, sa création artistique était en panne, comme sa voiture.

En panne pour écrire son histoire à trois personnages : Jean, sa femme et elle. Elle avait terminé la première partie, où il s'agissait de raconter une histoire. La seconde partie l'attendait, beaucoup plus ardue. Il fallait se risquer dans des profondeurs pas claires, pas évidentes, et conclure... Mais comment conclure ? Elle était en panne physiquement ! Ne sachant si elle allait guérir, comment décider la fin de l'histoire ? Elle avait juste confié son texte à un professeur d'université pour en juger la qualité littéraire...

En panne pour dessiner. Elle continuait les cours à l'académie le samedi, avec un professeur exigeant et stimulant, un homme très fort. Elle lui avait soumis une proposition de dessin qu'il avait encouragée comme une idée intéressante. Elle avait alors demandé à une amie de lui raser les cheveux pour lui faire une tête toute lisse. Avec un système de miroir, elle voulait se dessiner de profil, le crâne rasé, tout en regardant dans le miroir son visage de face et guéri... Mais impossible d'avancer. Elle se sentait paralysée, assise entre deux chaises... Elle allait « prendre la clef des champs le temps de cette semaine d'instincto »... Elle y emporterait papiers et crayons. Là, elle aurait le temps, et qui sait, l'inspiration reviendrait.

Elle revint une fois avant son départ. Sa voiture réparée provisoirement, elle pouvait donc partir et emporter tout son matériel. Elle était contente de cette fugue et s'accrochait à cette idée d'instinctothérapie. Là, elle serait prise en main, pour un mieux :

« Je ne vous avais pas dit ? J'ai vu une voyante. Elle désenvoute les maisons. Elle a dit que j'aurai des graves problèmes de santé, pendant 8-9 mois, et qu'à Noël ce serait fini... Son mari l'a présentée en disant qu'elle était devenue voyante après la mort de son bébé »... Étrange prédiction !

Neuf mois, la naissance, la mort, le désenvoutement... Noël... Elle songeait de nouveau à Renoir.

...Renouer... séparer... recréer... Renoncer pour créer. Relier...

Elle me demanda en partant si elle pouvait mettre cette séance sur « la liste noire »... ? Lui permettre une dette, car elle n'avait pas de quoi payer.

Liste noire ? « C'est comme au tableau noir, en classe. On inscrit nos péchés, on allonge la liste... Ou au bistrot, sur l'ardoise. On boit, on paie à la fin du mois... Mais il faut quand même payer... Je n'aime pas faire des dettes ! »

Inscrire les péchés... La gourmandise, la soif de vivre, péché véniel ? ou mortel ? Et reconnaître la faute en remontant le fil de l'histoire, la liste des générations précédentes, et pas seulement la sienne ? Péché mortel ? Reconnaître le dérapage de la faute qui s'inscrit de génération en génération, comme une maille qui se détricote, comme un dé-chainement symbolique, Péché mortel ? Inscrire un défaut de structure provoquait-il un déchaînement de haine, au moment où il était question de se désenchaîner de cette chaîne là ?

Quelle faute était donc tracée en lettre de feu sur l'ardoise familiale, et passible de mort ? Désirer, jouir, appeler l'Autre ? Partir ? Se séparer ? Et créer donc ! Il faut quand même payer un jour...

Au moment de partir, Janine L. demandait — acceptait une reconnaissance de dette à mon égard.

Pour du semblant ? Ou pour effacer le tableau noir d'un revers de manche. Passer l'éponge... oublier...

Mais au jeu du désir, la question de la dette prenait un sens lourd de conséquence. Ces francs là risquaient de peser lourd, symbole d'une présence-absence reconnue, d'une permanence de lien. Et moi, pourrai-je supporter de l'attendre ? Et de manquer d'argent réel pour être reliée par une dette ? Trop tard ? Je l'ignorais. Mais je pouvais relever ce pari là. Depuis le premier jour, elle savait bien qu'il était une demande de sa part à laquelle je me refuserais toujours de répondre : Celle « d'être convaincue », absolument. De même qu'il n'était pas en mon pouvoir de lui promettre d'« être guérie ». Je ne pouvais que l'espérer et mettre en place les conditions de la re-création, celle qui passe par la demande, le manque et la séparation pour se relier autrement.

Être convaincue... Cette formule avait le relent bien connu de la fascination-séduction-répulsion, et le visage de l'aliénation.

Se laisser embobiner dans la toile... Elle connaissait la chanson ! Restait le passage de la forme passive à la forme transitive et active : Entre le « Ils m'ont convaincue » et le « J'ai la conviction que », « je suis convaincue de »... il y a tout le poids de la décision. Celle-ci ne peut être que solitaire. Renoir la précédait. Et Krishnou aussi fumait... Alors ? Renoncer... Renouer... Recréer... Se relier... Se séparer... La liste noire. L'enjeu se précisait avec l'urgence qu'installe la dette de reconnaissance. Mais au jeu du désir, les dés sont souvent pipés. Trop tard ?

7. De la liste noire... à la flûte de Dieu... Mais l'araignée ?

« Mourir, la belle affaire !
Mais vieillir... oh ! vieillir ! » Jacques Brel.

Janine L. rentra fatiguée et amaigrie de cette semaine d'**instinctothérapie**. Elle se disait très contente, même si « çà n'était pas du tout cuit ! Vous savez, çà n'est pas du gâteau ! » Elle avait commencé par deux jours entiers de « cours », à l'issue desquels elle avait été « convaincue » du bien fondé de cette méthode. Elle avait suivi consciencieusement les indications, avalé tout cru les cours et les recettes : des herbes pour éliminer et rétablir les échanges entre les cellules, de la « casse » et de la « caroube ». Cela avait provoqué d'énormes diarrhées, mais grâce à ce traitement purgatif, ses selles, urines et transpiration avaient enfin changé d'odeur ! Elle ne sentait plus mauvais comme avant ! De vraies odeurs de bébé !

Et pourtant, ce n'était pas du gâteau ! Elle s'était sentie vieille là-bas, vieille et fatiguée. Et puis bourgeoise dans son besoin de calme, d'espace et de douche. Trop fatiguée pour nager, et participer à la vie de groupe, comme dans un paradis terrestre où elle ne pouvait prendre place et plaisir... Trop tard ? Trop lasse surtout pour dessiner et peindre. « Ça prend trop d'énergie, j'étais vidée »...

...Vieille et si seule parmi tant de monde. Une vraie cour des miracles où l'espoir donnait des ailes aux éclopés, souffreteux, cancéreux de tout bord...

Et pourtant, tous ne guérissaient pas là-bas... Un homme était rentré chez lui pour mourir deux jours après, lui avait-on dit. Une seule chose l'avait émue aux larmes : le spectacle d'un vieux couple. Tant d'amour circulait dans leurs gestes et leurs regards. Tant de sagesse aussi, comme s'ils n'avaient pas peur de mourir. Tant de sérénité la remplissait d'émotion, de respect, et d'étonnement. Comment était-ce possible de vieillir aussi paisiblement ?

Elle me parut convaincue, c'est-à-dire vaincue, intoxiquée et désespérée, d'un morne désespoir. Convaincue, c'est-à-dire déterminée à poursuivre « la méthode » à son retour, pour apprendre à retrouver le bon instinct, « l'instinct de vie » : renifler ce qui serait bon pour son organisme. Convaincue, c'est-à-dire vidée de toute autre ambition. Elle avait rapporté des caisses de nourriture spéciale, « une vraie fortune », pour avoir des provisions devant elle. Car elle se méfiait d'elle-même, et de sa vilaine gourmandise.

« Au début je n'étais pas sage, je voulais goûter de tout... Les yeux plus gros que le ventre, ma fille ! » Elle avait dû discipliner son regard et exercer son odorat. Ses efforts avaient porté fruit. Enfin, elle ne sentait plus mauvais ! Elle avait réussi à traquer les mauvaises odeurs, chassé le mal jusqu'au moindre repli de son corps. Mais elle avait encore du mal à reconnaître les « bonnes odeurs » et se surprenait à rêver aux effluves de plats mijotés ou au spectacle d'un gros choux à la crème ou d'un éclair ! Pourtant l'enjeu en valait la chandelle : Eliminer, casser, cesser de puer, retrouver l'instinct et le naturel, voilà des termes bien connus et rassurants !

Et pourtant... Obéissante Janine ! Sage, sage Janine... Éliminée la colère, éliminé le mal ! Mais cassée aussi son impétuosité ? Éliminé le « mâle » ? Sage, sage Janine... Retrouvé le Naturel ! Mais éliminé l'art, épuisée la création ? Disparues les mauvaises odeurs d'un corps de femme !

Retrouvée l'odeur de bébé ! Mais rognées, les ailes du désir, balayées les effluves de l'Autre ?... Lasse, si lasse Janine...

... Je lui rappelai son projet. Elle m'expliqua ses jeux de miroir. Elle voulait se peindre en se regardant dans un miroir à trois faces. Un visage de profil, en noir et blanc, le plus grand. Elle aurait peu de rides, un peu moins que pour du vrai. Sur l'autre visage de face, tout petit et en couleurs, elle aurait vingt ans... A s'entendre parler, sa voix s'animait un peu. Elle se reprenait au jeu. Mais elle repartirait en Suisse dans trois semaines. C'était décidé.

A son assurance répondait mon souci. Mon inquiétude croissait devant cette cure d'instinct implacable et cette intoxication absolue : un vrai lavage de cerveau et de corps. Il fallait avaler tout cru la parole du gourou, chasser le « mal » de soi, éliminer le culturel, retrouver le naturel. Aucune place ne restait pour le doute, la contestation, la remise en question. Aucun recoin pour la parole du sujet, ou même pour l'ambivalence, la dualité des forces de vie et de mort à l'intérieur de soi, amour et haine se côtoyant et se confrontant en une tension féconde. Encore moins pour la colère ou la rage. La rage de vivre occupait le territoire ! La preuve de l'efficacité de ce traitement ? Les bonnes odeurs, saines, asexuées, stérilisées, de la merde stérilisée ! Chassées à tout jamais les odeurs de Putois ! Le signe d'une défaillance de traitement ? Les mauvaises odeurs réapparaissaient au moindre écart, trahissant le coupable au nez de tous ! Tu pues, toi ! Mais si le corps même vous trahit, où cacher la révolte ?

Les dernières séances furent marquées de cette oscillation. Ici aussi, se sentait-elle tenue de se montrer bonne élève, d'apporter ses dessins en les soumettant à mon jugement et mon approbation ? Ou bien « sentait-elle » trop bien le risque de se prendre au jeu, de prendre trop au sérieux le matériel surgi de son élaboration inconsciente ? de prendre trop sa question à la lettre ? Trop tard ?

Elle apporta une esquisse de son tableau, avec tout son dossier de dessins. Elle avait tracé son propre profil au fusain en noir et blanc, et ce profil ressemblait étrangement à celui de son père esquissé par la main maternelle. En face, dans la glace, elle s'était représentée à vingt ans, en beaucoup plus petit, jeune fille-fleur au milieu d'un miroir-soleil, très coloré. Et le tableau du fond ? « Oh ! C'est une petite fille naïve. Mais je n'y accorde aucune importance ! Je me suis dessinée chez une amie dans le triple miroir de sa salle de bain. Comme le miroir reflétait aussi la chambre à coucher, j'ai aussi dessiné le lit et ce tableau accroché au mur. Cela faisait partie du décor. C'est tout ».

Elle se souciait seulement de savoir comment renouer les deux premières images. 20 ans, l'âge des illusions perdues, de sa première chute amoureuse... 60 ans, un visage ridé, désabusé, malade. Mais ce profil, c'était aussi un visage purifié, comme celui d'un moine boudhiste, la peau lisse... Comment pourrait-elle renoncer, elle, au plaisir immédiat, à son appétit de jouissance, à la vie ?

Je lui rappelai Krishnou... Lui aussi fumait. Ce surhomme réincarné en homme n'avait pas renoncé à tout, peut-être seulement à la perfection imaginaire. Et je lui rappelai le profil paternel transmis dans l'héritage maternel.

« Tiens ! C'est vrai... Il y a une ressemblance ! Je n'avais pas remarqué. Mais c'est vrai... J'ai le nez un peu busqué... Moins long que lui quand même ! » Et elle s'exclama, stupéfaite : « Vous croyez qu'il peut y avoir un lien ? ».

Lien de ressemblance physique et génétique, sans doute. Mais le lien impossible entre les deux images d'elle-même, celle de ses vingt ans et celle de ses soixante ans ne passait-il pas par une troisième, celle de la petite fille du tableau, si longtemps « naïve » sur les secrets de la chambre conjugale ? Secret si longtemps interdit, secret de couple et secrète origine. La scène primitive, si longtemps écartée, venait de rentrer par mégarde et par nécessité dans son « dessein », comme une partie prenante du « décor », comme une évidence incontestable et indicible.

L'enfant naïve n'était plus « innocente ». Mais que faire à soixante ans de ce savoir là ? L'équivoque de l'image préservait le mystère, et lui laissait le risque, le droit, et la chance de conclure, en son nom. Trois images d'elle-même, trois questions à trois âges clefs...

L'identité, le désir, le renoncement. Trois appels à l'Autre incarné : le couple parental, l'homme, Dieu, le père ? Trois questions jusque là sans réponse : la fécondation, la fécondité, la transmission : de la vie et du nom. Des gènes et de la parole. De la nature et de la culture. Et le mystère du désir qui aurait pu circuler quand même dans cette drôle de famille entre un père esquissé et une mère étoilée. Comment la petite fille naïve pouvait-elle entrer, à soixante ans, dans cette circulation de désir ? Trop tard ? Pour conclure, ou être convaincue ?

La question restait en suspens... Elle me signala qu'une amie l'avait de nouveau convaincue d'assister à des séances de méditation. Mais elle se sentait hypocrite. Elle n'y croyait pas à fond ! Une fois de plus, le tout et le rien revenaient en force. Ou bien acquiescer et se soumettre avec une conviction sans faille à ce que l'autre lui proposait, ou bien claquer la porte dans la révolte absolue pour sauver sa peau ou plutôt son moi, sa parole, son « Je ».

De nouveau aucun espace pour le jeu, le doute, la réplique, pour dire « Je », quitte à se séparer... « Oui, vous avez touché juste. Vous avez mis le doigt sur la mauvaise élève en moi ! » Au coin la mauvaise élève ! Au tableau noir, ses péchés, ses questions. Et l'instinctothérapie ? « Oh ! là ! Je suis beaucoup plus réticente. Je vais faire l'essai pendant trois mois. Mais je suis tellement fatiguée ! »... Un essai qui lui coûtait cher, et son poids de chair... Je lui rappelai Renoir. Pour décider et créer, il faut parfois choisir. Une certaine réserve d'énergie devait rester disponible. Elle ne pouvait se permettre de dépasser un certain seuil limite, sinon le sort choisirait pour elle.

Chassez le naturel... Cette séance avait-elle réouvert un espace de liberté avec le procès en suspens ?

Elle arriva les mains vides à la séance suivante et attaqua de front. Une expertise avait eu lieu pour l'accident et elle resterait sans voiture pour une semaine. Il était « exclu » de venir jusqu'ici ! Si elle devait payer, elle avait décidé d'arrêter. Elle n'avait plus envie d'obéir et refusait de creuser sa dette. Je l'avais beaucoup aidée, merci. Mais elle pouvait se débrouiller seule. Son but à présent était de retrouver le plaisir de vivre, comme un animal, et d'être bien dans sa peau. Pour l'instant elle avait perdu son énergie vitale et se sentait impuissante à créer. Son esquisse lui plaisait bien, pourtant : « Mais je sais que je ne dessine pas assez bien pour que ce soit reconnu officiellement ! Et puis, dans le tableau, peu importe qui c'est. Je m'en fiche de savoir si çà me ressemble ! »

L'enfant naïve se rebellait, touchée au vif. Elle n'était plus innocente. Mais la vieille femme s'épuisait... Elle parlait comme si l'urgence lui venait enfin de réagir, d'entrer dans le temps de la colère et de la séparation au dernier endroit possible. De cette tempête émergeait aussi un désespoir acharné, dont elle semblait ne pouvoir ni ne vouloir se décoller. Deux mots implacables lui barraient la route : « Trop tard ! » Jamais elle ne serait reconnue officiellement. Elle dessinait trop mal. Elle avait vraiment perdu les illusions de ses vingt ans : « J'ai même perdu l'espoir de rencontrer un homme qui me reconnaisse »...

Alors je suis intervenue, énergiquement, passionnément. Ce n'était pas l'instinct qui lui manquait ! oh combien ! Mais de se reconnaître l'autorisation de vivre légalement, de sortir de l'anonymat, de la doublure et de l'hors-la-loi. Ce n'était peut-être pas les raisons de vivre qui lui manquaient, elle en avait toujours trouvé, mais le droit à vivre et désirer, celui qui se transmet et se reçoit dans une structure de générations. Sortir de l'anonymat de l'enfance naturelle, c'était se reconnaître fille de Marcelle L. et de Maurice E., quoi qu'il arrive. Et signer ses œuvres de son nom, quel que soit le temps qui lui reste à vivre.

Encore fallait-il prendre ce que sa colère revendiquait, son nom, son héritage, peut-être faire fructifier ses talents. Encore fallait-il rentrer dans son histoire pour se l'approprier, y prendre place de femme, vivante et désirante, même si « imparfaite ». Krishnou aussi fumait. Cela, personne ne pouvait le lui imposer, le lui faire avaler de force, et surtout pas moi, même si je désirais ardemment qu'elle vive. Elle pouvait partir, mettre fin à nos rencontres. Mais je ne pouvais que lui dire mon inquiétude devant le règne de l'instinct et les conséquences pour l'avenir de son être. La rage de vivre n'éliminait pas tout mal, ni la mort. Elle laissait en suspens la question du désir, du manque et de la dette.

Elle écoutait, étonnée de cette « violence », et comme apaisée. La colère était toujours restée hors-temps pour elle, interdite de cité.

Voilà qu'elle rentrait dans le temps de ce travail. Mais le temps pressait... Elle me fit part de son inquiétude pour sa santé, avant de partir, pensive : « Parce que j'ai beau dire, je vais avoir les résultats d'analyse lundi en huit. Et j'ai beau dire que je m'en fiche, si c'est mauvais... »

La séance suivante fut la dernière de son travail, avant de reposer son ultimatum. Elle n'avait pas encore eu ses résultats médicaux. Elle apporta un **dernier dessin** sur une très grande feuille de papier cartonnée.

- Au milieu, le profil de son père, recopié d'après le tracé maternel « mais seulement un peu caricaturé ».

- En haut à gauche, le même visage de père, imaginé de face, avec ses commentaires écrits : « menton volontaire, une fossette au menton, humour, très grand » (comme vous ?) oui, comme lui... ou comme ma grand-mère ! Elle était très grande aussi, alors que mère et grand-père étaient petits. (pourquoi « ou » et pas « et » ? L'héritage vient des deux côtés...).

- En bas, « un père présent-absent » qu'elle avait « ombré ».

- Au centre à droite, le couple de ses parents comme elle le voyait. Lui très grand, elle toute petite, nue. Il lui entourait les épaules d'un bras, l'autre esquissait un mouvement vers elle, comme dans le couple du paradis perdu du début.

Elle reparla alors de sa mère, s'étant replongée dans des époques oubliées en relisant lettres et documents : Elle avait vingt ans. On disait qu'elle avait les plus jolies jambes de Paris... Elle a connu les plus grands, mais elle est passée à côté sans les voir. Elle n'a pas su les reconnaître. Elle évoluait dans les cercles au-dessous. Elle n'avait pas eu assez d'ambition et s'était contentée de caricaturer la vie et les gens pour les journaux, sans les connaître vraiment. D'ailleurs ce père n'était pas un artiste. Il était dans le commerce. Elle ne lui avait peut-être pas accordé de place ni de regard et n'en avait dit mot à sa fille. Et finalement, elle n'avait pas exploité ses talents, elle avait choisi la respectabilité. «... Mais on a quelque chose en commun. Elle s'est laissée mener par la vie. Moi aussi ! J'ai des tas de talents en friche. La vie m'a menée. J'ai fait des choses intéressantes. Mais j'ai gâché mes possibilités... » (et maintenant ?) « oh ! maintenant, il est trop tard... ».

Comme Krishnou, abandonnait-elle la course de la vie, la course à la perfection immortelle ? Et comme devant le couple, sentait-elle qu'il était trop tard pour faire rentrer l'homme dans la réalité de son dessein, de son projet de vie ? Elle entrait dans le temps des bilans, bilan d'une vie, la sienne, le temps des pertes et des profits sur l'ardoise. Mais qui écrivait sur l'ardoise ?

Et le « **père présent-absent** » ?

Oh ! Lui ! Elle l'avait « ombré ». Mais elle n'était pas contente. Elle avait **trop** dessiné le bras. (Il est trop présent ?) Oui. Elle ne savait comment le représenter au départ. Alors elle l'avait assis, les jambes croisées, un bras sur le genou. Et il fumait ! Un homme pensif... un bras hésitant, une cigarette... Un père sorti du néant de son histoire, sorti de l'ombre maternelle. Elle avait passé soixante ans à n'en rien vouloir savoir puisqu'il n'avait pas voulu d'elle. « Pourtant il avait proposé de payer mes études... Il n'y croyait sans doute pas ! Mais ma mère a eu peur : elle s'est dépêchée de rentrer... » De peur qu'il ne tienne sa promesse ? Sa reconnaissance de dette ?

Risquait-il de devenir trop présent, ce père absent ? « En tout cas, ma mère elle, allait jusqu'au bout de ce qu'elle avait décidé ! Et cela, je l'ai hérité d'elle ! » C'est alors qu'elle reposa son ultimatum en en sachant d'avance l'issue.

Ainsi nous abordâmes la dernière séance de ce travail, la fois suivante. Elle reprit la question là où elle l'avait laissée, munie d'un livre dont elle ne souffla mot de toute la séance mais dont le titre étalé à ses côtés rappelait la présence-absence : « **La flûte de Dieu** ».

Son ultimatum remettait la « décision » entre mes mains. Elle rejouait la scène de son rêve, et répétait ses arguments obstinément, sourde à toute interprétation, comme pour provoquer une coupure nécessaire. Je pouvais toujours l'attendre... Elle refusait catégoriquement de payer « pour rien ». Ce jeu de présence-absence ne rimait à rien. « D'ailleurs, je suis fatiguée, et j'en ai marre de chercher un père ! Et puis je me sens plus forte que la semaine passée, plus solide. Je peux enfin m'opposer. Et mes résultats sont meilleurs ! Vous aussi êtes très forte, et je suis bien tombée.

Je le dis toujours quand on me demande si je suis contente de ce travail. Mais je retrouve l'araignée et je ne me laisserai pas faire ! D'ailleurs, j'ai déjà prévu un rendez-vous avec une cliente à l'heure prévue ici ! » Sa décision était prise et bien prise !

Je pris acte de cette décision, tout en lui signifiant mon désaccord, et mon souci de son avenir. Mais si elle en avait marre de chercher un père, ne me signifiait-elle pas aussi qu'elle l'avait peut-être déjà trouvé et que la décision de l'aveu lui en revenait à elle seule, dans le secret des cœurs, ou même le secret de l'inconscient ?

Si elle remettait en scène l'araignée au lieu du transfert n'était-ce pas pour s'en séparer définitivement ? S'arracher à l'emprise mortifère d'un lien de corps par un acte de rupture, tout en gardant un lien de dette ?... la liste noire... garant d'une présence-absence symbolique,... d'une séparation reconnue, « pardonnée » et d'un désir autorisé de vie. Le reste était de l'ordre de son intime conviction, ce qui était bien autre chose que la pente naturelle de son instinct. La flûte de Dieu ne s'écoute-t-elle pas en silence ?

Elle se leva en me regardant droit dans les yeux, d'un air de défi amusé, agressif, et amical à la fois : « Je suis vraiment emmerdante n'est-ce pas ? Je vous embête ! ».

« Oui ? Mais si l'araignée était morte en fin de compte ? »... Elle ne répondit rien, étonnée. « Ceci n'exclut pas mon souci de vous. Et je vous souhaite bonne chance mais je vous attendrai lundi, bien que j'entende votre parole. Vous me confirmerez ainsi votre décision par votre présence ou votre absence de fait ». Quant à la dette de la liste noire, elle m'assura qu'elle avait bien l'intention de la rembourser, mais elle me demanda le temps pour le faire, dès que possible. Dès qu'il serait possible de vérifier que quelque chose pouvait survivre à cette « haine-amoration », si l'analyste pouvait supporter le manque par son absence ? En réponse à cette séance manquante, elle m'envoya une lettre de trois pages dont le verso de la première et toute la seconde étaient restées totalement blanches... Seules la première page recto et la dernière verso étaient écrites, où elle reprenait ses protestations devant le contrat « impossible » de l'analyse, et l'injustice de cette règle thérapeutique dont seule l'analyste était la bénéficiaire... » Heureusement, c'est vous-même qui l'avez dit à peu près, si j'ai bien compris, qu'il y a toujours deux aspects à une chose, un positif et un négatif, et un espace entre les deux et que les deux sont vrais. Je me console en pensant qu'il y a un très fort désir d'être sur mes deux pieds, de ne pas me laisser manipuler, et d'être autonome, mélangé à un beau transfert d'agressivité, tout en vous gardant toute mon estime et ma sympathie ». Et elle signait de son nom entier.

Elle me téléphona trois mois après, en août 1985.

« Je me suis dit que vous aimeriez peut-être avoir de mes nouvelles ». Elle n'allait pas très bien physiquement, avec des hauts et des bas en montagnes russes, mais elle espérait toujours guérir. Moralement elle tenait bon, malgré des moments de désespoir. Elle vivait au jour le jour et continuait de travailler, ce qui la faisait vivre, mais elle s'accordait des moments de repos. Elle avait moins besoin d'être forte... Elle se souvenait aussi bien de sa dette, et voulait m'assurer qu'elle ne l'oubliait pas, mais me demandait de postposer le délai, ce que j'acceptais volontiers, et en lui souhaitant bonne route. Un lien de présence-absence n'était-il pas garanti survivre à la rupture par le lien de cette dette ? Elle la garderait le temps nécessaire pour elle, inconnu de moi, le temps de reconnaître que ni l'une ni l'autre n'avait été détruites par la violence de cette « explosion » destructrice, ni anéanties par la rupture de relations effectives. Au cœur du transfert comme du contre-transfert quelque chose survivait à l'assaut, d'où les corps pouvaient toujours parler. Un quelque chose nommé Désir ?

Je reçus fin octobre 1985 un chèque de sa part avec le montant de six séances dues, accompagné d'une carte de visite au nom de Janine L., kinésithérapeute. « avec, malgré nos différences de vues, mon amical souvenir ».

Un jour de décembre 1985, neuf mois après la dernière visite, un jour d'hiver parmi d'autres, j'appris la nouvelle de sa mort par le médecin qui me l'avait adressée, ou plutôt qui lui avait donné mon nom.

Cette nouvelle m'affecta de multiples façons. L'analyste non plus n'est pas épargnée dans un tel travail, ni du doute, ni de l'amour de transfert, ni de la haine de transfert, ni du chagrin et de l'interrogation, ni du travail du deuil pour que tout cela devienne rebondissement de vie et que le travail de recherche se poursuive avec d'autres patients. Ce chapitre en est le signe, quelques années après, et la trace vivante, à la fois sûre et hésitante. L'histoire de Janine L. fut un des aiguillons de mon incessant va et vient entre théorie et pratique. Pour cela, je lui rends hommage, comme pour l'étonnante quête de vérité dont ses paroles ont témoigné.

Peut-être « ayant retrouvé les origines de son moi en une régression imaginaire, avait-elle touché par la progression remémorante, à sa fin dans l'analyse, soit la subjectivation de sa mort. ».[6]

Peut-être avais-je pu « l'accompagner jusqu'à la limite extatique du « Tu es cela », où se révélait à elle le chiffre de sa destinée mortelle, mais il n'était pas en mon seul pouvoir de l'amener au moment où commençait le véritable voyage... »[7].

En tout cas, mon travail fut de tendre « à ce point de jonction de la nature et de la culture que l'anthropologie scrute obstinément,... pour y reconnaître ce nœud de servitude imaginaire que l'amour doit toujours redéfaire et trancher ».[8]

---

6. LACAN J., Variantes de la cure-type, in *Ecrits,* Paris, Seuil, 1966, p. 348.
7. LACAN J., *Le stade du miroir comme formateur de la fonction du Je* in Ecrits, ibidem, p. 100.
8. LACAN J., ibidem, p. 100.

CHAPITRE II

Et les autres... une parole nécessaire ?

Le cancer avait percé dans l'armature de Janine L. une brèche par laquelle l'angoisse s'était infiltrée, ramenant à la surface de sa conscience une souffrance ignorée, restée hors-temps. Au fil des jours, sa demande expresse de guérison avait subi un retournement essentiel. Sa parole s'était teintée de doute au fur et à mesure que la traversaient les courants violents des trois passions fondamentales : l'Amour, la Haine et l'Ignorance (Lacan)[1].

Les mots charriaient les sédiments de son histoire, et l'avaient amenée à son corps défendant vers d'autres rivages. Sous la poussée de ce danger de mort imminent les bulles de mots en blanc s'étaient réaffectées, réanimées. La première surprise, elle s'était entendue formuler un appel insoupçonné à l'Autre, une question énigmatique qu'ensemble nous avions tenté de déchiffrer.

Rarement parole m'avait semblé aussi vitalement et désespérément « nécessaire » à l'ultime moment du presque « Trop tard » comme si ce « Trop tard » en rendait enfin possible la formulation.

Une question d'importance se pose alors : le « cas » de Janine L. en rejoint-il d'autres ou bien est-il trop exceptionnel pour en tirer aucune autre conclusion qu'une passionnante « étude de cas » pour psy, hormis le bénéfice inoubliable de l'intense travail auquel il m'a amenée personnellement ? Est-ce que l'appel de cette femme à une

---

1. LACAN J., La direction de la cure et les principes de son pouvoir, Rapport du colloque de Royaumont, 10-13 juillet 1958, in *Ecrits*, Paris, Seuil, 1966, p. 627.

autre femme, psychanalyste parmi tant d'autres spécialistes, peut éclairer d'autres appels ?

La nécessité qui l'avait menée jusqu'à moi, trahissant et révélant son désir inconscient peut-elle nous guider pour d'autres, où la demande est encore plus énigmatique, ou même absente ?

Peut-on à partir de cette histoire en déduire une quelconque « nécessité » de parole face au cancer porteur d'une rupture de continuité vitale ? Le silence ne serait-il pas une protection aussi urgente, verrou solide contre les puissances maléfiques et les forces de mort travaillant l'inconscient au corps ?

Mais de quelle nécessité s'agit-il ? L'urgence et la nécessité ne sont peut-être pas du même ordre... Et nécessité ne rime pas avec obligation !

1. Une parole nécessaire à quoi ? A la guérison ?

Si tel était le cas, de deux choses l'une :
- Ou bien il suffirait de parler pour guérir, auquel cas une psychothérapie deviendrait une indication nécessaire à tous les cancéreux, et le pouvoir « psy » étrangement terroriste, sous le couvert d'une violence prétendue nécessaire, celle de la parole imposée pour le Bien suprême de l'autre : Le « Bien » étant la survie, imposerait à tout prix de traquer la cause inconsciente du Mal pour l'extirper du moi et rétablir une harmonie violemment menacée.

Mais alors comment reconnaître au silence de certains malades valeur de « symptôme » au sens le plus vrai du terme, et non pas dans son sens caricatural de résistance à casser, ou de simple support d'un diagnostic ? Comment y entendre le moyen le plus adéquat qu'une personne puisse avoir trouvé pour survivre à cette angoissante réalité ? Comment y reconnaître une protection vitale pour elle contre un danger extrême, du moins psychiquement, c'est-à-dire un système de défense infiniment respectable, et à respecter absolument tant que cette personne ne peut entrevoir d'autre issue pour faire face ? Comment reconnaître aussi à certains silences valeur profonde de langage, où au-delà des mots passe l'acceptation d'une trajectoire de vie qui peut aller vers la mort, valeur d'ultime échange ?

- Ou bien la parole ne servirait en rien la « guérison », auquel cas elle ne servirait à rien, et son pouvoir se réduirait à une illusion magique, entretenue par les professionnels de la santé mentale, rejoignant par un autre biais les abus d'un certain pouvoir médical.

Considéré sous cet angle, le cas de Janine L. pose question puisque son travail avec moi ne l'a pas empêchée de mourir...

Certaines études[2] montrent pourtant une amélioration de la qualité de vie **et** du temps de survie grâce à un soutien de groupe. Mais il faut rester prudent, sur un plan statistique, et surtout individuel. Devant une demande de « guérison » si pressante, la réserve hypothétique sur une « guérison de surcroît » peut sembler pour le moins paradoxale et légère, si ce n'est provocante ou même cruelle, comme si l'analyste s'en lavait les mains. Elle reste pourtant pour moi la seule parole éthiquement défendable, tout en appelant avec une exigence accrue la nécessité d'un regard qui recueille aussi ce corps-souffrant, et aide à reprendre pied dans la vie.

Lorsque cette souffrance accapare à ce point le réel, chercher à la soulager sans occulter les remous d'une autre souffrance, non pas plus profonde mais entremêlée à elle à d'autres niveaux de perception et d'élaboration, représente une tension qui rejoint celle du malade dans son effort extrême à prendre parole au cœur d'un corps divisé. C'est aussi là le pari et l'ascèse du thérapeute, sa part de « passion » à lui qui soutient celle de l'autre, quoi qu'il arrive.

C'est pour cela que j'ai choisi de relater l'histoire de Janine L., histoire complexe des avatars d'une destinée, histoire d'un corps aux prises d'un sort étrange et des balbutiements d'une parole en quête d'entendeur, pour pouvoir lui dire « salut ». Histoire d'un travail psychique patient et douloureux, rude labeur parcouru d'exaltation et

---

2. SPIEGEL D., KRAEMER H.C., BLOOM J.R, GOTTHEIL L.E., *Effect of psychosocial treatment on survival of patients with metastatic breast cancer,* Lancet, 1989, pp. 888-891.

de découragement, aventure périlleuse soumise au risque de toute mise en mouvement, et dépourvue de tout triomphe.

Malgré son désir réitéré de « guérir », sa parole à elle seule n'a pas permis d'inverser le cours des choses et de juguler le dérèglement cellulaire au plus intime de son organisme. A moins que ce désir ne fut lui-même divisé, ce que son travail l'amena à entrevoir... Quelle autre fonction avait donc rempli cette parole, surgie de quelle autre nécessité, toute aussi cruciale ?

La question pourrait alors se poser autrement : Si la parole n'amène pas « nécessairement » à la guérison, quelle serait sa fonction et la source de sa nécessité justement en cas de guérison ?

Je me suis interrogée sur « les autres », ceux que le hasard, la chance ou une autre nécessité avaient amenés au bord de la guérison, ou à la faire entrevoir, dans une rémission suffisamment longue. Éprouvaient-ils après-coup le besoin de formuler l'épreuve traversée, ou bien avec la guérison physique, le retour au bienheureux silence des organes tarissait-il la nécessité de réévoquer ce passé ? Et du moins, la parole les avait-elle aidés ou non durant ce rude passage ?

Certaines études effectuées auprès de femmes atteintes d'un cancer du sein[3] mettent en lumière les effets paradoxaux de la guérison : réaménagement positif de l'existence issu de la confrontation à l'angoisse de mort pour un petit nombre de femmes, avec l'émergence d'un nouveau regard sur elles-mêmes, et une nouvelle parole sur leur histoire.

Sidération et impossibilité de vivre autre chose qu'une souffrance muette et figée pour d'autres, en un retrait mortifère d'où toute parole est exclue.

Et pour beaucoup, plus de la moitié d'entre elles, une survivance plus ou moins difficile, où l'oubli volontaire de l'épreuve se paie de séquelles persistantes, à la fois physiques et psychiques, et où l'angoisse massive s'investit de

---

3. LETELLIER N., MACHAVOINE J.L., COUETTE J.E., « Effet paradoxal de la confrontation à un cancer », in *Psychologie médicale*, vol. 20, n° 9, SPEI Médical, Paris, septembre 1988, pp. 1255-56.

préférence sur le corps, objet de préoccupations actuelles et verbalisées constamment.

... Le « Bien suprême » de la guérison ne se révèle pas si facile à vivre ! Cet effet paradoxal de la guérison a été souligné comme le *« Syndrôme de Lazare »*[4] : certains « rescapés » d'une mort certaine n'arrivent plus tout à fait à se sentir en vie et semblent vivre dans un espace intermédiaire entre vie et mort. Le deuil anticipé fait par la famille comme par le malade lui-même creuse un fossé entre eux, et rend très difficile le réinvestissement de soi-même et de l'autre.

L'annonce de la guérison engendre alors une période de perturbation aussi importante que celle que la maladie avait sans doute apportée, et les mots semblent manquer pour retraverser ce fossé et se relier à la vie, comme si aucun acteur de ce drame n'arrivait plus à faire passerelle vers l'autre. Cette traversée semble indicible et inaudible, irreprésentable, et la survie, le retour à la vie inenvisageable pour les uns et les autres tant le visage de la mort imprègne toute tentative d'en parler.

L'angoisse de mort a trouvé son objet : « le revenant », et l'exclut une seconde fois... mais qu'est-ce qu'une vie sans parole, et un visage sans reconnaissance ? Et qui ne se sent pas un peu « Lazare » après la traversée du cancer, même si le risque de mort n'a pas été aussi loin ? Est-ce à dire que toute parole est impossible ?

Ceci m'amène à quelques réflexions troublantes.

a) Je m'interrogeais en effet sur la **nécessité de la parole** face au cancer. Or si la parole apparaît effectivement comme « nécessaire » à un petit nombre de malades pour leur survie psychique et un rebondissement de vie, elle semble pour le moins difficile pour la plupart, hésitante et risquée, et parfois même totalement impossible, vécue comme source d'un danger beaucoup trop vital pour s'y aventurer. En raison de quelle terreur, de quelle horreur, de quel anéantissement redouté dont le cancer incarnerait la présence ?

---

4. DHOMONT T., « A propos du syndrome de Lazare », in *Psychologie médicale*, vol. 20, n° 9, page 1276.

Tout se passe comme si la parole n'était pas « nécessaire » à la survenue d'une guérison physique, et en tout cas pas « suffisante ». Par contre, elle paraît favoriser et peut-être être réellement nécessaire au « sentiment de guérison », qui vient du relancement du sujet dans son histoire et de la pacification de ses souvenirs.

Si logique il y a, n'est-ce pas alors en fonction de la seule logique de l'inconscient ? et cette loi particulière de la pensée n'est-elle pas celle qu'évoquait Lacan avec le « Parlêtre » condition de vie des humains ? Ou bien ce que Piéra Aulagnier a si bien décrit comme la nécessité ou se trouve le « Je » pour continuer à vivre comme sujet de penser la pulsion, ce « Je » condamné à investir son propre corps et sa propre activité de pensée pour pouvoir investir son image dans le miroir, et la réalité dont il devra accepter les exigences.[5] ».

La question dans le cancer étant bien de rendre pensable ce qui échappe à ce statut : la maladie et la mort possible, cette nécessité ne peut d'aucune façon être de l'ordre de l'« obligation » à parler, ou à faire parler, même pour le « Bien » de l'autre. Elle participe plutôt d'une loi symbolique vivifiante pour les humains, loi inscrite jusqu'aux tréfonds de leur inconscient pour que les lois qui régissent l'ordre cellulaire ne jouent pas « à rideaux fermés », sur une scène d'où le sujet s'est retiré, relégué à la place de spectateur étranger à lui-même. Plutôt que de « sur-vivre », ne serait-il pas plus adéquat de parler de « Dé-vivre », dans certains cas, en « Dé-parlant » ?

b) La possibilité ou non de verbaliser cette épreuve, de la « penser » tout en pansant les plaies du corps semble permettre et aider le rétablissement d'une ligne de vie dans la continuité du temps, et pacifier l'être, le rendant à son « Allant-Devenant-Désirant » cher à Dolto.

C'est bien **toute la notion de durée, de temporalité qui semble gravement ébranlée par l'irruption du cancer.** Les repères temporels retrouvés peu à peu par la parole contribuent à un sentiment profond de guérison, et relancent

---

5. AULAGNIER P., « Le Je et son corps », in *Les destins du plaisir*, Paris, PUF, 1979 et « Condamné à investir », in *Un interprète en quête de sens,* Paris, Ramsay, 1986, pp. 239 à 263.

le sujet dans l'histoire d'une vie où le passé, même cancéreux peut être reconnu et ainsi réellement « oublié », mis à distance affective. Mais ce chemin là n'est pas fréquent. Si l'on se penche sur les perturbations de la temporalité aux différents stades de la maladie, on constate :

a) l'importance extrême du **moment diagnostique** et son effet traumatique que certains ne pourront jamais dépasser.

L'événement-choc du cancer fait figure de détonateur dans le ciel d'une vie apparemment normale, banale, sans problèmes et bouche tout horizon futur ! Cette déchirure laisse échapper (ou provoque ?) une angoisse démesurée, incapable de se relier à autre chose qu'à la répétition-reviviscence de l'événement brut.

Le système de défense brutalement rompu paraît incapable de remplir la fonction de pare-excitation, de reliaison des pulsions, et l'on assiste à une sorte de « fermeture-éclair » des processus mentaux de représentation et de reconnaissance des affects, susceptibles de mettre réellement à distance l'événement traumatique, pour le resituer dans le flux vivant d'une histoire.

Le sujet se confond avec la chose-cancer qu'il abrite malgré lui et qui l'envahit, le « dévore », et ne peut que réagir par ce que Freud a appelé la « compulsion de répétition », ou bien au contraire le déni total de ce qui a eu lieu. Tout affect semble gelé, et l'action surinvestie en une fuite en avant, « comme avant ».

Le cancer n'est pas de l'ordre du représentable, et le futur n'est envisageable que dans l'angoisse d'une rechute dramatique. Le temps se ramasse à cet instant de la « chute », du fond de laquelle aucune autre demande ne semble imaginable qu'une demande quasi magique et absolue de guérir. Ce mot de « guérir » dans ses phonèmes même offre une antidote imaginaire à « mourir » pour en annuler la réalité possible. Mais l'annonce même d'une guérison réelle n'est pas forcément crédible, intégrable, puisque l'on n'est jamais sûr de sa durée, de son « éternité »...

Qu'est-ce ce qui peut expliquer un tel effondrement chez certaines personnes et pas chez d'autres ? Et peut-on se relever de ces « tombées » là, où la souffrance se révèle impensable et impansable, et où la seule demande est celle d'oublier, demande de RIEN qui puisse rappeler le mouvement de la vie ?

b) Dans le **temps des traitements**, pour beaucoup l'énergie psychique se concentre sur l'action :
• Action thérapeutique massive des traitements médicaux sur le corps « bombardé », « injecté, découpé, castré ».
• Action psychique massive de soumission du malade à l'ordre médical, par l'assimilation des traitements et une dépendance extrême à cette parole qui a pouvoir de vie ou de mort.

Les affects s'expriment en instantanés et en brusques oscillations vis-à-vis de l'entourage immédiat, rarement des médecins, mais l'éprouvé affectif profond semble comme gelé, mis à distance. Tout signe de dépression est évité à tout prix, comme si la moindre expression de tristesse ou de désespoir représentait une menace extrême pour la survie... Ne dit-on pas que « le moral » est si important ? C'est-à-dire le « bon » moral ! (au contraire du « mauvais », celui des larmes et de la colère ?).
Si par la suite, avec le temps de la guérison qui se profile, l'angoisse diminue, l'action reste le mode principal de protection, dans le but acharné de « revivre comme avant ». L'angoisse se focalise sur les maux du corps, et les organes investis en une préoccupation hypocondriaque, en quête anxieuse de ce qui pourrait rappeler le cancer, pour pouvoir l'éliminer aussitôt. La temporalité peut être reconnue dans la mesure où l'on a pu rattraper le présent, et mettre le cancer dans les oubliettes bien cadenassées d'un passé mythiquement pré-historique, mais dont l'ombre plane sur un horizon imaginaire éternellement menaçant.

c) Pour certains, la maladie offre effectivement l'occasion d'un **travail psychique** extrêmement profond et fécond, qui favorise une mutation des repères identificatoires, de l'image de soi et des choix libidinaux.
On peut quand même se demander pourquoi a-t-il « fallu » l'irruption d'une échéance si vitalement dangereuse,

et ce qui a rendu ce processus possible ? Comme si ce « tomber malade » rentrait aussi dans l'ordre d'une nécessité bio-psychique inconsciente, paradoxale et provocante pour une certaine logique, mais terriblement « sensée » elle aussi ou obéissant à un sens perdu à découvrir. Qu'est-ce qui peut faire pencher la balance d'un côté ou de l'autre, lorsque l'évidence vitale a disparu, et que l'on ignore vers quoi « çà » va basculer ?

d) Comment **la parole** pourrait-elle être prise ou reprise, dans, malgré, à travers l'épreuve de la maladie, non pas seulement comme une ritournelle de complaintes, ou comme signal d'alarme énigmatique d'une souffrance persistante, lancinante, informulable autant qu'inaudible ?

Comment, dans un au-delà du réel cancéreux pourrait-elle devenir parole pacifiante, parole de délivrance d'un jamais dit, d'un « in-ouï », nouveau tremplin de vie ? Et ceci même si le sujet ne s'oriente pas vers une guérison corporelle, mais à l'extrême vers la « subjectivation de sa mort ».

Il est saisissant d'entendre à quel point la souffrance humaine court en filigrane, pointe derrière mots et silences. Dans les positions de défense les plus extrêmes se devine une fragilité narcissique dramatique et une détresse impensable, même si elle n'a plus que le corps comme lieu de manifestation.

Mais alors, qu'en est-il de la « demande » ? Serait-ce l'effet du seul désir de l'analyste d'entendre au travers de la diversité des symptômes corporels ou d'angoisse, chez « actifs » autant que « dépressifs » ou « hypocondriaques », une demande inconsciente autant qu'insistante de sortir de ce piège là, de cette chape de silence, de cette prison de l'instant ?

2. Une demande ignorée ?

Question d'importance, qu'on ne peut esquiver d'une pirouette interprétative ! De quel côté vient la demande ? Et si demande il y a, de quel lieu a-t-elle surgie, et à quel autre s'adresse-t-elle ?

Le sujet pourra-t-il, voudra-t-il entendre l'indicible de ce qui s'ignore dans sa requête, comme le dit Lacan ?[6]... Et comment l'autre à qui il s'adresse pourra-t-il lui répondre ?

A) *L'appel au médical*

Pour beaucoup, il semblerait que cette parole reste redoutée, menaçante. Tout regard en arrière risque d'être aussi brûlant que celui de la femme de Loth, pétrifiée par la vision horrifiante et horrifiée de ce qu'elle a quitté.

Que penser, à la limite, d'une parole qui justement ne demande « RIEN », sinon peut-être que le silence des organes reflète le silence de l'âme, et que toute souffrance soit éliminée des dernières oubliettes du corps comme de la mémoire ? La parole alors se réduit à un filet de lamentations, sous le registre de la plainte ou de la revendication, dans l'abdication de l'autonomie du corps et de l'esprit. La seule demande se présente comme celle d'une constante réassurance sur l'intégrité retrouvée, en un corps offert au regard médical qui « voit » tout, même l'invisible d'un corps désaffecté. Ceux-là s'accrochent à leur corps comme à leur seule bouée de sauvetage, au risque de couler avec...

La **souffrance éjectée** du « Je » ne saute-t-elle pas alors dans l'autre, proche ou soignant, qui assiste médusé, pétrifié, à une telle réduction de vie ? Comme si désormais toute la part de souffrance lui revenait : souffrance de non-rencontre, souffrance de non parole, souffrance de sa propre impuissance à percer ce mur de béton, à aider l'autre à rejoindre la caravane de la vie. Comme si c'était lui, le vivant

---

6. LACAN J., « La direction de la cure et les principes de son pouvoir », in *Ecrits*, op. cit., p. 629.

en bonne santé qui reprenait sur lui la part de désespérance de l'autre souffrant !

... A moins de participer aussi à ce non-dit à ce « faire comme si » et « comme avant » forcené, pour anesthésier les retombées de culpabilité devant cette insupportable détresse en un commun et tacite projet.

... A moins aussi que le dernier recours de parole ne se greffe sur la **personne du médecin**. N'est-il pas le premier entendeur possible, le plus évident et le plus « naturel » ? Il est des gens pour qui l'idée d'un « psy » rejoint celle d'un martien, ou pire de « quelqu'un pour les fous » ! Quelle pire chose peut arriver que d'être traité à la fois de « cancéreux » et de « fou » ? Il en est beaucoup aussi qui souhaitent, avec légitimité, se débrouiller seuls, avec l'aide de leur entourage. A qui d'autre peuvent-ils confier cette angoisse, aborder les questions qui les hantent, puisqu'aussi bien ils en protègent souvent leur entourage ?

Mais peut-on dire qu'en ces lieux de secret que sont les hôpitaux, ou même les cabinets privés médicaux, l'inquiétude du patient soit prise en compte, reconnue, soutenue, et que tout soit fait pour en diminuer l'impact ? Si dans ces lieux-là de rencontre « en première ligne » on se souciait autant de cet aspect de la souffrance des malades que des traitements de la maladie, peut-être les statistiques des enquêtes changeraient-elles de proportion et de contenu.

Certains médecins reconnaissent ouvertement combien ils sont eux-mêmes pris dans ce processus et s'interrogent sur le dire de leurs patient(e)s à travers leurs questions et leurs silences, comme le Docteur Michel dans son livre : « *Cancer à qui la faute* »[7]. Il témoigne de la rude tâche que représente cette fonction, où l'art devient artisanat, si on le veut bien, et où la rencontre ne peut exclure une part de violence.

Dans un chapitre de ce livre, intitulé : « Des cancéreux m'ont dit », il introduit le lecteur aux paroles de ses malades par un aveu que l'on souhaiterait plus fréquent : « Je présente ces observations comme des témoignages, dont le mérite est de rappeler aux malades et aux médecins les grandeurs et les misères de la médecine, et plus précisément

---

7. MICHEL F.B., *Cancer, à qui la faute ?*, Paris, Gallimard 1987, p. 157-158.

de leur dialogue. Elles me rappellent à moi en tout cas mes limites et déficiences, et me confirment à posteriori que j'ai des yeux qui souvent ne savent pas voir et des oreilles pour ne pas entendre... ».

Il reprend alors les mêmes données que celles des enquêtes précitées, mais avec le regard d'un homme engagé dans les questions qu'il pose, d'un homme qui ne peut et ne veut plus que son savoir et sa fierté de guérir le protègent du doute et de la douleur de soigner.

Il indique en effet que parmi ses patients, beaucoup ne nomment pas le cancer, et ne parlent pas de sa place dans l'histoire de leur vie. « Mais, ajoute-t-il aussitôt, sans doute parce que nous ne posons pas les bonnes questions, ou n'écoutons pas assez les réponses. La majorité des cancéreux, en tout cas, demeure une majorité silencieuse ». Et il associe ce silence avec le thème de l'agression et de la violence, peut-être réciproque, ou inévitable de par la situation.

« L'agression culmine dans le silence. L'abondant discours sur le cancer cesse en présence du cancéreux. Ses questions se pressent pourtant, sans réponse dans ce silence, puisque de toute façon l'agression est inévitable : agression de la « vérité », du « mensonge », du « doute ». Ce n'est donc pas le cancéreux qui nous « réduit » au silence mais son cancer qui nous réduit à nos limites ».

Mais qu'advient-il devant ceux qui « en parlent » ?

« Certains se limitent à poser la question du « pourquoi ». Pourquoi ce cancer, pourquoi moi ? Sans proposer de réponse.

Le sentiment éprouvé est alors souvent celui de l'injustice : « je n'ai pourtant rien fait pour mériter çà ! » qui fait référence au cancer — châtiment et à la notion d'une faute et d'un coupable.

« Mais ce qui ne cesse de surprendre, dit le Dr Michel, c'est cette sorte de soulagement — délivrance d'autres, lorsque la confirmation du diagnostic transforme peur — crainte en certitude. » Ils sont enfin « fixés » sur leur sort, fixés à un endroit de leur corps, dédouanés d'une angoisse sans objet. Ils savent...

D'autres font la demande et la réponse proposant immédiatement leur explication. « Si j'ai un cancer, c'est parce que... »

« Or, nous dit le Dr Michel, il n'est pas facile pour un médecin d'entendre de telles paroles sans y couper court, parceque aucune réponse immédiate ne peut venir en soulager la détresse, et apporter une certitude rassurante. En ce sens, accepter d'entendre la question d'un malade fait violence au médecin, en retour.

Car le cancéreux (comme le psychotique) se présente à nous comme un agresseur parce qu'il porte en lui la destruction, l'image du corps détruit par lui-même, c'est-à-dire une faille narcissique. Et il me demande à moi médecin, de le guérir évidemment, mais aussi intrinsèquement, de répondre à son interrogation. Pourquoi ai-je cette maladie par laquelle je m'autodétruis ?

Le cancéreux (comme le psychotique) est donc le malade que le médecin préférerait parfois de ne pas écouter pour ne pas se repérer dans sa maladie. (D'autant que sa mort, plus que tout autre sans doute, inflige au médecin la double épreuve de son échec technique et de la confrontation avec sa propre mort à venir) ».

Cet évitement de l'angoisse oblige le médecin à fermer ses oreilles aux essais maladroits de ses patients de formuler leur propre théorie sur « la chose », pour leur imposer sa propre conception « objective » des choses, et clore ainsi toute évolution de cette théorie « subjective ». Dire : « Il a un cancer parce qu'il a fumé » ou « parce qu'il a eu une dépression » me permet donc, à moi médecin d'évacuer ma propre angoisse sur l'infortuné cancéreux[8] ».

Suspendre des certitudes n'est évident ni pour les uns ni pour les autres, car elle engendre nécessairement la question du Doute, et de la confiance dans la parole de l'autre...

B) L'appel aux « psy »

Les lieux d'écoute du cancer fleurissent de nos jours, et c'est certes un bien que chacun puisse adresser son appel

---

8. MICHEL F.B., *Cancer, à qui la faute*, op cit., pp. 212-213

là où meilleur lui semble. Des centres d'écoute téléphonique au cabinet d'un psychanalyste, une multiplicité de lieux sont possibles : travail de groupe ou individuel, travail sur le corps, l'énergie mentale, travail de « réénergétisation », de relaxation, d'imagerie mentale... et bien d'autres. D'une parole qui a « tu » (tué) toute évocation de souffrance, à une parole que l'angoisse a traversée, pétrie, on rencontre mille et une demandes, qui s'entremêlent, se relancent, s'excluent et se rejettent à la fois, se jettent pêle-mêle aux pieds de cet « autre » ressenti comme tout-puissant, ou bien se retiennent de peur d'être analysé, décortiqué, diagnostiqué, jugé.

Demande immédiate de guérison presque magique, demande de colmater l'angoisse, d'insufflation de vie.

Demande de contrôle, de maîtrise, de « comme avant ».

Demande de réaménager l'ici et maintenant, de souffler un peu pour retrouver un espace de liberté avant de préparer l'avenir, demande de reconnaissance éperdue, demande de vérité ou encore de comprendre...

Demande aussi d'être vu avec des yeux de chair et entendu avec l'intelligence du cœur, avec des oreilles-réceptacles.

Demande qui peut accepter ou non, et plus ou moins, d'être médiatisée par la parole, d'être postposée dans sa réponse pour prendre le temps de comprendre, parfois même d'être déçue dans ses espérances les plus folles et les plus légitimes, ou d'être répondue autrement qu'on ne s'y attendait.

Certains font trois petits tours et puis s'en vont, d'autres s'aventurent à prendre leur bâton de pèlerin et à se délester du superflu pour marcher en quête de leur nécessaire, inconnu encore.

« N'est-ce pas lorsque l'espace se rétrécit et que le temps se suspend (gestation, maladie, désespoir, passion, inaction, clôture volontaire, vieillesse) que s'ouvrent, par d'imprévisibles mécanismes les perspectives les plus illimitées ? »[9].

Là où toutes les routes finissent, commence alors l'autre voyage, comme le dit si bien Christiane Singer « dans la fulgurante découverte d'un monde qui, surgi de l'ombre

---

9. SINGER C., *Les âges de la vie,* Paris, Albin Michel, 1984, p. 52.

et de la souffrance comme hiérophanie, n'ira plus jamais de soi ».[10]

C) Comment donc entendre ces demandes ?

Il est surprenant, et toujours émouvant d'entendre formuler au cœur de la souffrance actuelle d'un conflit des cellules, l'aveu d'une souffrance du sujet, celle que « Je » ignorait en « moi »... Moment de saisissement où l'on est délivré de l'univocité de sa parole pour en découvrir l'équivoque. Moment de grâce et d'épouvante où l'on soupçonne que pour retrouver la maîtrise de soi il faut pouvoir la perdre, et où pour agir sa vie il faut reconnaître aussi que l'on est agi en un lieu intime et mystérieux, agité de passions inconnues, traversé de courants contradictoires. Alors la « prise » de parole supporte aussi d'être traversée par elle...

Trois conditions sont nécessaires à celui qui se propose d'être là, en place de témoin et de « Passeur », pour l'assister dans ce passage à haut risque.

a) Que cette parole soit entendue comme celle d'un sujet, à travers et au-delà de l'image qu'il se donne et nous donne de lui-même. Comme toute parole vraie, derrière les masques nécessaires et les trompe-l'œil superflus, elle rejoint celle de l'enfant en lui, ou celle de l'adolescent oublié.

Enfant de notre souci comme du sien, mais aussi enfant indocile ou trop soumis, enfant souvent désespéré, enfant en souffrance et en soif de paroles vraies sur l'alpha et l'oméga de sa vie, les origines et la fin, l'amour et la mort, ou l'amour à mort. Enfant en quête d'un espace de jeu où son « Je » puisse s'aventurer à parler et questionner.

Le cancer bouscule l'ordre des priorités, et ramène souvent à l'avant-plan ces questions occultées, vitales pourtant. Ceci impose de ne pas fixer le malade à son image, tout en le reconnaissant mobile, de ne pas le fixer à sa demande immédiate, tout en l'accueillant. Et ceci a pour conséquence de l'appeler dans le langage, au moment où lui échappe le secret de son corps, et de l'appeler par ce nom

---

10. SINGER C., Ibidem, p. 106

qui le signe et le transcende, un nom « propre » relié à la chaîne des générations qui le délie de son corps « propre », de son image perdue.

b) Supposer que toutes les manifestations de son être sont des appels à l'Autre, et qu'un même appel peut s'entendre à travers les maux du corps et les mots de son dire ou de ses silences comme dans son agir, langage par lequel le sujet en lui tente de se faire entendre, surtout s'il n'a plus que le corps pour le dire. L'appel n'est pas la demande, mais la supposition est là qu'à travers les symptômes les plus biologiques de son corps, il en appelle encore à l'Autre, et que cet Autre, en l'occurrence, est représenté par celui qui a accepté de l'entendre à ce moment plus précis.

En retour, pour être passeur et témoin de cette quête là, il faut accepter de le devenir.

c) Supporter de suspendre la réponse pour permettre à l'interrogation de se préciser, se formuler, se transformer dans son adresse à l'Autre.

Supporter que surgisse l'angoisse, la dépression et la peur, et même le désespoir, afin que celui ou celle qui est venu se confier parcoure le défilé de ses demandes successives, à la croisée de ses passions.

Supporter que s'exprime l'ambivalence de l'amour et de la haine, moment inévitable et inaugural dans le transfert, au moment où l'on découvre que cet Autre entre les mains duquel on a remis son sort n'est pas tout puissant et qu'il ne peut vous épargner le doute. Supporter d'être affecté par la violence transférentielle et contre-transférentielle, d'en laisser le souffle puissant guider le passage tout en gardant serré ce cap de la parole avec la structure de la loi, sous le pavillon de l'Interdit : interdit reconnu du meurtre comme de l'inceste, interdit d'exercer sur l'autre aucune autre violence que celle nécessaire, cette « violence fondamentale » dont parle Piéra Aulagnier[11]. Interdit de se prendre pour Dieu ou Diable, ce qui veut dire aussi, et ce n'est pas un vain mot, supporter la mort au bout du chemin. C'est-à-dire supporter éventuellement de soutenir dans cet « allant-devenant-

---

11. AULAGNIER P.- *La violence de l'interprétation*, Paris, PUF, 1975.

mourant » le sujet d'un désir qui n'a pas d'âge et l'anime jusqu'au dernier souffle.

...Ou bien supporter que l'autre ne supporte pas cette traversée là, et préfère s'en aller dans d'autres chemins moins périlleux : soit que nous l'ayons mal entendu ou guidé au départ, soit qu'il ne se sente pas le courage ou la nécessité de s'y aventurer. Nul ne peut être contraint à de tels voyages, et l'« en face » est aussi inquiétant. Il est des volte-faces peut-être nécessaires pour préserver l'intégrité que l'on s'est construite, si fragile soit-elle.

Le désir de l'analyste aussi peut être perverti par son ambition de déployer à tout prix la vie psychique du sujet, selon ses vues à lui du « Bien être », (« Bien naître » ou « Bien mourir »). Nul ne peut être contraint à entrer de force dans son histoire !

• Certains font un bout de chemin dans cette initiation au langage de l'inconscient en eux. Ils apprivoisent les mots le temps de drainer l'angoisse qui les étreint et déborde les limites corporelles comme les défenses psychiques ; le temps d'effleurer les questions insupportables à entendre par leur entourage et qu'il leur fallait taire. La présence d'un tiers dont l'oreille supporte les mots interdits, instaure alors une sorte de médiation dans leur face à face imaginaire avec les autres, ce qui rend possible une parole avec soi-même en premier lieu.

Mme D. était aussi venue me consulter sur les conseils de son médecin radiothérapeute, ému par cette jeune femme de 39 ans, dont le cancer du sein avait évolué de rechute en rechute depuis cinq ans avec des chimiothérapies de plus en plus lourdes.

Séparée de son mari alcoolique six ans auparavant, elle s'occupait seule de ses deux filles de 12 et 15 ans, sans soutien moral ni financier de son mari.

« Trop, c'est trop », avait dit ce docteur au téléphone en me demandant de recevoir cette patiente « lucide et intelligente, mais très anxieuse ». Était-ce aussi « trop » pour lui, qui avait essuyé, stupéfait, l'explosion d'une violente colère de la part de la malade généralement si timide et réservée, à l'annonce de la gravité de son état, et de la précarité inconnue du temps qui lui restait à vivre (il est vrai brutalement présentée : « vous n'en avez peut-être plus que pour un an... »).

Notre rencontre dura le temps de six séances, pendant trois semaines, après lesquelles elle poursuivit seule sa route. Cette femme avait affronté la maladie avec grand courage jusqu'à présent, mais se disait « terrifiée » actuellement à l'irruption d'une idée précise. « S'il m'arrive quelque chose, mes filles iraient chez leur père. Il boit toujours et vit avec une femme qui va de dépression en dépression. Je ne supporte pas cette idée là ! »

Elle se sentait incapable d'en parler à qui que ce soit. Ses parents évitaient à tout prix de lui parler de sa maladie « tant ils en sont malades eux-mêmes ! » et elle ne voulait pas importuner son ami actuel de peur qu'il n'en ait assez de tous ces soucis et ne la laisse tomber. Elle ne comptait finalement que sur elle-même... Elle doutait même parfois de son médecin, craignant qu'il ne se trompe dans les dosages... La méfiance s'installait. Voulait-il sa mort ?

Elle avait quitté son mari après 14 ans de mariage, « sans aucune dispute, disait-elle, mais je me suis auto-détruite pendant 14 ans. Je vivais seule en couple, je m'étais résignée ». Elle avait bien eu un sursaut de révolte au bout de 7 ans et pensé divorcer, mais ses parents s'en étaient mêlés en adjurant leur gendre d'être « sage »... Il avait promis, et tout était rentré « dans l'ordre ». Elle s'était à nouveau anesthésiée... jusqu'à la rencontre surprenante d'un voisin de palier, et la découverte éblouie que la parole lui était possible. Elle s'était décidée pour de bon à quitter son mari... Trois mois plus tard, le voisin ne s'était toujours pas décidé vis-à-vis d'elle, et un nodule au sein se déclarait, suivi d'une ablation totale de ce sein et du long circuit des radiothérapies et chimiothérapies. Elle avait quand même retrouvé un autre ami, lui-même divorcé et père de famille, mais elle craignait de s'appuyer sur lui : « S'il craque, il va sauver sa peau, et je me retrouverai seule ». Il avait d'ailleurs loué un studio face à chez elle, et y retournait parfois seul, ce qui l'inquiétait.

Elle avait aussi du mal avec ses deux filles adolescentes, qui envahissaient sa vie privée et ne supportaient pas bien les limites qu'elle essayait de préserver. Face à tout cela, elle se sentait acculée, et avait décidé de venir voir une psychologue

« en désespoir de cause », sur les conseils de son médecin. Car elle redoutait par dessus tout de « tomber dans la dépression ». Elle venait d'une famille très active, parfois même « agitée »… « Les agités n'aiment pas les dépressifs ! » avait-elle ajouté… Elle même avait réagi dans les premiers temps par une hyper-activité… mais cela ne marchait plus, le ressort était comme cassé…

Elle était manifestement à bout et peut-être à cause de cela, prête à ressentir des choses impensables pour elle auparavant : supporter de se sentir déprimée, entrouvrir la porte de son histoire, et surtout envisager sa propre disparition, tant elle était terrifiée… pour l'avenir de ses filles. Elle ne voulait surtout pas qu'elles retombent sous la coupe de cet homme, dont elle-même avait eu tant de mal à s'échapper…

Je l'écoutai pendant trois séances raconter cette histoire de couple, mais aussi ses réactions actuelles par rapport à son ami et ses filles. Je repris longuement avec elle cette question des limites, si difficiles à poser pour elle, mais peut-être si nécessaires actuellement, pour qu'elle puisse s'y retrouver un peu, et respirer en retrouvant un espace intérieur.

Parallèlement, je lui proposai de l'initier à la relaxation, ce qu'elle accepta aussitôt, comme une planche de salut. Très vite, ceci lui apporta une détente physique, ce qui la surprit et la rassura énormément. Elle découvrait que ses douleurs n'étaient pas forcément liées à la progression du cancer, et qu'elle pouvait agir sur elles jusqu'à même les faire disparaître. « Ça peut être nerveux ! »… Elle reprit alors confiance en son médecin, et accepta l'idée d'oser lui reparler de ses doutes et de ses questions à propos de son traitement. Elle put alors renouer un dialogue sincère avec lui et participer à ses traitements de façon plus positive. Elle imagina aussi la possibilité de « revenir avec son ami à un mi-temps ensemble », ce qui accorderait à chacun de plein droit un temps personnel et avec ses enfants… Elle aurait souhaité en profiter pour « se faire plaisir à elle-même », et même « ne rien faire », ce qu'elle ne s'était jamais autorisée.

La relaxation lui faisait découvrir un mode d'être moins crispé, l'aidait à mieux dormir. Elle s'aventura à faire quelques liens entre son éducation durant l'enfance et son mariage raté... « Je ne supportais pas, étant enfant, les disputes de mes parents. Quand ils criaient, je claquais la porte et sortais. Ca arrêtait tout ! Mon père sortait me chercher en voiture. Je ne rentrais que s'il promettait de ne plus crier... ». « Finalement, se disait-elle soudain devant moi, peut-être que j'aurais mieux fait de les laisser se disputer... Je craignais l'excès de violence de mon père. Pourtant, ils sont encore ensemble ! »

Elle avait vécu enfant dans un monde où tout était beau... on ne lui montrait ni les misères, ni les disputes, ni les soucis ! C'est bien pourquoi, quand le docteur lui avait annoncé qu'elle « en avait peut-être pour un an à vivre », elle avait senti gronder une révolte inouïe, avec l'impression d'avoir été flouée. Dans une rage folle, elle avait juré que cela ne se passerait pas comme çà !... Mais elle n'avait pas osé en parler à ses parents. C'était son ami qui avait été les trouver pour leur expliquer la situation. Ils s'étaient écroulés en larmes, et depuis ne faisaient aucune allusion à sa maladie. « Ils ne savent pas m'aider, disait-elle et moi, je ne peux pas leur dire ce dont j'ai besoin ». Elle craignait d'être favorisée par rapport à son frère... Son mariage n'avait été que la suite logique de cette éducation protégée. Elle avait connu son mari à 18 ans, lui en avait 19 ans. « Il avait l'air perdu, ses parents étaient divorcés, il vivait chez sa mère et sa grand-mère et jusqu'à 17 ans il dormait dans le lit de sa mère » ! Il n'allait pas bien, et son instinct maternel s'était réveillé, elle voulait le tirer d'affaire...

Et voilà qu'elle craignait pour ses filles ! Elle aurait bien voulu qu'elles aillent vivre chez ses propres parents, « en cas de malheur », mais n'osait pas leur en parler. Après en avoir parlé longuement avec elle, je l'encourageai à le faire, tout en en parlant aussi à ses filles et à son avocat, pour voir quel part avait le père dans cette orientation, quelle place il occupait pour elles. Il était clair qu'elle ne soulevait les voiles de son histoire que pour vite la recouvrir, et ne demandait en rien d'y chercher les clefs de son destin. Elle relevait des « coïncidences » avec un étonnement naïf et une lucidité fataliste, comme si elle avait toujours su de quoi il retournait sans pouvoir rien y changer. Mais ce bref passage dans la parole lui avait permis de retrouver un espace perdu à l'intérieur d'elle-même comme à l'extérieur : espace de détente et de respiration physique et psychique, espace où l'on pouvait oser parler des limites nécessaires, et envisager ouvertement des séparations de corps et d'esprit. Elle pouvait poser des actes vivifiants. N'est-ce pas ce vers quoi tend la fin d'une analyse ?

A la dernière séance, elle m'annonça avec soulagement sa fierté d'avoir pu parler « sérieusement » avec chacun. Pour la première fois elle avait nommé sa maladie et l'éventualité de sa propre mort avec ses parents, et supporté ces mots-là sans mourir, ni eux non plus. Ils l'avaient écouté gravement, et acquiescé à sa demande, se resituant comme grands-parents. Elle-même avait pu organiser l'avenir sans elle, non plus en tant que fille perdue pour eux, mais comme mère responsable. Elle avait aussi demandé leur avis à ses filles, qui s'étaient avouées très soulagées de ne plus jouer la comédie du « tout va bien » avec elle, et reconnaître la gravité de son état tout en gardant confiance en l'avenir. L'avis d'un notaire et de son avocat auquel elle avait signifié sa volonté (qui n'était pas la dernière !) lui avait donné poids symbolique et reconnaissance sociale. Paradoxalement, ceci l'avait délivrée d'un poids de mort intérieur, pour oser vivre le présent, à son âge, avec ses joies et ses peines.

Elle avait « mis en route le mi-temps avec son ami », ce qui leur convenait à chacun et rendait à leur rencontre une certaine légèreté et la détente nécessaire pour qu'elle puisse vraiment compter sur lui sans craindre que ce soit « trop ». Elle s'était aussi retrouvé des désirs féminins, « futiles », et surprise à passer une après-midi entière de shopping avec une amie. Elle s'était offert une jolie robe colorée, au lieu de rester coincée au téléphone pour le commerce de son ami. Elle osait « sortir » de son cocon-prison.

Elle s'interrogeait comme toute mère d'adolescents sur les exigences et les limites concrètes qu'elle pouvait avoir vis-à-vis de ses filles (l'ordre, le ménage, les sorties, le temps passé avec elles ou avec son ami). Elle faisait de même vis-à-vis de sa propre mère, dont l'amour s'imposait pour tout « faire » à sa place et envahissait son intérieur. Elle put lui dire sans colère et sans culpabilité ce dont elle avait réellement besoin de sa part : de chaleur, de présence pas forcément active mais de soutien ou de connivence féminine, et aussi d'intimité personnelle et de solitude dans cet espace qui était le sien, « chez elle ».

Elle se sentait mieux dans sa peau grâce à tout cela, et avait acheté deux livres, elle qui n'avait jamais pris le temps de lire. L'un sur la relaxation, et l'autre sur les limites, intitulé : « Aimer et exiger » ! Elle avait aussi moins peur de la chimiothérapie grâce aux effets préventifs de la relaxation. Elle annula le rendez-vous suivant car elle se sentait bien, et pris congé en me remerciant. Elle me recontacterait si elle en sentait le besoin, ce qui ne fut pas le cas, et qui est fréquent quand la vie reprend son cours.

• D'autres prennent la route pour un plus long voyage et s'aventurent au grand large, dénouant et renouant les fils perdus, comme Janine L. ou comme d'autres, dont la requête n'est pas seulement la guérison, mais des retrouvailles avec eux-mêmes, en présence d'un Autre sûr, guide et témoin de cette entreprise à haut risque et à chance insoupçonnée. Sur cette coquille de noix ballottée de pulsions contradictoires, ils tentent de retrouver souffle et centre de gravité. Le souffle de l'inspiration les guide à travers les remous des rechutes et les rapides des émotions pour les mener au cap de Bonne Espérance, si point n'est « trop tard ». Sur leur boussole affolée, les mots aimantent l'aiguille et leur révèlent le sens de leurs efforts.

Ils tentent de poser des actes vivifiants qui les dédouanent de la dette de vivre ou de mourir à corps perdu, des actes-paroles, ou des paroles actées qui lestent leur corps sur la terre des humains et les délestent du désespoir de vivre, pour les amarrer à bon port... Mais qui leur jettera la pierre si se fait trop forte la tentation de couler en trois bulles ?

• D'autres enfin s'embarquent en navigateurs solitaires avec pour seule compagnie les mots surgis de l'encrier du passé et de l'urgence du présent : mots-cris, mots-larmes, mots-sanglots, mots maudits, mots écoulés au fil des jours et lancés sur l'immensité d'une page blanche comme une bouteille à la mer, en dernier ressort de vie.

3. Une urgence d'écriture

Devant cette impossible réalisé qu'est le cancer, cette nouvelle à vous couper le souffle, certains ressentent l'urgente nécessité d'écrire.

Que cherchent-ils en inscrivant sur le papier l'itinéraire de la passion gravée en leur chair ? Serait-ce le chiffre secret de leur destinée, comme un hiéroglyphe invisible enfin mis à jour sous le révélateur de la maladie ? Ou la lente transparence de leur désir caché ?

Et à qui s'adressent-ils, à quelle oreille connue ou inconnue ? Devant quel regard, juge, témoin, ami silencieux, Dieu ou Diable ?

Il y a en tout cas urgence en la demeure, quand sautent les verrous de certitude, quand s'arrête le temps continu et se glace le sentiment d'être immortel. La peur risque de paralyser tout effort de survie, et les mots tentent de vomir la peur, d'apprivoiser le sort.

Est-ce aussi pour apprivoiser l'autre en soi, celui que « Je » ne reconnais plus et dont l'image s'estompe dans le miroir ? Renouer une passerelle de mots entre celui que « Je » étais et celui que je suis devenu, méconnaissable ? Retrouver un CORPS qui aille de nouveau avec son Nom comme un gant ! Réapprendre dans les larmes et la patience à tutoyer l'Autre en soi, inviter l'étranger, l'Alien dans la maison de son corps, et par les mots inscrits sur la feuille le faire rentrer dans le cadre d'une vie ?

Est-ce pour témoigner après-coup, devant les autres dont le regard vous traverse, insistant, s'apitoie ou se détourne en silence, que la rencontre est redevenue possible, puisque « Je » est revenu, revenant d'une épreuve envisageable puisque « Je » me retrouve « allant-devenant-désirant » ?,...humain, quoi ! avec juste cette petite longueur d'avance et cette gravité légère du regard que donne d'avoir entrevu la mort, cet en plus du savoir, ce clin d'œil au destin...

Le détour par les mots écrits, inscrits à tâtons, exprimés, est parfois le plus court chemin vers soi dans les brouillards de la maladie, et l'inconnu de sa souffrance. Qui sait de quels fruits sont porteurs ces mots-là, écrits, jetés hors de soi dans la détresse sans nom ? Inscription sur le tracé d'une ligne de cette impression folle d'avoir quitté la route du temps ; ponctuation de l'éprouvé corporéisé, embourbé dans les entrailles ; vomi du désespoir devant l'éclatement du corps en mille morceaux cellulaires et aveugles, ce déraillement du système immunitaire qui fait dérailler la pensée de plus sages ; mise à plat du cœur à vif, de la pensée qui se terre, des mains qui implorent, du sens perdu. Signe d'alarme en appel fou de récepteur.

Œuvre prise sur le corps même du sujet, radeau de sauvetage dont la trame se fonde sur un drame aussi solitaire que son navigateur, mais dont la fonction est double : double mouvement d'impression et d'expression où les mots se gravent ailleurs que sur le corps ou l'esprit affolé. Double mouvement en une tentative de respiration intérieure et de médiation avec soi-même, pour rétablir entre soi et soi et de soi à l'autre l'espace d'une parole jetée, pour retrouver terre d'accueil et rallier la communauté des humains. Pour témoigner aussi de ce rude passage, et rejoindre les vivants.

Sans doute, face au cancer, le travail d'écriture a-t-il les deux fonctions : mécanisme de défense puissant et nécessaire, tentative d'auto-engendrement solitaire pour se refaire une peau de mots et un intérieur habité de paroles cohérentes, liées à un sens « commun » et à la fois, véritable colonne vertébrale pour étayer, soutenir l'autre corps qui s'effrite ; et en même temps effort de rencontre, tentative de prendre l'autre à témoin (à charge ou à défense), tout en le retrouvant comme prochain.

J'ai été frappée par ces multiples fonctions de la parole, et ses effets différents d'un livre à l'autre, laissant au lecteur des traces de pacification ou de morne désespoir. Elle lui fait pressentir l'énigmatique place du désir dans une vie et ses effets imprévisibles, si la fixité des mots identifie l'auteur à son cancer comme un papillon épinglé...

Parole parfois martelée au rythme d'une logique implacable qui explique, preuves à l'appui, l'absurdité d'un destin nécessaire auquel il est vain d'essayer de se soustraire. Les mots prennent alors sens de hurler au monde entier sa révolte, comme le fait Fritz Zorn[12]. Il déroule au fil des pages

---

12. ZORN F., *Mars*, Paris, Gallimard, 1981.

une accusation virulente et totale qui en arrive à défier Dieu lui-même. La faute est renvoyée dos à dos au système social, à l'ordre pseudo-logique qui régissait les lois de l'échange dans sa famille, ordre de ne rien ressentir et de ne rien dire du ressenti ou d'une opinion qui ne soit suivie de son contraire, ordre de ravaler toute émotion et toutes larmes jusqu'à ce que cancer s'en suive. Dans ce système fermé, la souffrance même semble s'épuiser, se stériliser de cette répétition inlassable, de ce plaidoyer perdu d'avance faute d'une once de doute sur cette logique, et une once de tendresse sur lui-même ou sur les autres, et la compassion du lecteur se teinte d'horreur, d'irritation et d'ennui, finalement...

Parfois aussi parole devenue nécessaire pour un retournement, une mise en route laborieuse et humble à la recherche de soi et du sens. Cette parole sur le cancer semble avoir pour but de le nommer pour pouvoir s'en détacher, et se désidentifier à la fois du mot et de la chose mortifère pour s'éloigner au fil des mots et du temps de son impact désintégrant corps et esprit.

Ceux-là racontent alors la rencontre du cancer comme une chance de rencontre avec eux-mêmes, se posant humblement la question d'un désir inconscient qui les dépasse et les traverse, au-delà de tout contrôle possible... Le corps a ses raisons... que l'inconscient nous permettrait d'éclairer un peu ? Ils évoquent par métaphore la présence invisible d'un autre cancer œuvrant en silence, cancer de l'âme ou du cœur, qui aurait conduit à une sorte de complicité involontaire avec le mal et dont il est aussi nécessaire de guérir non pas en le chassant, mais en reconnaissant son travail souterrain en soi. Et ils témoignent de leur long chemin de renaissance, de ce passage initiatique de la mort à la vie, où ils ont repris la charge et la fierté d'être homme, et où ils ont doucement repris place dans le temps, comme l'écrit Claude Roy dans son poème : « J'ai bien le temps ».

« J'ai peu de souffle et peu de force et moins d'élan, mais je ne me presse plus. J'ai bien le temps d'attendre. Depuis qu'il se fait tard, j'ai du temps devant moi. Je suis comme celui qui a fait sa journée et réfléchit assis les mains à plat sur les genoux aux choses qu'il veut faire et fera en leur temps. Si la source du temps lui compte encore des jours ». Noël 1982[13].

Leur regard accède à une sorte de gravité teintée d'humour sur eux-mêmes et leur drôle d'histoire, humour qui préserve le doute et l'équivoque sur ce qu'ils peuvent savoir d'eux-mêmes, après avoir tant cherché à comprendre.

Ainsi Georges Perros[14] lorsqu'il écrit dans son « Lexique » posthume :

« A la lettre C : Corps = le grand oublié, il se venge.

A la lettre H : Humour : lyrisme de la résignation ». Freud ne renierait pas ces mots là !

Ainsi Ania Francos[15], qui après être remontée dans son roman « Sauve-toi Lola » aux racines tragiques de son histoire et gratté avec ses ongles la terre de ses souvenirs pour retrouver la source tarie de son mal de vivre, sait aussi prendre ses distances et laisser planer le doute, dans une pirouette qui reconnaît à la fois son savoir inconscient et son non-savoir, son vouloir-savoir et son désir d'oublier. Avec un humour chevillé au corps, elle raconte dans quelles circonstances elle a abandonné ses fonctions de grand reporter dont elle commençait à être lassée : rentrant de Damas, elle avait voulu faire étape à Alger pour revoir l'élu de son cœur, mais il avait refusé de la voir.

« Je quittai cette belle profession.

Brusque désintoxication : J'étais camée de l'info !

Deux ans plus tard, j'avais un cancer.

...Quel rapport, Madame Castor ? Aucun, Madame Quinquin ! »

Ces gens là nous rappellent que parfois la mort à l'horizon contraint à rentrer dans le temps de sa vie, dans la prison-maison de son corps, comme un laisser-passer pour l'existence.

Tahar Ben Jelloun décrit avec son talent poétique cette difficulté d'exister dans « L'écrivain public ».

---

13. ROY C., *Permis de séjour* (1977-1982), Paris, Gallimard, 1983, p. 357.
14. PERROS G., *Lexique* : précédé de *En vue d'un éloge de la Presse*, Paris, Calligrammes, 1981.
15. FRANCOS A., *Sauve-toi Lola*,, Paris, Bernard Barrault, 1983 et « l'autre journal », n° 11, Chronique, p. 77.

« Plus rien n'était à sa place, ou plutôt chaque chose était bien à sa place, sauf moi. Pour la première fois peut-être, je devenais prisonnier de mon corps. Il me retenait et me rappelait en permanence à la pierre, moi qui avais pris l'habitude et la liberté de le contourner. Moi qui l'avais rangé dans la tranquillité satisfaite où les choses s'accumulaient toutes seules, je fus confronté tout d'un coup à sa présence, encombrant, douloureux. Être malade, n'est-ce pas une façon aiguë d'être présent au monde, une façon de creuser un trou pour voir si les racines y sont bien vives ? C'est une célébration du corps, un corps rendu à lui-même avant qu'il soit rendu à la terre humide, troublée par une rosée douce »[16].

De la certitude rassurante d'être enfin arrivé « là » et d'avoir rattrapé son destin, dédouané de toute quête, ou au contraire de pouvoir enfin y accéder en un corps ré-incarné, à l'affolement d'y être piégé malgré tout, à la traversée de la nuit de l'âme pour lui rendre une peau, enveloppe nécessaire aux humains, mille détours sont possibles, mille traverses, mille impasses, mille esquives et tentatives de dire cette énigme ravivée que « Je » suis, que « Je » deviens.

4. Et créer... une aussi dévorante passion ?

Il est des êtres que semble habiter une autre fièvre, saisis au corps et à l'âme par la passion créatrice. Que ce soit dans le domaine artistique, littéraire, ils ont en commun cette urgence de créer qui mobilise toutes leurs forces et les consume d'une absolue nécessité, les poussant aux limites d'eux-mêmes, et parfois au-delà !

Car ceci n'épargne pas aux créateurs l'épreuve du cancer, et il est étrange que parmi eux aussi beaucoup en soient touchés, à un moment où l'autre de leur trajectoire, tôt ou tard... Ce qui nous prouve encore que la création, pas plus que la parole, ne vaccine contre le risque de vivre, même

---

16. BEN JELLOUN T., *L'écrivain public*, Paris, Seuil, 1983, pp. 190-191.

si ces gens là semblent être encore plus vivants, encore plus bouillonnants que les autres.

De Gérard Philippe à Simone Signoret et Bourvil, de Thierry Le Luron à Coluche ou Pierre Desproges, de Jacques Brel à Georges Brassens, tant de noms appartiennent à notre mémoire collective, à la fois partagés dans ce patrimoine commun et cultivés dans le secret de nos jardins privés... Sans oublier, tant s'en faut, ceux des psychanalystes qui ont aussi payé leur tribut à la maladie, à commencer par « Notre Freud aussi ».

Certains, comme Brassens, esquivent toute évocation de « ce mal mystérieux dont il faut cacher le nom », et tentent de se mettre à l'abri de l'angoisse derrière leurs refrains et la solitude pudique de l'Auvergnat. D'autres, comme Georges Perros s'interrogent sur la « terre accueillante » qu'ils ont pu offrir au mal, et sur le pouvoir fascinant des mots qui attirent dans leur sillage comme les sirènes d'Ulysse. Ainsi du mot Cancer — ou Cobalt..ou Tu — meurs !

D'autres parcourent monts et vaux, plaines et collines, effeuillant le monde en globe-trotters des mots, en une insatiable quête d'un havre pacifiant, en une fuite en avant pathétique pour esquiver (rencontrer ?) leur destin. Ce qui n'est pas sans rappeler Jacques Brel, qui « se saoulait de tournées », dans ce manège incessant vers un inaccessible ailleurs. Quel démon l'empêchait de s'arrêter un peu, ou même de planter sa tente, lui pour qui « partir est une fête » et « rester serait la mort » ? Comme si cesser de tourner, s'immobiliser, s'ancrer signifiait la mort. Quel antre dévorant devait-il fuir aux exquises « Marquises » ? Quel « désert devait-il dérider à mourir de faire le pitre » ? Et pourquoi le temps de vieillir lui donnait-il ce si mortel effroi ?

Ceci nous ramène à notre question du temps et de la durée : **Comment le cancer intervient-il dans le temps de la création ?**

a) Parfois il en bouscule radicalement la trame et le rythme, par son irruption soudaine et massive. Il précipite le créateur dans une urgence absolue qui le consume jusqu'au dernier souffle.

Ainsi s'installe une lutte de vitesse à la vie à la mort, une partie de bras de fer entre le cancer et cette urgence de création, en une compétition dramatisée. Dans ce défi entre l'autodestruction qui ravage le corps et l'œuvre du sujet en attente de délivrance, qui cherche à éliminer qui ? Qui dévore le plus ? Là aussi on retrouve un clivage moi-corps meurtri, et moi-œuvre menacée d'asphyxie ou d'avortement, comme si le seul recours du sujet était de sauter hors-corps avec pour seul parachute le fil de sa création.

Ces deux œuvres (l'œuvre « au noir », en secret cellulaire, et l'œuvre-passion en souffrance) se rejoignent-elles pour vider le créateur de lui-même comme des créations vampiriques, ou s'opposent-elles pour le rappeler à lui-même, à l'ordre de la vie dans la délivrance d'une part inconnue de lui-même ?

Dans cette tension à la limite du supportable, il en est qui paradoxalement se retrouvent. Délivrés du poids du temps, ils brûlent la vie par les deux bouts de la chandelle, et disparaissent de notre monde comme des météores, à l'âge de tous les possibles. Ils laissent derrière eux un parfum de mystère et un voile de magie à nos yeux éblouis de tant de talent, de charme, d'insolente jeunesse et de création concentrée en une seule personne. Devant ceux-là on murmure que « les meilleurs disparaissent toujours les premiers », comme une évidence indiscutable et inexplicable. N'incarnent-ils pas dans la flambée d'un instant cette part de rêve cachée, oubliée, esquivée et persistante en chacun de nous, malgré les cicatrices du temps ? Ce désir qu'on dit fou mais qui s'accroche tenace au fond de nos songes, ce désir d'aller toujours plus loin, d'avoir été au-delà des limites humaines raisonnables, au bout de nos rêves les plus fous « pour atteindre à s'en écarteler, pour atteindre l'inaccessible étoile » (Brel).

Ceux-là semblent se rire de la mort et être habités d'une passion si ardente qu'aucune échéance ne les arrête. Au contraire, plus le temps presse, plus ils semblent se désincarner, et devenir mythiques, déjà intemporels, princes d'un autre monde, dont ils nous entrebâillent les portes pour les refermer derrière eux d'un clin d'œil. Car ceux-là, comme les étoiles, ne meurent jamais. Ils sont désormais à l'abri de la tension de vivre et de l'usure du temps, notre regard se refuse à les lâcher et leur restitue leur éternelle jeunesse. Ils ont traversé le miroir dans un éclat de rire, dans un sanglot retenu, dans une pirouette audacieuse et un coup de chapeau insolent à l'habitude de vivre, cette insupportable lassitude.

Si chacun d'eux laisse le monde orphelin de leur beauté, de leur talent et de leur grâce insaisissable, ils nous laissent aussi héritiers de ce que leur voix nous murmure et qui rend vigueur à notre souffle : le désir retrouvé d'oser peut-être vivre... un peu plus, un peu mieux, un peu moins craintivement... un peu plus longtemps ?

Mais pourquoi le temps n'a-t-il pas eu le temps de leur donner des rides, et les envelopper de sérénité ? Pourquoi n'ont-ils pu s'appuyer sur les ailes du temps comme sur une terre d'asile ?

Le cancer qui les habitait, qu'ils abritaient en leur corps, n'avait-il pas aussi pour fonction de les rappeler à l'ordre des humains, en un espace-temps dont peut-être l'étroitesse et la pesanteur nous sauvent : en un corps vivant, sexué et désirant mais aussi castré de ces débordements pulsionnels à ciel ouvert, et en un temps qui seul peut peut-être réguler, canaliser, cette force créatrice dévorante ?

b) Parfois le cancer s'installe et dure en une étrange cohabitation. Créateurs avant tout, cancéreux de surcroît, ceux-là ne semblent guère trop se soucier de cet encombrant visiteur, et tour à tour se résignent à lui laisser une place parallèle, l'adoptant pourvu qu'il reste confiné dans certaines limites et leur laisse le champ libre pour l'autre création, pour le rejeter quand il se fait trop bruyant. Tour à tour ami et ennemi, des négociations se jouent avec cet autre à l'intérieur de soi, double et étranger à la fois, familier et menaçant, en une sorte de partage parallèle à la nécessité créatrice.

Mais ceux-là ont passé le temps de brûler toutes leurs réserves dans les feux de la passion et de l'interdit. Leur nostalgie n'est plus ce qu'elle était. Elle aussi a mûri, évolué, changé d'objet. Ce n'est plus tant les feux de la rampe qu'ils regrettent, et cherchent à rattraper, ni la perfection de la jeunesse, ni même le risque de jouer sa vie sur un coup de dés et se consumer dans l'œuvre pour accéder à l'immortalité en disparaissant en elle immédiatement. Ils ont plutôt l'endurance des vieux routiers de la passion. Elle leur a appris les défaites succédant aux victoires, et le courage de se relever. Elle les a marqués au corps et à l'âme de blessures encore vives ou cicatrisées, et le temps a déposé ses rides sur leur visage. Ils ont appris à négocier avec leur désespoir, leur tentation d'arrêter. A chaque fois l'œuvre à venir les a remis sur la route du temps, et peut-être cette pulsion de savoir, de découvrir, pulsion insatiable de remettre cent fois l'ouvrage sur le métier.

Ils savent que l'œuvre se prend aussi sur le corps. Le cancer prend alors un sens nouveau.

Sigmund Freud n'était-il pas de cette race là ?

CHAPITRE III

La bouche d'ombre
ou le cancer de Freud : le prix d'un œil

> *Chez les Hopies, on sait bien que « celui qui porte le savoir, l'initié, doit payer la prix d'un œil »...*
> Claude Levi-Strauss -

Que de chemin parcouru, depuis le Freud de sa jeunesse, avide de vivre, brûlant de curiosité, passionnément amoureux de sa princesse, ce grand monsieur qui lui écrit qu'il a de la cocaïne dans le corps, en 1884 et déjà le diable au corps de la création, au vieillard qui partagera son existence pendant plus de seize années avec le cancer, jusqu'à sa mort en 1939 !

Reparcourons avec lui le fil de son histoire, en nous remettant en mémoire quelques dates et événements importants pour ce travail[1].

29 juillet 1855. Mariage à 40 ans de Jakob Freud à Freiburg avec Amalia, de vingt ans plus jeune que lui. C'est le troisième mariage de Jakob, qui a épousé à seize ans en première noce Sally Kanner, dont il a eu deux fils, Emmanuel (1832) et Philipp (1836). Sally meurt en 1852, d'après Jones[2], qui omet l'existence de la seconde femme de Jakob, Rebecca, inscrite sur les registres de Freiburg pour l'année 1852. En 1854, raconte Granoff[3], Rebecca n'est plus

---

1. Note : Je me suis ici beaucoup inspirée du livre de Didier ANZIEU : *Le corps de l'œuvre*, Paris, Gallimard, 1981.
2. JONES E, *La vie et l'œuvre de Sigmund Freud*, tome 1, Paris, PUF, 1970, pp. 1 et 2
3. GRANOFF W., *Filiations*, Paris, Ed. de minuit, 1975, p. 320.

sur les registres. Et il s'interroge, comme Max Schur[4] et Didier Anzieu[5] sur cette disparition.

Arrive alors Amalia, mère de Sigmund, lui dont la date de naissance est aussi énigmatique. Le 6 mai 1856 dans la version officielle de Jones, le 6 mars 1856 sur les registres de Freiburg.

Déjà, cette naissance est sous le signe du mystère... Elle est aussi marquée de deuils importants sous le signe de la mort.

En février 1856, le grand-père de Sigmund, père de Jakob, l'ancêtre Schlomo Freud meurt.

En avril 1858, un second fils, Julius, meurt à six mois. Freud a deux ans. Une fille naîtra aussitôt après, Anna, en décembre 1858, et la famille Freud se disperse : les deux fils aînés de Jakob émigrent en Angleterre avec leurs familles, pendant que Jakob et Amalia quittent Freiburg pour Leipzig puis Vienne, arrachant Sigmund au paradis de son enfance.

Ainsi la naissance et les premières années de Freud sont marquées de mystère, de mort, de départ et de séparation, et aussi d'une certaine confusion des générations, puisque de par les différents mariages de son père, ses frères aînés sont déjà pères et ont pratiquement l'âge de sa propre mère Amalia, elle-même de vingt ans plus jeune que son époux Jakob. Une toute jeune mère qui investira passionnément son fils « Sigi », qui le lui rend bien ! Il est son « héros » et cette tâche le poursuivra toute sa vie. « Sigi » ? Son père voulait l'appeler Sigismund et sa mère Sigmund, nous rappelle Bernard This[6]. En Moravie, Sigismund était un héros national, tandis qu'à Vienne il ne l'était plus. Le « is » disparaît pour évoquer le nom de la « bouche de victoire », en allemand, victoire qui se révélera amère et difficile.

En 1865, Sigmund a 9 ans 1/2 lorsque son grand-père maternel meurt, à la suite de quoi il fera le seul rêve d'enfance dont il se souviendra plus tard, vers 1898, rêve répétitif d'angoisse sur sa « mère chérie et personnages à bec

---

4. SCHUR M., *La mort dans la vie de Freud*, Paris, Gallimard, 1975.
5. ANZIEU D., *L'auto-analyse de Freud*, Paris, PUF, 1975.
6. THIS B., « Sigismund Freud », in BEDDOCK F., *Comment t'appelles-tu ? Psychanalyse et nomination*, Entretiens, Nice, Z Editions, 1991, Coll. Trames, pp. 83-89.

d'oiseau[7] », et qui lui montre sa mère morte : « morte de plaisir après des rapports avec son mari (de vingt ans plus âgé qu'elle et que Sigismund considérait plus comme un grand-père que comme un père), morte de chagrin du deuil de son propre père (qui avait été vraisemblablement son premier amour) », nous dit Didier Anzieu[8].

Ce rêve est sans doute une élaboration de son angoisse face à la scène primitive, et le face à face avec la sexualité de ses parents deux ans auparavant. Il a déjà le démon de la curiosité, le diable au corps ! « Sigismund (vers six-sept ans ?), poussé par la curiosité, entre à l'improviste dans la chambre conjugale, surprend le couple à la besogne, quasi nu sous les draps, et urine de saisissement devant le lit. C'est alors que son père prononce le jugement auquel son fils ne cessa depuis de faire appel : « Ce garçon ne fera rien de bon ! ». Et Anzieu ajoute : « Toute sa vie, Freud « sera mentalement actif pour continuer à satisfaire d'autres curiosités autant que pour démentir la malédiction paternelle »[9]. Mais ces « autres curiosités » sont imprégnées des mêmes questions originelles, sur le sexe, la mort et le désir humain.

La sorcière-psychanalyse l'a empoigné. Elle ne le lâchera plus...[10].

Le jeune homme Freud fait des études de médecine et se spécialise dans « les maladies nerveuses ». Il travaille avec Meynert, puis avec Breuer qui lui parle du « traitement cathartique » et de la cure d'Anna O., ce qui l'impressionne beaucoup. Freud passe alors quelque temps à Paris avec Charcot, qui traite les hystériques par l'hypnose, et rentre à Vienne, pour tenter de convaincre ses collègues, sans succès.

Il épouse Martha en 1886, et débute une clientèle privée, où la méthode cathartique devient peu à peu la « méthode des associations libres », et où il laisse libre court au transfert de ses patientes. Mais il se dit « étonné que ses

---

7. FREUD S., (1900), *L'interprétation des rêves*, Paris, PUF, 1967, pp. 495-496.
8. ANZIEU D., *Le corps de l'œuvre, op. cit.*, p. 25.
9. Ibidem, pp. 82 et 83.
10. ROUSTANG F.,... *Elle ne le lâche plus*, Paris, Ed. de minuit, 1980.

histoires de malades manquent du cachet de la science »[11]. Comment représenter en termes scientifiques les conflits du psychisme humain que son écoute lui fait entrevoir ? Et comment être sûr que lui, Freud, ne délire pas ? On a beau être un « conquistador »...

Les « études sur l'hystérie » publiées en 1895 avec Breuer seront traitées de folie, et même Breuer fait marche arrière, inquiet de cette idée d'une étiologie sexuelle des névroses et échaudé par le violent transfert d'Anna O... Il part en voyage avec sa femme et abandonne le traitement.

Freud est seul. Il poursuit quand même ses recherches.

C'est là qu'intervient la rencontre de Wilhelm Fliess, sur les conseils de Charcot en 1887. Cet oto-rhino réputé de Berlin le fascine par ses théories sur la bisexualité et ses recherches sur l'origine des névroses. Fliess prétend guérir la « névrose réflexe », (un ensemble de symptômes dont souffre Freud parmi lesquels douleurs de tête, névralgies, et troubles fonctionnels, digestifs, cardiaques, respiratoires) par la cocaïnisation des muqueuses nasales. Il affirme de plus un lien entre le nez et l'appareil génital à partir duquel il a développé une théorie de la « périodicité », processus qui affecte les deux sexes bisexués.

Tout cela a de quoi séduire Freud qui retrouve en lui l'audace de sa pensée, et partage toutes ses questions sur les troubles de la sexualité et l'origine des névroses. Il trouve aussi là un support à sa propre superstition de mourir, dans les « dates fatidiques ». Il prend à témoin Fliess de l'avancée de ses travaux, et très vite cette rencontre inaugure une relation transférentielle passionnée qui durera quinze années, et un véritable envoutement où il se livrera corps et âme à cet homme qu'il appellera son « guérisseur » et son « démon », et surtout son « seul public ». Dans ce transfert chevillé au corps, il prêtera son nez à Fliess pour de nombreuses cautérisations censées le soulager de ses divers maux physiques, et il lui soumettra ses idées lors de leurs nombreuses rencontres, intitulées « Congrès », dont il « se réjouit à la manière de quelqu'un qui va enfin assouvir sa faim et sa soif » (30 juillet 1896). Il est « bouche bée ».

---

11. Les citations de Freud de ce chapitre sont tirées du livre de Max Schur, déjà cité.

Ceci nous repose la question : **Pourquoi parle-t-on, et à qui ?**

Étant donné son isolement, et l'impact provoquant de ses découvertes, il « fallait » absolument à Freud un lieu-témoin et sûr pour oser s'aventurer plus avant. Il avait trouvé en Fliess un interlocuteur aussi « fou » que lui, qui acceptait d'entendre l'incroyable audace de ses idées, en même temps qu'un double, un rival en création, ce qui ne pouvait que le stimuler, du moins au départ. Mais il lui fallait aussi la caution d'un scientifique reconnu, et la reconnaissance d'un « pair » (père...) pour se risquer à témoigner de ce qu'il entendait et en tirer des conséquences. Fliess l'encourageait à conserver un lien entre les conceptions psychologiques et physiologiques des névroses en alliant la rigueur scientifique et l'intuition des artistes, que Freud enviait en disant d'eux : « ceux à qui il est accordé de tirer, presque sans effort, du tourbillon de leurs propres émotions, les vérités les plus profondes, celles vers lesquelles nous autres devons nous frayer un chemin en tâtonnant sans cesse au milieu des incertitudes les plus torturantes ».

Mais devant Fliess, ce magicien aux mille costumes, Freud pouvait tirer de son chapeau à lui l'oiseau de feu aux ailes de désir...

Désormais, Freud est lancé, et sa vie et son œuvre seront marquées de plusieurs crises existentielles, qui l'obligeront à chaque fois à des ruptures et des dépassements douloureux et où chaque fois son corps sera jeté en jeu dans la balance, comme l'a bien montré Didier Anzieu[12]. Il ne sortira de cette fascination de l'autre avec Fliess qu'en se risquant, comme il l'a lui-même dit après : « à l'entreprise la plus audacieuse qu'un homme ait tenté sur lui-même, sa propre auto-analyse ».

---

12. ANZIEU D., *Crise, rupture et dépassement*, Paris, Bordas, 1979, pp. 117 à 146.

1. 1894

Première crise et première rébellion qui passe par le corps.

Freud fait un épisode cardiaque, à la suite duquel Fliess lui interdit de fumer. En prise à une angoisse aiguë de mourir, Freud obéit pendant un an, mais est accablé de dépression. Fumer lui est indispensable pour créer, et devant la limite du temps entrevue, il ressent l'urgence de mener à bien son œuvre.

Il rompt avec Breuer, son vieux maître et collègue, et décide alors de braver l'interdit de Fliess et de refumer. Il s'en explique dans une lettre : « Il faut bien que je traite décemment mon brave psychisme sans quoi il ne travaillerait plus pour moi. J'exige beaucoup de lui, et sa tâche est le plus souvent surhumaine ».

Il travaille alors sur l'étiologie sexuelle des névroses, et la théorie de la séduction par le père, dont parlent douloureusement les hystériques qu'il écoute. Qu'en penser ? Peut-il en croire ses oreilles ? Fantasmes ou réalité ?

24 juillet 1895. Rêve de « *l'injection à Irma* », où s'entremêlent aussi rêve et réalité.

Dans le rêve : « Un grand hall, de nombreux invités que nous recevons. Parmi eux, Irma, que je prends aussitôt à part, comme pour répondre à sa lettre, et lui faire le reproche qu'elle n'a pas encore accepté « ma solution ». Je lui dis : « Si tu éprouves encore des douleurs, ce n'est réellement que de ta faute ». Elle répond : « Si tu savais ce que j'ai à présent comme douleurs dans la gorge, à l'estomac, à l'abdomen, je me sens nouée ».

...Je pense que j'omets quand même quelque chose d'organique. Je l'entraîne à la fenêtre et je regarde dans sa gorge... Elle ouvre alors bien la bouche, et je trouve à droite une grande tache et ailleurs je vois de remarquables formations frisées... qui portent de larges escarres blanc grisâtre »[13].

La seconde partie du rêve est une discussion entre Freud et trois confrères appelés en consultation : Pourquoi

---

13. FREUD S., (1900), *L'interprétation des rêves, op. cit.*, p. 100.

Irma continue-t-elle d'éprouver des douleurs ? Le rêve apporte une « solution » de triméthylamine que le confrère et ami Oto lui aurait injecté « à la légère »... (dans le double sens allemand de « avec légèreté » et « par libertinage »).

Mille interprétations ont été faites de ce rêve, à commencer par Freud lui-même. C'est sans doute une réponse à l'interdiction de Fliess de fumer, et peut-être déjà l'acceptation du risque réel que cet acte peut avoir sur son corps et sa santé, sans parler de « prémonition ». Peut-être au-delà, dans le transfert sur Fliess est-ce une question sur la « faute » du père, sa place dans la scène primitive, mais aussi une question sur l'inceste et son interdit, ce à quoi justement il s'attarde avec les hystériques, ce qu'elles répètent avec insistance dans leurs symptômes et leurs rêves. Question redoutable selon Marie Balmary[14]. En quoi son père Jakob, séducteur de trois femmes, était-il coupable ? Et quel lien sa propre conception a-t-elle avec les disparus : Rebecca et Julius ?

Je suis frappée comme ce rêve reproduit la question toujours faussée d'une cause psychique ou somatique, qui pourrait s'appliquer aux malades cancéreux. La « faute » est présente, et il faut trouver un coupable : le — la — malade ou le médecin ? La malade, elle, se plaint. Mais peut-on faire confiance à la parole du malade, comme de l'hystérique ?

La réaction de Freud envers Fliess dans la réalité d'« Irma » nous montre sa résistance à cette accusation profanatrice, et son ambivalence dans le transfert envers cet « ami-démon » comme envers les personnages de son passé ou présent. Car Irma représente en fait Emma Eckstein, une jeune veuve amie de la famille que Freud avait en traitement, et que Fliess venait d'opérer du nez pour des règles douloureuses, début février 1895 la laissant ensuite sous la surveillance de Freud. Un mois après, le 4 mars, Freud s'inquiète : enflure, douleur, hémorragie se succèdent, avec une odeur fétide et des sécrétions purulentes.

Le 8 mars, à la demande de Freud, un autre médecin rouvre la plaie et en retire... 50 centimètres de gaze oubliés par Fliess, ce qui provoque une énorme hémorragie ! Freud, « malheureux comme les pierres », rapporte ces événements à

---

14. BALMARY M., « *L'homme aux statues* », *Freud et la faute cachée du père*, Paris, Grasset, 1979.

Fliess. Il l'assure que « personne ne te fait de reproches », lui moins que nul autre, mais une brèche s'est ouverte dans sa croyance dans le « grand guérisseur ». Il a beau tenter de couvrir son ami en rattachant cette hémorragie à des symptômes hystériques (!), la culpabilité le poursuit d'avoir raté quelque chose d'organique.

...Mais lui-même n'est-il pas coupable de pénétrer dans les zones interdites du psychisme humain, où grouillent les pulsions sexuelles ? Les niveaux s'entrecroisent. N'est-il pas lui aussi participant de la même faute, par sa curiosité ? La faute à qui ? La question est posée.

Un événement nous révèle l'ampleur de la menace qui commence à se préciser pour Freud, s'il poursuit son travail.

Le 16 avril 1896, Freud écrit à Fliess avoir eu de nouveau une crise d'angoisse sur laquelle Max Schur[15] s'est interrogé, puis Marie Balmary. « La mort de Tilgner, d'une maladie de cœur, est plus responsable de cet état que la période ». Freud ne croit plus aux explications organicistes de son ami. L'angoisse lui vient d'ailleurs, d'un fait divers précis : La mort brutale d'un sculpteur de renom juste après l'achèvement d'une statue de Mozart, qui devait être sa grande œuvre. Comme Freud, Tilgner était enfant d'émigré pauvre à Vienne, et rêvait de se rendre en Italie. Comme lui, il était saisi de doutes et de pressentiments à l'idée de voir son œuvre dévoilée au monde, sans pouvoir déterminer si cette révélation le ferait vivre ou mourir. « Bien sûr, il n'y a pas de doute que je vivrai et pourrai voir mon Mozart à l'air libre ». Mais après un silence, il disait que lorsque les festivités seraient terminées, il irait en Italie pour ne pas mourir dans son atelier.

Et Schur commente : « Freud craignait donc de mourir comme Moïse, si près du but. » Car c'est ce qui arriva à Tilgner, qui mourut six jours avant l'inauguration, alors qu'il avait donné ses dernières instructions pour faire graver sur le socle de la statue quelques mesures de Don Juan. Il passa la soirée à jouer au tarot, jeu de cartes favori de Freud, puis il eut pendant la nuit des accès répétés de très fortes douleurs au cœur, accompagnées d'essoufflement, et mourut au matin. Schur nous explique que Freud appréciait

---

15. SCHUR M., pp. 130 à 134, cité par BALMARY M., ibidem, p. 61.

beaucoup Mozart, et en particulier Don Juan, et que les dernières mesures qui devaient être gravées étaient extraites de la scène finale, où le fantôme du commandeur, que Don Juan a assassiné après avoir séduit sa fille, apparaît au scélérat qui meurt de l'avoir défié.

A travers cette histoire, qui manifestement est plus qu'une anecdote pour Freud, et le laisse glacé d'effroi pour lui-même, il est pour la première fois question de Fantôme. Nous verrons qu'au fil du temps, il réapparaîtra avec insistance, avec d'autres figures extra-terrestres comme celle de l'Ange ou du Démon.

Déjà une interrogation se lève, que nous garderons en mémoire tout le long de ce voyage avec Freud, celle dont parle Didier Dumas[16], celle de l'« impensé généalogique » et comment il fait retour dans une vie, de façon radicalement différente du retour du refoulé.

L'on peut peut-être voir le rêve de « l'injection à Irma » sous un jour nouveau, comme une question mystérieuse relancée. Si « omission » il y a, qui éclate aux yeux à travers ce « quelque chose d'organique », de quoi s'agit-il ? Ce quelque chose d'évident et impossible à dire concerne le corps sexué et les origines du sujet, quelque chose qui reste en travers de la gorge et met en jeu sa vie réelle comme sa parole.

Mais pour l'instant Freud est occupé à se détacher de Fliess, qui est tombé de son piédestal comme autrefois son père. Au cours d'une promenade avec lui, jeune adolescent, celui-ci lui avait raconté une mésaventure qui lui était arrivé aussi adolescent, en tant que juif : un chrétien avait envoyé son bonnet dans la boue en criant : « Juif, descends du trottoir » ! Et qu'est-ce que tu as fait ? « J'ai ramassé mon bonnet » dit le père avec résignation. Ce à quoi Freud avait résisté en s'accrochant à la scène où Hamilcar fait jurer à son fils qu'il le vengerait des Romains[17].

Peu à peu Freud prend distance de Fliess. Il repousse à la fois le médecin objectif et le guérisseur, magicien du corps et régisseur des dates fatidiques. Il a découvert qu'il pouvait se passer de lui pour inventer, et que l'abstinence de tabac

---

16. DUMAS D.- *L'ange et le fantôme*, Introduction à la clinique de l'impensé généalogique, Paris, Ed. de minuit, 1985.
17. FREUD S. (1900), L'interprétation des rêves., *op. cit.*, p. 175.

imposée « pour son bien » ne lui fait que du tort, tant elle engendre chez lui un vide idéatif et de la tristesse. Il décide du sens de son symptôme : « fumer » et de sa nécessité. Il repousse aussi le juge de ses idées, le « démon » qui l'inspirait et l'autorisait. Lui qui s'est toujours dit guidé dans la vie par « daimon kai tuché », le destin et le hasard, va cesser de fixer son destin en Fliess, puisqu'il n'entend plus et ferme ses oreilles. Celui-là n'est plus l'objet de son désir. Freud retire son nez de la scène des rencontres, en même temps que son esprit et sa tête. C'est un morceau de corps qu'il se réapproprie, le reste suivra. Sa bouche en même temps se libère sans hémorragie mortelle du moins pour l'instant.

« Nos deux têtes sont après tout deux têtes différentes ». Il sépare son corps et son esprit de Fliess comme d'un (faux) frère — siamois, double et rival en création.

Il ose penser seul. Mais il lui faudra quatre ans pour consommer la rupture définitivement. Un événement va en précipiter le mouvement. C'est la mort de son père Jakob, en octobre 1896, qui l'affecte « bien au-delà de ce qu'il imaginait », et inaugure un immense travail de deuil, auquel Fliess sera mêlé dans le transfert.

Freud est « tout désemparé », et envahi rapidement par « tout le passé qui ressurgit » ! Il est débordé par sa réaction à cette mort, « le drame le plus poignant d'une vie d'homme ».

Et pourtant, il est prié de fermer les yeux, comme le lui ordonne un rêve fait la veille de l'enterrement de son père.

Le décor est celui d'un hall de gare mêlé à une boutique de coiffeur. En avant-plan « un placard imprimé, une sorte d'affiche, quelque chose comme « Défense de fumer » des salles d'attente de gare. On y lisait : « On est prié de fermer les yeux (un œil) »[18]. Quel interdit ! A la fois de fumer et d'y voir clair ! Sous peine de mort, de castration ? Comment Freud va-t-il réagir ? Comme à son habitude, il fera les deux, une chose et son contraire.

---

18. FREUD S., *L'interprétation des rêves.*, Ibidem, p. 274.

Il obéira en transgressant l'ordre ambigu. Car s'il faut fermer un œil, ne faut-il pas ouvrir l'autre, et le bon ! Mais jusqu'à quelle limite peut-il aller sans mourir ?

2. A 40 ans

C'est la 2ème crise existentielle et la 2ème transgression.
Curieusement, loin de se déprimer devant ce raz de marée de l'inconscient lié à la mort de son père, Freud va relever le défi, et cette disparition va renouveler son ardeur, comme si le principal obstacle était éliminé... Qui va gagner ? La statue du commandeur ? ou la figure de Don Juan ? Il écrit le 3 janvier 1897 à Fliess, trois mois plus tard : « Nous n'échouerons pas ! Au lieu du passage que nous cherchons, nous découvrirons peut-être des océans dont nos successeurs devront pousser plus loin l'exploration... Quand je me sens ainsi rassuré, je suis prêt à défier tous les diables de l'enfer ».

Après le Fantôme, première apparition du « Diable » ! et de Freud-Faust ? Comme en enfer, « tout bouillonne et fermente en moi... J'attends seulement de nouvelles poussées ». Est-il en gestation d'un enfant du diable ? Peut-être, puisqu'il appellera plus tard « sorcière », sa métapsychologie ! Et à qui doit-il ces images terrifiantes enfantines ? A sa vieille bonne Nannie ?

Il plonge dans « les profondeurs abyssales de sa propre névrose », et suit le fil rouge des rêves et souvenirs, en gestation douloureuse de la vérité en lui ou d'une vérité cachée par les générations précédentes... Sur quoi faut-il fermer les yeux ?

Marie Balmary en décrit l'enjeu dans son livre « l'homme aux statues »[19], et élabore ce qui expliquerait la résistance énorme qui aurait empêché Freud d'avancer plus avant. Le secret interdit se situant à la génération précédente, au niveau du désir de son propre père et l'apparition-

---

19. BALMARY M., « L'homme aux statues. Freud et la faute cachée du père », *op. cit.*

disparition de sa seconde épouse, Rebecca, juste avant le 3ème mariage avec sa mère Amalia, et sa naissance, à lui, moins de 9 mois après... Jakob, Don Juan ? Image du séducteur incestueux, au même titre que les pères de ses clientes névrosées ?

Son fils abordera-t-il le mystère du désir humain, de la sexualité, de l'ordre des générations, de la place des enfants et du déchaînement symbolique lorsque la loi est contournée et que la parole manque à l'échelon supérieur ?

Voir ou ne pas voir ? Est-ce pour cette raison que Freud, ce « passionné de l'inceste » comme le dit Anzieu, devait mourir périodiquement à 41 ans, 51 ans, 61 ans puis 81 1/2 ans comme son père... et renaître de ses cendres, tel Phœnix ? Est-ce pour payer sur son corps à lui la faute des pères ? ou sa propre faute aussi ? Car la question n'est pas si simple ! De rêve en rêve, il découvre la réalité psychique du fantasme de séduction, inscrite en tout enfant dans son évolution vers la croissance et l'autonomie, et source d'angoisse comme de culpabilité intense.

Alors, fantasme ou réalité ? Il erre en quête de preuves sur ses propres fantasmes et souvenirs d'enfance. Pourquoi sa vieille gouvernante Nannie revient-elle dans ses rêves, à la fois « première génératrice de névrose » en lui parlant de Dieu et de l'enfer, et « professeur de sexualité » ? Pourquoi a-t-elle, elle aussi « disparu » de sa vie ? De quel secret interdit possède t-elle la clef ? Il interroge sa mère Amalia qui lui met l'étiquette de « voleuse », ce qui change son interprétation à lui. Il a dû se tromper. On ne peut mettre en doute la parole d'une « mater ». En même temps, il retrouve le souvenir d'un voyage en train où « entre deux ans et deux ans et demi, ma libido s'était éveillée et tournée vers « matrem », cela à l'occasion d'un voyage de Leipzig à Vienne que je fis avec elle et au cours duquel je pus sans doute, ayant dormi dans sa chambre, la voir nue ».[20] Et il associe ce souvenir aux flammes des becs de gaz qui lui avaient évoqué les âmes brûlant en enfer... Souvenir si brûlant que longtemps il souffrira de phobies par rapport aux trains. Les feux du désir sont décidément bien dangereux, et c'est bien lui le fautif puisqu'il a ouvert un œil

---

20. FREUD S., *Naissance de la psychanalyse*, Paris, PUF, 1969, Lettre 77, p. 210.

sur sa mère nue ! Il souligne alors la « difficulté presque insurmontable de distinguer les faits des fantasmes », puisque la culpabilité peut dévorer sans appui sur des faits objectifs, réels. Cette question le consume.

Est-ce pour cela qu'il se sent lui-même « *dévoré par un gigantesque travail qui dépasse largement les capacités d'un pauvre être humain, un travail à qui appartient chaque motion de la pensée, et qui progressivement absorbe toutes les autres facultés et réceptivité, comme une sorte de tissu néoplasique s'infiltrant dans le tissu humain, et qui finit par le remplacer... Dans mon cas, travail et recrudescence d'activité coïncident. Je suis entièrement devenu* « **Carcinome** »... Dans son dernier stade de développement, le néoplasme aime boire du vin. Aujourd'hui, je dois aller au théâtre, mais c'est ridicule, un peu comme si l'on voulait faire une greffe sur un cancer... *Rien ne peut y adhérer. Et ma durée de vie est désormais celle du néoplasme* » (19 février 1899).

Que signifie cette métaphore saisissante de l'œuvre dévorante comme un cancer qui ne peut être recouvert d'aucune greffe, ce travail de mémoire qui ne peut être oublié par aucun subterfuge, aucune ivresse et caché par aucun voile de fumée. Il faudrait une greffe de quoi ? de parole ? de symbolique ? Mais son « tyran intérieur » le pousse à continuer. Rêve après rêve, il donne forme au premier livre qui lèvera le voile sur le désir humain et accordera statut vital à l'inconscient, sur ce théâtre vivant dont la scène est le corps. Éprouvante épreuve, où il se détache de son passé en se le réappropriant, en se reconnaissant lui, Freud adulte, dans les désirs bouillonnants et angoissants de l'enfant d'autrefois. Il élabore la place du désir œdipien, et celui du meurtre du père, ainsi que l'angoisse de castration. Le voile du temple se soulève, s'il ne se déchire pas. Mais « Rome ne se laisse pas forcer », même par lui qui désire tant y entrer ! Roma-Amor ? Il écrit à Fliess le 7 mai 1900 : « Aucun critique n'est mieux capable que moi de saisir clairement la disproportion qui existe entre les problèmes et la solution que je lui donne et pour ma juste punition aucune des régions psychiques inexplorées, où le premier parmi les mortels j'ai pénétré ne portera mon nom, ou ne se soumettra à mes lois ».

Peut-on voiler une part de vérité ? Les voix (voies) de l'inconscient sont gérées par d'autres lois que celles de son seul désir ou de sa crainte, mais par la loi symbolique vivifiante de l'Interdit de l'inceste et du meurtre...

Freud est comme terrassé par ses découvertes, hésitant à avancer plus avant... Coupable de crime de lèse-majesté ? ou de désir incestueux ? Le désir, ce furet qui l'habite et qu'il poursuit depuis toujours, l'entraîne bien au-delà de ce qu'il voulait. Quelle loi peut contrer, canaliser, reconnaître le désir humain ? En tout cas pas l'ordre de fermer les yeux ! mais il écrit encore dans cette même lettre : « Quand, au cours de la lutte, je me suis vu menacé de perdre le souffle, j'ai prié l'ange de renoncer, ce qu'il a fait depuis mais je n'ai pas eu le dessus et depuis je vais cahin-caha. Voilà que j'ai déjà quarante-quatre ans, et je ne suis qu'un vieux Juif plutôt miséreux ». Cette fois-ci c'est l'Ange qui entre en scène.

Va-t-il suivre le destin paternel sans redresser la tête ? ou vaincre l'ange, comme le patriarche de la bible, Jacob, qui recevra le nom d'Israël : fort contre Dieu ?

Mais pourquoi cette lutte corps à corps avec l'ange ? pour ne pas énoncer une vérité interdite ? Et pourquoi l'ange a-t-il renoncé ? Parce que Freud accepte de fermer un œil sur une part de la vérité, la part du père ? En même temps qu'il renonce à la « théorie » de la séduction réelle par le père, il ouvre un œil sur le continent inexploré des fantasmes inconscients, mais il ferme l'autre et reprend sur lui seul, le fils, la faute œdipienne, le désir incestueux, et derrière lui tous les fils et les filles de la terre.

Le combat peut cesser, l'ange renonce à demander plus devant sa détermination, mais lui non plus n'a pas eu le dessus ! L'honneur du Père est sauf et la mère intacte aussi ! Match nul ? Sauf que depuis il va cahin-caha, en vieux Juif miséreux. Mais il a eu la vie sauve, après avoir été menacé de « perdre le souffle », ce qui n'est pas rien quand on pense à ses angoisses de mort et sa nécessité de fumer, même si, comme Jacob, il s'en sort « déhanché », blessé à la hanche, et marche cahin-caha.

Et pourtant... Peu de temps après il écrit : « Mon travail, par tout ce qui s'y rattache et tout ce qui en émane d'attirant et de menaçant, m'a complètement épuisé... Tout est flottant, vague, un enfer intellectuel, des couches superposées, et dans le tréfonds ténébreux se distingue la silhouette de Lucifer-Amor ». Immédiatement après la retraite forcée de l'Ange, le Diable se profile de nouveau... couplé avec l'Amour ! Le Diable au corps, le désir ardent... Le cancer de la curiosité reprend le dessus, et Lucifer attise le feu. Lucifer ? L'ange déchu d'avoir voulu dérober la lumière à Dieu ? ou l'Amour ? Cela nous rappelle une autre histoire, encore une histoire de vol de place et de générations confondues, celle de Janine L.

Décidément, pour Freud aussi le désir se révèle étrangement inquiétant ! Il était prié de fermer les yeux ? De ce voyage dans le labyrinthe de ses désirs d'enfant, Freud dira plus tard à Jones sur la période de sa vie jusqu'à sept ans : « Ce furent de dures années, dont il ne vaut pas la peine de se souvenir ». Curieuse déclaration pour le père de la psychanalyse !

Et pourtant il accouche finalement du livre qui va signer à la fois la naissance de la psychanalyse, et sa rupture définitive avec Fliess : « **La science des rêves** », ce livre qui inaugure le statut de l'inconscient et lève un voile sur l'énigmatique désir humain.

Éprouvante épreuve, en même temps que travail de délivrance, où il devient repère et re-mère de lui-même. En se décollant de l'autre qui l'autorisait à vivre et à créer, il réalise la transgression de l'oracle paternel : « Ce garçon ne fera rien de bon ! » Il reconnaît dans ses écrits et sa parole la place du désir incestueux et celui du meurtre du père, ainsi que l'angoisse de castration. Et il inscrit même cette transgression dans la réalité, en prenant pour confidente de ses découvertes sa belle-sœur Minna, jeune et jolie veuve venue s'installer sous son toit à la fin de l'année 1896, après la mort de ce père ! « Comme le patriarche Jacob, il vit avec deux sœurs, ce qui dans le 19ème siècle européen pourrait être une faute, mais sans doute est-il également chaste avec les deux, les mettant ainsi au rang de compagnes non-épouses. Imitant son père biblique, il répare la vie de son géniteur. Toute la situation d'infidélité est en place ; elle n'est pourtant pas accomplie, semble-t-il »[21].

---

21. BALMARY M., L'homme aux statues, *op. cit.*, p. 107.

Publiquement, il peut prendre figure du « Père de la psychanalyse », puisque Fliess est un magicien détrôné. Il ironise sur « Bibi » (la bisexualité) et lui envoie un exemplaire de la « Sciences des rêves », ce livre dont secrètement il entrevoit pourtant avec angoisse de se séparer, séparation « d'autant plus pénible écrira-t-il plus tard, que ce qui se détachait de moi n'était pas une propriété intellectuelle, mais affective ». Affective et même charnelle, comme un enfantement. Comme une « délivrance ». Mais de quoi ? d'un morceau de chair ? de vie ? ou d'un placenta qui relierait qui à qui ?

Celui qui avait écrit à Fliess à l'occasion de la mort de sa mère, cette étrange lettre de condoléances : « Etrange et inquiétant, lorsque vacillent les mères, les seules à se tenir encore entre nous et la délivrance », Freud, est désormais libre et seul, non sans peine ni douleur. Il écrit : « J'ai souffert de perdre mon seul public... Pourquoi donc écrire maintenant ? »

Pourquoi et pour qui ? Quel peut être le statut de l'Autre à présent, en l'absence de celui à qui il s'adressait ? La psychanalyse est née. Le 2 septembre 1901, Freud peut enfin pénétrer dans Rome, et affronter seul la statue couronnée de Moïse. Il est devenu « Jacob », l'interprète de songes... L'interprétation des rêves est publiée.

Mais osera-t-il aller au-delà et continuer à parler, lui qui a résisté à l'ange, lui qui a ouvert un œil en même temps que la bouche ? Dans cette première visite à Rome, il « s'empresse de jeter une pièce de monnaie dans la fontaine de Trévi en faisant le vœu de revenir bientôt à Rome (ce qui devait arriver en effet l'année suivante). Il glisse sa main dans la « Bocca della verita » de S. Maria Cosmedin, geste bien inutile pour un homme aussi intègre », commente Jones ![22] Mais Jones ne percevait pas l'enjeu dantesque de l'affaire. Et pourtant... ce diable d'homme n'a pas dit son dernier mot, et il le sait. Il s'en dédouane à l'avance dans la fontaine. Superstition ? Appel au destin ? à la vérité ? Aura-t-il de justes raisons de revenir à Rome, en ayant progressé dans le dédale de la vérité du désir ? Et pourra-t-il le faire ? « Croix de bois, croix de fer, si je mens que j'aille en

---

22. JONES E., *La vie et l'œuvre de Sigmund Freud*, Tome II, Paris, PUF, 1972.

enfer ! » puisque la bouche de pierre, selon la légende, dévore la main des menteurs...

Toujours est-il qu'il retrouve la crainte des dates fatidiques, sans la protection de son ange gardien Fliess. Mais il se sert de ce symptôme pour élaborer sa réflexion, le décrivant dans « *La psychopathologie de la vie quotidienne* »[23] comme un « ancien conflit qui n'a pas été entièrement résolu, perlaboré, et qui n'a pas pris assez d'intensité pour donner naissance à un symptôme bien circonscrit, et reste encapsulé tel un corps étranger et devient de temps en temps assez actif pour demander à être exprimé ».

Quel est ce conflit qui reste actuellement « encapsulé » pour Freud, comme les cellules pré-cancéreuses ? Voir ou ne pas voir ? Parler ou ne pas parler ? Être ou ne pas être Freud ?

Il découvre aussi dans cette superstition de mourir la haine de l'autre et le désir de mort. Dévoiler la haine et le désir de mort pour conjurer le destin, suprême tactique devant l'ange ! mais par nécessité, créer, tel est son destin. Il écrit à Pfister le 6 mars 1910 : « Vivre par l'imagination et travailler ne font qu'un. Rien d'autre ne m'amuse. Tout en me soumettant au destin, je formule cependant une prière secrète. Surtout pas de longue maladie, pas de misère physique qui paralyse mes facultés de création. « Mourons sous le harnais, comme dit le roi Macbeth ! »

La mort en punition de quel crime, comme Macbeth ? Appelle-t-il déjà sur lui le signe du destin, dont il parlera beaucoup plus tard, en 1936, dans « *Un trouble de mémoire sur l'Acropole* » ?

« Car nous le savons depuis longtemps, le Destin dont on attend un mauvais traitement est la matérialisation de notre conscience, de ce sévère sur-moi, qui est en nous et dans lequel s'est déposée l'instance répressive de notre enfance ».

---

23. FREUD S., 1901, *Psychopathologie de la vie quotidienne*, Paris, Petite Bibliothèque, Payot, 1971.

3. Peu avant 60 ans

C'est la 3ème crise existentielle.
Il se trouve désormais de l'autre côté de la barrière, en place de « Père » de la psychanalyse, et à l'âge où ce sont les suivants, les jeunes loups, les « fils spirituels » qui dressent la tête et rivalisent entre eux et avec lui en un affrontement dramatique.

Les malaises le reprennent, mais il refuse catégoriquement les explications « psy » de Jones et leur cherche une cause extérieure ou organique. A une occasion, il découvre que ses migraines sont liées à une fuite de gaz... Et à Calrsbad où il fait une cure en 1912 il réplique à la suite d'un malaise à Jones, qui évoque des soucis sur sa fille malade ou la rupture avec Jung : « Il est évidemment fort difficile, sinon impossible de déceler en soi-même les processus psychiques réels. Pour moi, le côté physique doit être plus évident : l'intolérance soudaine du muscle cardiaque au tabac et davantage encore au vin. L'amélioration de mon état de santé est due à une grande restriction de ce délicieux vin romain auquel je m'adonnais ».

Pour Freud, pas de raison côté « psy », mais une raison côté cœur, sur le versant organique : une « intolérance » aux excès des plaisirs de bouche : fumer et boire le nectar de l'enivrante « Roma-Amor ». Mais il est une autre « intolérance » du cœur, source de grande tension intérieure pour lui, c'est effectivement la rivalité avec Jung, qui éclatera lors d'une violente discussion au Congrès de Munich en novembre 1912, dans cette ville associée au souvenir de rencontres avec Fliess. Il y est justement question de reconnaissance de l'autre et de vol d'idée, Jung ayant cité Freud dans un article, sans le nommer (ce que Freud avait fait autrefois avec Fliess sur la bisexualité). Le fils s'est-il approprié la parole-nourriture du Père-Freud en annulant son nom ? Des deux combattants, l'Ancien et le Nouveau, l'un des deux doit disparaître, et la tentation se fait subtile, actuelle, corporelle... s'évanouir ? « Qu'il doit être doux de mourir », murmure-t-il en revenant à lui !

Mais le vieux loup de la horde reprend du poil de la bête, et donne libre cours à sa rage et sa combativité en reprenant la plume et sa parole ! Il s'explique avec la haine du Père et la « nécessité de meurtre » pour pouvoir s'identifier à lui en l'incorporant, en écrivant au printemps 1913, « *Totem et tabou* » dans un état d'exaltation qui rappelle celui de « La science des rêves ». Il a l'impression d'écrire son meilleur ouvrage, mais est saisi de doute, le livre terminé, et demande l'avis de Jones et Ferenczi. Ceux-ci expliquent que ses doutes proviennent de la satisfaction qu'il a retiré de vivre fortement en imagination les expériences de meurtre du père... en tant que fils ! Freud accepte, « avale » tout cru ces bonnes raisons et les confirmera dans un entretien avec Jones.

« Dans la science des rêves, j'ai décrit le désir de tuer son propre père, ici j'ai décrit le meurtre réel. Après tout, il y a un pas énorme entre le désir et l'acte... ».[24] De nouveau cette inquiétante question des limites si floues entre fantasme et réalité. Écrire est-il un moyen efficace de contenir le désir, autrement qu'à l'« encapsuler », en l'élaborant, en le reconnaissant ? Car en l'occurrence réelle, si c'était du désir de meurtre du fils par le père dont il était question avec Jung, Freud le retourne en s'identifiant de nouveau au fils !

Quoi qu'il en soit, la frontière rétablie par les mots entre le désir et l'acte permet à Freud d'enterrer la question de Jung, comme il l'avait fait vingt ans auparavant pour Fliess, et de transgresser l'interdit, sans danger de « faute » dans le réel : il retourne à Rome, mais cette fois-ci il n'est plus seul ! Minna l'accompagne... La « Bocca della verita » n'a pas dévoré sa main, c'est sa main qui est reprise par la passion dévorante d'écrire, comme l'explique Didier Anzieu, après avoir raconté cet épisode :

« Après la réalisation symbolique du parricide, celle tout aussi symbolique de l'inceste. A la suite des jours « merveilleux » d'une visite de Rome avec sa belle-sœur, et la rupture avec Jung étant consommée, Freud, en automne 1913 retrouve son exaltation créatrice et rédige « *Pour introduire le narcissisme* ».[25] Il y souligne combien à

---

24. JONES E., *La vie et l'œuvre de Freud, op cit.*, tome II, p. 377.
25. FREUD S., (1913), « Pour introduire le narcissisme », in *La vie sexuelle*, Paris, PUF, 1969.

l'origine le narcissisme de l'enfant se soutient d'être pris dans celui de ses parents. L'enfant-Roi des rêves parentaux, maternels est exposé. Mais l'exaltation retombe. La victoire par la parole renforce aussi la solitude du vieux loup et l'ombre de la guerre exprime peut-être le conflit dont il se sent le terrain et l'acteur.

Au printemps 1914, Freud ne se sent pas bien. Il est fatigué et souffre d'une affection respiratoire. Le 7 mai 1914, il écrit à Abraham : « Je continue à n'être pas bien et sans envie de travailler. J'ai eu 58 ans hier ». Et le 13 mai : « Le dernier accès de mes douleurs intestinales a amené mon Leibarzt à entreprendre par précaution un examen rectoscopique, à la suite duquel il me congratule si chaleureusement que j'en conclus qu'il avait tenu le carcinome pour hautement probable. Ce n'est donc rien pour cette fois-ci, il me faut continuer à m'échiner »... Quinze après, voilà que le mot « carcinome » revient dans la bouche de Freud pour la seconde fois, mais cette fois-ci ce n'est plus au sens métaphorique... La greffe des mots se fragilise ? Il lui faut continuer à s'échiner, sous peine de rejet, et pas seulement du seul muscle cardiaque !

Alors Freud reprend la plume. Il écrira en 1915 « *Considérations actuelles sur la guerre et la mort* », où il dit : « La vie s'appauvrit, elle perd de l'intérêt, dès l'instant où nous ne pouvons pas risquer ce qui en forme le suprême enjeu, c'est-à-dire la vie même »[26].

Et puis : « L'amour ne doit guère être moins ancien que le penchant au meurtre ».

Et encore : « Comment l'inconscient se comporte-t-il à l'égard du problème de la mort ? Exactement comme l'homme primitif. Sous ce rapport, comme sous tant d'autres l'homme primitif survit tel quel en notre inconscient. Comme lui, notre inconscient ne croit pas à la possibilité de sa mort et se considère immortel »[27].

De nouveaux thèmes s'entremêlent aux précédents, et se relancent de nouvelles interrogations, difficiles, angoissantes : « A quoi bon vivre si l'on n'ose risquer cette

---

26. FREUD S., (1915), « Considérations actuelles sur la guerre et la mort », in *Essais de psychanalyse*, Paris, Petite Bibliothèque Payot, 1981, p. 28.
27. FREUD S., Ibidem, p. 35.

vie même ? Quel en est le sens lorsqu'elle se réduit à « survivre » ?

Comment, à l'orée de la vieillesse, à près de soixante ans, envisager la possibilité de sa propre mort, cette idée « inimaginable » pour l'inconscient ? Et puis encore une question grave, celle de l'amour. Comment peut-on résister à la haine, quelle parole pacifiante peut calmer cette haine dévorante, que ce soit au cœur du sujet lui-même ou entre les peuples ? Comment résister enfin à cette tentation de mort qui travaille à l'insu du sujet, qui le travaille, lui, Freud, au corps, et lui enlève jusqu'à sa raison de vivre, l'envie de travailler ? Et comment ne pas trahir sa mère, en tuant l'enfant immortel ?

On est bien loin du Freud des débuts, le jeune homme impatient et volontaire qui, déjà en prise à des défaillances physiques à l'époque des ses fiançailles (typhoïde, sciatique), n'entendait pas se soumettre à son corps, et écrivait à sa fiancée Martha : « J'ai décidé de renoncer au luxe d'être malade ! »... pour travailler !

Mais on n'est peut-être pas loin du même jeune Freud, impressionné par la longue maladie d'un ami proche, le fiancé de sa future belle-sœur Minna. Ce Freud là est déjà marqué par l'angoisse de mort, et la question du sens de la vie : « Quand le souffle devient court, l'intérêt se rétrécit, le cœur renonce à tout désir... que l'être qui ne désire rien d'autre que de rester en vie est pitoyable ! »

Le mot-clef était déjà là : DESIR. Plutôt mourir que de ne pas désirer ! Mais à présent, à l'heure de ses soixante ans, la question prend un relief aigu et inquiétant : Comment soutenir ce désir dans le temps d'une vie, à temps et à contretemps, comment reconduire la « décision » de vivre au jour le jour, et même quand ce désir n'est plus, ou quand la transgression qu'il implique est trop grande ?

Il écrit le 25 janvier 1915 à Abraham : « Commençons par moi. L'animal est de nouveau en forme. J'ai bon moral, mais je n'ai fait aucun travail, et j'ai laissé tomber tout ce que j'avais commencé, y compris des choses qui promettaient beaucoup. Je continue de réfléchir. C'est une longue nuit polaire, et il faut patienter jusqu'au lever du soleil. Est-ce là une phase d'une évolution progressive ou seulement celle d'une périodicité organique qui émerge en cette époque où tant de choses sont mises à nu ? C'est une question qu'on ne pourra trancher que plus tard ». Formulation énigmatique, qui laisse en suspens la question de cette œuvre qui le travaille si profondément au corps. « L'animal » va bien ! Mais du silence des organes émergera-t-il quelque chose de vivifiant ?

Et dans cette nuit polaire, une telle mise à nu des pulsions peut-elle prendre sens de création, de rebondissement de vie, ou bien sa pente naturelle entraîne-t-elle vers la dépression et la mort, même pour quelqu'un d'aussi « pulsionnel » et désirant que Freud ?

A quel niveau de profondeur s'origine la « décision » vitale ? Et peut-elle ne s'originer que de soi-même ?

4. Entre 1916 et 1923

Toutes ces questions inaugurent la **quatrième crise existentielle de Freud**, entre 1916 et 1923 au cours de laquelle il paiera « **le prix d'un œil** ».

Contrairement aux découvertes du début et qui alimentent la passion de conquérant de Freud et excitent sa curiosité, dans la mise à jour de la libido, des pulsions de vie et leurs aléas, leurs destins différents avec lesquels l'homme s'explique dans son humanisation, ce sont maintenant des pensées de mort qui l'habitent et le travaillent, douloureusement. Et ceci à trois niveaux, où le réel vient télescoper le fantasme en cercles de plus en plus étroits, sans plus d'espace intermédiaire qui puisse en atténuer les effets, sans « pare-excitation ».

A) Sur le plan mondial, la première guerre a éclaté, avec ses massacres apportant l'affolement des valeurs éclatées et la perte de tous repères essentiels : « Pris dans le tourbillon de ces années de guerre, informés unilatéralement, sans recul par rapport aux grands changements qui se sont déjà accomplis ou sont en voie de s'accomplir, sans avoir vent de l'avenir qui prend forme ; nous-même ne savons plus quel sens donner aux impressions qui nous assaillent et quelle valeur accorder aux jugements que nous formons »[28].

Devant ce bouleversement des valeurs collectives qui atteint le monde « civilisé » de plein fouet et Freud très personnellement, le laissant complètement « surpris et effrayé » autant par le triste tableau de l'« abaissement si douloureusement ressenti de la grandeur morale de ses concitoyens » et des hommes civilisés, que par « le manque de jugement qui se manifeste chez les meilleures têtes, leur obstination, leur inaccessibilité aux arguments les plus convaincants », comment va-t-il réagir ?

Comme il l'a toujours fait, en essayant de comprendre, de s'y retrouver dans la jungle de ses réactions contradictoires, et ainsi d'aider tout individu qui comme lui « n'est pas devenu un combattant, et de ce fait une infime particule de la gigantesque machine de guerre et se sent troublé dans son orientation et inhibé dans sa capacité de réalisation ». Il écrit, il met à plat pour lui-même et autrui ses doutes et ses réflexions. Et il ajoute : « Je pense que, pour lui, le moindre geste qui lui rendra plus facile de s'y reconnaître en son monde intérieur sera le bienvenu ».[29]

« Parmi les facteurs responsables de la misère psychique de ceux de l'arrière, et dont la maîtrise leur pose de si difficiles problèmes, il y en a deux que je voudrais mettre en évidence et traiter ici : la désillusion que cette guerre a provoquée, et le changement d'attitude à l'égard de la mort qu'elle nous impose ».

Face à l'immense désillusion de constater la faible moralité des états et la brutalité de comportement des individus auparavant civilisés, il fait appel à l'essence profonde des motions pulsionnelles contradictoires qui agitent tous les hommes, et leurs destins différents en fonction de l'éducation individuelle, de la capacité de chacun à remanier ses pulsions « égoïstes » vers une « aptitude à la civilisation » grâce à la contrainte sociale collective.

Ces remaniements pulsionnels peuvent être ramenés en arrière par les interventions de la vie, la situation de guerre

---

28. FREUD S., *Considérations actuelles sur la guerre et la mort*, *op. cit.*, p. 9.
29. FREUD S., Ibidem, pp 9 et 10.

étant une force exceptionnellement capable de provoquer de tels retours en arrière. « C'est pourquoi nous n'avons pas à considérer comme inaptes à la civilisation tous ceux qui actuellement ne se comportent pas en hommes civilisés, et il nous est permis d'espérer qu'en des temps plus tranquilles l'ennoblissement de leurs pulsions se rétablira, car en réalité, ils ne sont pas tombés aussi bas que nous le redoutions, parce qu'ils ne s'étaient absolument pas élevés aussi haut que nous l'avions pensé d'eux ».[30]

Reconnaître ce destin pulsionnel en chacun de nous permet de supporter que certains chutent de leur piédestal imaginaire... Dure réalité, mais qui permet de comprendre un peu mieux « ceux qui nous étaient devenus étrangers parmi nos concitoyens »... Considérations étrangement « actuelles » encore aujourd'hui !

Quant à notre relation à la mort, la guerre balaie aussi d'autres illusions. Car en temps de paix, chacun peut ignorer sa propre mort, et évite de penser à la mort de l'autre, en rabaissant celle-ci à un événement fortuit, à une cause extérieure. « A l'égard du mort lui-même, nous avons un comportement particulier qui ressemble presque à de l'admiration témoignée à celui qui a réussi quelque chose de très difficile. Nous suspendons toute critique envers lui, nous fermons les yeux sur ce qu'il a pu faire d'injuste... Nous enterrons avec lui nos espoirs, nos exigences, nos jouissances ».[31] De ce fait, la vie ne se risque plus, sauf dans l'imaginaire, la fiction où la haine peut virer à l'amour et inversement, ou même coexister de façon extrême.

La situation de guerre, nous dit Freud, balaie tout cela. La mort ne se laisse plus dénier, ni dans sa réalité brute, ni dans les réactions qu'elles suscitent, comme la prise de conscience douloureuse de l'ambivalence des sentiments et l'impulsion à vivre quand même après la mort de la personne aimée. La fragile barrière entre la réalité psychique du désir de meurtre et sa réalisation se trouve aussi balayée, en même temps que l'interdit du meurtre ; devant l'étranger menaçant, les instincts sanguinaires refont surface. Et il conclut, sans doute d'abord pour lui-même :

---

30. FREUD S., Ibidem, pp. 21 et 23.
31. FREUD S., Ibidem, p. 27.

« Ne vaudrait-il pas mieux faire à la mort, dans la réalité et dans nos pensées, la place qui lui revient, et laisser un peu plus se manifester notre attitude inconsciente face à la mort, que nous avons jusque là soigneusement réprimée...

Supporter la vie reste bien le premier devoir de tous les vivants. L'illusion perd toute valeur quand elle nous en empêche ».

Mais jusqu'où peut-on vivre sans illusion, ouvrir les yeux sur soi-même et sur les autres, et « supporter » la réalité psychique comme la réalité extérieure, quand elle se nourrit de haine et de violence ?

B) Tout une série de deuils frappent Freud et l'atteignent dans ses liens affectifs les plus profonds, en l'espace de quelques années. Il perdra en 1915 son demi-frère Emmanuel, âgé de 83 ans et auquel il était très attaché, ce qui réveille peut-être le deuil de son père. En 1920 sa fille Sophie meurt et en 1923 le fils de celle-ci, qu'il adorait. De proches parents disparaissent : le mari de sa sœur Anna, un neveu tué à la guerre, une nièce qui se suicide.

Et des cancers se déclarent dans son entourage : en 1919, il apprend le cancer et la mort de Von Freund, un client devenu ami.

Quelle « inquiétante étrangeté » de retrouver ce destin chez un homme qui, à une lettre près, porte son nom !

Il apprend aussi l'existence d'une tumeur maligne chez le père de Jones, son fidèle disciple... Lui-même ressent une première alerte de ce qui se déclarera quatre ans plus tard. Il écrit à Ferenczi, le 6 novembre 1917 : « Hier, j'ai fumé mon dernier cigare, et depuis, je me sens de mauvaise humeur et fatigué. J'ai des palpitations, et la douloureuse enflure au palais que j'ai observée depuis mes jours de privation s'est aggravée. Ensuite un client m'a apporté 50 cigares. Après en avoir allumé un, je suis devenu gai, et mon enflure a disparu.

Je n'aurais pas cru que ce pût être aussi frappant, tout à fait à la Groddek ! ». Mais si Groddeck prend au sérieux les cris et les chuchotements du corps, Freud ne veut pas attacher d'autre importance à ce symptôme, et ferme les yeux sur son sens de possible signal d'alarme. « On perçoit ici, nous rappelle le Dr Michel[32], les niveaux d'organisation différents de l'être humain et les logiques contradictoires qui en résultent. L'euphorie du cigare retrouvé restaure la bonne humeur et estompe une lésion qu'en toute logique elle aggravait ».

Et de fait, Freud a vraiment besoin de cette fumée, de cet air artificiel pour l'aider à vivre sans sombrer dans la déprime. Car en plus des deuils réels il fait le deuil des illusions qui l'ont aidé à vivre, et leurs effets se multiplient. Il ne peut plus fermer les yeux.

Jones multiplie aussi les témoignages qui le montrent « épuisé », prêt à « prendre le monde en dégoût », et tenté par l'idée de la mort, idée superstitieuse « parfois agréable » que sa vie s'achèvera en février 1918. Pour la première fois de sa vie il ressent ce que Dolto appellera « le désir de repos du désir », désir qui lui paraît aussi « étrangement inquiétant et démoniaque ». Peut-on se laisser séduire par la mort sans mourir ? Il ironise sur Groddeck, et pourtant il confiera à Osckar Pfister en 1923, l'année où son cancer « éclate » : « Pour les 4/5ème des cas, Groddeck a sûrement raison d'attribuer au « ça » les maladies organiques et peut-être même pointe-t-il dans la bonne direction pour le cinquième qui reste »...[33]

Il commence à accepter que « l'inquiétant » renvoie à quelque chose d'ancien et de familier, tombé sous le coup du refoulement, et que ce désir de mourir étrange renvoie peut-être à la nostalgie du sein de la mère elle-même, comme dans le thème des trois coffrets. Il élaborera ceci en 1919 dans « *l'inquiétante étrangeté* »[34].

Mais il veut nier que les morts qui l'atteignent soient responsables de son état dépressif. « Il n'y a aucun rapport », tient-il à préciser. Pourquoi ? S'il cède à l'idée de la dépression, craint-il lui aussi de ne pouvoir remonter la pente ? Ou ces pertes renvoient-elles à une autre, inenvisageable ?

---

32. MICHEL J.B., *Cancer, à qui la faute*, op. cit., p.41.
33. In GROSSMANN = Groddeck, *L'analyste sauvage*, Paris, PUF, 1978, p. 134.
34. FREUD S., 1919, *L'inquiétante étrangeté et autres essais*, Paris, Gallimard, 1985.

Il écrit à cette époque, entre 1916 et 1918, « *Deuil et mélancolie* », où devant la perte de l'objet, le moi ne supporte pas le processus de deuil et réinvestit l'objet en lui-même par introjection. C'est alors que « l'ombre de l'objet tombe sur le moi », et, que toute l'agressivité du sur-moi retombe aussi sur lui, le moi[35].

C'est alors le risque que survienne « la rébellion » du moi, excité à la rébellion par les sévices provenant de son idéal qu'il subit en cas d'identification à un objet rejeté, « rébellion » dont il reparlera plus tard en 1921[36].

Il a 65 ans, et écrit à Ferenczi cette étrange lettre : « Le 13 mars de cette année, je suis entré brusquement dans la véritable vieillesse. Depuis la pensée de la mort ne m'a pas quitté, et parfois j'ai l'impression que sept de mes organes internes se disputent l'honneur de mettre fin à ma vie »[37]. Il doit s'incliner, il n'est pas invincible !

En dépit de ses défenses, les deuils entament sa force : les deuils d'amis et de proches jusqu'à l'être chérie entre tous parmi ses familiers, Sophie, son enfant de lumière devenue son enfant de douleur, et puis après elle la chair de sa chair, ce petit-fils bien aimé. Mais il supporte aussi des deuils plus ambigus, difficiles à accepter, le deuil de disciples « fidèles », reconnaissants.

Il a du affronter la rivalité de plus de « sept » fils, et même des plus « chéris », en qui il mettait ses espoirs de filiation spirituelle, depuis Jung à Ferenczi à présent, qui lui aussi prend distance. Leur « trahison », leur incompréhension pèsent lourd et Freud se fatigue de se battre pour la maîtrise de la horde. La guerre n'est pas seulement au niveau des peuples, elle fait rage entre les amis les plus sûrs et même à l'intérieur de chacun...

Moment dramatique de rupture des identifications héroïques qui l'ont soutenu jusqu'à présent, rupture de sa continuité narcissique et de ses illusions restantes. Il y a là comme une brèche de son enveloppe narcissique qui risque

---

35. FREUD S., 1917, « Deuil et mélancolie », in *Métaphsychologie*, Paris, Gallimard, 1968.
36. FREUD S., 1921, « Psychologie des foules et analyse du moi. », in *Essais de psychanalyse, op. cit.*, p. 204.
37. JONES E., *La vie et l'œuvre de Freud*, tome III, Paris, PUF, 1975, p. 89.

de le mener à une hémorragie vitale, et il le sent : « Sept » organes internes liés contre lui seul ! C'est le combat de David contre Goliath !

Freud éprouve dans sa chair qu'il est un héros fatigué, il retrouve l'enfant faible et menacé derrière l'armure de l'homme invulnérable. Avec un mélange d'attrait et répulsion, il a découvert en lui et dans le monde ce que cachait l'idéalisation mutuelle des humains, et peut-être au-delà, comme une vision insupportable, entre la mère originelle et son enfant, l'image de la Méduse. Il a pressenti la haine liée à l'amour, les désirs destructeurs, l'angoisse, la culpabilité, voire la crainte de perdre son identité. La chute de ses illusions l'entraîne loin, bien au-delà de ses espoirs et ses craintes les plus folles, tant au niveau de ses propres repères identificatoires héroïques qu'au niveau mondial, et les deuils répétés ajoutent leur cortège de tristesse à cette amertume. Et il se sent si seul ! Les foules, il le voit follement, « n'ont jamais la soif de vérité. Elles réclament des illusions auxquelles elles ne peuvent renoncer »[38]. Avec son entourage familial il partage la tristesse des deuils. Mais même ses amis fidèles ne comprennent pas le sens de sa dépression, au-delà des deuils réels. Comment vivre ? Freud est de nouveau voué à créer ou à mourir. Créer pour survivre, pour chercher du « sens ». La construction de sa théorie est, encore plus qu'à ses débuts, une « nécessité » de sublimation et de liaison des pulsions.

Et dans la poussée de cette fantastique pulsion de mort qui le travaille malgré lui, au cœur de sa chair, au sein de « 7 » organes internes, chiffre magique s'il en est un, il est « contraint » de remanier sa théorie, à son corps et son esprit défendant. Son honnêteté fondamentale et sa passion d'ouvrir les yeux l'obligent à aller « au-delà du principe de plaisir », en rupture avec sa propre œuvre antérieure. Alors, il se remet au travail, pour pouvoir se laisser travailler, pétrir, métamorphoser par le travail du narcissisme en lui sans périr : travail de deuil de tant d'objets vitaux, réels et imaginaires, travail de recréation entremêlée de lui-même et de son œuvre, où la mutation de l'un dépend de l'autre et réciproquement, où la force de l'œuvre dépend de sa

---

38. FREUD S., Psychologie des foules et analyse du moi, *op. cit.*, p. 136.

malléabilité, au moment de cette « sculpture » créatrice, ce remaniement fondamental, cet arrachement à sa propre « conception ». Travail aussi d'où, pour lui comme pour tant d'autres après lui, surgissent l'épreuve et la nécessité que soit « tué un enfant »[39], l'enfant immortel et inégalable du désir maternel.

Il élabore sa dernière théorie du dualisme pulsionnel, ou dans la lutte et la liaison incessantes entre pulsions de vie et pulsions de mort s'entremêlent et se défont les fils du désir, les fils d'une destinée. Il affirme l'existence de la pulsion de mort et de la compulsion à la répétition comme mécanisme régulateur de la vie psychique, du fonctionnement mental, et ceci à partir d'exemples précis : les rêves post-traumatiques, les jeux d'enfants pour la maîtrise de la disparition de l'autre, le « fort-Da » comparable à notre « Coucou — le voilà ! » mais intériorisé par l'enfant lui-même, les névroses de destinée, « comme un destin qui se poursuit d'une orientation démoniaque de leur existence ».

...A partir aussi de sa propre expérience : car lui aussi, Freud, son démon le poursuit pour avancer sur ces terrains dangereux, mouvants, démon de savoir, de comprendre de quoi il s'agit, et ce qui l'agite si vitalement, mortellement. Il ne suit plus cette piste par plaisir, mais bien par nécessité existentielle. Il ne peut pas ne pas « y croire », même s'il dit se faire l'avocat du diable ! Car il faut bien réfuter les critiques, les siennes comme les autres : « On pourrait me demander si et dans quelle mesure je suis moi-même convaincu des hypothèses que j'ai développées ici. Je répondrais que je ne suis pas moi-même convaincu et que je ne demande pas aux autres d'y croire, ou plus exactement, je ne sais pas dans quelle mesure j'y crois. Il me semble qu'ici le facteur affectif de la conviction ne doit pas du tout entrer en ligne de compte.

On peut bien s'abandonner à une ligne de pensée, la poursuivre aussi loin qu'elle mène, et ceci par simple curiosité scientifique, ou si l'on veut, en se faisant l'avocat du diable ; ce qui ne signifie pas pour autant qu'on ait vendu

---

39. LECLAIRE S., *On tue un enfant*, Coll. Le champs freudien, Paris, Seuil, 1975.

son âme au diable »[40]. Curieuse formulation, où l'on retrouve certains thèmes de préoccupation de Janine L. : la question de la « conviction », convaincre ou être convaincu, celle de la curiosité qui va jusqu'à faire alliance avec le diable... jusqu'à lui vendre son âme !

Et Freud ajoute : « Dans des travaux de ce genre, je ne me fie guère à l'intuition, d'après ce que j'ai pu en voir, ce qu'on appelle ainsi m'apparaîtrait plutôt comme la conséquence d'une certaine impartialité de l'intellect. Mais, malheureusement, on est rarement impartial lorsqu'il s'agit des choses dernières des grands problèmes de la vie »[41].

...Surtout lorsqu'on est travaillé à ce point par elles ! Sage, sage Freud... Mais s'agit-il là de conviction, d'intuition, ou plutôt, au-delà d'un travail intellectuel, d'une croyance, ou d'une supposition imaginaire, d'une véritable conviction intime fondée sur ce que l'on ressent dans les tréfonds de son être vivant, sans pouvoir le prouver, le formuler adéquatement ? Et la marque dans la chair n'en est-elle pas l'ultime preuve, signe que quelque chose de juste a bel et bien été touché, à la fois signe éclatant sur le corps, et tâche aveugle de ce qui n'a pu être symbolisé ?

N'est-ce pas par cette question que Freud lui-même conclut cet article en disant : « C'est à un poète (Rückert, dans Makamen des Hariri) que nous demanderons de nous consoler de la lenteur avec laquelle progressent nos connaissances scientifiques. : « Ce qu'on ne peut atteindre en volant, il faut l'atteindre en boitant... Boiter, dit l'Ecriture, n'est pas un péché. »

Cette allusion à l'homme blessé, vulnérable, tant Œdipe qu'Achille, ne lui rend-elle pas à lui aussi Freud droit à l'humanité, à être simplement humain, mortel, et soumis à la limite de ses rêves de perfection idéale, qui n'est pas forcément péché mortel ? La tentation non plus n'est pas péché... Voilà des années qu'il cherche à s'en persuader ! Mais elle laisse trace sur le corps, comme une zone d'ombre occultée et dévoilée à la fois, sans mot pour le dire, comme une rébellion muette ? comme une nécessité ? Krishnou aussi fumait...

---

40. FREUD S.,1920, « Au-delà du principe du plaisir », in *Essais de psychanalyse*, Paris, Petite Bibliothèque, Payot, 1981, p. 108.
41. FREUD S., Ibidem, p. 109.

C) A partir de 1923, le cancer creuse sa voie dans la bouche de Freud[42]. Il a 67 ans.

En 1920 avait paru « *Au-delà du principe de plaisir* », livre qui fera des remous profonds dans la sécurité douillette du petit monde analytique de l'époque. La pulsion de mort ? Quelle étrange idée ! Il persiste avec « *Le Moi et le Ca* ». Et en février 1923, les douleurs que Freud éprouve périodiquement au palais se font lancinantes. Il tergiverse plus de deux mois avant d'en parler à un spécialiste, sans frapper à la bonne porte. L'oto-rhino consulté lui propose une « petite opération », sans se prononcer sinon évasivement :

« Personne ne peut s'attendre à vivre éternellement ! ». Mais Freud n'est pas dupe. Il sait maintenant. Il redemande conseil à un ami, interniste, tout en le prévenant à l'avance : « Préparez-vous à voir quelque chose qui ne vous plaira pas ! » Mais quand le médecin, effrayé de ce qu'il constate, lui conseille d'urgence une opération, Freud réplique que sa vieille mère ne supporterait pas l'annonce de sa mort, tout en lui demandant de l'aider... « à disparaître avec décence »... Lui aussi sursaute à l'idée de sa mort !

Il décide néanmoins d'être opéré, le 20 avril 1923, le mois de la parution de son livre « *Le Moi et le Ca* ». L'opération se déroule mal, du fait de la négligence de cet oto-rhino, et le laisse pratiquement exsangue après une énorme hémorragie, répétant étrangement l'opération malheureuse d'Emma par Fliess, des années auparavant. Un fantôme réapparaît. Si tu éprouves encore des douleurs, ce n'est que de ta faute... ?

Deux mois après son opération, il écrira, confirmant le fait qu'il savait, bien avant que de voir : « J'ai détecté il y a deux mois, sur ma mâchoire et le côté droit de mon palais, une tumeur, une leucoplasie... J'ai moi-même diagnostiqué un épithéliome, mais cette éventualité ne fut pas acceptée. C'est le tabac qu'on accuse d'être à l'origine de cette rébellion des tissus »[43].

Là aussi, cette formulation surprenante nous arrête. Pourquoi avoir employé ce terme de « rébellion », qui

---

42. Les références de ce passage sont tirés essentiellement du livre de Max Schur : *La mort dans la vie de Freud, op. cit.*
43. JONES E., *La vie et l'œuvre de S. Freud, op. cit.*, tome 3, p. 101.

renvoie à ce qu'il en disait pour la mélancolie : rébellion du moi devant les exigences de son Idéal, du sur-moi archaïque ? Étrange parallèle, où la rébellion des tissus se révèle au lieu même de la transgression symbolique : sur le voile du palais, au lieu de la bouche, voix royale de la parole.

Au lieu même aussi, mais ceci est plus compréhensible, de sa transgression réelle de l'ordre de Fliess, de l'ordre médical, de l'interdit de fumer, mais associé imaginairement à l'interdit de voir, et d'autant plus à l'interdit de parler ! La phrase du Docteur Freud à Irma, qui n'était que réplique dans un rêve, lui est cruellement renvoyée à lui-même en tant que patient dans le réel.

Toujours la faute, et la souffrance en retour ! D'autant plus qu'en juin, Freud a la douleur énorme de perdre son petit-fils Heinele, le fils de Sophie elle-même décédée, et qui était son petit-fils préféré, le frère du « petit garçon à la bobine » dont il avait tant observé les jeux, celui-là aussi dont Freud a rapporté ce mot d'enfant merveilleux : Un soir où il avait peur tout seul et que sa tante était venue s'asseoir à ses côtés, elle lui avait demandé : « Mais qu'est-ce que cela change, puisque tu ne me vois pas ? ». Un silence et puis une petite voix : « Il fait plus clair quand quelqu'un est là »[44]. A présent Heinele n'est plus là, emporté en trois semaines par une méningite à la suite... d'une bénigne opération des amygdales, au même lieu de douleur que son grand-père ! Étrange coïncidence. Et il fait bien noir pour Freud... Cette fois, il avoue l'intensité de son chagrin, et pour la seule fois de sa vie, on le voit pleurer. « Je supporte très mal cette perte, écrit-il, je crois n'avoir jamais éprouvé un tel chagrin, peut-être le choc est-il plus durement ressenti du fait de ma propre maladie. Je travaille contraint et forcé, dans le fond, tout m'est devenu indifférent ». Et il confie même à Ferenczi qu'il souffre de dépression mais il refuse son aide thérapeutique et amicale. Sa douleur reste muette et solitaire. Quant au cancer, ses amis en restent muets, atterrés, ils n'en soufflent mot. Freud est absolument seul. Alors ? Ce coup-là lui sera t-il fatal ?

Alors, comme à chaque moment important de sa vie, il repart à Rome, mais cette fois-ci avec sa fille Anna, son

---

44. FREUD S., 1916, *Introduction à la psychanalyse*, Paris, Petite bibliothèque Payot, 1962, p. 384

héritière spirituelle, celle qui restera à ses côtés tout au long de sa maladie, et tente de faire oublier Sophie. Il va chercher conseil et courage dans l'oracle, à la bouche d'ombre de la fontaine, et devant la figure de Moïse, puis il revient se confier aux mains d'un chirurgien compétent, Pichler, qui fait en octobre, l'ablation des tissus « rebelles » et de la tumeur, à présent maîtrisée pour un temps.

Et en novembre, Freud, qui a repris du poil de la bête, subit à sa demande « l'opération de rajeunissement de Steinach », une ligature des canaux déférents censée augmenter la sécrétion interne des hormones mâles et favoriser le rajeunissement cellulaire ! Lui aussi est prêt à toute tentative thérapeutique... Mais quelle année il a passée !

Freud a 67 ans. Son père est mort, dit-il, à 81 ans 1/2 comme son frère. Il a encore 14 ans 1/2 à vivre s'il veut les « dépasser »... Alors, il négocie avec son « cher néoplasme », comme il l'écrit déjà à Hélène Deutsch... Il louvoie entre périodes de découragement et d'enthousiasme, entre moments vides, stériles et d'intense création, entre pulsion de vie et pulsion de mort, ceci jusqu'à l'âge de... 84 ans ! Le vieil homme se rebelle contre la mort, et acceptera avec un courage et une sorte de résignation fataliste les quelque trente quatre opérations, excisions, coagulations, rayons etc...pratiqués en seize ans de maladie, sous anesthésie locale dans les tissus enflammés... Peu à peu, le trou de plus en plus vaste creusé par le cancer dans la voûte du palais, puis le maxillaire supérieur fait s'ouvrir le nez dans la bouche, et impose le port d'une prothèse qu'il appellera « le monstre », nécessaire pour boire et manger... et fumer !, source de souffrances physiques et psychiques terribles.

Et pourtant... il publiera dans cette période une demi douzaine d'ouvrages importants, qui découlent directement de sa « passion » dans les deux sens du terme, et où il élabore la mort comme un problème « métapsychologique ».

Dans « *le moi et le çà* », publié en 1923, (l'année du cancer !), il élabore le travail des différentes instances face aux pulsions de vie et de mort. « Le çà » incapable de dire ce qu'il désire, et qui représente l'arène de la lutte qui met aux prises Eros et la pulsion de mort... Le « çà » sous la suprématie des pulsions de mort, muettes et puissantes, qui demandent la paix pour elles-mêmes, et voudraient, s'inspirant du principe de plaisir, imposer le calme au trouble-paix que représente Eros[45].

Le Moi qui « par son travail d'identification et de sublimation, aide les pulsions de mort dans le çà à maîtriser la libido, tout en courant le danger de voir ces pulsions se diriger contre lui et l'amener à sa destruction »[46]. Le Moi qui « dans son travail de sublimation rencontre une désunion des pulsions, une mise en liberté des pulsions d'agression dans le sur-moi, et s'expose dans sa lutte contre la libido, au danger de devenir lui-même objet d'agression et de succomber »[47].

On ne peut que méditer lorsqu'on pense à ce qui travaille, ce qui mord sur son palais, et ce qu'il ressent, au-delà des mots : « L'angoisse de mort de la mélancolie n'admet que cette explication : le moi s'abandonne parce qu'il se sent haï, et persécuté par le sur-moi au lieu d'être aimé... Mais le moi ne peut que tirer la même conséquence lorsqu'il se trouve dans un danger réel d'une excessive grandeur, et qu'il ne croit pas pouvoir surmonter par ses propres forces. Il se voit abandonné de toutes les puissances protectrices et se laisse mourir ». Ce qu'il compare au « premier état d'angoisse », la naissance, « la séparation d'avec la mère protectrice ». Impossible séparation, qui réveille une insupportable angoisse ?

Il reprend ce thème du troublion nommé Désir, dans le « *Problème économique du masochisme* », en 1924.

« Le principe de Nirvana se tiendrait au service des pulsions de mort, dont le but est de faire passer la vie perpétuellement changeante à la stabilité de l'état inorganique, et aurait la fonction de mettre en garde contre les revendications des pulsions de vie, de la libido, lesquelles cherchent à troubler l'écoulement auquel tend la vie »[48].

Revendication... rébellion... domptage car il dit aussi :

« La physiologie ne nous apporte aucune compréhension des voies et des moyens par lesquels peut s'accomplir ce domptage de la pulsion de mort par la libido.

---

45. FREUD S., 1923, « Le moi et le ça », in *Essais de psychanalyse*, Paris, Petite Bibliothèque Payot, 1981.
46. FREUD S., Ibidem, p. 274.
47. FREUD S., Ibidem, p. 272.
48. FREUD S., 1924, « Le problème économique du masochisme », in *Névrose, psychose et perversion*, Paris, PUF, 1973, p. 288.

Dans le domaine des notions psychanalytiques que nous pouvons avoir, nous pouvons seulement faire l'hypothèse qu'il se produit très largement entre les deux espèces de pulsions une union et un amalgame variables dans leurs proportions, si bien que nous ne devrions aucunement faire entrer en ligne de compte les pulsions de vie et de mort à l'état pur, mais seulement des mélanges diversement composés de celles-ci. A cette union des pulsions correspondra sous certaines influences une désunion de celles-ci. Quelle est l'importance des éléments des pulsions de mort qui échappent à ce domptage accompli par liaison à des apports libidinaux, on ne peut le deviner actuellement »[49]. C'est encore bien l'essence de notre question aujourd'hui.

Il relie encore l'angoisse de mort au sur-moi, au Destin. « La dernière figure de cette série qui commence avec les parents est le Destin, puissance obscure que seuls très peu d'entre nous parviennent à concevoir de façon impersonnelle... Tous ceux qui transfèrent la conduite du cours du monde à la Providence, à Dieu, ou à Dieu et à la Nature nous font soupçonner qu'ils continuent de ressentir ces forces les plus extérieures et les plus lointaines qui soient comme un couple parental, au sens mythologique, et qu'ils se croient rattachés à elles par des liens libidinaux »[50].

N'est-ce pas justement cet effort, cette quête que nous retrouvions chez Janine L ? Comme Freud, l'angoisse de mort l'a saisie, et comme lui elle cherche à se rattacher à des figures sur-moïques positives, elle qui n'en a jamais eues. Mais Freud lui en a eu trop et en voit la valeur d'illusion, du moins à ses yeux. Il désinvestit ces images périmées. Mais ils sont tout deux en quête du Nom du Père.

Dans « *Inhibition, symptôme et angoisse* » en 1926, il traite encore de l'angoisse de mort qui « doit être conçue comme analogue de l'angoisse de castration, et la situation par laquelle le moi réagit à l'abandon par le sur-moi protecteur, par les puissances du destin, abandon qui le laisse sans défense devant tous les dangers »[51]. Il tisse et retisse les fils des mots pour faire une trame assez solide pour contenir

---

49. FREUD S., Ibidem, p. 291.
50. FREUD S., Ibidem, p. 295.
51. FREUD S., 1926, *Inhibition, symptôme et angoisse*, Paris, PUF, 1971, p. 53.

la mort qui œuvre en silence, et canaliser l'angoisse. Tous les chemins mènent à Rome !

Parallèlement, Freud paie le prix de tout ce travail. Il est fatigué... et on comprend pourquoi ! Il écrit le 22 mars 1924 :

« Je puis à peine venir à bout de ces six heures d'analyse, et maintiens loin de moi tout le reste ! La chose à faire serait de renoncer à tout travail, à toutes les obligations, et d'attendre dans un coin tranquille la fin naturelle ». Et puis « on se fatigue à la longue »...

Renoncer ? Chose trop « naturelle » pour un homme de sa trempe ! Il mourra le 22 septembre 1939, quinze ans après !

Et pourtant sa prothèse le fait souffrir horriblement. Et pourtant il entend mal de l'oreille droite, et a du mal à parler. Et pourtant il voit mourir ses amis, comme Abraham, en 1925. Mais « il faut que l'œuvre se poursuive ». Il a beau se sentir parfois devenir « anorganique », il continuera tant qu'il pense « exister encore de façon supportable »... Et on est sidéré de voir jusqu'où le mot « supportable » ira pour lui ! et combien de temps durera le « rythme-hésitation dans la vie de son organisme ».

Mais la créativité est l'antidote du mal, presque un vaccin pour lui. Et qui sait si son cancer n'est pas une inoculation goutte à goutte de la mort, à dose homéopathique, pour en contrôler le plus longtemps possible les effets et s'y préparer doucement ?

Il écrit encore « *L'avenir d'une illusion* », en 1927, où il reprend « l'énigme douloureuse de la mort », contre laquelle la tâche de la civilisation est de nous défendre[52].

« La nature doit être humanisée. On ne peut aborder des forces et un destin impersonnel, ils nous demeurent à jamais étrangers. Mais si au cœur des éléments les mêmes passions qu'en notre âme font rage, si la mort elle-même n'est rien de spontané, mais un acte de violence dû à une volonté maligne, alors nous respirons enfin, nous nous sentons chez nous dans le surnaturel, alors nous pouvons élaborer psychiquement notre peur ». Et il poursuit sur le travail du rêve comme élaboration grâce à laquelle un

---

52. FREUD S., 1927, *L'avenir d'une illusion*, Paris, PUF, 1971.

événement redouté comme la mort devient la réalisation d'un désir, où le rêveur y trouve son corps.

Lui aussi se constitue un « trésor d'idées, né du besoin de rendre supportable la détresse humaine » et y retrouver son corps, son image de lui-même. Mais s'il refuse de faire appel aux forces célestes ou diaboliques, il a infiniment besoin d'un support humain dont l'attention et la présence chaleureuse fasse écran à ce sur-moi terrifiant, et l'aide à exister de façon « supportable », tant qu'il l'estimera possible, quelqu'un dont le regard lui redonne un visage, le sien, et un nom qui ne soit pas seulement Maître, quelqu'un dont l'oreille reconnaisse l'ampleur de sa parole sans en être anesthésié, et dont la main soulage les maux de son corps.

En 1928, il fait appel à un jeune médecin de 32 ans, Max Schur, qui est aussi analyste et établit avec lui un contrat de vérité et d'aide pour la fin, lui faisant promettre que « le moment venu, il ne le laissera pas souffrir inutilement ». Schur accepte cet engagement, et accompagnera Freud pendant onze ans, jusqu'aux derniers jours. Il accepte aussi la nécessité interne que représente pour Freud de fumer et ses effets bénéfiques de stimulation de l'attention et de la pensée, avant de soulager plus tard la tension des excitations douloureuses liées à la nicotine.

Difficile pari, car le seul sédatif que Freud ait jamais accepté résidait dans un comprimé d'aspirine pour la migraine ! Toutes ses opérations se passaient sous anesthésies locales et il ne se plaignit qu'une fois à Pfister, lors d'une opération où un cri lui échappa : « Je n'en peux plus ! ».

Muni du talisman Schur, il écrit en 1929 « *Malaise de la civilisation* »[53], travail « superflu quand je le compare à mes travaux précédents qui procédaient toujours de quelque nécessité intérieure. Mais que pouvais-je faire d'autre ? Il n'est pas possible de fumer et jouer aux cartes toute la journée »... Comment mieux dire que le « superflu » peut être vitalement « nécessaire » !

Et il confirme, persiste et signe sa certitude sur la pulsion de mort, en dépit des critiques : « Ce n'est pas pour moi un besoin du cœur. Elle m'apparaît seulement comme

---

53. FREUD S., 1929, *Malaise de la civilisation*, Paris, PUF, 1971.

une hypothèse inévitable, pour des raisons biologiques et psychologiques. C'est de là que découle le reste ».

Il avait d'ailleurs dès 1921 fait un lien avec son propre cancer avant même qu'il n'apparaisse, en rajoutant à son texte « au-delà du principe de plaisir » une phrase énigmatique :

« Il se peut que les cellules des formations néo-malignes qui détruisent l'organisme puissent être définies comme narcissiques dans le même sens. On sait que la pathologie est disposée à admettre que leurs germes soient innées, et qu'elles sont des propriétés embryonnaires »[54]. Si elles se développent, dit-il, c'est que peut-être les autres cellules de vie n'arrivent plus à les neutraliser, ce qui correspond bien aux découvertes actuelles !

Pendant l'été 1929, la mère de Freud meurt, à 95 ans d'une gangrène de la jambe. A sa grande surprise il réagit sans désespoir à cette mort tant redoutée. Il écrit à Jones : « Assurément on ne peut pas savoir de quelle façon une telle expérience peut affecter les couches profondes. Mais en surface je ne puis détecter que deux choses : d'abord une plus grande liberté personnelle du fait que j'étais terrifié à la pensée qu'elle puisse apprendre ma mort. Ensuite la satisfaction qu'elle ait enfin trouvé la délivrance à laquelle elle avait droit après une si longue journée. Autrement, pas de chagrin comparable à celui que connaît mon frère, de 10 ans mon cadet. Je n'ai pas été à l'enterrement ». Et à Ferenczi, il dit ressentir lui-même « un sentiment de délivrance, d'affranchissement, dont je crois comprendre aussi la raison. C'est que je n'avais pas le droit de mourir tant qu'elle était en vie, et maintenant j'ai le droit ».

Freud parle là du droit de mourir comme fils réel de sa mère, mais tout le travail intérieur qu'il a subi n'évoque-t-il pas aussi le droit de mourir imaginairement et symboliquement en tant qu'enfant-Roi de sa mère, corps de son corps libidinal, phallus imaginaire inséparable ? La « délivrance » n'est-elle pas aussi perte du placenta, le dernier morceau de chair qui relie l'enfant à sa mère, morceau désormais inutile à sa survie, puisque l'enfant est

---

54. FREUD S., *Au-delà du principe de plaisir, op. cit.,* p. 98.

né, et qu'il respire ? L'air apporte au corps l'oxygène que le sang lui apportait par le cordon ombilical.

Et pourtant, il a fallu à Freud durant toute sa vie un « supplément d'air », à travers la fumée. Et si fumer représentait pour lui un substitut de ce lien fusionnel, viscéral, et le cigare ce pourvoyeur d'air, un objet transitionnel investi à l'intérieur du corps et jamais abandonné en tant que substitut d'un objet dont le manque serait insupportable, placenta de remplacement ?

Ce qu'il dit de ce lien, reporté sur sa fille Anna, donne à méditer, parole rapportée par Odile Lesourne dans un livre « passionnant » : « Ma fille Anna me manque beaucoup aussi... Si elle devait vraiment s'en aller, je me sentirai aussi appauvri que je le suis en ce moment, par exemple, ou que s'il fallait renoncer à fumer... A cause de tous ces conflits inévitables, il est bon que la vie prenne fin quelque jour »[55]. Anna, la dernière de ses filles et son héritière, la seule dont il est sûr qu'elle ne le trahira pas... sauf dans la mort. Mais ce manque là, le manque d'une fille, il peut le reconnaître. A propos d'une mère, il a parlé de délivrance, signe de son extrême ambivalence, jusqu'au dernier jour.

Une nouvelle opération en avril 1931 détruit son « indifférence supérieure » et son espoir de guérir. Il écrit le 10 mai à Arnold Zweig : « Le 24 avril, j'ai dû subir une nouvelle opération, à cause d'une excroissance somme toute semblable à celle d'il y a 8 ans, et j'y ai perdu une bonne part de mon énergie. Et aujourd'hui, après tout ce que j'ai subi, je suis sans forces, incapable de lutter, et je suis gêné dans mon langage. Je ne suis pas un reste réjouissant de réalité. » Mais il ajoute : « Demain, je me hasarderai pour la première fois à me remettre au travail » ! De chute en rebondissement, il continue, cahin caha. Il écrit au printemps 1932 : « *Nouvelles conférences sur la psychanalyse* » dont la troisième s'achève sur la célèbre phrase : « Wo es war, soll ich werden » : Là où était le çà, Je doit advenir...[56]

En 1933, nouvelle alerte : « Je crois que j'ai acquis le droit à une mort soudaine. C'était une thrombose coronaire,

---

55. LESOURNE O., « *Le grand fumeur et sa passion* », Paris, PUF, Coll. Voies nouvelles en Psychanalyse, 1984, p. 23.
56. FREUD S., 1932, *Nouvelles conférences sur la psychanalyse*, Paris, Gallimard, 1984.

je vis encore, comme je ne fume pas, je n'écrirai presque plus rien, excepté des lettres. Cela me rappelle un certain chantre : « Il vivra mais il ne pourra pas chanter ». Mais Freud n'a pas encore chanté son ultime chant du cygne... Un ultime sursaut se prépare. La mort soudaine n'est décidément pas pour lui.

5. Dernière crise

Et dernière rupture pour Freud : La seconde guerre mondiale éclate qui l'amènera à quitter Vienne, en un second exil répétant celui de Freiburg, tant d'années auparavant. Freud refuse d'abord de partir, il ne veut pas croire à la réalité de cette guerre. Il esquisse : « Moïse et le monothéisme », comme un défi au présent, une ultime identification : « Laissez-moi en paix avec Moïse. L'homme, et ce que je voulais faire de lui me poursuit continuellement. Que j'ai échoué dans cette tentative pour créer quelque chose, la dernière probablement, me déprime ! »

Il se distrait en écrivant « *Un trouble de mémoire à Acropole* »[57], mais avoue que le Moïse ne lâche pas son imagination. Et lorsqu'on fête ses 80 ans, il déclare son ambition : « Mon père et mon frère Emmanuel n'ont vécu que jusqu'à 81 ans 1/2 ». Etonnant Freud ! Têtu comme une mule !

... En juillet 1936, une nouvelle opération diagnostique un nouveau cancer... « Il me manque encore un an » écrit-il à Marie Bonaparte ! Mais aussi, une semaine après, le 6 décembre 1936, « je rumine pour savoir si je parviendrai à l'âge de mon père et de mon frère ou si je dépasserai celui de ma mère, torturé que je suis par le désir de repos, la crainte de nouvelles souffrances qu'entraîne la prolongation de la vie, et la crainte anticipée d'être séparé de tout ce à quoi on est encore rattaché ».

---

57. FREUD S., 1936, « Un trouble de mémoire à l'Acropole », in *Résultats, idées, problèmes*, tome II, Paris, PUF, 1985, pp. 221-230.

Cela pour rebondir dès qu'il se sent un peu mieux ! Il écrit le 21 décembre à la même Marie Bonaparte qui lui parlait d'une interprétation d'un moment d'une de ses analyses avec un homme : « Magnifique ! Cela a dû se passer exactement comme vous l'avez compris ! Ma compréhension était paralysée par les soucis du cancer ».

En février 37, c'est la mort de Lou André Salomé à 76 ans, avant lui ! Rude coup... mais dans la ronde de la vie, les amis se relaient... et Freud est toujours là ! Il écrit le 2 avril, à Arnold Zweig : « Mes prétentions héréditaires de vie arrivent à échéance comme vous le savez déjà en novembre (81 ans 1/2). La peur de perdre par le vieillissement des parties importantes de ma personnalité encore intacte est un facteur qui hâte mon souhait (de vous revoir) ».

Et à Marie Bonaparte : « Pour l'écrivain, le mot immortalité signifie évidemment : Etre aimé par une quantité de personnes anonymes. Or je sais que je ne pleurerai pas votre mort, car vous me survivrez longtemps. J'espère que vous vous consolerez rapidement de ma disparition et que je continuerai à vivre dans votre amical souvenir »... Mais dans cette lettre, sa lassitude pointe, pour la première fois ouvertement : « Dès qu'on s'interroge sur le sens et la valeur de la vie, on est malade. Car ni l'un ni l'autre n'existent objectivement, on avoue simplement posséder une réserve de libido insatisfaite, à laquelle quelque chose d'autre a dû arriver, une sorte de fermentation aboutissant à de la tristesse et de la dépression. Ces explications que je vous donne ne sont évidemment pas fameuses. Peut-être parce que je suis moi-même trop pessimiste ». Aveu poignant lorsqu'il sort de la bouche de Freud !

Et un jour d'automne 1937, il casse pour la première fois sa prothèse en la faisant tomber... Quelque chose s'est cassé dans le ressort vital. Cela fait 14 ans que le cancer a élu domicile dans sa bouche, depuis la première opération, et la première fois qu'il en prend ouvertement ombrage... Sa main rejette « le monstre ».

C'est aussi la première fois qu'il reconnaît son désir d'être reconnu simplement humain, proche, sans être auréolé de gloire, solitaire : il écrit le 17 novembre 1937 à Stéphan Zweig, un de ses derniers amis : « L'avenir paraît sombre, pour ma psychanalyse aussi. Contrairement à mes intentions, je suis arrivé à me plaindre. Je veux dire par là que je désirerais me rapprocher de vous humainement, sans vouloir être célébré comme le roc en mer contre lequel les flots déferlent en vain. Mais même si mon défi reste muet, c'est néanmoins du défi ». Toujours le défi ! Mais aussi le vieil homme est fatigué de ce combat avec... Dieu ou Diable ? Qui sait de quelle mer il se défie ?

Les tissus cancéreux prolifèrent... Quoi donc peut encore soutenir son désir de vivre ? Ce qui le tient ? C'est simple :

• Terminer son œuvre : travail impossible pour lui qui vient d'écrire début 1937 : « *Analyse finie et infinie* »[58]. Mais quand même... Il veut absolument finir la 3ème partie du « Moïse » avant de mourir.

• Étendre la zone d'influence de la psychanalyse et établir un centre psychanalytique à Londres (dans ce pays où déjà ses frères aînés l'avaient précédé).

• Vivre et mourir « libre ».

Mais est-ce si simple ? Il faut aussi dépasser le frère et le père même dans la mort et pour cela s'exiler encore.

Grâce à Marie Bonaparte, Freud réussit à partir de justesse de Vienne pour Londres, avant la grande rafle des Nazis. L'excitation passée, désormais, c'est une lutte de vitesse avec le cancer.

« L'espérance joyeuse d'une nouvelle existence se trouve fermée par la question de savoir combien de temps un cœur fatigué sera encore capable d'accomplir son travail ». Nous revoilà au cœur, et le cœur est si fatigué de la grande tâche de vivre... mais Freud se remet à la tâche, il travaille à Moïse, cette figure qui l'appelle et le fascine depuis tant d'années, cette figure d'un homme qui a vu Dieu en face et est revenu de la montagne terrible avec les « tables de la Loi », cette figure qui mènera le peuple d'Israël jusqu'à la terre Promise, sans pouvoir l'atteindre lui-même... Il doit en déboulonner la statue !

Entre l'œuvre destinée à voir le jour aux yeux de tous, et l'œuvre « au noir » du cancer, dans la bouche d'ombre, c'est la relance, la course de vitesse. Qui gagnera ? Freud a 82 ans. Il a dépassé son père et son frère, la seule image qui

---

58. FREUD S., 1937, « L'analyse avec fin et l'analyse sans fin », in Résultats, idées, problèmes, *op. cit.*, pp. 231-268.

le surpasse est celle de Moïse, nouveau Père du peuple juif maudit, damné puis réconcilié avec Dieu par l'arche d'Alliance. Il doit en démystifier l'image !

Il a 82 ans, et il ne reste plus un centimètre de muqueuse normale sur son palais ! Il faut inciser la joue et les lèvres pour une dernière opération, une ultime greffe. Il écrit seulement à Marie Bonaparte, le 4 octobre 1938 une courte lettre : « Elle ne sera pas longue, car je puis à peine écrire, non plus que parler et fumer. Cette opération a été la pire que j'ai subie depuis 1923. Je suis affreusement fatigué et ne peux remuer que très difficilement... Pourtant hier, j'ai commencé à traiter trois malades, mais cela ne va pas tout seul » ! ! D'où sort-il cette énergie hallucinante, ce pouvoir de s'extraire de lui-même pour entendre, encore et toujours ? Sans doute cette écoute, cette passion de l'autre le distrait-elle de lui-même tout en le ramenant constamment à sa propre histoire, et à dévider leurs fils, retisse t-il le sien par patients interposés.

Tous les chemins mènent à Rome ! Mais n'est-ce pas dans ce va-et-vient constant de sortie et rentrée en lui-même que réside son secret de création, et peut-être aussi de longévité ? Et puis aussi, dans ce va et vient constant entre clinique et théorie se modèle sa pensée et se modère son impatience. Car impatient, il l'est, et le mot est faible, de voir publier son « Moïse » en anglais. Le 1er novembre 1938, il écrit à Jones, qui en fait la traduction de se dépêcher. Le temps presse ! « La perspective d'un retard m'est désagréable à plus d'un titre. Après tout, quelques mois représentent pour moi plus que pour un autre, si je persiste dans mon désir compréhensible de voir de mes propres yeux le livre terminé ».

Quatre mois plus tard, une tuméfaction apparaît. Les os se détachent de sa mâchoire... Et Moïse n'est pas sorti ! Le 20 février 1939, il écrit à Arnold Zweig : « Je souffre depuis l'opération de septembre de douleurs à la mâchoire qui se renforcent lentement mais continuellement, de sorte que sans bouillotte et d'assez fortes doses d'aspirine, je ne peux venir à bout de mes devoirs quotidiens et de mes nuits. Une fois, un assez gros morceau d'os s'est détaché, on attend la répétition de ce phénomène pour la liquidation de l'incident, mais jusqu'à maintenant en vain. En outre, on ne s'y connaît pas, on ne sait pas s'il s'agit d'un retard inoffensif au fond, ou d'un progrès du processus inquiétant contre lequel nous luttons depuis 16 ans ».

Quelle incroyable résistance, à la fois à la douleur physique, mais aussi à l'angoisse de mort, comme si celle-ci s'était apaisée en trouvant son objet-cancer avec lequel lutter-ruser-concilier...

Mais le 5 mars, il « sait », et réplique à Zweig : « Ce que vous voulez avoir découvert comme déclarations consolantes dans mon « malaise » (de la civilisation), je ne peux pas le deviner facilement. Ce livre m'est devenu aujourd'hui étranger. Je n'attends plus que le « Moïse », qui doit paraître en mars encore, et après, je n'aurai plus besoin de m'intéresser à aucun livre de moi jusqu'à ma prochaine renaissance ». Et il ajoute : « Il n'y a plus de doute qu'il s'agit d'une nouvelle attaque de mon cher vieux carcinome avec qui je partage mon existence depuis maintenant 16 ans ».

Coexistence pacifique ? Oui et non ! Il écrira le même jour à un autre ami : « Nous savons où nous en sommes. Nous avons affaire à une nouvelle tentative du carinome de prendre ma place. Nous avons hésité entre les différentes possibilités de défense ».

« On » optera pour le radium. Une dernière fois Freud se « rebelle ». Il n'est pas encore prêt à mourir, lui qui répond à Zweig lorsqu'il lui décrit avec enthousiasme le printemps palestinien :

« La description du printemps m'a rendu triste, envieux. Il y a encore une telle capacité de jouissance en moi, donc une insatisfaction, de la résignation forcée ». De même il confie à Schur dont la femme tarde à accoucher : « Vous laissez un homme qui ne veut pas encore mourir pour trouver un enfant qui ne veut pas encore venir au monde » : Qui peut déterminer à la place de l'autre quand est venu pour lui le moment de mourir ? Et qui peut même le savoir pour lui-même ?

Cette fois-ci, il faut se battre, s'il veut voir de ses yeux son enfant Moïse à lui ! Processus inquiétant ou cher vieux carcinome, la cohabitation a assez duré ! Désormais chacun pour soi, puisque le cancer veut prendre toute la place.

« *Moïse et le monothéisme* »[59] paraît enfin, victoire de l'esprit pendant que le cancer gagne du terrain sur la chair et œuvre en silence, occasionnant d'autres souffrances :

« Le radium a commencé une fois de plus à ronger quelque chose, causant douleurs et manifestations toxiques, et mon univers est ce qu'il était auparavant. Un petit îlot de souffrance nageant sur un océan d'indifférence »... Ce qui n'est pas tout à fait vrai puisque Freud avait écrit quelques lignes auparavant :

« Avant hier soir, j'étais prêt à vous écrire une longue lettre de consolation à l'occasion de la mort de votre vieux Totton, ensuite à vous préparer au fait que j'écouterai avec zèle lors de votre prochaine visite tout ce que vous pourriez dire concernant vos nouveaux travaux, et que je jetterai par ci par là un mot que je croirai pouvoir vous apporter. Les deux nuits qui ont suivi ont cruellement détruit mes espérances ». Survivance étonnante de cette curiosité assoiffée, de cet intérêt passionné à tout ce qui peut contribuer à ce qui lui survivra, la psychanalyse, et à ceux qui la portent. Cette quête l'aura donc consumé de la première seconde à la dernière ?

Max Schur raconte sobrement, avec beaucoup de tendresse et de respect, les derniers moments du calvaire de Freud. Rien ne lui sera épargné. Une nécrose cutanée se développe à la base de l'orbite. La peau de la joue se décolle. Une odeur fétide devient insupportable, au point que même son chien favori ne supportera plus l'odeur de son maître et refuse de l'approcher, blotti tristement dans un coin de la pièce. Freud s'affaiblit. La joue se gangrène, forme un trou. Et pourtant il termine son « *Abrégé de Psychanalyse* »[60]. Et pourtant il lit. Il se nourrit une dernière fois de mots, et de mots qui le rejoignent étrangement. Il s'agit de « La peau de chagrin » de Balzac[61]. « C'était juste le livre qu'il me fallait, dit-il avec une ironie teintée d'humour. Il parle de rétrécissement, de mort par inanition ! »

Mais ce livre parle aussi de désir ! De tous les désirs inassouvis qui font mourir lorsqu'ils sont trop exaucés, et à travers eux, au-delà, du « Désir », impérissable, inextinguible,

---

59. FREUD S., 1939, « *L'homme Moïse et la religion monothéiste* », Paris, Gallimard, 1986.
60. FREUD S., 1938, *Abrégé de psychanalyse*, Paris, PUF, 1949.
61. BALZAC H., 1831, *La peau de chagrin*, Paris, Press Pocket, 1989.

et qui d'objet en objet, ne cesse de travailler le sujet. Ce Désir qui n'a pas d'âge, qui tient encore Freud, à 84 ans, et ne le lâchera pas jusqu'à son dernier souffle ! Raphaël, le héros, reçoit du diable une peau de chagrin magique mais funeste. Tous ses désirs seront exaucés, mais à chaque fois la peau rétrécira, et sa vie de même en durée. Raphaël ne peut maîtriser ses désirs, et les exauce goulûment. Au fur et à mesure qu'il avance, il devient la proie d'une angoisse sans nom, et meurt dans une terreur désespérée.

C'est donc sur la position du Désir et de la Loi que Freud se retrouve là en fin de parcours, avec son cortège de tentations et de négociations avec le diable, l'ange et le fantôme. Il est étrange et sans doute signifiant que sa dernière lecture rejoigne ces questions vitales qui l'ont hanté toute sa vie, comme un rendez-vous toujours manqué et toujours repris avec... une parole enfin pacifiante ? un ordre enfin humanisé ? Il est sans doute signifiant aussi que dans le défilé de ses figures-repères identificatoires, la dernière lui renvoie le regard de Moïse, gardien des Tables, mais aussi intermédiaire, médiateur entre Dieu et les hommes, prophète et guide vers une nouvelle patrie, la terre promise, où il n'entrera pas. Médiateur aussi entre la Loi et l'Amour, régulateurs tous deux des passions humaines.

Comme Moïse, comme Abraham, Freud n'a-t-il pas toute sa vie cherché son chemin vers sa terre promise, s'arrachant à la quiétude du silence pour aller vers lui-même, dans la fierté retrouvée des générations passées, et du nom de son père ? Et ne nous a-t-il pas ouvert, avec ses hésitations et ses reprises, sa tâche aveugle à lui et sa bouche d'ombre, ouvert la voix vers nous-mêmes et l'autre, dans l'enfer et l'ardeur de nos pulsions, dans l'appel incessant de notre Désir, dans la Vérité et les mi-dires de notre parole ?

Le 21 septembre 1939, le livre se referme entre les mains de Freud. Il est à l'automne de sa vie. L'hiver approche. La guerre va éclater, mais lui tire sa révérence au monde. Il a fini de vivre. Il peut laisser tomber ses oripeaux de chair. Son œuvre parlera pour lui, en son nom. Il a rempli sa tâche, ce pour quoi il avait découvert qu'il était né. Et il rappelle à Max Schur sa promesse : « Vous vous souvenez de notre première conversation. Vous m'avez promis alors de ne pas m'abandonner lorsque mon temps sera venu.

Maintenant, ce n'est plus qu'une torture, et cela n'a plus de sens ».

La boucle est bouclée. Freud est délié de son destin de créateur. Un destin si funeste ? A chacun d'y répondre... Lui peut enfin rejoindre la mort, se laisser aller, s'abandonner enfin dans les bras de la troisième femme du cortège du destin, comme il l'avait pressenti dans le thème des « *trois coffrets* », où la mort prend trois visages : « La mère elle-même, l'amante qu'il choisit à l'image de la première, et pour terminer la terre-mère qui l'accueille à nouveau en son sein. Mais c'est en vain que le vieil homme cherche à ressaisir l'amour de la femme tel qu'il l'a d'abord reçu de sa mère. C'est seulement la troisième femme du destin, la silencieuse déesse de la mort, qui le prendra dans ses bras »[62].

Son dernier article, publié après sa mort aura été une ultime réflexion prise sur son corps : « *Le clivage du moi dans le processus de défense* »[63]. Désormais Freud n'a plus à se battre. Et le silence, enfin, recouvre son esprit. Et Freud, enfin, peut reposer à l'ombre de ses pères. Sa bouche d'ombre est délivrée du devoir de parole. Il s'est tu. Il a enfin quitté le temps de sa vie pour entrer dans celui de notre histoire, l'histoire éternelle des humains que l'on se raconte de génération en génération, et où dans la caravane de la vie, ceux qui nous ont précédés nous font signe. Certains plus que d'autres, pour que la mémoire ne s'oublie pas, et que l'Etre ne s'égare pas dans l'ignorance, le déni ou le désaveu.

Et « qui mieux que lui, avouant ses rêves, a su filer la corde où glisse l'anneau qui nous unit à l'être, et fait luire entre les mains fermées qui se le passent au jeu du furet de la passion humaine son bref éclat ?... qui a interrogé aussi intrépidement que ce clinicien, attaché au terre à terre de la souffrance, la vie sur son sens, et non pas pour dire qu'elle n'en a pas, façon commode de s'en laver les mains, mais qu'elle n'en a qu'un, où le désir est porté par la mort ? »[64].

---

62. FREUD S, 1913, « Le motif du choix des trois coffrets », in *L'inquiétante étrangeté et autres essais*, Paris, Gallimard, 1985, p. 81.
63. FREUD S., 1938, « Le clivage du moi dans le processus de défense », in Résultats, idées, problèmes, Tome II, *op. cit.*, pp. 283-286.
64. LACAN J., « La direction de la cure », in *Les Ecrits*, Paris, Seuil, 1966, p. 642.

Avant de clore ce chapitre pour nous aventurer dans une réflexion plus théorique, je voudrais m'arrêter un instant. Que nous a apporté ce long détour par la clinique, à savoir par la vie des humains en prise avec la souffrance incarnée dans leur chair ?

Et ce passage même était-il nécessaire ? Il me semble que oui. Car dans la brassée de notre récolte nous découvrons pêle-mêle quelques certitudes accrues et de nombreuses questions, glanées au fil des rencontres, au fil du temps, gravées sur les visages rencontrés, connus ou inconnus, ou entrevues dans le clair-obscur des mots et des silences.

a) Si le cancer est une maladie des cellules, c'est une maladie qui engage l'homme tout entier, qui repose la question du sens et du désir humain.

b) Si c'est une maladie que la médecine guérit de plus en plus, elle reste dans l'imaginaire collectif une maladie « maudite », au même titre qu'autrefois la lèpre ou la tuberculose, et maintenant le sida. C'est de cet imaginaire, collectif et individuel que je voudrais partir dans ce travail, pour comprendre combien il œuvre au cœur de cette épreuve, et comment la parole peut tenter de le reconnaître et s'en dégager à la fois.

c) Il n'y a, dans ce domaine comme dans tous ceux qui concernent l'humain, aucune différence de qualité entre le normal et le pathologique, mais plus une question de degré. Dans ce rythme-hésitation qui mène la danse de vie des humains, la question de l'amalgame des pulsions de vie et de mort reste tout aussi énigmatique au niveau cellulaire que psychique.

Pourquoi certains survivent-ils à des cancers quasi mortels, alors que d'autres en meurent à partir de lésions beaucoup plus bénignes ? Qu'est ce qui favorise la dé-liaison des pulsions, et quelle « fermentation » des humeurs a pu se produire ? De même qu'on ignore encore pourquoi, alors que l'organisme produit sans cesse des cellules cancéreuses, certaines échapperaient à la régulation du système immunitaire, ou à la neutralisation par les autres cellules. Qu'est-ce qui peut rompre les digues de l'ordre cellulaire comme de l'aménagement psychique ?

d) Quelle idée de la maladie ou de la santé, de la vie ou de la mort notre société promeut-elle, et comment prend-elle en compte la grande peine des hommes ? Pourquoi le cancer est-il devenu une maladie « innommable », et ce silence est-il le symptôme d'une époque qui refuse d'envisager la souffrance de l'être ?

e) Quand on parle de souffrance, dans le cancer, à quoi se referre-t-on ? Et ce qui crie à travers la douleur des corps, si urgente à soulager, n'est-ce pas aussi douleur de culture qui continue à travailler l'homme même quand « l'animal va bien » ? De la plainte à l'appel, du cri à la demande, quelle place reconnaît-on à une souffrance subjective, éprouvée ? Et qu'est-ce que la maladie « actualise » dans le corps, qui transparaît dans sa souffrance muette, entre tentative de guérison et étouffement de son appel, réveil douloureux d'une question oubliée ? Quel est l'indicible de sa quête pour que la réaction la plus fréquente soit celle du déni et du clivage, comme mécanisme de défense ?

De Janine L. à Sigmund Freud, en passant par tant d'autres, j'ai entrevu ou entendu bien des thèmes se rejoindre, bien des questions se retrouver. Chacun s'y aventure en fonction de son histoire et de son héritage, selon sa passion et son talent comme de son « pouvoir-vouloir-falloir ».

Questions aussi fondamentales que celles des origines, des générations successives et leur place au jeu du désir, à l'articulation de la loi.

Questions de la rébellion et de la dévoration, de la faute et du pardon, questions surgies de l'imminence d'un corps « en grève », d'une parole échouée sur le rivage de la rencontre ratée, des illusions perdues, du sens oublié, ou du Rien entrevu.

Pour ceux-là, comme pour les autres, l'itinéraire de leurs questions fut celui de leurs métamorphoses, où tantôt les questions se voilent derrière un écran de fumée pour pouvoir les entrevoir sans mourir, tantôt se dressent incontournables, fantomatiques, en une harcelante exigence de vérité, tantôt s'éteignent dans l'oubli de toute mémoire et de toute dette, dans la stérilité d'un présent redevenu « sans histoire », où l'angoisse seule perdure, dernier vestige d'une question du sujet en rade de mots.

Loin d'être une histoire naturelle, la traversée du cancer provoque chacun à un intense travail psychique, à la mesure du choc et des fractures qu'elle engendre dans le « moi-corps ».

DEUXIEME PARTIE

LE TRAVAIL PSYCHIQUE DE LA MALADIE

> « *Nous avons vu que l'essentiel de la crise n'était pas seulement le passage d'un ordre à un autre, mais aussi l'abandon de la continuité ou de l'identité du sujet. C'est le sujet qui se trouve anéanti par la déchirure ou le bond, lorsque la transformation ne fait pas suite à la mise en demeure d'exécuter* « *l'impossible* ». *On pourrait alors parler d'un bond dans le vide* »
> Viktor Von Weizaecker
> *Le cycle de la Structure*

CHAPITRE IV

Les fractures du moi-corps

1. La déliaison des pulsions

Cette longue déambulation dans la vie et les textes freudiens, qui avait au départ des airs de labyrinthe, s'est peu à peu éclairée dans le clair-obscur d'une compréhension travaillant au cœur de l'inconscient autant que dans l'effort d'intelligence de choses si complexes. Elle m'a fait découvrir à quel point cette élaboration théorique fut nécessaire à Freud et comment, à travers elle, il tenta d'éclairer ses angoisses concernant sa propre mort, sa propre culpabilité d'être lui, comme la douleur de perdre les siens. Elle m'a ouvert les yeux sur le fait que tout en ne faisant directement aucune allusion à son propre cancer, les questions posées dans chaque texte sont grossies de ce poids de mort dans sa chair. Elles s'élaborent répétitivement, en cercles concentriques, à partir d'un noyau mystérieux, traumatique et muet.

Dans **l'urgence de comprendre**, ce cancer fut peut-être le prix à payer pour écrire et parler, mais réciproquement ses écrits et sa parole alimentèrent sa libido, pour en porter l'épuisement à l'extrême limite du possible, dans la durée de cette vie...

Peut-être Freud aurait-il élaboré cette dernière théorie des pulsions s'il n'avait pas eu de cancer. Mais il est des choses que l'on ne peut pressentir, comprendre et verbaliser que si l'on a été intimement travaillé au corps par elles. La preuve en vient de la cicatrice qu'elles laissent, psychique ou physique, trace de la résistance à la mesure de la reconnaissance de leur existence.

On en découvre les traces dans l'écriture même du « moi et du ça », par rapport aux textes précédents, alors qu'il vient d'être opéré en avril de la première intervention sur sa mâchoire. Il est bien « au-delà du principe de plaisir » ! Le ton a changé : autant les thèmes restent associés à la vie et à la mort, autant la façon dont il aborde la question de la désunion ou union des pulsions dans la moi incarné, le moi-corps, donne l'impression de sonner juste. Il ne spécule plus, il affirme, paisiblement. Le lecteur est convoqué pour entendre, et non pour trancher en tant qu'arbitre, ou faire office de douteur, comme si Freud avait trouvé en lui-même l'évidence subjective qui lui manquait, celle qui faisait dire à Galilée : « Et pourtant, elle tourne ! ». Et cette évidence transparaît dans le texte : Le moi n'est plus seulement une instance psychique, le réservoir de la libido, le lieu des conflits entre le Je et le Sur-moi.

Freud peut certifier que *le moi est « avant tout un moi corporel »*, et le corps un lieu d'où viennent des perceptions, des sensations extérieures et intérieures qui permettent au moi de se reconnaître dans ses frontières corporelles. Il n'y a pas que le plaisir ! « La douleur aussi doit jouer là un rôle et la manière dont on acquiert, dans les affections douloureuses, une nouvelle connaissance de ses organes, est peut-être exemplaire de la manière dont, d'une façon générale, on arrive à se représenter son moi-corps »[1]. La douleur, cancéreuse en particulier, ne fait-elle pas accéder à cette nouvelle connaissance, celle de ses organes internes, incontrôlables, et à une représentation d'un corps plein ou troué, habité, animé de flux et de reflux, envahi de vagues de sensations diffuses ou précises ? Freud introduit ainsi une nouvelle notion, dont il avait peu tenu compte jusqu'à présent, privilégiant le plaisir — déplaisir psychique : la douleur des corps, et la façon dont elle affecte la conscience de soi, douleur qui engendre aussi un rude labour de l'âme, une autre présence à soi, douleur qui fait *limite*. Cette

---

1. FREUD S., « Le Moi et le Ça », *op. cit.*, p. 238.

effraction par la douleur à la surface du corps et de ce fait même de la conscience de soi fonde dès l'origine le Moi, le constitue vivant dans un « moi — peau », ce qui l'amène à se concevoir comme un être limité dans les frontières du corps. Cette frontière permet aussi de concevoir un lieu d'échange avec l'autre, à travers les perceptions olfactives, visuelles, auditives et tactiles, en une véritable peau psychique[2].

Freud revient alors sur les deux espèces de pulsions, en reprenant ses « réflexions théoriques appuyées par la biologie », dans la supposition « de l'existence d'une pulsion de mort, qui a pour tâche de ramener le vivant organique à l'état inanimé, tandis que l'Eros poursuit le but de compliquer la vie en rassemblant de façon toujours plus extensive la substance vivante éclatée en particules, et naturellement, en plus, de la maintenir ». Rude travail pour l'Eros ! Compliquer la vie, la rassembler, l'aider à s'étendre tout en la maintenant... Mais Freud va plus loin. Il associe très clairement le travail des pulsions à « un processus physiologique particulier (construction et décomposition). Dans chaque morceau de la substance vivante, les deux sortes de pulsions seraient à l'œuvre, mais cela dans une union aux proportions variables, de sorte qu'une substance pourrait se charger de représenter l'Eros de façon éminente »[3]. Il associe le travail de la pulsion de mort à la **désunion**, favorisée par une régression de la libido à la phase sadique-anale. Car le représentant de Thanatos pourrait bien être la **haine**, lorsqu'il prend le dessus du représentant d'Eros, l'Amour, sans être relié à lui par ce que Lacan a appelé la « hainamoration ». De ce fait, conclut-il, « puisque nous sommes forcés de maintenir cette conception, l'impression s'impose à nous que les pulsions de mort sont pour l'essentiel muettes, et que tout le bruit de la vie provient surtout d'Eros ».

Pour illustrer ce pouvoir mortifère de la haine déliée, il fait appel à deux exemples :

- La *réaction thérapeutique négative*, où ce qui l'emporte n'est pas la volonté de guérir, mais le besoin d'être malade, issu d'un sentiment de culpabilité, intense mais muet chez le malade : il ne se sent pas coupable, mais malade ! Ceci est dû

---

2. ANZIEU D., « Le moi-peau », *op. cit.*
3. FREUD S., « Le Moi et le Ça », *op. cit.*, p. 254.

à l'influence de l'idéal du moi qui « fait rage contre le moi, souvent de façon cruelle ». Rage contre un sujet qui cherche à se rassembler ? Guérir, c'est aussi se séparer, s'aventurer dans la solitude de son être !

- La *mélancolie*. Freud reprend ainsi les termes de son analyse précédente, mais en développant le rôle « démoniaque » du Sur-moi qui de nouveau fait rage contre le Moi avec une « violence impitoyable », et « *règne comme une pure culture de la pulsion de mort* »[4].

Comment vivre alors ? Il y a plusieurs moyens de composer avec ces dangereuses pulsions de mort :

- les rendre inoffensives par union avec des composantes érotiques ;
- les dévier vers l'extérieur par l'agressivité. Mais, « pour une grande partie, elles poursuivent leur travail interne sans entrave ».

Tout dépend de la façon dont le moi va s'y abandonner ou non, composer avec elles ou non. Or, nous dit Freud, dans la mélancolie, « le Moi s'abandonne parce qu'il se sent haï et persécuté par le Sur-moi au lieu d'en être aimé. Car *vivre est synonyme d'être aimé pour le Moi*. Aimé par le Sur-moi qui représente la même fonction de protection et de salut que le père, et plus tard, la providence ou le destin »[5].

Mais, nous dit Freud, et ce n'est pas indifférent en ce moment précis de son histoire, « Le Moi ne peut que tirer la même conséquence lorsqu'il se trouve dans un danger *réel* d'une excessive grandeur, et qu'il ne croit pas pouvoir surmonter par ses propres forces. Il se voit *abandonné* de toutes ces puissances protectrices, et se laisse mourir ».

Si dans la pathologie de la mélancolie, la haine ressentie envers soi peut tuer le moi, anéantir la pulsion de vie, dans la vie quotidienne, la seule existence d'un danger réel risque d'entraîner la dévitalisation du sujet, par sentiment d'abandon. Le ciel est noir, la bonne étoile l'a lâché, le destin n'a qu'une issue : la mort, puisqu'aucune puissance protectrice ne vient murmurer autre chose. Là est la racine profonde de l'angoisse de mort, affirme Freud, qu'il importe de distinguer de l'angoisse d'objet (réelle) et de l'angoisse libidinale névrotique. Cette angoisse originelle, d'où dérive

---

4. FREUD S., Ibidem, p. 268.
5. FREUD S., Ibidem, p. 274.

l'angoisse de castration, est plutôt comparable au « premier grand état d'angoisse, celui de la naissance, et de l'angoisse-nostalgie infantile, celui de la séparation d'avec la mère protectrice ». Et Freud conclut cet article d'une façon qui en dit long sur ses propres craintes pour sa vie et sur sa propre angoisse de mort : « Nous pourrions présenter les choses comme si le Ça se trouvait sous la domination des muettes mais puissantes pulsions de mort qui veulent le repos et veulent amener au repos ce trouble-paix d'Eros, en suivant les signaux du principe du plaisir. Mais nous craindrions de sous-estimer ainsi le rôle d'Eros »[6]. Certains cancers en sont aussi la trace, comme un désespoir « mort-né », qui n'a même pas la vitalité agressive de certains suicides.

Pulsion de vie, pulsion de mort... Désormais, Freud « ne peut plus ne pas y croire », tant elles se sont « imposées » à lui avec force ! Sa seule possibilité est de les laisser agir en lui, tout en participant le plus activement possible à ce travail de liaison et déliaison dynamique. Je suis tentée de dire : désormais, il en a pris son parti, il ne peut plus nier l'existence de cette tension-dualité, mais chercher à en exploiter la fécondité de rencontre, et laisser aller aussi ce travail de mort en lui, selon son rythme de vie, le rythme de sa vie à lui. Car si l'on peut voir les aspects positifs et négatifs de la pulsion de mort dans les relations du sujet avec son corps et avec les autres, on peut l'observer aussi dans le temps, dans la constitution de l'histoire d'un sujet, dans sa durée de vie même.

Ceci, souligne Benno Rosenberg[7], implique une notion de *temporalité*, dans un mouvement intégrateur de changement alors que Thanatos tend à désintégrer, c'est-à-dire à refuser tout ce qui n'est pas comme avant, l'imprévu, le nouveau. L'histoire se construit alors de progression en régression, d'intégration en désintégration, dans le circuit long de la vie, qui en dernier recours, aboutit à la mort.

Mais aussi, se demande-t-il, la pulsion de mort n'est-elle pas constitutive de la mémoire, et sans elle la pulsion de vie

---

6. FREUD S., Ibidem, p. 274.
7. ROSENBERG B., « Masochisme mortifère et masochisme gardien de la vie », in *Monographie de la revue française de psychanalyse*, Paris, PUF, 1991, pp. 142-145.

ne serait peut-être qu'une suite de présents, annulant sa valeur historisante.

De même que la nuit est nécessaire au jour, et le sommeil à la veille pour la constitution du sujet par le moi passif et l'élaboration active des affects refoulés dans le rêve, la pulsion de mort est nécessaire à la pulsion de vie, Thanatos à Eros, et la mort à la vie. Mort dont Dolto disait qu'elle est l'épuisement humain du désir de désirer, comme le sommeil en est la mise en veilleuse, le repos momentané avant d'être éternel... La mort peut alors se faire pacifiante, moins féroce que chez Freud pour qui « une fraction d'autodestruction demeure en tous les cas à l'intérieur de l'individu jusqu'au moment où elle réussit enfin à le tuer, pas avant peut-être que sa libido soit entièrement épuisée, ou désavantageusement fixée »[8].

Un facteur de santé primordial apparaît donc dans la mobilité psychique, la mobilité de la libido, ce que Freud affirmait depuis longtemps, mais aussi la **mobilité des pulsions** et leur possibilité d'intrication-désintrication successive. La question n'est donc pas devant les épreuves que subit la libido de s'acharner contre son extinction absolue, son épuisement, mais plutôt d'accompagner ses épuisements successifs et ses capacités de rebondissement. La même question se pose devant le travail de la pulsion de mort, où la répétition peut se faire diabolique, épuisement de la pulsion de vie dans la haine ou l'indifférence, mais aussi tentative mille fois répétée de sortir de l'ornière, d'inventer autre chose, de recréer la vie au lieu du désastre et de l'absence, d'appeler encore et toujours, en passant par des temps morts de repos du désir.

Voilà pourquoi ce cancer dans la bouche de Freud m'a tant intriguée, poussée à réfléchir. Devant l'énigme de ce lieu là, de cette bouche cancérisée, cette bouche d'ombre, j'ai éprouvé la nécessité de chercher à la trace, mot à mot, les effets de ce travail muet de la pulsion de mort dans l'œuvre de Freud, au cœur de ses incessantes tentatives de reliaison par la parole. Même si son œuvre déborde largement du sujet, j'y ai trouvé tous les thèmes qui me préoccupent par rapport au cancer, ce qui n'est pas fortuit : celui de

---

8. FREUD S., *Abrégé de Psychanalyse*, *op. cit.*, p. 10.

l'abandon et de la perte, du désespoir et de l'acharnement, de l'amour et de la haine, du traumatisme et de la déliaison psychique, de l'effroi devant la mort entrevue, de l'horreur devant l'abandon du Sur-moi ou son acharnement impitoyable, et jusqu'au recours à une causalité démoniaque pour élaborer la peur.

Et aussi la victoire de la vie qui s'acharne à renaître... Je retournerais bien à Freud son interrogation-affirmation sur la nécessité de la maladie, à propos du mélancolique : « Il pourrait bien s'être passablement approché de la connaissance de soi et la seule question que nous nous posions c'est de savoir pourquoi on doit tomber malade pour avoir accès à une telle vérité »[9]. Bouche d'ombre et bouche de victoire sont les deux faces d'une même vérité : celle d'un homme en proie à la passion et à la dette de vivre.

2. L'œuvre au noir. Les manifestations de la pulsion de mort

Nous retrouverons les manifestations et les effets de la pulsion de mort dans le rapport du sujet à son propre corps et dans sa relation à l'autre, et même au corps de l'autre. Nous les retrouverons aussi dans le débordement des représentations imaginaires liées au cancer, et la possible déliaison que cela entraîne avec l'ordre symbolique, du moins un ordre symbolique pacifiant, et non pas sa caricature dans l'ordre féroce du Sur-moi.

A) *Le rapport au corps cancérisé*

- Le **refus de se soigner** : pulsion de mort ?

Un des signes évidents du désir de vivre serait bien de se soigner ! Or, il arrive de rencontrer chez les malades une résistance, voire un refus farouche de le faire et cette attitude paradoxale n'est pas rare. Elle s'exprime par la négligence ou la résistance active à consulter pour des raisons

---

9. FREUD S., *Deuil et mélancolie, op. cit.*, p. 153.

paradoxales, très contradictoires d'une personne à l'autre, mais qui aboutissent au même résultat : le cancer est décelé trop tard, ou plus tard qu'il n'aurait pu l'être, et a continué sa progression cellulaire, ce qui bien sûr augmente les facteurs de risque et la nécessité de traitements lourds. Cette attitude de refus peut aussi apparaître en cours de route, durant cette maladie au long cours qu'est le cancer.

Comment comprendre cela ? Il y a bien sur la viscérale peur de savoir, de prononcer le mot qui ferait dégringoler du paradis des humains épargnés, immortels, du moins en pensée. L'illusion est tenace de croire que « si je n'y pense pas, ça n'existe pas » ou que au contraire « Dire, c'est faire apparaître la Chose »... Qui n'a pas eu ce genre d'inquiétude et de réaction à l'idée que « Ca n'arrive pas qu'aux autres » pour en conjurer le trop de possible réalité ? Et quoi de plus normal quand « ça » arrive !

Mais il est des situations où l'on pressent autre chose de plus profond, de plus violent comme révolte. Au-delà de cette crainte, de l'angoisse de mort commune à tous, apparaît le refus essentiel, inconditionnel de toute limite posée à la vie. Le cancer est nié avec une sorte de rage qui se mélange à une revendication d'éternité, en une affirmation mégalomaniaque de la toute puissance du désir. Et plus subtilement, ce refus exprime un défi plus ou moins pervers ou paranoïaque aux lois du fonctionnement humain, lois biologiques autant que symboliques, la mort étant l'ultime et l'impensable représentation de la castration... « Tous mortels, sauf moi ! ».

Cette affirmation se mêle aussi d'un refus obstiné de toute dépendance, et de se remettre entre les mains des autres : que ce soit les médecins, parés d'un Pouvoir médical exorbitant et aveugle, ou l'entourage, dont le souci et la présence sont violemment rejetés. La maladie, qui fait réapparaître le *corps de besoin*, provoque une telle révolte devant la dépendance et une possible demande d'aide, ressentie comme une prise de pouvoir de l'autre sur soi, que la seule issue semble être le déni farouche, le repli sur soi et la haine de toute intervention.

J'ai ainsi rencontré une jeune fille atteinte d'un mélanome malin foudroyant à l'aine, dont le désespoir et la rage tranchait dans l'œuf, systématiquement, tous les liens qu'elle semblait pourtant désirer nouer, tentations peut-être insupportables pour elle à peine investies... « Ariane » en déperdition, elle détruisait de sa haine chaque tentative de la rejoindre, contaminant ceux qui l'approchaient de son ambivalence extrême, les montant les uns contre les autres dans l'exclusivité de sa demande, pour les rejeter à peine élus. Durant les quelques dernières semaines de son hospitalisation, elle sema, distilla chez les soignants le doute sur leur propre compétence, leur capacité de soigner mais bien au delà, sur leur capacité d'aimer, les paralysant d'une impuissance traversée de rage, de pitié et de désespoir.

Ces germes de mort ne disparaissent pas facilement. Ils continuent à faire effet en silence, dans le refus de la mémoire partagée, mémoire impossible tant elle fait mal : la mort d'« Ariane », jusqu'au bout, fut une telle débâcle de sang, d'horreur hurlée et de rejet qu'elle engendra un silence mortel et pétrifié pendant longtemps chez tous les Orphées qui avaient tenté de l'apprivoiser dans le cercle de la vie. En l'absence de parole sur ce vécu et même au-delà des mots, peut-être seul le baume de nouvelles rencontres, de nouveaux soins, de nouveaux partages avec des malades reconnaissant leur valeur, peut permettre à des soignants de cicatriser de telles blessures narcissiques. Quant à la famille, c'est une autre affaire, puisqu'il s'agit d'une longue histoire dont la maladie ne semble être que le dénouement final...

Lorsque le refus d'être soigné reflète un tel refus de vivre mortel et désirant, et s'accompagne d'un tel rejet de l'Autre (presque au sens physique d'un rejet de greffe symbolique), alors, effectivement, nous avons le sentiment terrifiant d'assister, impuissants, au travail implacable de la pulsion de mort, travail sourd de déliaison jusqu'à son explosion finale, dont la clameur atteint tous les secteurs de la vie, autant dans l'ordre vital que relationnel et symbolique. Cette rébellion invasive, muette et criante, fait l'impasse sur les mots. Elle coupe court à toute autre rébellion et à son élaboration psychique en symptômes, rêves, etc. Elle coupe court aussi à tout ordre d'intervention médiatisée par la parole. Pris dans le tout ou rien, s'il faut parler de pathologie, ceci évoque une pathologie du contact au niveau le plus élémentaire.

Heureusement, ces situations ne se rencontrent pas souvent. Il peut arriver, au contraire, que l'état de fait qu'impose la maladie mette une limite solide à l'omnipotence du sujet, et calme ses tendances paranoïaques éventuelles. Il a trouvé son maître : la mort ! Cette éventualité l'amène à reconnaître un certain degré de castration psychique, en tout cas de limitation du désir, ce qui a en soi un effet pacifiant pour le sujet... et pour son entourage ! Là encore, pour juger de la pathologie, il s'agit de considérer l'intensité et la permanence ou non de cette désunion des pulsions, de la reprise possible ou non de la pulsion de vie gouvernée par un minimum d'ordre symbolique, ou au contraire de l'envahissement de la pulsion de mort tant au niveau narcissique que relationnel.

- La même interrogation se retrouve face à une autre manifestation de la pulsion de mort, à savoir non plus le refus actif d'être soigné, mais le **désinvestissement du moi-corps** par morne désespoir. On rencontre parfois, chez certains malades, et même a priori dès le début de la maladie, un renoncement à se battre, un défaitisme que rien ne peut ranimer. Pourquoi, pour qui, avec qui, et même contre qui ou contre quoi se battre ? Le champ libre du corps est laissé à la pulsion de mort, déserté du désir de vivre, qu'aucun désir de l'autre ne peut venir renflouer... ou bien cela semble en pure perte, ce qui engendre chez l'autre une autre sorte d'impuissance, faite de résignation et d'indifférence après avoir tenté de le secouer avec rage. Désinvesti par lui-même, le malade en arrive à être désinvesti par les soignants et même par son entourage, considéré comme un *objet de soins* que parfois on oublie.

« Cet acte de désinvestissement jusqu'à celui de son propre corps, qualifié par Piéra Aulagnier de « seul meurtre définitivement réussi », se traduit par l'inscription d'un « trou » dans le capital représentatif et libidinal du sujet, d'où est absent tout sentiment de nostalgie ou de culpabilité »[10]. Les pulsions de mort poussent alors à l'anéantissement, à la désobjectivation et désubjectivation. Là aussi, on a l'impression confuse et angoissante d'un destin tragique, inéluctable, relié à des troubles élémentaires du narcissisme de base dans le lien à l'autre. C'est comme si le sujet n'était que l'ombre de lui-même, ou qu'il n'avait même pas

---

10. CICCONE A, LHOPITAL M., *Naissance à la vie psychique*, Paris, Dunod, 1991, p. 158.

d'ombre, puisqu'il n'a pas de corps porté dans le désir de l'autre. Comme s'il s'identifiait au trou de sa présence dans le désir de l'autre.

En terme de structure, à quoi se référer ? Peut-être à la notion de structure abandonnique, mais d'un abandonnique qui aurait perdu jusqu'au réflexe de s'accrocher vampiriquement à l'autre s'il survient. A de telles extrémités, c'est le triomphe de la pulsion de mort, qui n'a peut-être jamais été contrecarrée, où le sujet n'a fait que survivre jusque là.

Mais on peut rencontrer chez d'autres malades ce **désinvestissement de façon momentanée**, à certains moments douloureux de la maladie : au temps d'une rechute se repose la question de « A quoi bon ? », lorsqu'il faut redécider de traitements lourds, fatigants, éprouvant le corps et l'esprit. Ces moments ne sont-ils pas alors nécessaires, moments de désir suspendu, de réflexion, de redécision, moment où l'on reprend souffle, tout simplement.

J'ai en mémoire Mme D, venue me consulter alors qu'on lui avait proposé une greffe de moelle, à la suite d'une récidive de son cancer du sein métastasé. Pour cette jeune femme, courageuse et énergique, décidée à lutter pour voir grandir son petit garçon et vivre avec son compagnon, un homme divorcé et beaucoup plus âgé qu'elle, la greffe de moelle représentait une idée insupportable. C'était comme une anticipation de la mort elle-même, à laquelle elle se refusait obstinément. Elle était venue me voir sur les conseils de son médecin, en désespoir de cause pour chacun : lui se désespérait qu'elle loupe cette chance, elle se désespérait de ne pouvoir y faire face !

Était-ce là pulsion de mort, ou bien plutôt une angoisse de mort catastrophique, ou encore une interrogation désespérée sur ses chances de survivre à cette épreuve, aussi bien psychiquement que physiquement ? Je ressentais là autant la révolte du sujet désirant en elle (serait-elle laminée par ce passage en milieu stérile ?) que la terreur physique d'y être anéantie, privée de toutes ses défenses immunitaires au moment de sa plus grande solitude, en privation de contact élémentaire charnel, visuel, avec les êtres les plus chers.

Il importait d'abord d'entendre l'angoisse irrépressible associée à ce mot « stérile », synonyme de mort pour elle, afin de le démystifier et en envisager la réalité concrète, ainsi que les moyens à mettre en œuvre pour garder des passerelles de contact et rendre envisageable cette épreuve. Il importait aussi d'apprivoiser ce mot là dans son corps, ce qu'elle put faire avec quelques séances de relaxation. Il importait surtout que ce lieu stérile ne stérilise pas la notion du temps et ne brise pas sa ligne de désir autant que sa ligne de vie. Elle me parla longuement de cette relation amoureuse établie avec son ami : il souhaitait l'épouser, signifier la permanence de ce lien indestructible par un acte profondément symbolique. Elle avait refusé jusqu'à présent : « A quoi bon si je meurs ? ». Elle décida d'accepter, pour le meilleur et pour le pire.

A partir de là se renoua pour elle le désir de poursuivre sa route, dans l'espoir retrouvé de la rencontre. Rencontre infiniment féconde, bien au-delà du champ stérile de l'hôpital : le pacte de l'alliance la rétablissait sur un autre terrain où le temps prenait valeur sacrée, vivifiante.

Nous voyons bien à partir de ces quelques exemples combien ces moments de laisser-aller représentent des moments à haut risque, mais dont l'issue reste toujours énigmatique selon chacun.

Ceci m'amène à approfondir encore ma question. Lorsque la mort approche, peut-on dire que le **travail de mourir** est systématiquement le fruit du triomphe de la pulsion de mort, et engendre-t-il de facto la mort du sujet désirant ? L'expérience d'accompagnement de certaines personnes témoigne clairement du contraire, et même parfois de l'élargissement de la croissance du *sujet* en eux, dans les aléas et les répétitions des mieux et des rechutes, traitements après traitements, année après année. Le combat marque les corps et les âmes, et la fatigue creuse le désir d'investir ce corps éprouvé par trop de douleurs, cette vie imprégnée de trop de doute, ces liens alourdis de trop de chagrin. Vient alors le temps où ce *moi-corps* devient fardeau et l'on aspire à rompre son alliance avec la pulsion de vie. Le désir du sujet est peu à peu décorporéisé, et laisse le champ du corps à Thanatos, ce corps désinvesti qui ne peut aimanter à son profit les forces d'Eros.

S'il peut devenir un « corps à abattre » comme le dit Aulagnier, il peut être simplement un corps qu'on abandonne, et par lequel on se laisse abandonner. Mais le chemin est long au repos du désir, à la déliaison totale des pulsions. « Bien sûr, très souvent, je garde le seul désir d'être ramené dans un port où les vieux bateaux fatigués peuvent prendre leur retraite paisible, et puis s'enfoncer doucement dans l'eau un peu glauque et accueillante des épaves... mais aurai-je l'énergie d'attendre cette immersion définitive, une attente suffisamment remplie de petites joies à petite échelle, somme toute, la sagesse... Je ne sais pas remplir, ou très mal, cette vie-là de suffisamment de petites joies pour que ceci soit vivable »[11]. Ainsi parlait un homme de trente-six ans atteint durant quatre ans d'une maladie hématologique, éprouvant au fil des jours la difficulté d'être.

Il ne s'agit pas là d'un refus de se soigner ou d'un déni de la mort, mais d'une question chaque jour reprise sur le sens de cette persévérance, quand elle refuse de se faire acharnement, pour préserver autre chose. Quoi ? L'appréhension douloureuse et mouvante de la mort à venir, mêlée à la fatigue, la douleur possible du corps et la lassitude psychique rend flottant le désir de vivre. Cela vaut-il aujourd'hui encore toute cette peine ? Mais il y a autre chose encore, que nous intuitionnons tous plus ou moins confusément, quelque chose qui cherche à préserver la dignité de l'être dans l'ordre vital et l'essence du sujet désirant, assujetti à l'ordre symbolique.

Or, **l'acharnement à survivre, ou à faire vivre** à tout prix, reflète l'autre versant de la pulsion de mort, j'en suis convaincue. Lorsque côté malade ou côté soignant règne en maître absolu l'obsession de faire reculer les limites de la vie pour faire échec à la mort, ne serait-ce que quelques jours ou quelques heures de plus, c'est au mépris de la dignité humaine et en offense la plus radicale au sujet, au-delà de toute conscience qu'il puisse en avoir.

Car le sujet est à la fois « être de désir » et « être pour la mort ». Qu'est-ce à dire ? D'abord, qu'il ne faut pas confondre ce qu'on appelle communément désir de vivre, c'est-à-dire la pulsion de vie et son élan ou sa déliaison progressive jusqu'à son extinction, avec la permanence inaltérable du sujet désirant, « être pour la rencontre ».

---

11. LESTERLIN J.-P., « Le face à face », Extrait de journal, in « L'épreuve de la maladie », Jalmalv, n° 17, Juin 1989.

L'expression de ce désir reste une énigme, parfois évidente, parfois muette, mais elle est toujours soutenue par l'appel à la présence de l'Autre, et en partie liée à sa réponse, surtout en ces heures-là. Chacun est convoqué à cette place d'Autre... A lui d'y répondre ou non, et de répondre ainsi de son propre désir...

D'autre part, que cet échouage de la pulsion de vie dans le désir de repos éternel, n'a pas toujours la dimension dramatique d'un refus forcené de la mort et d'un échec du sujet. Au contraire, il peut représenter l'ultime acceptation de la vie dans cette soumission à l'ordre symbolique. Dans ce lâcher prise psychique qui accompagne le mouvement de désinvestissement du corps, le sujet rencontre le dernier visage de la castration, la mort. Cette castration, terrifiante en soi dans l'ordre vital, peut devenir puissamment symbolique, lorsqu'elle devient l'ultime expression de l'assomption du sujet, au moment où les routes se séparent. Si douloureuse soit cette tension d'être jusqu'au dernier souffle, elle peut se conjuguer avec la permanence du sujet, et même avec son dévoilement au moment où ses forces le quittent.

Cette évidence s'impose parfois en présence de celui ou celle qui va mourir, et ceux qui acceptent et qui ont la grâce de l'assister dans ce passage ultime ressentent cette expérience intime comme un sceau gravé en eux. Reste une trace profonde de pacification et de partage, où la mémoire se recueille et où le désir vivifié se relance pour ceux qui restent. Parfois même, avant d'entrer dans le « repos éternel », c'est celui qui va mourir, poser définitivement son corps, qui semble attendre le feu vert de l'autre, son accord tacite ou exprimé, pour partir sans l'abandonner, sans en donner l'impression. Lui, elle, semble prêt au grand passage, et semble en retarder l'instant pour d'ultimes retrouvailles, un ultime adieu, pacifiant pour lui, pour elle, mais aussi profondément pour l'autre. Alors le corps peut lâcher comme un fruit mûr, comme un lieu d'échange épuisé.

Ce passage par le rapport qu'entretient un être humain avec son propre corps, et le souci qu'il peut en avoir, m'amène donc à approfondir ma question. Qu'est-ce qui favorise ou non la reprise des fonctions vitales par le moi et son support libidinal ? Et comment percevoir si le désinvestissement du moi-corps, ou au contraire son investissement, est vivifiant ou mortifère pour le sujet du désir ? Ceci nous ramène aux fondements de l'émergence du moi, dans son rapport à l'autre, et particulièrement au corps de l'autre, comme à la personne de l'autre, aux personnages qui président à la croissance corporelle et psychique de l'enfant, à son assomption ou non comme sujet.

Mais aussi en quoi la souffrance éprouvée dans le corps peut-elle représenter un piège, une impasse, mettant en jeu la vie psychique et physique, ou bien servir de tremplin, de chance unique de retournement, et d'assomption symbolique par la renaissance d'un sujet ?

- J'ai donc été amenée à réfléchir sur les **diverses fonctions de la souffrance.**

• Nous pouvons d'abord reprendre les considérations de Freud à propos du *masochisme moral*, dont une expression se retrouve dans la réaction thérapeutique négative. « Des forces se dressent contre la guérison et ne veulent pas renoncer à l'état de maladie ». Mais là, Freud parle de maladie psychique, où la résistance à la guérison vient d'un sentiment de culpabilité inconscient et d'un besoin de punition. « Pourtant, s'il arrive un malheur réel dans la vie de ces personnes, continue-t-il, leur névrose cède ! Il est instructif d'apprendre que, contre toute théorie et toute attente, une névrose peut disparaître quand la personne est tombée dans la détresse d'un mariage malheureux, a perdu sa fortune ou a contracté une redoutable maladie organique. Une forme de souffrance a ici été relayée par une autre, et nous voyons qu'il ne s'agissait que de pouvoir maintenir une certaine quantité de souffrance »[12].

Le refuge dans la maladie physique peut ainsi soulager le sentiment de culpabilité, et apporter le bénéfice de la punition accomplie, délivrant de l'angoisse, en lui trouvant un objet.

La pulsion de mort est au service d'un sur-moi sadique, incarné alors dans Le Destin anonyme et implacable, mais où du moins l'on paraît innocent, victime malheureuse et blanchie par la souffrance. Mais le génie de Freud est bien de nous dévoiler l'origine de cette soumission trop rapide au

---

12. FREUD S. (1924), « Le problème économique du masochisme », in *Névrose, psychose et perversion, op. cit.,* p. 293.

destin, qui trouve sa force dans la soumission au couple parental introjecté comme instance morale.

La maladie, le cancer, peuvent ainsi venir à point dédouaner de la faute. Il n'est pas rare d'entendre de telles confidences après l'annonce de la maladie, comme si l'on éprouvait une sorte de soulagement à voir « la chose » enfin arrivée. La causalité psychique entre ce cancer et tel ou tel événement, telle ou telle action, omission, pensée mauvaise, paraît directement établie, sans équivoque ni doute possible (au point que c'est la fonction du travail psychothérapeutique de rétablir une brèche pour le doute !).

Mais il arrive aussi que le cancer permette une sorte de reprise de soi par un allégement de l'être, un soulagement de la conscience, comme si ce passage au corps purifiait le passé, et rendait une nouvelle virginité au casier judiciaire du sujet ! A partir de là, puisqu'on a payé, on est acquitté. On peut de nouveau se battre pour la vie, à armes égales, comme si le cancer « déclaré » (un peu comme une maladie éruptive, contagieuse, donc partagée se déclare) dédouanait de la faute d'exister imparfait. L'on peut alors enfin se supporter humain, désirant et sexué, mais aussi changeant, ingrat, infidèle, meurtrier, haineux, indifférent, etc. au minimum en pensée ! La condition humaine, mortelle, devient viable : ni ange ni bête ! Ce passage effectue comme une reliaison pulsionnelle, avec un peu plus de tolérance, de tendresse pour sa propre humanité, faite de force et de faiblesse, physique, psychique et morale.

Il m'est arrivé aussi d'entendre cet aveu d'une autre oreille... Comme s'il résonnait faux, et que le cancer venait là en semblant de soumission au Sur-moi ou plutôt comme un leurre chargé de déjouer l'ordre symbolique. Cette castration de la chair, présentée en lieu et place d'une castration symbolique, dédouane le sujet de se situer dans l'ordre de la demande et du désir. Cela ressemble à un jeu de cache-cache plus ou moins pervers avec la loi, avec l'Autre. « Avec ce petit cancer, ce petit nodule, ce petit bout de chair, j'ai déjà donné... Je peux continuer ma vie comme avant, à mener une double vie »...

Lorsque par hasard ces personnes s'adressent à nous, c'est plus pour demander d'être relancées dans leur énergie vitale, d'être regonflées comme on va chez le garagiste. Pas question d'établir des liens entre les différents secteurs de leur vie, physique, relationnelle, affective, sexuelle ! La quête de jouissance sans foi ni loi ne peut en rien être questionnée, sinon à leur prouver qu'ils se sont trompés d'adresse. Peut-être seule une récidive, ou deux, pourra ébranler cette muraille, par l'angoisse de mort qu'elle engendre, répétitivement... Un véritable travail sera peut-être alors entrepris, sauf si à tout prendre, mieux vaut mourir qu'être castré ! Cet affrontement dramatisé représente bien aussi une pure culture de la pulsion de mort !.

Nous voyons donc qu'à prendre les choses par le biais de la culpabilité, nous découvrons là encore le cancer comme signe de destruction où la pulsion de mort fait son lit du corps du malade, ou au contraire comme chance de recréation du sujet et de reliaison pulsionnelle à travers un corps marqué du signe de la mort, et un psychisme marqué du sceau du manque à être... parfait !

• Pour revenir au plus près du corps, du Sujet incarné en lien avec l'autre, j'ai alors réfléchi sur les **fonctions identificatoires de la souffrance**.

Nous avons vu combien le narcissisme primaire, originaire même, et le sentiment de sa propre identité se construisent en lien corporel avec l'autre, et réciproquement, combien la constitution et la reconnaissance de celui-ci se fait par étayage sur les fonctions corporelles. Lorsque ce lien juste a manqué, par défaut ou par excès, *le sujet reste « en souffrance »*[13]. Son corps restera de ce fait, lui aussi, en souffrance, inapte au plaisir et à l'activité représentative, désaffecté, je dirais presque « poste restante », comme une adresse non arrivée à destination, un colis oublié. Le choix de la souffrance peut alors être un recours, une trace corporelle visible qui réaffecte le sujet, lui redonne un indice de réalité et provoque le regard de l'autre, en attente de reconnaissance.

L'entrée dans la maladie et l'expérience nouvelle d'être soigné peuvent faire germer l'idée et la sensation d'une souffrance qui ne soit pas mortifère psychiquement ou mortifiante, et qui, du moins, peut être soignée, par des soins

---

13. ENRIQUEZ M., « Du corps en souffrance au corps de souffrance », in *Aux carrefours de la haine*, Paris, Desclée de Brouwer, 1984, p. 176.

sur le corps qui font du bien et par des mots qui soutiennent. Le symptôme corporel, si grave soit-il, serait-il alors *équivalent* à un symptôme psychique, à savoir signe et révélateur d'une difficulté de vivre, d'un processus qui ne se fait pas ou dont la conclusion risque de l'entraîner vers la mort si rien ne se passe d'autre ?

Il importe en ce point de souligner le rôle éminemment positif que peuvent occuper de telles somatisations : Gisèla PANKOW a bien montré la valeur de guérison que représente l'émergence de maladies somatiques pour des sujets psychotiques. Loin d'un tomber malade néfaste, il s'agit alors bien plus d'une reprise pied, corps, reprise de vie sur le terrain du corps, et non pas rechute psychique mortifère et répétitive. Comme si ce changement de registre signait l'acceptation de son incarnation pour un sujet, acceptation de ce corps malade comme lieu d'échange et de soin avec l'autre, lieu de vulnérabilité et de chance possible d'aller mieux vers un « bien re-naître ». Elle-même fait le parallèle entre psychose et cancer : « Le phénomène de la dissociation du corps vécu n'est pas limité à la psychose. Certains succès obtenus chez des malades psychosomatiques m'ont fait supposer qu'on pourrait saisir les troubles à partir de l'image du corps... Serait-il possible d'obtenir un résultat en focalisant sur le corps ressenti et à partir de là, trouver un accès à la manière d'être au monde ?... On réussirait à pénétrer aussi bien dans l'image du corps que dans le monde de l'imaginaire et par conséquent dans les relations interhumaines ».[14]

Effectivement, l'on peut aussi observer de telles reprises de soi, quand le cancer se déclenche.

La déclaration de la maladie semble déclencher un sursaut de vie et une reprise en charge de son propre corps, opposé à la belle indifférence d'avant ou à la phobie cancéreuse passive, signe que des instincts de vie se remobilisent, à l'opposé des forces d'anti-vie. Le sujet semble reprendre souci et charge de lui-même, à la façon d'une bonne mère interne, et non plus d'une mère indifférente ou providence extérieure à lui, celle-ci ayant fait manifestement défaut. Avec le devenir malade s'opère une reprise-recentration de

---

14. PANKOW G., *L'homme et sa psychose*, Paris, Aubier-Montaigne, 1969, p. 247.

soi sur son corps vivant, souffrant, risquant de mourir et peut-être désirant vivre.

C'est le rôle positif d'une telle somatisation que nous retrouvons à quelque degré de maladie que ce soit, et même pour une simple grippe. Nous avons alors chacun conscience ou plutôt expérience diffuse et réjouissante de lâcher prise, lâcher la charge d'exister, celle de porter notre vie à bout de bras et de responsabilités, pour retomber à un niveau d'être archaïque et bienheureux où la parole ne fait que traduire le corps et le remettre aux mains de l'autre, en une sorte de « proto-langage » qui rappelle la parole corporelle primitive entre la mère et l'enfant, faite de signes pré-verbaux sensitifs. Le corps douloureux redevient lieu végétatif de bien être, objet de soins et d'attentions, de bienveillance et d'écoute renouvelée à l'égard du soi-corps et de ses besoins primitifs, objet de laisser porter par un environnement chaleureux. Le passage par la maladie nous a comme déchargés du poids de vivre, de supporter seul sa vie en adulte et replongés dans la fontaine de jouvence de l'enfance.

Nous en ressortons rajeunis, purifiés et de nouveau confiants dans nos capacités retrouvées, réénergétisés et prêts à reprendre notre bâton de pèlerin, nos fonctions professionnelles, sociales, nos responsabilités familiales, nos échanges adultes, avec peut-être aussi un peu plus de fantaisie. La maladie représente alors comme un relais nécessaire, une pause structurante et revitalisante, et sans doute plus saine que toutes les paroles du monde ou le recours à d'autres symptômes, maladie nécessaire pour un plus de vie, plus de création, plus de jouissance et sans doute plus d'amour, de s'être recentré sur soi.

Mais la capacité de se laisser aller à de simples maladies-régression-tremplin n'est pas l'apanage de tous, et participe déjà, me semble-t-il, d'une santé psychique, et d'une mobilité interne qui ne sont pas forcément évidentes. Elle est d'autant plus difficile à vivre lorsqu'une maladie grave à échéance vitale comme le cancer éclate comme un orage sur un ciel serein. Cet éclatement au grand jour serait-il le signe de la permanence d'un état de difficulté qui, pour une raison inconnue, se serait dramatisé, à moment donné, en se déplaçant sur une autre scène, la scène du corps ?

Ce passage apparaît, en tout cas, comme une trace de mutation, une mise en mouvement, avec sa part de risque accru et de chance accrue, de par le changement de position des pions sur l'échiquier intérieur du sujet.

Comment favoriser ce passage ? Une première condition m'apparaît nécessaire, à savoir la possibilité de rétablir une distance entre l'épreuve du cancer dans sa réalité vécue, et ce que charrie l'imaginaire du cancer.

Une seconde condition est liée au rapport à l'autre et ce que la maladie rejoue des liens primaires, dans la dialectique de l'amour et de la haine, et dans l'effort de séparation-retrouvailles, sous le regard du Sur-moi.

B) *L'imaginaire du cancer*

S'il me paraît essentiel de réfléchir sur l'imaginaire du cancer, c'est que la réalité cancéreuse redouble, reproduit l'imaginaire archaïque préverbal, et le dé-fossilise d'une certaine façon. Incrusté dans la chair pétrifiée, cet imaginaire occulté, ou refoulé dans les limbes du refoulement originaire éclate, saute aux yeux et aveugle à la fois, d'autant plus que depuis toujours il était pressenti, dénié, craint, enterré. Surgissant comme un revenant, il est alors vécu sous le signe de l'évidence, en même temps que de l'horreur, sous le signe de l'inéluctable autant qu'incompréhensible. Le sens est mis K.O. par défaut.

Jean Laplanche a bien saisi le lien réciproque entre le moi, le corps et ce travail de construction, de barrage et de contenant des processus secondaires, travail nécessaire et toujours remis en chantier. « Si l'on ne perd pas de vue qu'il s'agit là de chaînes de représentations, le moi est bien ce qui introduit dans la circulation du fantasme un certain lest, un processus de liaison qui retient et fait stagner l'énergie dans le système fantasmatique, l'empêchant de circuler d'une façon absolument libre et folle. C'est l'apparition du processus secondaire, processus qui n'est que le résultat induit par l'existence d'une première masse elle-même liée, le moi, celui-ci étant au sens propre, lié par une limite, une enveloppe. »[15].

---

15. LAPLANCHE J., *Vie et mort en psychanalyse*, Paris, Flammarion, 1970, p. 100.

Mais quand l'enveloppe craque ? Elle fait sauter les processus secondaires de pensée, et peut-être encore plus actuellement avec le développement des connaissances médicales : chacun *sait* aujourd'hui que le cancer est prolifération folle de cellules. Ce savoir objectif ne vient-il pas renforcer l'accablement subjectif, et donner libre cours aux fantasmes archaïques ? Les mécanismes de défense extrêmes sont alors à la mesure de l'ampleur des mesures médicales pour enrayer le cancer : rayons nucléaires, brûlures, ablation, chimio-poison... Ce qui confirme, s'il le fallait, qu'aucun savoir n'est innocent. On est toujours malade des « mots » mis sur sa maladie autant que de la maladie elle-même. Quelle parole, quels mots alors peuvent rétablir l'équilibre psychique, rendre au malade sa véritable subjectivité, au-delà de l'imaginaire débridé et du réel pur...

- Les frontières de l'imaginaire
Que se passe-t-il donc dans le corps de si grave qu'il ait pouvoir de faire exploser les repères de l'image du corps ? Il suffit d'écouter les mots de l'imaginaire collectif autant que les signifiants intimes de chacun, et de voir les images qui surgissent :
• « Ça *grouille en circuit fermé* ». La reduplication du même dans la progression des cellules cancéreuses anéantit la différence sur son passage, phagocyte ce qui est autre, ignore les frontières des organes distincts. Elle déconstruit l'architecture du corps, la hiérarchie des organes et ignore la distinction entre ceux que l'on dit nobles et les autres.

Ça grouille comme des larves aveugles en un corps dont la seule frontière est... rien, puisque même la peau peut être attaquée, et le processus invisible s'étaler à nu, à vif, à trou et pourriture évidente. Les dessins de Janine L. en sont l'illustration dramatique : un rectangle, une barrière rigide et dérisoire, et en pointillés, un grouillement indifférent de cellules. C'est bien cette représentation insupportable qu'a pour tâche de cacher l'image idéalisée d'un corps triomphant, irradiant (et non pas irradié...) et éthéré.
• S'il y a *indifférenciation des organes* pour aboutir à un magma de cellules identiques, comme par clonage, il y a aussi inversion, confusion, indistinction du dedans et du dehors, de l'ouvert et du fermé, du plein et du vide, du haut

et du bas. Le corps n'est plus ce qu'il était, et risque de perdre ses repères élémentaires : trous, orifices, organes de fonctionnement vital, rythmes alimentaires, digestifs, respiratoires, sexuels, lieux de contacts. La différenciation sexuelle s'estompe... Poitrine barrée de femmes, prothèses, perruques, anus artificiel... L'image du corps s'aplatit, perd son volume normal au profit de boules inquiétantes.

- **Des images s'imposent**
 • Le *crabe*, carapace dérisoire qui ne peut cacher la vulnérabilité absolue d'un corps mou, à nu, troué.
 Le crabe, monstre dévorant ce qui lui tombe sous la dent, et avance de biais, sournoisement.
 • Images de *démembrement*, éviscération, dévoration, anthropophagie. Là aussi, les anti-images en témoignent, comme celles dont se sert Janine L. pour attaquer : enzymes gloutons, aspirateurs voraces, loups sauvages. Œil pour œil, dent pour dent !
 • Mais aussi images d'*auto-engendrement*, de grossesse monstrueuse, à la fois création imaginaire et réalité qui dépasse la fiction. Dans cet auto-engendrement, l'engendré dévore l'engendrant, le vampirisme règne à l'état pur sans la délivrance de la naissance, et sur ce terrain imposé l'issue doit venir de la mort de l'un ou de l'autre.
 • Des *thèmes fantasmatiques primitifs* s'y accolent : scènes de dévoration sadique-orale, de fécondation unicellulaire, confusion de soi à soi s'entremêlent avec l'inquiétante étrangeté du double. « Mon corps n'est plus moi, il n'est plus à moi, « Ca » est là, le loup est rentré dans la bergerie ! Qui suis-je ? Le dévorant, le dévoré, ou les deux ? Mon corps me trahit, il devient un ennemi à abattre. » On comprend que soit ébranlée la confiance de base...
 - Le cancer amène donc à un **éclatement des frontières de l'imaginaire**, des repères de certitude imaginaire, à la fois au niveau du visible, du miroir, et ce qui est encore pire, de l'invisible. Ca grouille en circuit fermé, et en plus ça ne se voit pas !
 Cet éclatement de l'imaginaire engendre une co-existence de notions opposées et supprime le jeu, la dialectique de l'ambivalence. Le cancer produit de l'incontrôlable et de l'absurde, dans la confusion : Etre et ne pas être, Vivre et

mourir, l'Existence et la néantisation, moi et l'autre en moi, contenant et contenu.

Il aplatit l'imaginaire, le réduit au réel, il aplatit le temps et les générations en un auto-engendrement et auto avortement, enfantement sans parents, filiation incestueuse la pire qui soit, de soi à soi-même. Il y a là quelque chose de profondément confusionnant, aliénant en soi, dans cette transgression par le cancer des lois du réel organique, pour devenir ce Réel à l'état pur, impossible parce que « justement le Réel est, il faut bien le dire, sans loi »[16].

Il faut donc tenir compte de cet impact réel du cancer pour tenter de distinguer chez un malade ce qui est de l'ordre des réaménagements imaginaires *secondaires*, c'est-à-dire susceptibles d'évoluer avec le temps, et ce qui, à travers la rupture de continuité qu'impose le cancer, rejoindrait et révélerait une faille originelle dans la constitution même du soma. On peut penser alors que des failles importantes dans cette constitution du soma, si elles n'entraînent pas des réactions psychotiques, seraient masquées par la création d'un faux-self. Ceci pourrait favoriser l'éclosion d'un cancer lorsque les repères qui fondent la personne sont ébranlés ou manquants, défaillants.

Il importerait alors de percevoir ce qui dans cette rupture est fondamental ou réactionnel et de voir si les aménagements secondaires paranoïdes sont momentanés ou non, s'ils ont pour fonction de permettre pour un temps de supporter « l'inquiétante étrangeté qui surgit surtout et aisément à chaque fois où les limites entre imaginaire et réalité s'effacent, et où ce que nous avions tenu pour fantastique, s'offre à nous dans le réel »[17].

Intervient alors le rapport que le sujet entretient avec l'ordre symbolique, et avec le Sur-moi, selon qu'il se situe du côté d'un « Sur-moi féroce et cruel » ou d'un « Idéal du moi » pacifiant, porteur de promesse et de reconnaissance par le pacte.

- **L'ordre féroce de la « tumeur »**, cet au-delà mortifère.

---

16. LACAN J., Livre XXIII, *Ornicar 10*, p. 11, « Le sinthôme ».
17. FREUD S., *L'inquiétante étrangeté et autres essais*, Paris, Gallimard, 1985, p. 251.

Avec le désordre cellullaire qui sème la pagaille dans le corps, s'insinue le doute sur les instances protectrices et apparaît la figure caricaturale d'un sur-moi archaïque. Selon la personnalité et l'histoire de chacun, cette figure peut prendre, me semble-t-il, deux visages ou même trois :

• *le visage du néant*, et de l'abandon par la « mère morte », absente, qui a « oublié » le sujet. Cet abandon des puissances du Destin peut alimenter le gouffre du désespoir que Jean Begoin assimile à la pulsion de mort lorsqu'il atteint une intensité telle qu'il fait violence au sujet lui-même et provoque une souffrance psychique intolérable. En s'appuyant sur les conceptions de Mélanie Klein et surtout de Bion, il préfère parler de la violence extrême du désespoir qui projette l'enfant dans un état où la question est de survivre malgré ce noyau de désespoir explosif. « Lorsque l'enfant ressent que les projections de ses états les plus intenses, tels que l'extase et la rage, sont précipitées dans le néant au lieu d'être saisies par un être humain vivant qui y répond de manière appropriée... cet enfant acquiert le sentiment qu'il existe un espace à l'intérieur de la mère dans lequel il ne peut projeter ses états de détresse »[18]. C'est l'échec de l'identification projective, l'échec de l'intériorisation d'une mère capable de soulager les angoisses primitives de son enfant et surtout ses angoisses d'anéantissement.

Mais le plus grave n'est pas le plus apparent : la véritable souffrance psychique doit rester cachée, enfouie sous des couches de mécanismes de défense. Ces défenses, de l'ordre du clivage, sont au service d'une lutte pour la survie, car « sans ces défenses désespérées, la vie ne serait plus soutenable, la mort par maladie somatique ou par suicide serait l'issue fatale ». Lorsque le cancer surgit, pour peu que la vie répète trop intensément cet état de détresse, le désespoir trouve alors la concrétisation de sa certitude : rien ni personne ne peut faire barrage à la progression mortifère des cellules, rien ni personne ne peut comprendre et contenir l'angoisse qu'elle réveille. Rien ni personne ne peut faire obstacle au travail du désespoir enfin incarné. Au rien maternel correspond l'expansion illimitée du tout cancéreux.

---

18. BEGOIN J., « La violence du désespoir », in *La pulsion de mort*, Revue française de psychanalyse, mars/avril 1989, p. 632.

• Le visage grimaçant d'une « *volonté maligne* » où le Sur-moi destructeur se situe encore du côté d'une image maternelle archaïque. Mais son indifférence est alors remplacée par une volonté de mise à mort, ou plutôt par un refus radical que le corps du sujet lui échappe. Nous retrouvons là tous les fantasmes archaïques « d'un corps pour deux » où le cancer représente à la fois la menace et l'impossibilité de se séparer, la punition et la tentative de distanciation. Ce sont plus les images de loup, de sorcière ou d'araignée qui surgissent. La maladie elle-même est actualisation de ce fantasme et en même temps un recours : elle s'interpose entre le corps du sujet et le corps de l'autre maternel en rejouant à rideaux fermés la question de la délivrance.

• Le visage féroce et cruel de la *Loi du Talion* parée des oripeaux du Sur-moi œdipien, en une monstrueuse alliance de la sorcière et du diable, du gendarme et du loup-garou, garant de la punition de la faute et non plus de la loi qui guide le désir humain et du pacte. Nous voyons se dessiner la figure caricaturale d'un père ogre, père fouettard, d'un tribunal sans avocat, d'un acquittement impossible et d'une faute irrémédiable, indicible et inconnue, donc absurde, inexpiable, mais à laquelle il faut trouver des causes. S'il est moins précis que pour le Sida, l'imaginaire de culpabilité n'en est pas moins ravageur dans le cancer. Même si le sexe est moins directement épinglé, la honte du désir et la transgression se profile toujours : à chacun d'y prêter le visage de ses tourments, de ses fautes secrètes...

C'est l'histoire de la « Colonie pénitencière » mise en scène par Kafka. Nous retrouvons dans l'anarchie cellulaire, cette mise en dérision, cette moquerie de la loi organique, ce qui repose pour le sujet humain la question de la loi, lorsqu'elle cesse de faire énigme.

Dans la tourmente semble avoir disparu, ou pire, s'être métamorphosé l'autre visage qui veillait « sur moi », celle qui garantissait la certitude d'être, la « mêmeté d'être », dont parle Dolto, autrefois représentée par l'ange gardien, symbole d'un soi porté par l'Autre. Le cancer devient un double trop réel et maudit, un cadeau du diable ! Cette figure du sur-moi ressemble à la fois à celle qu'a décrite Mélanie Klein, Sur-moi archaïque surgi de la violence cannibalique et meurtrière, et du Sur-moi freudien, fruit du désir de séduction et de la menace de castration dans sa face punitive, et non pas comme ouverture et permission de désirer ailleurs, fruit de l'alliance et du pacte.

Pour atténuer la violence de cette figure, en dégonfler le pouvoir hypertrophié, il faut pouvoir revenir au narcissisme de base, à la sécurité lorsqu'elle a pu s'établir de façon véritable, en lien avec l'autre. Françoise Dolto en donne un exemple saisissant, qui montre à quel point l'imaginaire peut être pétri de symbolique dès l'origine par le biais de l'image du corps, reliée à celle de l'autre et reliée à sa parole. Elle raconte l'histoire de Muriel Cahen[19], une psychanalyste atteinte de la maladie de Hodgkin et qu'elle avait accompagnée en analyse durant les derniers mois de sa vie. Cette femme avait été très intriguée par un rêve, composé d'une suite de sons incompréhensibles, et qui lui avait fait éprouver un bonheur extrême et tout aussi incompréhensible. Sur les conseils de Dolto, qui avait retranscrit les mots du rêve sur un papier sans rien y comprendre, elle s'était mis en quête de leur sens et de leur origine. Car Dolto s'était souvenue pendant la suite de la séance des premiers mois de Muriel passés en Inde, avec une jeune fille hindoue pour s'occuper d'elle. Sans imposer une voie obligée, elle avait partagé sa réflexion. « Ce serait tout de même curieux si les sons entendus dans le rêve étaient des mots dérivés de la langue du pays où vous avez vécu vos premiers mois ! ». Cette curiosité si particulière à Françoise Dolto s'était transmise à Muriel. Elle s'était mise en quête d'un traducteur hindou, qui devant ces mots énigmatiques, s'était mis à rire ! Il s'agissait d'une expression populaire hindoue fredonnée par les nounous pour dorloter les bébés, comme une berceuse.

« Les yeux de ma petite fille sont plus beaux que les étoiles ». Paroles porteuses d'une infinie tendresse, porteuses de vie, encore plus que Muriel ne pouvait l'imaginer. Car ce rêve était tombé comme une météore de la nuit des temps de sa vie, pour adoucir l'instant présent et la préparer à l'apparition d'une paraplégie indolore survenue quelques jours plus tard... Il la reliait à la mémoire et l'image

---

19. DOLTO F., NASIO J.-D., *L'enfant du miroir*, Paris, Rivage, 1987, pp. 100 à 105.

inconsciente d'un corps greffé sur l'image du corps d'une autre femme, corps porté autrefois par les jambes de la jeune Hindoue, véritable « mère porteuse de l'enfant avant qu'il ne sache marcher ». « Le bonheur indicible éprouvé dans le rêve n'était rien d'autre que le retour de la tendresse fusionnelle entre une mère porteuse qui parle et un bébé immature qui sait écouter », nous dit Dolto. Mais ce rêve lui-même avait été rendu possible par le lien profond entre une Françoise Dolto qui savait écouter et vibrer avec son corps à elle, et son analysante, Muriel, portée par ce lien transférentiel puissant et reposant. Sur ce divan où elle pouvait poser son angoisse de mort, elle retrouvait un corps porté par le regard et la parole de l'Autre, maintenant, à l'heure prochaine de sa mort, comme à l'origine de sa vie.

3. L'œuvre au rouge : affects et mécanismes de défense

A) Les stratégies défensives

Par quel bout prendre les choses pour ne pas se perdre dans une énumération de mécanismes de défense ? Après bien des réflexions, il m'a semblé que le pivot majeur se situait dans **l'expérience catastrophique de la perte** que signe l'apparition d'un cancer. Pertes réelles et futures, pertes imaginaires ou projetées par rapport aux pertes passées. Pertes successives de petits bouts d'intégrité, de petits bouts d'autonomie, de relations effilochées, perte d'identité, de positions sociales, familiales... Pertes de petits ou de grands bouts de corps, jusqu'à être bouté de la vie, le cas échéant ! Pertes subjectives creusées ou non par l'expérience réelle de deuils récents, qui peuvent précipiter la catastrophe.

Se posent alors immédiatement deux autres questions qui déterminent, me semble-t-il chaque réponse individuelle :
• Celle de la tolérance d'un être humain précis à l'angoisse dépressive que ne manque pas de faire surgir le cancer.

• Celle de sa tolérance à supporter l'irruption d'éprouvés et d'affects dont la violence et l'intensité sont à la mesure du danger et du conflit de pulsions qu'il manifeste, en particulier par rapport à la pulsion de mort : les plus puissants et les plus inquiétants reprennent selon moi le visage du désespoir et de la haine, qui sont le miroir à deux faces de la pulsion de mort à l'état brut. L'émergence de ces trois dimensions extrêmes de l'affect : *angoisse de mort, désespoir et haine*, nous amène aux frontières de l'innommable, et rend pour beaucoup d'entre nous cette souffrance a priori non-envisageable, impensable.

Est-ce à dire que lorsque survient réellement un cancer, nous entrons toujours dans l'ordre de l'innommable, voire de l'inhumain ? Certes non, et beaucoup de malades en témoignent, mais d'autres aussi donnent l'impression de s'être laissés couler, voire même de s'être sabordés, devant ce raz de marée de souffrance. Nous avons vu comment se pose alors la question, peut-être pas d'une structure psychique précise, mais d'un terrain psychologique préalable, où le cancer ferait son lit...

Si l'on peut penser aux mécanismes de défense comme à une bouée de sauvetage, il est clair aussi qu'un tel danger occasionne une levée de boucliers maritimes et terrestres, une mobilisation générale des défenses, jusqu'aux plus archaïques : *le déni, le clivage, l'identification projective et la désaffectation* en sont les plus puissants. Bouée et bouclier ne sont pas du même ordre. Mais il faut bien repérer la dimension a priori salvatrice de telles réactions, comme aux premiers temps d'émergence de la vie. Plus que l'apparition, même intensifiée, de tel ou tel mécanisme, il est essentiel de repérer le sens du travail intérieur qu'ils manifestent et la mobilité psychique dont ils témoignent dans le temps, dans la durée.

Le « travail du négatif », comme le nomme A. GREEN[20], joue-t-il en faveur d'une alliance avec les pulsions de vie, ou se laisse-t-il dériver vers un refus de vivre, d'investir la vie, soi, l'autre ? Ce n'est pas l'intensité ni la violence de certains affects ou de certains mécanismes de défense qui devraient nous inquiéter, mais la sclérose, l'enkystement dans ceux-ci

---

20. GREEN A., *Narcissisme de vie, narcissisme de mort,* Paris, Ed. de minuit, 1983

y compris, ce qui n'est pas toujours vécu comme inquiétant, l'absence de réactions affectives, derrière l'attitude du malade idéal.

Pour formuler ces réflexions, je me suis inspirée des théories de Mélanie KLEIN[21]. Son élaboration des différentes positions psychiques du tout petit enfant dans son rapport à l'autre m'a parue fort éclairante. Mais gardons bien à l'esprit que les « positions psychiques » ne sont pas des « stades ». Elles sont des positions d'équilibre que la psyché adopte à différents moments de son existence en fonction de ce qu'elle vit et rencontre, et auxquelles elle peut toujours revenir en cas de difficultés. Elles peuvent donc être le ressort de positions pathologiques graves, ou au contraire représenter des ressources profondes et des moyens d'accrochage, de survie et de rebondissement devant les difficultés de l'existence, ce qui est bien le cas pour le cancer.

a) Si l'angoisse dépressive provoquée par le cancer est vécue comme une **terreur sans nom**, le sujet se replie dans la position narcissique la plus archaïque, en une sorte de rigidification autistique, qui tente de le protéger du morcellement implosif, du démantèlement psychique. Il se retranche dans un « no man's land » ou plutôt « no-death-land » ou le silence lui sert de gilet pare-balles, comme une enveloppe qui le rendrait invisible aux flèches du destin. Il y a alors un *déni* absolu de la réalité, qui me semble d'une autre nature que le déni habituel, et même que le désaveu tel qu'en parle Freud à propos de la perversion. Car il n'est pas question là d'un désaveu sur la réalité ou non de la castration, et sur les conditions de la jouissance, mais bien d'une impossibilité radicale à reconnaître ce qui serait la mort du sujet : l'a-néantissement de son « corps-être ». Il est question là d'existence, d'ex-stase, de se tenir hors de… la vie, son corps, l'autre, soi ? Il est question de s'agripper à la vie !

Cet « impossible » brutal, cette impossibilité de voir, d'entendre un signifiant de mort, entraînent une brusque évacuation émotionnelle, une éjection des affects avant même

---

21. KLEIN M. (1921-1945), *Essais de psychanalyse* (trad. M. Derrida), recueil d'articles de 1921 à 1945, Paris, Payot, 1968.

qu'ils ne se soient formés à partir de représentations, elles-mêmes chargées d'horreur. Cette carence observable qui résulte d'une sorte d'avortement spontané des affects, ressemble à ce que Joyce MAC DOUGALL[22] nomme en terme de « forclusion des affects » ou « désaffection », avec une pétrification de la pensée. Elle s'accompagne d'un accrochage adhésif à l'autre comme à une bouée salvatrice, ou plutôt comme un placenta salvateur, ainsi qu'une impossibilité de reconnaître toute distance, toute différenciation : de corps, de sexe, de génération. L'objet salvateur est encensé, médecin, seringue, substance qui donne la vie, repousse la mort, trompe la mort.

Comment interpréter alors une telle réaction ? Sert-elle a priori les pulsions de mort, comme un combustible d'étoupe enflamme les braises ? Cette automutilation de la psyché entraîne évidemment un démantèlement du système de pensée et de perception, un accrochage à l'intellect pur désaffecté, comme à la prescription médicale, l'ordonnance, la potion, véritables objets magiques, talismans. Mais elle représente à certains moments la seule survie possible, ce qui montre combien l'absence d'affect décrite par la « pensée opératoire » est elle-même le fruit d'une défense très puissante au service de la protection du moi : l'accrochage au réel objectif tente de réparer cette carence affective, cette impossibilité viscérale de se représenter psychiquement un éprouvé émotionnel trop violent.

Mais l'accrochage au médical, à l'autre salvateur, n'est-il pas une première *réaffectation* ? On peut y voir un retour au pictogramme d'AULAGNIER, signe de l'originaire, pour parer aux angoisses premières : réaffectation à partir du corps, à propos d'une perception corporelle d'un lien de corps en contact vitalement nécessaire. « Imaginez, dit-elle, quelqu'un qui tombe brusquement dans un précipice, et qui ne tient que raccroché par une main à l'unique et fragile saillie d'un rocher. Pendant ce temps, il ne sera plus que cette union « paume de la main-morceau de pierre » et il **doit** n'être que cela s'il veut survivre. Tant que cette perception tactile persiste, il est assuré qu'il vit, qu'il n'est pas en train de plonger dans le vide. Et pour ne pas plonger, il doit

---

22. MAC DOUGALL J., *Théâtres du corps,* Paris, Gallimard, 1989.

réussir à ne pas se penser « lui-même plongeant », **et** pour autant, à ne pas fantasmer le tout-pouvoir d'un persécuteur, dont le désir serait de le précipiter dans le vide. La tension de sa main, son agrippement manifestent au même titre l'irruption dans l'espace psychique d'une représentation « main-rocher » seule présente, et la somme de travail psychique dépensé pour maintenir l'exclusion, la mise hors circuit de la représentation fantasmatique et de la représentation idéique de l'expérience qu'il vit »[23].

Quelle image mieux que celle-ci peut nous permettre de saisir l'instantané du choix, l'immédiateté de l'acte et l'accrochage absolu de celui qui se sait cancéreux à son seul instinct vital, à toute prise de survie, à l'autre source de vie, à l'objet médical salvateur ? Cette vision ne s'impose-t-elle pas, non pas seulement à l'esprit, mais aux tripes de celui ou celle qui vient d'apprendre « la vérité » ? Et ce rejet de toute pensée mortifère, ce véritable *travail psychique par le vide*, n'est-il pas vitalement nécessaire dans un premier temps ? Descartes est dérisoire alors : « Surtout ne pas penser ! Si je pense, je tombe ! Je tombe en chute libre dans l'absurde gouffre de la mort, ou je bascule selon le vœu implacable de l'autre qui me veut du mal »... Il faut se raccrocher à maintenant, à cet instant, à son corps, sa vie, son cancer, son médecin...

Si la parole qui sort de la bouche du docteur devient serpent, crapaud, venin, il faut d'urgence le quitter pour aller chercher ailleurs l'effluve d'espoir, bouton de rose. La perfusion dans le bras, ce goutte à goutte de chimio, sous le couvert du traitement, ne peut être ce laser atomique plantant ses flèches sur les organes secrets ou dénudés, elle doit les envelopper de lumière, de chaleur, de vie. Quel malade, quelle famille, ne se sont ainsi accrochés sans recul aucun à telle parole, tel regard, tel traitement-miracle, tel truc, recette, roc infaillible qui pare la chute mortelle ?

Le cancer, ce n'est pas « tomber malade », c'est « tomber-mourir », et même « tomber-mort » ! Alors ? Cette nécessaire mobilisation des pulsions de vie dans le rejet horrifié de toute pensée de mort pourra-t-elle évoluer, s'élaborer dans le

---

23. AULAGNIER P., « Le retrait dans l'hallucination : un équivalent du retrait autistique ? », in *Lieux de l'enfance n° 3*, Toulouse, Privat, 1985, pp. 149 à 164.

temps, se recharger d'émotions, se nourrir d'affects, supporter les idées noires sans en être anéantie ? Ou deviendra-t-elle pure culture de la pulsion de mort, où les forces s'épuisent jusqu'à ce que mort s'en suive, au pire ? Et au mieux, la mort psychique serait-elle le prix de la survie ?

Toutes les figures sont possibles mais il me semble que le recours à ce déni salvateur soit particulièrement essentiel aux moments dramatiques de rechute, pour s'estomper quand l'angoisse de mort se desserre... Tout comme il peut amener un malade à sa perte, physique ou psychique, ou les deux, s'il représente le seul et unique barrage contre l'angoisse. Car s'il opère une extraction de l'idée du mal mortel, il ne peut en accompagner l'évolution, en adoucir la souffrance, en reconnaître le visage humain. S'il éjecte les affects, il prive le sujet de ses ressources pulsionnelles et réduit son désir à la terreur, par asphyxie mentale. S'accrocher au rocher de la survie empêche aussi de donner la main...

b) Si l'angoisse du cancer peut être vécue, ressentie comme une **amputation du Soi,** il se passe un aménagement vers la position schizoïde, paranoïde, où l'on tente de maîtriser, d'assimiler l'émotion au moyen du *clivage et de l'identification projective...*

Dans ces zones risquées où l'on s'attendrait à une reprise de soi pour une meilleure maîtrise émotionnelle et de meilleures chances de survie, évoquer le terme de clivage peut sembler une piètre défense, et susciter des commentaires péjoratifs de la part des adeptes forcenés du « moral » ! Et pourtant, je crois essentiel de revenir à la racine de la vie, à la naissance du psychisme, pour en retrouver l'apport vivifiant, avant d'en énoncer les écueils, si graves soient-ils.

En tant que mécanisme de défense très archaïque, le clivage représente un premier effort d'appréhension du monde, de l'autre et de soi, pour quitter cette position d'agrippement à l'autre en soi par morceau de corps : sein-bouche, mais aussi main-pierre, comme le soulignait AULAGNIER : si l'une des pièces manque, l'autre tombe en morceaux.

Clivage du moi et clivage de l'objet sont concomitants dans la théorie de Mélanie KLEIN et résultent dès le début de la vie du travail de la pulsion de mort, qui provoque une angoisse d'anéantissement projetée dans l'autre en peur de sa persécution. Le clivage permet au tout-petit de maîtriser, ou du moins de supporter cette angoisse, en séparant le « bon objet » du « mauvais objet », ce qui lui permettra de supporter l'intensité de ses propres affects d'amour et de haine en les projetant sur l'autre, puis en les réintrojetant. Le bon-objet intériorisé, enrichi de ce passage par l'autre, contenant des affects, constituera le noyau du moi, et lui permettra de se développer, en supportant la violence de ses désirs sadiques-oraux, comme les expériences de présence-absence, de perte et de retrouvailles.

Donald MELTZER souligne bien *l'importance du temps*, si essentiel aussi à notre propos : « C'est au sein de *l'expérience rythmique* répétée de destruction et de restauration, de désespoir et d'espoir, de douleur et de joie psychique, que prend forme l'expérience de la gratitude, à partir de laquelle se forge le lien d'amour et de sollicitude envers les bons objets. » Alors seulement, l'on peut aborder la position dépressive liée à la perte[24].

Si l'on compare la position de détresse et de demande liée à ses besoins vitaux du petit enfant à celle du malade cancéreux, on peut comprendre combien le clivage peut être un processus précieux. Il représente une étape nécessaire pour rétablir la confiance de base, à la fois en soi et dans un autre protecteur. Il relance le processus de pensée et une *création de fantasmes non destructeurs*, porteurs de vie, bienveillants, qui servent d'antidote aux fantasmes archaïques terrifiants.

Par quel processus ? Le *clivage du moi* permet d'encapsuler l'angoisse derrière les remparts du déni. Une partie de soi reconnaît objectivement la réalité, le malade a pu entendre les informations de son médecin, son diagnostic. Il sait, mais les paroles restent comme à l'extérieur de lui-même. Elles glissent et n'entrent pas, tant que ces paroles et celui qui les profèrent sont menaçants. Lorsqu'il parle « cancer qui va vers la mort », le médecin EST l'ennemi. Mais lorsqu'il propose des traitements, il est à la fois celui qui fait mal, le tortionnaire sadique qui décide et impose la

---

24. MELTZER D., 1967, *Le processus psychanalytique*, trad. franç., Paris, Payot, 1971.

souffrance, et le sauveur, le guérisseur par qui la vie revient dans le corps, celui qui SAIT combattre le mal.

Bienfaisant clivage, le temps nécessaire pour se reprendre, assimiler peu à peu sans tomber en chute libre dans un tourbillon sans fin ! Étape nécessaire pour rétablir un espace psychique tampon entre soi et l'autre, rétablir une possibilité de coexistence entre ces affects si contradictoires, ces besoins, ces demandes si opposées : amour-haine, rapprochement-distanciation, dépendance-horreur de cette dépendance. Comme pour le tout-petit surgit un fantasme de peau commune avec le désir de constituer une bulle de protection entre soi et l'autre, isolant du monde et de l'angoisse de s'y engloutir.

Avec le clivage du moi et de l'autre, le *clivage des affects* permet aussi de les reconnaître, de se les approprier, déchargés de leur violence terrorisante par le biais de la projection et le passage dans l'autre. Ces émotions si insoutenables ressemblent à ce que BION appelle « éléments bêta », ces « protopensées » primitives du nourrisson, qui sont des éprouvés émotionnels et impressions sensorielles incompréhensibles pour lui. Trop petit pour les reconnaître, le nourrisson doit évacuer ces éléments dans la mère, qui les lui rend transformés en éléments « alpha » assimilables, grâce à sa capacité de contenir ces impressions brutes et de les supporter. Elle élabore grâce à sa propre capacité de « rêverie » et peut ainsi les interpréter à son enfant, grâce à ses gestes, ses mimiques, sa portance. Elle transforme alors « la peur de mourir et l'angoisse en vitalité, l'avidité et la méchanceté en sentiment d'amour et de générosité. Le petit enfant tête et se réapproprie ainsi ses mauvaises possessions, une fois qu'elles ont été traduites en bonté »[25].

Nous pouvons concevoir à quel point ceci est essentiel aussi pour le malade, au moment où il est débordé par des sensations, émotions, colère et angoisses insupportables, comme pour le nourrisson. « Si la projection n'est pas acceptée par la mère, le petit enfant a l'impression que son sentiment de mourir est dépouillé de toute la signification qu'il peut avoir. Il réintrojecte alors non pas une peur de

---

25. BION W.R., 1963, *Éléments de psychanalyse*, Paris, PUF, 1979, p. 36.

mourir devenue tolérable, mais une terreur sans nom. »[26]. La fonction alpha de la mère, du soignant, du proche permet ainsi de détoxiquer les projections du malade, de les reconnaître à l'intérieur de cette barrière de contact, et de mémoriser les expériences réconfortantes.

L'identification projective est donc pour BION une forme précoce et essentielle de l'activité de pensée, d'être. Elle *prépare la formation des symboles*, qui seule permet de supporter la séparation et la perte. Mais, dit-il, « l'impossibilité d'utiliser ce mécanisme, soit parce que la mère refuse d'être dépositaire des sentiments du nourrisson, soit parce que la haine et l'envie font que celui-ci ne laisse pas la mère exercer cette fonction, conduit à la destruction du lien entre le nourrisson et le sein... »[27].

Nous retrouvons là deux situations extrêmement éprouvantes dans la rencontre soignant-soigné, malade-entourage, où ce lien détruit semble impossible à rétablir par refus de part et d'autre de se laisser « toucher ». Les conséquences sont catastrophiques pour le malade comme pour l'enfant : car les parties projetées sur l'autre ne peuvent être réintrojectées positivement, et lui reviennent en boomerang pour éclater, se désintégrer en fragments hostiles. L'éclatement du moi le prive de toute perception de la réalité, externe et psychique, et le sujet se sent assailli par ces « objets bizarres »[28] chargés d'hostilité persécutrice.

On conçoit alors quelle assimilation peut être faite entre ces particules éclatées, ces objets bizarres et menaçants avec les cellules cancéreuses et comment le rapport à l'autre se charge de haine, d'envie et de frustration impuissante... Le malade reste alors enfermé dans ce que WINNICOTT[29] appelle ces « agonies primitives », cette crainte de

---

26. BION W.R., « Une théorie de l'activité de pensée », 1962, trad. franç. in Bion W.R., *Réflexion faite*, Paris, PUF, 1983, pp. 125-135.
27. BION W.R. (1959), « Attaques contre le lien », trad. franç., in *Nouvelle revue de Psychanalyse,* n° 25, Paris, Gallimard, 1982, pp. 285-298.
28. BION W.R. (1957), « Différenciation de la part psychotique et de la part non psychotique de la personnalité », trad. franç., in *Nouvelle revue de psychanalyse,* n° 10, Paris, Gallimard, 1974, pp. 61-78.
29. WINNICOTT DW, 1974, La crainte de l'effondrement, *Nouvelle revue de Psychanalyse,* XI, 1975.

l'effondrement liée à des angoisses corporelles très primitives, qui amènent parfois à des « faillites de résidence dans le corps », et à la perte du sens du réel. Le cancer est bien placé pour réveiller cette agonie primitive et rétablir la nécessité du clivage pour faire face.

A l'extrême inverse, un excès de clivage amène à l'amplification des mécanismes d'identification projective et augmente l'angoisse de persécution où le « mauvais » étouffe le « bon ».

• persécution par des mauvais objets externes qui sautent dans le corps, le dévorant pour ne pas le perdre. Encore le cancer !

• persécution par des objets morts, les fantômes des générations passées, revenants réincarnés… dans le cancer !

On peut comprendre alors qu'une amputation réelle, dans le vif du corps, soulage pour un temps l'angoisse et la culpabilité ! Mais cette amputation de « soi - pas soi » représente aussi un arrachement trop limité au réel. La haine ne s'excise pas aussi facilement que le noyau cancéreux. Et l'amour ne peut triompher qu'envers des « objets » humains… Si le clivage est salutaire, il est impuissant à lui seul à soutenir la vie psychique. Seule l'épreuve initiatique de la perte amènera le sujet à concevoir des retrouvailles possibles avec l'autre à un autre niveau que celui du corps, au niveau de la mémoire et des symboles.

c) Quand l'angoisse dépressive est tolérée par la psyché, le sujet peut éprouver la **douleur dépressive**, et faire ou refaire l'expérience de la perte comme un *pousse-à-symboliser*. Malgré l'ambivalence extrême des sentiments d'amour et de haine, la culpabilité s'allie à la gratitude envers l'autre pour en protéger l'existence[30]. La protection de ces bons objets intériorisés donne foi au sujet dans ses propres capacités réparatrices. Peu à peu, l'émergence de symboles cicatrise la perte, et met à distance l'expérience catastrophique grâce au travail de la mémoire, cette étonnante retrouvaille au-dedans avec l'autre perdu au-dehors.

Le cancer lui-même peut acquérir cette qualité affective de pousse-à-symboliser : à la fois partie de soi et pas soi, tour

---

30. KLEIN M., 1957, *Envie et gratitude et autres essais,* trad. franç., Paris, Gallimard, 1968.

à tour allié et ennemi, cher vieux carcinome et menace mortelle, il entraîne à d'autres créations. Ceci n'exclut pas les vacillements du désir, le recours à des défenses maniaques ou mélancoliques : la seule nécessité vitale semble être alors de redevenir comme avant et de faire fi du cancer, en une provocante allégation d'immortalité. Au contraire, la soumision au destin s'impose à d'autres moments, comme une expiation des fautes qui apaise la culpabilité dévorante.

Dans cet épuisant va et vient émotionnel, une condition me semble essentielle : le sujet malade peut-il préserver un minimum d'**espace intérieur**, physique et psychique, entre lui et son cancer ? Cet espace transitionnel où il peut s'éprouver malade, et pourtant créateur de sa vie, dépend de sa confiance en lui-même, de son enracinement dans son narcissisme de base. Il dépend de la solidité des liens créés à l'origine entre lui et les autres, qui lui permettent de s'appuyer sur une dialectique d'amour et de haine, de rencontre et de rejet, de fusion et de solitude, de destruction et de survie à la destruction. Il dépend de sa capacité à supporter une certaine dose de « **paradoxe** », qui au cœur de la souffrance et de la mort possible lui permet d'encadrer et de transformer cette réalité dans un espace de jeu, une « aire transitionnelle »[31]. Seul cet espace-tampon peut lui permettre de ne pas tomber dans une symbiose explosive avec le cancer, véritable bombe psychique, ou dans un défi perdu d'avance à la mort.

Une autre condition est de trouver dans les autres réels un soutien inébranlable, capable d'accepter ces mouvements parfois extrêmes et de réordonner les affects, mais aussi le corps, les fonctions du corps par la qualité des soins apportés (fonctions sensitives, nourricières, excrétoires). Car le malade, comme le tout petit perçoit les messages inconscients de l'entourage et ressent très profondément sa qualité de présence, à travers regards et gestes, sa capacité d'être là, et sa capacité de rêverie, comme le dit BION.

« Si la mère nourricière n'est pas capable de dispenser sa rêverie ou si la rêverie dispensée ne se double pas d'un amour pour l'enfant ou pour le père, ce fait sera

---

31. WINNICOTT D.W., *Jeu et réalité*, Paris, Gallimard, 1971.

communiqué au nourrisson, même s'il lui demeure incompréhensible »[32].

Alors le malade peut commencer à « penser les pensées », grâce à cette portance. Alors peut-être le sujet peut-il s'aventurer dans une recherche de sens qui ne soit pas de l'ordre d'une logique implacable, de l'ordre de la faute ou de l'accusation, ou de l'absurde.

Le travail douloureux d'accès à une réelle sublimation, et à une chance de pacification profonde, passe par cette nécessité de reconnaître un ordre de causalité psychique, mais qui devient caduque au moment où il s'énonce... La paix se déploie à partir de ce moment de terreur où le « Je » réalise que nul ne peut tirer les ficelles de sa propre histoire. C'est alors que le sujet intervient dans son énonciation, non pas comme le chœur qui témoigne, le juge qui accable, l'arbitre qui soupèse, mais comme l'artisan recueilli de son être vivant, de son advenir à soi-même, de son être pour la mort grâce à ce qu'il a découvert comme possibilité d'être avec l'autre, et de solitude féconde.

Ces moments de retournement qui font de cette agonie, de ce combat insensé, un passage de... l'absurde à la grâce ? sont rares... Ils exigent d'apprivoiser les démons pulsionnels, les agonies primitives ressurgies de l'enfance, le doute radical sur la présence attentive de l'Autre, Dieu ou homme, et l'accablement de sa propre vulnérabilité autant que l'horreur de sa propre violence. Ils apportent en retour la grâce et l'émerveillement de la rencontre.

Le cancer se révèle alors comme un danger extrême tout comme un pari inouï, qui mobilise les défenses les plus puissantes qui soient, comparables à celles que le petit d'homme met en œuvre pour survivre et concevoir la présence de l'autre. Nous redécouvrons combien la notion d'espace psychique conditionne la création d'un espace corporel viable, et se greffe au temps, au rythme des expériences de plaisir-déplaisir, jouissance-souffrance supportées par la rencontre avec l'autre.

Ce détour par l'enfance nous rappelle aussi l'extrême nécessité d'un espace transitionnel, espace de jeu pour le « Je », premier jalon vers une pensée incarnée, une médiation

---

32. BION W.R., 1962, *Aux sources de l'expérience*, Paris, PUF, 1979, p. 52.

symbolique capable d'aider le sujet à surmonter les épreuves graves de sa vie, et la charge explosive des affects. Cet espace de jeu préfigure aussi l'espace de création, si important comme antidote au cancer, création nouvelle qui délivre hors de soi un objet d'expérience et d'échange, source de vie.

B) Le « trauma » et l'impasse cancéreuse

On comprend qu'une telle épreuve, alourdie du temps qui passe, mobilise toutes les ressources d'un être humain, de la survie minimale aux créations les plus étonnantes, surgies de la nécessité d'Etre. Une question pourtant me poursuit : pourquoi chez certains cette nécessité d'Etre s'écrase-t-elle à la moindre alerte, semble même s'auto-avorter ? Pourquoi s'enrage-t-elle contre elle-même et se sert-elle jusqu'à la lie du cancer comme un poison menant à l'enfer ?

Pourquoi chez d'autres, la maladie cancéreuse les pousse-t-elle à d'étonnantes remises en route, de surprenantes re-créations ?

- Une clé m'est apparue en réfléchissant à la **place qu'occupe le « noyau cancéreux » comme objet psychique pour un sujet**, et aux affects qui s'y rapportent.

Les réflexions précédentes montrent comment ce noyau cancéreux va rejoindre les représentations inscrites dans la mémoire corporéisée, dans le psychisme le plus élémentaire, le somato-psychique. Dans quelle mesure ce noyau cancéreux est-il assimilé à, confondu immédiatement avec ces images archaïques encapsulées, mais prêtes à ressurgir ? Dans ce téléscopage de l'imaginaire et du réel, quel écran interposer ? La possibilité même de recourir à cet écran ferait alors la différence entre les personnalités « à risque » et les autres. Car ces images refoulées ou encapsulées sautent dans le réel du noyau cancéreux, tout en étant noyées par trop de réalité pour être reconnues comme images.

Cette effraction par le réel catastrophique des frontières de l'imaginaire peut prendre valeur d'un épisode psychotique, plus souvent qu'on ne le pense, moment de sidération éclatée. Mais le cancer colle trop bien avec les fantasmes archaïques, impossible de s'en décoller ! C'est peut-être pourquoi il permet au sujet d'éviter l'effort de représentation psychique et lui évite même de délirer, s'il n'empêche pas les passages à l'acte suicidaire. C'est un cauchemar réalisé !

Si le cancer **est** la dévoration de soi par l'autre mauvais, il exclut toute autre figuration de cet autre, imaginaire. A la fois bourreau et victime, le corps se déprime et encaisse la projection de la haine. Sans autre figuration de l'objet, comment le retrouver, s'expliquer avec lui ? Le cancer **est** alors cet objet, dans un lien saturé de haine, dans une camisole de réel. Déliée et errante, cette haine s'atomise, se diffracte dans chaque cellule, et atomise en retour la vie psychique.

Il en est de même du désespoir qui n'est plus de l'ordre de sentiment. Pris dans la banquise du corps, il se dissémine en bulles silencieuses, en métastases de désespoir.

On est dans l'impasse totale... à moins que l'impasse ne provoque un sursaut d'énergie, un sursaut de désir ! et un appel au radeau de la parole. Et cela, nul ne peut jamais le prévoir ! Comme pour Janine L., la confrontation avec une donnée nouvelle de la vie, réveillant les désirs enterrés, crée cette situation d'impasse, le cancer venant à la fois révéler l'impasse et la représenter : comment survivre hors de l'autre tout en lui obéissant comme s'il était à l'intérieur de soi ? Situation d'impasse développée par SAMI-ALI[33].

Alors, traumatisme salutaire ou trauma impossible ? Qu'est-ce qui va en décider ? Comment savoir si les expériences de la vie, y compris celle du cancer, pourront détoxiquer les angoisses archaïques de tout un chacun, psychiser les vécus antérieurs de séparation, vécus comme une trahison, une amputation du moi corporel ou les vécus de fusion mortifère ? Il me paraît bien dangereux de le prédire à l'avance en fonction de critères de structure. Je préfère réfléchir sur la fonction du trauma et sa place dans l'économie libidinale et narcissique d'un sujet.

a) **Le trauma, passage ou impasse du désir**

Dans cette difficile question du traumatisme, l'on risque vite de se perdre dans la logique de la causalité

---

33. SAMI ALI, *Penser le somatique*, Paris, Dunod, 1988 ; « Imaginaire et pathologie, une théorie de la psychosomatique », in *Revue française de Psychanalyse*, n° 3, 1990, « La déliaison psychosomatique », pp. 761-767.

événementielle, reprenant la question insoluble de l'œuf et de la poule : qui des deux était premier ? Est-ce le cancer qui fait le trauma ou les traumatismes qui « fabriquent » le cancer ? Plus encore, est-ce que le traumatisme du cancer réveille d'autres traumatismes récents qui réactivent des traumatismes anciens, à la façon de l'écroulement logique des dominos ? Ou bien un trauma actuel comme une perte, un deuil, ranime-t-il la reviviscence d'autres pertes enkystées qui ouvrent la voie vers un cancer, redoublant le poids traumatique ? Cette perte actuelle ferait alors effraction dans la mémoire encapsulée d'une souffrance innommable, libérant les forces mortifères jusque là contenues.

Toutes les combinaisons logiques peuvent ainsi être démontrées et démontées, surtout après coup ! Il suffirait alors d'appliquer ces grilles de décodage à chaque personnalité, surtout les plus fragiles et « à risque cancéreux » pour comprendre son cancer en termes de cause à effet du style boule de billard. Plus de hasard, même psychologique... « Voilà pourquoi vous avez votre boule ! ». Il y a de quoi s'affoler, et perdre la boule ! Car c'est là une compréhension logique qui exclut le travail du doute, et le nécessaire et douloureux « temps pour comprendre », avant de conclure[34].

Comment donc appréhender cette question du trauma sans tomber dans la caricature ou le tragicomique du destin logique ?

Comment un traumatisme réel peut-il engendrer un trauma psychique, et qu'est-ce qui en signe la gravité ? Et inversement, comment un trauma psychique ou bien une accumulation de traumas peuvent-ils aboutir à l'apparition d'un traumatisme réel tel que le cancer ?

• **Freud** avait le premier réfléchi à cette difficile question, et mis en lumière la constitution du trauma en deux temps : le temps réel lié à l'événement, et le temps de son élaboration psychique, comme une effraction venue de l'intérieur et non plus de l'extérieur.

En écoutant ses patientes hystériques, il avait découvert le lien entre les traumatismes sexuels relatés par celles-ci et leurs symptômes hystériques. Cherchant à suivre à la trace le

---

34. LACAN J., « Le temps logique et l'assertion de certitude anticipée, Un nouveau sophisme », in *Écrits*, Paris, Seuil, 1986, pp. 197-213.

fil du trauma pour remonter à la source des faits, il en arriva à douter de cette hypothèse, et à prendre du recul par rapport aux dires de ses patientes. « On ne peut accuser tous les pères de séduction », écrit-il à Fliess, « ou alors le mien aussi »...
L'abandon de cette théorie de la « neurotica » l'amènera alors à mettre à jour le poids des fantasmes de séduction chez ses patientes, et le travail psychique du refoulement, à la mesure de la violence des désirs œdipiens, réactivés à l'adolescence. Il sort ainsi le symptôme de la pure causalité événementielle, pour le relier avec le difficile travail d'explication de chacun avec son propre désir.

Alors : « Fantasme ou réalité ? Fausse question ou vrai débat ? se demande Jean LAPLANCHE, pour répondre : « Vraie question mal posée, dans le « ou » qui épargne toute articulation...

Traumatisme physique — traumatisme psychique — conception traumatique de la névrose — il y a là trois entités en dérivation, c'est-à-dire en continuité et en discontinuité avec changement de registre, en métonymie et en métaphore. « D'ailleurs, ajoute-t-il, le terme même de « trauma » en grec ramène aux racines : percer — trouer — pénétrer, où la pénétration sexuelle est explicitement présente. Cela nous ramène aux descriptions définitives de Freud dans *Au-delà du principe de plaisir* : le trauma *est* effraction, effraction étendue et non pas limitée, d'une enveloppe »[35].

Mais quelle enveloppe ? Corporelle ou psychique ? De nouveau la question est mal posée. Car même s'il s'agit de l'enveloppe corporelle, c'est le passage de l'externe à l'interne qui constitue la fixation du traumatisme, comme une « épine dans la chair, ou pourrait-on dire une véritable épine dans l'écorce du moi »[36]. C'est bien le « moi corporel » qui est en définitive touché, « cette invasion impliquant la nécessité d'employer tous les moyens de fortune pour bloquer l'envahisseur, avant même de penser à l'évacuer ».

L'organisme ainsi atteint ne peut qu'être relié à « toute une série d'enveloppements des enveloppes les unes par rapport aux autres : corps, moi-corps ou moi-peau, appareil

---

35. LAPLANCHE J., *Vie et mort en psychanalyse,* Paris, Flamarion, 1989, p. 273.
36. LAPLANCHE J., Ibidem, p. 70.

psychique, moi... Il y a là des coïncidences partielles qui se font ou se défont et où jouent un rôle majeur les points de tangence de ces enveloppes, les zones d'entrée et sortie du corps, les zones érogènes. « L'œil est la fenêtre de l'âme », dit Léonard. « Là est le danger maximal, lorsque les fenêtres, les points de faiblesse se superposent les uns aux autres »[37].

Le trauma touche justement à ces « points de faiblesse » que provoque la sexualité dans l'ordre vital, à la jonction du corps et du psychisme.

Le trauma atteint donc toujours le corps libidinal, le corps de désir relié à l'autre. C'est bien pour cela que la frontière entre réel et imaginaire est si ténue, et combien la « vérité » ne peut être factuelle seulement. Car *en dernier ressort, ce qui fait le trauma, c'est fondamentalement ce qui n'est pas symbolisable, dans l'état actuel du sujet, en fonction des messages énigmatiques de l'autre.*

Si la sexualité est d'emblée interhumaine, la constitution du moi se fait en étayage des fonctions vitales sur l'autre. La « séduction » n'est alors pas fortuite, même si certaines expériences en manifestent les ratés et les excès. Au-delà de la séduction œdipienne, l'essence même de la séduction est structurale, nécessairement vitale et plus originelle. Elle se rapporte au premier modèle des soins maternels, à cette relation intersubjective primordiale par laquelle l'enfant est initié à la rencontre, mais le corps de désir existe dès la naissance.

Il conviendrait plutôt de distinguer ce qui, dans l'autre, père ou mère, adulte tutélaire, est fondamentalement et nécessairement *séduisant*, vivifiant, initiateur de rencontre et conducteur de désir, comme une « greffe » de désir indispensable pour la suite, et ce qui risque à tout moment de devenir *séducteur*, au sens le plus éthymologique du terme : se-ducere, conduire à soi, retenir vers soi.

Cette séduction-là, loin de libérer le désir du sujet, l'annexe, le retient en otage, et opère une sorte de « détournement de libido » traumatique.

En soulignant ce caractère primordial de la séduction à laquelle aucun être humain n'échappe, en lien avec les soins maternels sur le corps du petit enfant, Freud avait entrouvert

---

37. LAPLANCHE J., Ibidem, p. 273.

une porte à la compréhension des phénomènes psychotiques et psychosomatiques. Mais il s'est comme arrêté en chemin, revenant prudemment en terrain ferme, à la question de la séduction œdipienne et aux mécanismes de défense qu'elle engendre. Sur ce terrain, l'identité est préservée. Hésite-t-il à trahir l'Autre ? Le Père ? La mère araignée ? La langue maternelle séductrice ou l'injonction paternelle de fermer un œil ?

Son désir de soigner, de guérir, n'était pas assez intense, reconnaissait-il, et ces domaines obscurs n'attisaient pas autant sa curiosité intellectuelle, sa passion de comprendre. Mais sans doute aussi pressentait-il là ses propres zones d'ombre, lieux de terreur innommable ou d'ébranlement trop violent de ses certitudes théoriques comme de son équilibre bio-psychique. Car c'est exactement là que nous interpellent les effets dévastateurs de certains traumatismes, en deçà des complexes œdipiens, quand le refoulement ne peut être un mécanisme intégrateur, si détourné soit-il, tant la violence faite à la libido est précoce et cachée.

• Corps, vie, pensée, désir et langage sont ainsi intimement liés. Tenter de théoriser le trauma n'est certes pas sans danger, Freud l'a bien pressenti. Parmi ses disciples, un seul reprendra le flambeau de cette question : Sandor **FERENCZI.** Il la poussa à l'extrême de ses formulations et de ses interrogations, au point d'acculer Freud à se distancer de lui, « son grand vizir », et de s'opposer lui-même à son maître vénéré,..., son psychanalyste,... et néanmoins ami. Pourquoi diable ? Car la question du trauma le travaillait au corps !

Je voudrais ici reprendre ses réflexions en lien avec notre sujet : le cancer. En 1931, il le répète à son ami GRODDECK, qui, médecin comme lui, n'hésite pas à questionner les méthodes thérapeutiques, et à prendre au sérieux les symptômes corporels. « Je me tracasse à propos du problème du trauma lui-même : les clivages, voire les atomisations de la personnalité, offrent l'occasion d'un jeu de résolution d'énigmes stimulant mais compliqué. Ce faisant, on s'approche dangereusement du problème de la mort »[38].

---

38. FERENCZI, GRODDECK, 10/10/1931, *Correspondance,* Paris, Payot, 1982, p. 123.

Cette énigme stimulante mérite qu'on y réfléchisse à deux fois avant de s'en approcher de trop près ! Ferenczi s'y est brûlé les ailes ! Car le trauma n'est pas pour lui simple affaire de curiosité théorique, un débat de salon, même psychanalytique. C'est une affaire de vie et de mort. Il y risque sa peau comme sa création et il le sait ! Tout cela parce qu'il ne peut pas ne pas voir, ne pas entendre les effets explosifs à retardement des traumas anciens chez ses patients, comme sur lui-même, et qu'il constate avec amertume voire avec effroi, que la théorie analytique appliquée ne suffit pas à les apaiser. Il doit inventer autre chose, et cet autre chose est intimement lié à la relation analytique, à la personne même de l'analyste et sa capacité de rêver, de contenir, de ressentir les émotions de ses patients projetées sur lui, sur son corps comme sur son psychisme. Car il est bien le premier à avoir découvert ce phénomène de la projection, de l'identification projective. Et ce n'est pas par hasard si Mélanie KLEIN fut son élève !

Ses recherches, ses questions sont, comme pour Freud, pétries de sa propre histoire, de son propre corps, et de sa nécessité d'élaborer pour survivre. Voilà les sources vives de l'actualité frappante de son œuvre.

A ce niveau de questionnement, toute affirmation théorique sans ancrage vital n'est que banalité. Il l'écrit lui-même : « L'idée du « wise baby » n'a pu être trouvée que par un wise baby ! »[39]. La chose lui saute aux yeux avant de mourir. C'est bien lui, ce « wise baby », ce « *nourrisson savant* »[40] qui développe un savoir ahurissant pour guérir les blessures de ceux qui lui ont infligé les traumatismes insupportables... à commencer par Freud, ou plutôt à terminer par lui.

b) Mais qu'est ce qui fait le « trauma » ?

Il s'agit d'un événement *réel, ressenti* par le sujet comme une agression, une *violence fondamentale* faite à son psychisme ou à son corps, ou les deux. Pourquoi et comment ?

---

39. FERENCZI S., 31/11/1932, *Psychanalyse IV,* Trad. franç. Coq Héron, Paris, Payot, 1982, p. 313.
40. FERENCZI S., *Le rêve du nourrisson savant*, 1932, Psychanalyse III, Paris, Payot, 1974, p. 209.

« Si le trauma touche le psychisme ou le corps *sans préparation*, c'est-à-dire sans contre-investissement, alors il agit sur le corps et l'esprit de façon destructrice, perturbante, par *fragmentation*. Les forces qui maintenaient ensemble les fragments et les éléments séparés manquent. Fragments d'organes, éléments d'organes, fragments et éléments psychiques sont dissociés.

Sur le plan corporel, il s'agirait bien là de l'*anarchie* des organes, parties d'organes et éléments d'organes dont seule la collaboration réciproque rend possible le véritable fonctionnement global, c'est-à-dire la vie.

Sur le plan psychique, l'irruption de la violence en l'absence d'un contre-investissement solide provoque une sorte *d'explosion*, une destruction des associations psychiques entre systèmes et contenus psychiques, qui peut s'étendre aux éléments de perception les plus profonds. »[41].

L'effet négatif du trauma est donc lié à l'intensité réelle de l'événement mais aussi à son *intensité subjective*, c'est-à-dire au seuil de tolérance psychique du sujet à une telle souffrance. Le seuil de tolérance dépend de la possibilité de contre-investissement, de son système de pare-excitation comme le disait Freud, qui lui permet ou non de « comprendre », de filtrer l'événement d'une façon qui lui garantisse une permanence affective, une permanence d'être. Cela dépend de ses possibilités d'intégration, de son espoir que cela puisse changer, et de la réaction de l'autre à cette souffrance, s'il la reconnaît ou non.

Sinon, l'unité psychosomatique saute et l'on est projeté hors de soi. L'agressé, dont les défenses sont débordées, s'abandonne à son destin inéluctable, et se retire hors de lui même pour observer l'événement traumatique à une grande distance.

FERENCZI emploie des mots d'une violence rare pour exprimer le désastre : « La vie psychique a giclé hors du corps, devenu sans âme »...

« Cette éruption à la manière d'une coulée de lave s'est terminée par une incinération complète, une sorte d'absence de vie. La vie du corps, contrainte à la respiration et à la pulsation, a rappelé Orpha, qui dans son désespoir était elle

---

41. FERENCZI S., 25/3/1932, *Journal clinique,* Paris, Payot, 1985, p. 122.

aussi devenue amie de la mort, et elle réussit comme par miracle à remettre sur pied cet être, bien que disloqué jusqu'aux atomes, à créer une sorte de psyché artificielle pour le corps obligé de vivre »[42].

Comment mieux décrire cette armure que WINNICOTT appellera plus tard le « *faux-self* »?[43] Et quelle analyse bouleversante des catastrophes qui mènent un être humain à la « pensée opératoire », seul vestige visible des niveaux enfouis de l'être :

« En surface, un être vivant, capable, actif, avec un mécanisme bien, voire trop bien réglé.

Derrière celui-ci, un être qui ne veut plus rien savoir de la vie.

Derrière ce moi assassiné, les cendres de la vie mentale antérieure, ravivées chaque nuit par les feux de cette souffrance.

La maladie elle-même, comme une masse affective séparée, inconsciente et sans contenu, reste de l'être humain proprement dit »[44]. Cette vision apocalyptique rend compte du drame de ce clivage, prix de la survie, mais où l'une des deux faces de l'être a disparu, celle de son désir.

Le gain psychique d'un tel clivage, c'est justement que la souffrance cesse, encapsulée dans cette partie morte, ou fragmentée. « Je » ne souffre plus. Je cesse d'exister, comme moi global. Les fragments isolés peuvent souffrir chacun pour soi. Une comparaison physique : « Lorsqu'une boule se décompose en cent petites billes, la souffrance augmente cent fois, si bien qu'il échoie beaucoup moins de souffrance à une unité de surface de l'enveloppe, disons de l'enveloppe cutanée du corps »[45]. Comparaison terrible au regard du cancer ! La souffrance des cellules serait préférable parfois à la souffrance psychique du trauma enterré ?

Bien sûr, l'élimination de la conscience entraîne une diminution de la souffrance... mais l'élimination de

---

42. FERENCZI S., *Journal clinique*, 12/1/1932, Ibidem, p. 53.
43. WINNICOTT D.W., 1960, « Distorsion du moi en fonction du vrai et du » faux self « », in *Processus de maturation chez l'enfant*, Paris, Payot, 1969, p. 115. et WINNICOTT D.W., » Le corps et le self », in *Nouvelle revue de psychanalyse*, III, Printemps 1971.
44. FERENCZI S., *Journal clinique*, 12/1/1932, Ibidem, p. 54.
45. FERENCZI S., *Journal clinique*, 24/8/1932, Ibidem, p. 236.

l'angoisse facilite les fonctions corporelles automatiques ! Si le clivage fait l'économie du conflit subjectif, l'anarchie apparaît dans le corps.

Car « les fonctions de la conscience sont déplacées du système cérébro-spinal dans le système endocrinien. Le corps commence à penser, à parler, à vouloir, à agir au lieu d'effectuer scrupuleusement les fonctions du moi. ».

Là encore, FERENCZI est précurseur, et ouvre la voie à BION, encore bien plus qu'à l'école de Paris. La pensée se met comme en pilote automatique et laisse le corps régler l'affaire de la vie. Mais le risque est gros, car les événements de la vie ne sont pas toujours simples et l'agitation règne en la demeure.

« Maladie organique : quand la chimie du corps exprime des pensées et émotions inconscientes au lieu de s'occuper de sa propre intégrité. Peut-être des émotions, des impulsions encore plus importantes, destructrices (intentions meurtrières) qui se transforment en autodestruction »[46]. FERENCZI écrit ces lignes le 26 septembre 1932. Il vient de présenter publiquement son texte sur la « *confusion de langue entre les adultes et l'enfant* » contre l'avis formel de Freud, et il subit les attaques foudroyantes d'une « anémie pernicieuse » qui l'emportera quelques mois plus tard... Et il s'interroge encore. Ou plutôt il constate ce qui l'agit... Tout comme le « nourrisson savant », il développe une acuité de jugement, une clairvoyance extraordinaire sur son cas et sur les réactions des autres, mais ceci ne lui sert à rien ! Il a comme grandi, mûri trop vite, éjecté de son âge, de sa peau d'enfant innocent.

Quelle incroyable et inquiétante lucidité, alors que FERENCZI énumère les différents moyens pour survivre au trauma :

- projection, éjection des affects dans l'autre
- identification projective à l'agresseur
- disqualification de l'agresseur
- morcellement du moi pour disperser les effets du choc
- et enfin, « création instantanée d'organes d'appoint, production d'organes occasionnels en vue d'« outlet ». Par là l'organisme se libère d'une tension délétère. »[47].

---

46. FERENCZI S., *Psychanalyse* IV, 26/9/1392, *op. cit.*, p. 295.
47. FERENCZI S., *Journal clinique*, 14/8/1932, *op. cit.*, p. 275.

Ces lignes-ci, il les écrit le 10 juin 1932, avant d'aller présenter son texte au Congrès sur la « confusion de langues » mais après un échange de correspondance douloureux avec Freud, où il s'est confronté au désaveu de celui-ci de son propre contre-transfert envers lui, et à ses injonctions de revenir dans le droit chemin de la psychanalyse... le sien ! Il doit renoncer à ce texte s'il veut garder Freud ! Or, *le désaveu de l'autre est bien ce qui scelle le trauma*, le pousse à son comble, il l'a souvent répété.

Ceci l'amène à cette interrogation sidérante, et toujours aussi énigmatique : « Question : est-ce qu'un organe occasionnel de ce genre peut créer un organe réel ? Peut-on impressionner une plaque photographique ? »[48].

C'est-à-dire ? La création impérieuse psychiquement d'un organe d'appoint imaginaire pour parer au morcellement du moi serait-elle le « négatif » pouvant « impressionner » en positif un organe réel du corps ? Le cancer, comme son « anémie pernicieuse » serait-il l'impression profonde de l'ultime désaveu de Freud sur son corps jusqu'au sang ? Ce désaveu et la situation d'impasse qu'il provoque pourraient-ils déclancher la catastrophe physique, dernier rempart de l'être, comme une ultime violence désavouée faite par l'autre, mais aussi faite à l'autre en retour sur soi-même, seule vengeance possible ? « Tu m'as tué ! ».

Pour sa part, FERENCZI n'a pas évité la violence de cette question et la cruauté, la « crudité » de sa formulation. Mais tout comme le nourrisson savant, il ne lui sert à rien de « savoir », de voir clair. La mort l'attend... Qu'aurait-il fallu pour vivre ?... Plus d'aveuglement ? Moins d'amour ? Moins d'exigence ? Plus de haine ?

C) La haine nécessaire

Les pages de son Journal reflètent la solitude extrême de Ferenczi et l'impasse où il se trouve, d'être rejeté de Freud et de ses collègues sans pouvoir renoncer à ses idées. Mais s'il reconnaît la haine de ses clients envers lui, il lui est extrêmement difficile de l'exprimer pour lui-même envers

---

48. FERENCZI S., *Psychanalyse IV*, 26/9/1392, *op. cit.*, p. 291.

Freud, de l'allier à son affection-admiration-reconnaissance. Il a beau savoir, analyser, il se sent piégé. Il ne veut pas et ne peut pas entrer dans un rapport de force avec Freud, mais il ne peut supporter de voir qu'il s'est déjà séparé de lui, que le père est déchu, faute d'avoir entendu sa part maternelle.

Il écrit le 2 octobre 1932 : « Le danger de ne pas encore être né »... Lucide à l'extrême, il relie tout-à-fait cette « crise sanguine » qui survient dans son corps à l'impasse où il se trouve.

« Dans mon cas, une crise sanguine est survenue au moment même où j'ai compris que non seulement je ne peux pas compter sur la protection d'une puissance supérieure, mais qu'au contraire je suis piétiné par cette puissance indifférente, dès que je vais mon propre chemin et non le sien... Est-ce que la seule possibilité de continuer d'exister est d'abandonner la plus grande partie de son propre soi pour exécuter pleinement la volonté de cette puissance supérieure (comme si c'était la sienne) ? Et de même que je dois maintenant reconstituer de nouveaux globules rouges, est-ce que je dois (si je peux) me créer une nouvelle base de personnalité et abandonner comme fausse et peu fiable celle que j'avais jusqu'à présent ? **Ai-je le choix entre mourir et me « réaménager » ?** et ce à l'âge de 59 ans ? ».

Lucide, il l'est trop, comme paralysé affectivement. Le conflit entre « je dois » et « je peux » est trop infernal. Le *choix* de la rébellion *doit* changer de terrain, mais choisit-on son terrain, même quand on est psychanalyste ? « Une certaine force de mon organisation psychologique semble subsister, de sorte qu'au lieu de tomber malade psychiquement, je ne peux détruire — ou être détruit — que dans les profondeurs organiques ».

Nous sommes là dans l'ordre de ce que BERGERET nomme « la violence fondamentale »[49], celle qui préside aux tout premiers moments de la vie, où pour survivre l'infans est prêt à tout, comme parfois le parent. L'autre ne peut être conçu que comme soutenant la vie, sinon il est vécu comme un danger extrême, ce qui provoque en retour des réactions très violentes d'annulation. Figure de vie ou de mort, la mère

---

49. BERGERET J., *La violence fondamentale*, Paris, Dunod, 1984.

archaïque entre dans cette logique vampirique ou aide l'enfant à s'en distancer par sa portance réelle et sa référence au père.

Il m'est arrivé de rencontrer chez certains malades cancéreux une telle logique relationnelle, où la haine fondamentale ne peut être élaborée que ce soit par défaut d'expression, comme pour Ferenczi, ou par excès. Cette haine ne peut être arrêtée par aucune mesure, aucune ambivalence affective et l'on assiste au déroulement implacable de la maladie, comme une mise à mort poussée à l'extrême du psychique et du somatique, que ce soit de l'autre en soi ou de soi dans l'autre. Cette violence semble d'autant plus illimitée qu'elle s'adresse aux personnages parentaux, en particulier à l'adolescence (mais l'adolescence en tant que *rébellion*, tentative d'exister, surgit parfois tard dans la vie !). Survivre ou mourir devient équivalent, pour échapper à leur emprise jusque dans la mort si ce n'est possible dans la vie. Toute tentative d'intervention, de médiation, paraît vouée à l'échec ou à la destruction, à peine une relation positive se dessine-t-elle.

Ces situations-là représentent un extrême, où la question de la tentation cancéreuse peut vraiment se poser, car elle représente à certains moments-clefs, la seule issue possible. Dans ces moments dramatisés de crise, liés à certains passages de la vie à haut risque de turbulence émotionnelle, se rejoue la question de la distanciation-différenciation. La haine devient une passion dévorante et le passage ou plutôt le recours au corps offre la dernière planche de salut, quitte à n'être que dans la mort (naître à soi : nier l'être dans l'autre).

Ferenczi, par son refus ou son impossibilité d'entrer dans cette logique de haine, nous éclaire sur l'autre versant de cette violence fondamentale, son négatif. La logique de tout ou rien exclut la part d'une « haine suffisamment bonne » comme le souligne Xavier RENDERS.

Pour accepter cette haine, sans mourir ou tuer l'autre, n'aurait-il pas effectivement fallu que Freud la reconnaisse dans son propre contre-transfert, au lieu de l'agir, en lui signifiant son rejet ? C'est bien ce que Ferenczi était en droit d'attendre. Mais pour l'un comme pour l'autre, la haine était sans doute terriblement angoissante, à ce moment de leur relation. L'un, le Maître, atteint d'un cancer, ne pouvait se laisser déstabiliser. L'autre, l'élève, risquait de dépasser le Maître...

Quant à Freud, s'il s'est bien heurté aux mêmes questions et à la même violence fondamentale, il l'a toujours affrontée de l'autre côté : celui des survivants, des vainqueurs, quitte à en payer le prix, même par un morceau de chair. Pour en attester le côté nécessairement vital, il faut revenir à sa toute petite enfance, et au traumatisme que fut pour Freud, âgé de deux ans, la naissance puis la mort de son petit frère Julius, dont la trace muette hantera sa vie.

Monique Schneider y rattache cette sidération qui fut la source compulsive de toute la recherche freudienne : « D'où viennent les enfants ? », jusqu'au complexe d'Œdipe et à la pulsion de mort. Elle relie ce trauma innommable à la blessure au menton que se fit le petit Sigmund à la suite d'une chute vers un an et demi et qu'il relate dans un texte sur les « souvenirs-écrans ».

« Ce qui aurait pourtant dû faire sur moi le plus d'impression, c'est une blessure au visage qui me fit perdre beaucoup de sang et pour laquelle je fus recousu par le chirurgien. Je peux aujourd'hui encore tâter la cicatrice qui témoigne de cet accident, mais je n'ai connaissance d'aucun souvenir qui signale directement ou indirectement cette expérience vécue. Peut-être d'ailleurs n'avais-je pas encore deux ans à ce moment-là »[50]. Quel souvenir ineffaçable est donc ainsi effacé de sa mémoire ? Freud refait allusion à cet événement dans un autre texte, la même année, analysé dans l'*Interprétation des rêves* comme « un rêve de châtiment » ! Il raconte la scène à la suite d'un rêve où il voyait son fils tomber d'une corbeille et se blesser,... vêtu comme un combattant, tué au front !.

« En approfondissant l'analyse, je découvre le mouvement caché qui pourrait trouver une satisfaction à l'accident redouté de mon fils. C'est la jalousie contre la jeunesse, que l'homme avancé en âge croit avoir radicalement étouffée »[51].

---

50. FREUD S., *Ibidem,* p. 120.
51. FREUD S. (1899), *L'interprétation des rêves,* Paris, PUF, 1967, p. 534

Fils, petit-fils, père, frère... les générations se confondent, passent. La jalousie reste, innommable. L'âge n'y fait rien. Mais si un enfant doit mourir, un autre en subira le châtiment, se « casser les dents », en punition de son désir de dévorer la vie à belles dents. La vie ? ou le sein de la mère ? Freud a connu son petit frère Julius entre deux et deux ans et demi, nous dit Anzieu[52]. Et Julius, âgé de six mois était sans doute encore au sein de sa mère... quelque chose de « si bon » pour celui qui regarde cette scène, l'œil rivé dans l'envie... Envie de sein, envie de meurtre... Mais si « l'autre », le rival meurt vraiment ?

Freud a pourtant largement parlé de la culpabilité du survivant, de sa jalousie et son désir de mort envers ce petit frère. Parlé, peut-être pas « revécu »... désir « supposé » et pas ressenti ? Mais la mort de celui-ci ne figea-t-elle pas toute élaboration ultérieure ? L'effrayante réalité du vœu accompli marque la toute-puissance du désir à laquelle rien ne peut faire obstacle. La disparition de ce frère qui aurait pu faire écran à l'adoration maternelle, limite à cette appropriation mutuelle, n'a-t-elle pas enterré sans mot dire la faute d'exister ? Faute qui réapparaît dans le rêve d'Irma où Freud lui dit : « Si tu souffres encore en réalité, c'est uniquement de ta faute ». Mais dans les scènes d'affrontement, Freud se présente comme le vainqueur jusqu'à être le vainqueur de son père. Victoire éclatante et angoissante... La survie n'est peut-être possible que dans la mémoire oubliée, du moins pour ces zones où sévit la violence originelle. Le tout est de « prévenir le retour d'événements si redoutés ».

Ce qui reste du trauma, de la faute, reste dans les eaux de la préhistoire. Tout comme les enfants-morts, disparus dans les « limbes » du souvenir.

Freud en absorbe une partie dans son corps, cancer ami et ennemi à la fois, mais sorte de compagnon obligé et muet pour mener à bien son œuvre. Pour le reste, c'est le rejet violent de l'inconscient : il arrache et jette au loin, hors de soi. Il éjecte la souffrance dans l'autre, en rêve ou en réalité. Ce n'est pas moi, c'est lui, elle qui souffre... « Il faut qu'une

---

52. ANZIEU D., L'auto-analyse de Freud et la découverte de la psychanalyse, *op. cit.*, tome I, p. 37.

bouche soit porteuse d'un cri ou d'une plainte, mais qu'elle reste muette »[53].

Mais par cette conception des choses, il engendre aussi des héritiers blessés, des nourissons savants ou des revenants parmi ses disciples. Il est comme un parent qui désavoue sa propre souffrance et celle de son enfant, et rend difficile une filiation tranquille, une transmission symbolique. Enfant terrible de la psychanalyse, Ferenczi en était aussi le symptôme adolescent, qui interroge à temps et à contretemps le fondement du désir parental, et la préhistoire générationnelle. Mais il a comme repris sur lui la souffrance éjectée par Freud, par identification projective.

Avec l'urgence de survivre et de supporter son propre trauma, on pourrait dire que Freud en encaisse une partie dans sa chair, et en « refile » la partie psychique impossible à l'autre, celui qui résonne à celle-ci et veut bien la prendre. Ferenczi s'est trouvé et s'est mis à cette place-là. Mais il n'a pas le « droit » d'en parler.

Pour peu qu'on touche à cet innommable, Freud se raidit, se fige, et tranche en sa faveur, grâce à quoi, il survit et garde sa place, mais au prix d'une extrême solitude. « Mais moi je vis encore, je leur ai survécu à tous, je tiens bon la place »[54].

A la mort de Ferenczi, on retrouve cette jubilation contenue d'être survivant malgré sa tristesse profonde.

N'empêche que cette mort le poursuit, tout comme cette étonnante amitié qu'il a nouée avec un homme si différent de lui. Il tentera de l'élaborer et même de se justifier au moment proche de sa propre mort : « Que pouvais-je faire d'autre avec lui ? » dans « *L'analyse avec fin et l'analyse sans fin* »[55] et « *Construction dans l'analyse* »[56] ce que Monique Schneider interprète dans son dernier chapitre intitulé « Le retour du fils ». Mais il laisse la question de la transmission en suspens.

---

53. SCHNEIDER M., *Le trauma et la filiation paradoxale,* Paris, Ramsey, 1988, p. 246.
54. FREUD S., *L'interprétation des rêves,* Paris, Denoël, 1985, p. 380.
55. FREUD S. (1937), « L'analyse avec fin et l'analyse sans fin », in *Résultats, idées, problèmes,* tome 2, Paris, PUF, 1985, p. 257.
56. FREUD S. (1937), Constructions dans l'analyse, in *Résultats, idées, problèmes*, op. cit., p. 268.

On rencontre là comme une collusion entre l'imaginaire freudien, où « l'ancêtre » expulsé, le nouveau-né enterré, toutes générations confondues, sont des revenants à la recherche de sang neuf chez l'enfant, le disciple, revenants vampiriques occultés en quête de corps, et l'imaginaire de Ferenczi, où la compréhension de l'autre lui coupe toute issue de rejet, d'arrachement, de séparation de corps et d'esprit, de croissance. Il est condamné à rester un nourrisson savant. Reste alors le clivage intérieur, l'atomisation psychique et cellulaire. Son désespoir ? Ne pas pouvoir aider assez pour enfin être aimé ! Sa chute vient de n'être pas assez « meurtrier » ou indifférent à l'autre quand sa propre vie est en cause.

Son « *effort pour rendre l'autre fou* »[57], dut céder devant la résistance de Freud. Mais toute sa réflexion annonçait l'évolution nécessaire à la psychanalyse, comme un ferment de la réflexion à venir autour de la psychose et des phénomènes psychosomatiques, comme autour de la petite enfance. Car le premier il reconnut « le désir nostalgique de se libérer de cet amour opprimant ». Et il énonça crucialement la question de « la Dette » : comment s'acquitte-t-on de la dette de vivre ? Par une « allégeance » de vassal à celui, celle d'où la vie et la pensée s'est originée, ou en s'émancipant, en déployant ses ailes créatrices, mû par la force du désir ?

Il appartiendra à ses héritiers de travailler cette part-là du contre-transfert et en premier WINNICOTT, pour que la haine devienne effectivement suffisamment bonne, utilisable[58], reliée à l'amour et non plus déliée, mortifère.

Une question très délicate surgit alors : le cancer serait-il parfois la trace la plus brute, le déraillement le plus évident et le plus opaque à la fois du jeu pulsionnel à certains moments de la vie ?

Certaines histoires inciteraient à le penser, l'histoire de Ferenczi en premier, grâce à ce que lui-même put en dire. Lorsqu'il fait un lien évident entre le désaveu de Freud, son

---

57. SEARLES H., 1965, *L'effort pour rendre l'autre fou*, trad. franç., Paris, Gallimard, 1977.
58. WINNICOTT D.W., 1947, « La haine dans le contre-transfert », in *De la pédiatrie à la psychanalyse*, Paris, Petite Bibliothèque Payot, 1978, pp. 48-58.

rejet violent de son dernier article et la rébellion de son sang, peut-on le suivre jusqu'à penser que réellement ce désaveu a agi comme un trauma tel qu'il a pu engendrer cette réaction psychosomatique catastrophique même si ce n'était pas un cancer ? Pourquoi ne pas le croire ? Mais c'est justement une affaire de conviction et non de démonstration objective.

Il me paraît essentiel ici de souligner qu'une telle affirmation ne peut être faite que par le sujet lui-même, comme le fruit de sa *construction* personnelle, comme la façon de se raconter son histoire. Cette élaboration doit rester le seul indice de vérité. Sinon, nous risquons d'entrer, et de faire entrer les malades dans une sorte de terrorisme psychique, reliant a priori tel trauma à tel cancer. Ce qui peut frapper d'évidence comme signe d'une impasse psychique grave peut être considéré par d'autres comme un hasard malheureux. Où est la vérité, sinon dans la vérité subjective ?

Bien sûr, notre écoute n'est pas neutre. Mais elle serait perverse si elle contraignait l'autre à rentrer dans une dimension inconsciente à laquelle il se sent étranger, et dans laquelle aussi rien n'est joué d'avance, ni connu d'avance, même et surtout par l'analyste. N'empêche que les formulations de Ferenczi sont troublantes, et nous interpellent dans notre pratique. Il faut aussi supporter d'entendre de telles déclarations, et nommer ouvertement de telles situations d'impasse, ou la mort paraît la seule issue. Il faut pouvoir renoncer à vouloir y changer quelque chose à la place de l'autre... C'est bien la castration de l'analyste. Il faut supporter aussi d'être pris violemment à parti.

La **potentialité psychosomatique** renvoie à des fonctionnements très archaïques où le corps et la psyché se confondent et où l'on retrouve un « noyau psychotique » sans doute commun à tous les humains. Elle fait revenir à un stade très précoce de défense narcissique dans la relation haineuse à l'autre vitalement nécessaire et potentiellement mortifère, en un corps à corps adoré autant qu'abhorré.

Joyce MAC DOUGALL enracine là la « **matrice du psychosoma** ». « Chaque fois que la séparation et la différence ne sont pas ressenties comme des acquisitions consécutives à l'acceptation de l'altérité et la monosexualité, elles sont redoutées comme des pertes, des deuil de l'image de soi ». On comprend alors la portée effective de certains deuils où la vie n'est plus pensable hors du corps de l'autre et d'une relation addictive à lui.

Les fantasmes qui sous-tendent les manifestations psychosomatiques rejoignent beaucoup plus les fantasmes d'ordre psychotique que névrotique avec toute la terreur qu'ils peuvent engendrer. Fantasmes d'un corps à corps fusionnel et mortifère, associés aussi intensément à la haine meurtrière qu'à l'impossibilité de s'en séparer, en une « identification adhésive » (MELTZER, 1975)[59].

Sous le déguisement opératoire, apparaissent des fantasmes effrayants d'être une partie du corps de l'autre où l'acte psychique de prendre possession de son corps, de sa sexualité, équivaudrait à les arracher à l'antre maternel en une hémorragie mortelle ou une explosion meurtrière. Mac Dougall souligne la prégnance de ce fantasme « d'un corps pour deux », qui sauve et désespère le moi. Mais ce fantasme n'a même pas le statut de fantasme : il est corporéisé. La maladie contient et exprime les affects trop violents, les impossibles désirs de séparation et la terreur qu'elle engendre. « J'ai peur aussi si mon corps n'est plus malade, de redevenir folle. Et je verrai des signes de mort partout comme dans mon enfance. Malade, mon corps m'appartient et ma rage aussi »[60]. Rage implosive et impuissante. Il a fallu à cette jeune fille tout l'apprivoisement de la situation analytique et de la présence de son analyste pour supporter de ressentir ces choses dans le transfert, pour la première fois de sa vie. Car à la différence de la psychose, ces fantasmes terrifiants n'ont pas statut psychique, même sous forme éjectée de formations délirantes. Dans cet « hors-lieu » de représentations, ils mordent sur le seul terrain restant : Le corps dans sa réalité la plus « crue », repaire exclusif de l'imaginaire défait.

La tâche de l'analyste est alors de se mettre à l'écoute des signaux corporels dans l'espoir de percevoir de quels

---

59. MELTZER D., 1989, « Réflexion sur l'identification adhésive », trad. franç. in *Le bulletin du groupe d'études et de recherches psychanalytiques pour le développement de l'enfant et du nourrisson*, vol. 16, Paris, pp. 57-60.
60. MAC DOUGALL J., « Un corps pour deux », in *Théâtres du corps, op. cit.*, p. 196 et « La matrice du psychosoma », Ibidem, pp. 44-66.

messages ils sont porteurs pour la psyché et à quelle situation impossible ils renvoient. MAC DOUGALL nous dit avoir appris à écouter les récits somatiques comme une communication infraverbale, comme un rêve manqué. L'analyste tente avec son analysant ou du moins cette part de lui qui est en quête de mots pour ses fantasmes de renouer le lien entre son corps, son image historisée et des mots vivifiants, à la fois sève et colonne vertébrale de son identité. Ainsi cherche à se renouer le mythe d'une histoire perdue, dans un corps an-historique.

Elle nous met en garde cependant : Si l'on se risque là, on peut se trouver confronté à un transfert violent, fondamental, « qui cherche à annuler la différence entre l'être et l'autre, tout en craignant parallèlement une fusion mortifère. Pour rendre mobile ce lien archaïque, il sera nécessaire que la séparation vécue comme mort psychique devienne signe de désir, d'identité, de vie »[61].

Ceci amène chez l'analyste un contre-transfert aussi violent où l'élaboration de ses propres affects devient le premier pont possible vers l'autre. Tant que ses positions théoriques lui feront accorder une valeur plus positive à une hiérarchisation du psychisme et du corps où le psychisme dominerait, l'analyste aura des difficultés à accéder à ces couches où règne une sorte de « protosymbolique » et où corps et psyché sont confondus tout en travaillant à des niveaux différents. Le corps assume alors la charge d'un « proto langage », en attente d'être saisi et traduit par l'Autre, comme aux premiers temps de la vie, pour que la psyché de l'enfant en émerge et s'y reconnaisse vivant, désirant, relié.

Dans la rencontre analytique, au fur et à mesure que devient possible un certain travail, on assiste à une lente « hystérisation » de ce proto-langage corporel. De somatiques, les choses commencent à s'hystériser, à s'imprégner de psychisme dans la lente reliaison et différenciation avec l'autre, à travers le fantasme recréé « d'un corps pour deux ». Encore faut-il que l'analyste accepte d'être le support d'un tel fantasme pour le nommer

---

61. MAC DOUGALL J., « Le contre transfert et la communication primitive », in *Plaidoyer pour une certaine anormalité*, op. cit., p. 135.

sans l'anéantir. Encore faut-il qu'il reconnaisse cette part de lui-même qui résonne au même niveau protosymbolique que son patient et le fait parfois somatiser lui-même en écho à celui-ci ou à la place de celui-ci. Dans l'effort qu'il fait pour rétablir en lui le va et vient du psychisme au somatique et inversement, il ouvre sans doute une voie de passage à son patient, où la parole peut se « recharger » d'affect et le corps se « re-émotionner », se remettre en mouvement pulsionnel, dans le « sens » de l'Autre, vers lui.

Si cette place est difficile à tenir pour l'analyste, elle n'est certes pas simple pour *les soignants* qui peuvent malgré eux renforcer l'impact traumatique du cancer. Même si le cancer n'est pas un trauma au sens psychanalytique du terme, il peut être vécu comme tel. Sa découverte et la nomination du cancer ne sont-ils pas en soi des traumatismes suffisants pour ébranler l'équilibre psychique et laisser ressurgir des fantasmes terrifiants qui s'impriment sur le rapport à l'autre, et sur le cancer lui-même ?

Et inversement, les réactions de ces autres, et en premier lieu médecins et soignants, ne sont-elles pas des traumas parfois insupportables qui renforcent le traumatisme réel par leur *désaveu* de la souffrance du malade, par l'indifférence à celle-ci ? Lorsque ce désaveu redouble le déni du malade lui-même, il lui laisse peu d'issue à part le clivage, cette atomisation psychique qui rejoint trop bien l'atomisation cellulaire pour ne pas en renforcer la force destructrice et attiser la pulsion de mort.

Alors, comment favoriser, accompagner ce dur labeur de reliaison des pulsions ? Comment soutenir ce dur désir de vie qui perdure ? Et quelles voies de pacification emprunter ou offrir ?

CHAPITRE V

Reprendre corps

Ce long passage entre clinique et théorie m'a amenée à dégager, mettre en forme une théorie du « soma » aux racines de la vie, ainsi qu'une réflexion « méta-bio-psychique » sur les conditions d'émergence de la subjectivité corporéisée, comme sur ce qui peut l'ébranler profondément.

Le cancer représente un des risques d'ébranlement de l'identité de base, et de retour à ces mécanismes primaires et archaïques qui régissent la vie corporelle et favorisent ou non la naissance à la vie psychique.

Ce moment de « turbulence émotionnelle » intense, comme le dit BION, représente aussi une chance de renouer la vie à ses bases les plus profondes, par l'ancrage de la libido dans l'énergie vitale et dans les liens avec l'autre.

Passage à haut risque, où la vie anarchique des cellules s'assimile à la pulsion de mort, et où pour survivre cette vie anarchique doit être limitée, contrôlée, resituée dans les frontières corporelles, organiques, tout comme la vie psychique doit être contenue dans les frontières de l'imaginaire par la médiation du symbôle.

En ce sens, nous pourrions dire que la pulsion de vie vient là pour délimiter, mettre des bornes à l'expansion illimitée de la vie, sa soif de « tout ou rien, tout tout-de-suite », qui à l'extrême aboutit à la mort.

C'est aussi dans le creuset de cette énergie de base, non liée, et de ces processus primaires que se puisent et que se mobilisent les forces qui poussent à vivre, même et parfois surtout quand rien ne va plus.

Le cancer mène ou attend là ceux et celles qui en sont atteints, par cette plongée précipitée dans les douleurs et le magma de l'origine pour une remise en forme de soi, d'un moi-cellule dans un moi-peau, d'un corps habité.

1. Réaffecter les mots

« Je ne pouvais plus penser, sentir, bouger » explique une malade en évoquant la consultation où elle a appris son diagnostic[1].

« Dans la rue, sur le trajet qui me ramène chez moi, je marche comme un automate, abasourdi, les jambes coupées, le plexus solaire noué, un défilé d'images et de pensées dans ma tête. Pourquoi moi ? Qu'est-ce qui va m'arriver ? Mais je vais peut-être mourir ! Et si ceux-ci échouaient ? » C'est en des mots très corporels, physiques qu'Yves PLAT relate sa réaction à l'entrevue où le médecin lui a annoncé sa « vérité »[2]. Mots-corporels et images s'entrechoquent mêlés à des questions impensables. Les repères identificatoires et les projets futurs s'effondrent alors que l'image spéculaire est comme brutalement trouée, avec un risque d'hémorragie libidinale et narcissique.

Dans le vertige d'un avenir qui s'effondre, la pensée frémit de ne pouvoir s'identifier qu'à ce que « Je » a été en tant que vivant bien-portant au passé, ou à ce mot « cancéreux » au présent qui envahit l'esprit et le ronge comme œuvre en silence le mal tapi au fond du corps. Écartelé entre ce passé soudain révolu et ce présent inassimilable, cette identification impossible au mot, ou plus encore à « la chose », l'esprit s'affole. Il perd son bon sens, le sens symbolique de lui-même. Car dans ce moment de choc, il y a régression brutale de la représentation de mot à la représentation de chose qui marque les constructions de

---

1. PILLOT J., Psychologue au CHU de Grenoble, « La communication avec le malade atteint de cancer », *Jalmalv*, n° 24, mars 1991, Communication et accompagnement.
2. PLAT Y., « Un chemin vers la transformation », *Jalmalv*, n° 17, juin 1989, « L'épreuve de la maladie ».

l'originaire et du primaire. Ces mots-là qui signent le verdict de la maladie sont alors comme déchargés de leur fonction tiers symbolique qui tapisse le réel par la mise à distance de la chose, surtout si aucun regard, aucune présence ne vient atténuer le choc. Ils sont au contraire brutalement chargés d'image affolante et propulsent dans l'ordre du cauchemar.

Nommer la chose, c'est la rendre présente, c'est être livré à elle sans défense, comme si en se dé-symbolisant le mot lui-même dé-réalise la chose ou la rend trop réelle pour être reconnue autrement que comme un cauchemar, un imaginaire télescopé avec le réel.

« J'ai dit lymphome mais cancer, cela me restait là au creux de la gorge pendant six mois », dira une autre femme.

Or cette « chose » là, cette image de chose qui s'impose comme un vu obsédant, un impossible à dire rejoint les images les plus archaïques. Elle s'imprime au fer rouge sur la pensée qui ne peut s'en décoller. Il n'est que d'écouter les signifiants qui surgissent : le crabe, l'araignée de Janine L. ou le diable. « Le diable ne me lâche pas » dira un malade confronté à une rechute. Ces mots-là ne sont plus des mots-écran entre le sujet et la réalité, ils deviennent partie du corps dévorant et partie du corps dévoré. Ils ne sont plus passerelle vers les fantasmes mais cauchemar réalisé, auto-dévoration ambulante, corporéisée, auto-création et auto-rejet à la fois. Incapables de symboliser, de relier le corps l'image et la parole, ils réduisent le corps à l'image qui s'impose et fait éclater les frontières de l'imaginaire. Nous rejoignons alors, me semble-t-il, ce dont AULAGNIER parle à propos des « pictogrammes ». A partir d'un modèle sensoriel, visuel, et d'un éprouvé affectif se figure une action sur le corps : incorporation-dévoration, rejet-attraction, fascination-horreur, amour-haine de soi et de l'autre.

Le défi est alors de pouvoir entendre ces mots-là lorsqu'ils franchissent la barrière de l'interdit, et que « le malade livre son message en le masquant comme pour en atténuer la violence, pour qu'il puisse être entendu sans détruire »[3]. Pas facile de supporter d'entendre ces mots-là ! « Je sentais que je polluais tout le monde autour de moi »... ou bien « Si vous, les soignants, aviez abandonné vos

---

3. PILLOT J., Ibidem.

défenses pour m'écouter, je vous aurais mangé la cervelle jusqu'au tréfonds ».

Premier essai d'une représentation où les mots se rechargent d'affect et sont lancés comme un filin vers l'autre... mot crocheté qui parle de mordre et de s'accrocher, parole qui protège l'autre de la morsure de l'incorporation au moment où elle l'évoque.

Première tentative de réinvestir le langage **et** le corps, « dans une représentation où le corps parlé vient mettre en sens ce que le Je y représente, après « ce recul à un matériel psychique réduit à la seule image de la chose corporelle »[4].

Premier essai de superposer, de recouvrir ce pictogramme figé et ce fantasme originaire, mortifère, avec l'idée d'un Je et l'idée d'un autre rétablis dans leurs frontières corporelles et psychiques, et l'espoir d'une possibilité de retrouvailles malgré, à travers cette épreuve, ces pulsions dévorantes.

Nous pouvons certainement voir là une possibilité d'évolution vers la santé mentale, vers la guérison psychique des malades et avancer un repérage des situations qui risquent de se dramatiser lorsque ce passage ne peut se faire.

Si structure opératoire il y a, je préfère tendre l'oreille à tout ce qui peut rendre à la parole sa charge d'affect, même si elle explose en rage meurtrière. Car seule cette parole reçue a une chance de modifier un vécu affectif si dramatique, si elle peut charrier, se grossir de vécus archaïques quasi indicibles, déversés avec la violence informe des affects imagés, presque vomis à l'état pur aux pieds de l'autre.

On peut concevoir contre quels débordements d'angoisse le passage par la *désaffectation* protège le sujet, et à quelle nécessité vitale cette pensée opératoire correspond, comme opérée, excisée de sa charge émotionnelle. Reste la question du temps : temps nécessaire à une reprise de souffle avant de penser, ou temps mortifère pour la libido et l'investissement de sa propre vie s'il se prolonge indéfiniment. La pensée opératoire est alors une fuite en avant pour éviter dans le désespoir un au-delà de l'angoisse : Désespoir d'une situation réellement ou non désespérée mais pressentie comme désespérée si on se laissait aller à la ressentir. En ce

---

4. AULAGNIER P., *Les destins du plaisir, op. cit.*, p. 22.

sens, la pensé désaffectée est à la limite l'ultime barrage au déferlement du désespoir, ce cancer de l'âme.

« Le danger de connaître la vérité au sujet de la maladie qui vous condamne est d'engendrer en vous, à l'insu de tous, un second cancer qui prolifère parallèlement à l'autre, une sorte de cancer de l'âme », nous disait un malade. Cancer de l'inquiétude ou de la certitude de ce verdict qui condamne à mort comme l'effet, le fruit dévastateur du désir de mort de l'autre sur soi ou de son indifférence, de son « laisser tomber », tel Pilate qui s'en lave les mains. Le danger extrême s'en suit d'une résignation à la fatalité, si révoltée soit-elle, et d'une identification massive au travail du cancer en soi, travail de mort à Soi- « Je », de désidentification à autre chose en soi qu'à l'image du cancer dévorant ou du corps dévoré.

La retrouvaille des mots, si douloureux soient-ils, peut marquer alors le retour à une subjectivation, au-delà du processus de mortification. La souffrance éprouvée réenvahit le Je en une circulation d'affects variés, signe de la relance de son désir de vivre quand même, de son appétit libidinal relié à l'instant.

« Cela vaut peut-être la peine... au début quand j'ai commencé à souffrir, j'ai réalisé que j'avais envie de vivre. Et j'ai retrouvé la vie dans des plaisirs très simples, corporels : le soleil sur ma peau, l'odeur d'une fleur, le plaisir de marcher »...

Il y a alors une fonction identificatoire de la souffrance reconnue qui non seulement assigne le sujet à résidence dans son corps mais lui permet d'y rentrer comme on dit « rentrer chez soi, rentrer à la maison », ce lieu mythique du vivre et du mourir.

2. Rassembler l'image meurtrie

L'épreuve du cancer, c'est aussi l'intégrité corporelle en déroute, au moins pour un temps, le temps des traitements. Les effets de la chimiothérapie en altèrent le fonctionnement normal et l'apparence plaisante, évidente (vomissements, chute de cheveux, amaigrissement) ; les traitements au cobalt fatiguent, parfois brûlent ; les ablations laissent des cicatrices. Des trous apparaissent là où il ne devrait pas y en avoir alors que d'autres, les orifices naturels ne fonctionnent plus normalement. A travers ce corps à l'envers, c'est le monde qui bascule à l'envers, en dépit du bon sens. Cette béance du réel, ce déchirement d'évidence est comme trouée de recours symbolique, du moins dans un premier temps. « Je suis venue pour un petit nodule, on m'enlève mon sein, maintenant il est question de castration ; et après quoi encore ? » dit une femme dans un accès de désespoir[5]. La même réaction horrifiée se retrouve à l'apparition d'un anus artificiel, après une rectotomie ou une ablation des testicules ou encore des cordes vocales : Ablations impensables au regard de l'image de soi, au regard de l'autre.

La tentation est grande de voiler les miroirs, comme on le fait aussi dans certaines cultures après le décès de celui qui est mort dans la maison. Mort et castration ne se contemplent pas en face sans angoisse, car toute mutilation du corps est de l'ordre de l'insupportable si elle n'est pas reprise dans un réseau symbolique très serré et une inscription dans le social.

Hors du rapport à l'autre, hors de repères culturels qui supportent de « nommer » la chose, le corps est rejeté dans sa « monstruosité » : ce qui se donne à voir en pâture au regard horrifié est aussi ce qui se cache à tout regard dans un silence de mort, une explication solitaire et douloureuse avec la castration faite chair. Ne pas pouvoir reconnaître ce corps étranger peut entraîner à la mort, comme le met en scène KAFKA dans « la Métamorphose » commentée par Jean GIL : « Coincé entre l'image du corps antérieur et l'image du corps présent, il mourra de n'être ni animal, ni humain et de ne pas savoir passer de l'un à l'autre »[6].

Là réside l'identification mortifère à l'« imago » archaïque (= image de squelette, image de démembrement) ou l'identification à ceux qui avant soi sont tombés dans la trappe du cancer, en particulier ceux qui tourmentent l'inconscient familial. La maladie s'impose comme un

---

5. LEHMANN A., *Psychologie et cancer*, 2èmes journées médicales, Paris, Masson, 1978, p. 75.
6. GIL J., *Métamorphoses du corps, Essais*, Paris, Ed. de la différence, 1985.

« rappel » fatal : « c'est comme la tante X... ; il a la même chose que le cousin Y »... en un destin obligé.

Là encore va se jouer le destin du narcissisme blessé dans l'exacte mesure où il pourra, non pas briser l'image, ce qui n'est pas en son pouvoir mais se faire assez violence pour rompre la captivation de son regard et se retrouver ailleurs, au-delà de cette « meurtrissure ». Car si le fil ténu qui le relie à lui-même ne peut plus être, du moins pour un temps, l'image familière où il se reconnaît identique, il lui reste comme fil d'Ariane précisément son Nom, symbole à l'état pur de sa filiation et de sa « connaissance » dans le désir de l'Autre, ultime garant de sa renaissance. Encore faut-il que ce fil-là soit solide et lui confirme la trame vivante de son identité symbolique puisque ne s'y entremêle plus l'image du corps comme support identificatoire. Dans cette notion d'image du corps, je me réfère à la fois à l'image du stade du miroir de LACAN, et à l'image inconsciente du corps de DOLTO.

Pourquoi insister à ce point sur l'image détruite qui mettrait le sujet en péril ? C'est bien parce qu'il est tenu d'habiter son corps et qu'il ne peut le faire que s'il le reconnaît comme sien, lieu et source de plaisir ou de souffrance mais lieu d'incarnation nécessaire. « Il suffit de comprendre le stade du miroir comme une identification, au sens plein que l'analyse donne à ce terme : à savoir la transformation produite par le sujet quand il assume une image »[7]. Cette image assumée, cette « assomption » dans la jubilation ne provient-elle pas aussi de la certitude visuelle de survivre à la séparation d'avec l'autre, de se découvrir plus qu'un corps morcelé ou qu'une somme de morceaux de corps en lien de nécessité vitale avec le corps de l'autre ? « Moi Je » se revendique et plus seulement « moi maman ». Par cette « assomption »[8], l'enfant s'adjoint l'image de son corps comme support de son identité. Il se délie imaginairement du corps de l'autre pour se relier à son corps propre en lui donnant grâce à cette image son « indice d'objet réel », comme le souligne AULAGNIER.

---

7. LACAN J., « Le stade du miroir comme formateur de la fonction du Je » in *Ecrits*, Paris, Seuil, 1966, p. 94.
8. Assomption vient de assomptio, en latin dérivé de « adsumere » = s'adjoindre.

La jubilation me semble ainsi liée à une certaine agressivité, nécessaire pour « surmonter les entraves de l'appui », si chaleureux soit-il. Cela ne vient-il pas des imagos archaïques qui hantent la psyché depuis son origine et qui « représentent les vecteurs électifs des intentions agressives, qu'elles pourvoient d'une efficacité qu'on peut dire magiques : images de castration, d'éviration, de mutilation, de démembrement, d'éclatement du corps », imagos du corps morcelé fixées par le visionnaire Jérôme BOSCH, mais dont Lacan nous dit bien qu'elles travaillent les générations successives.

« Il faut feuilleter un album reproduisant l'ensemble de l'œuvre de Jérôme BOSCH pour y reconnaître l'atlas de toutes les images agressives qui tourmentent les hommes » mais « il n'est besoin que d'écouter la fabulation et les jeux d'enfants, isolés ou entre eux, entre deux et cinq ans, pour savoir qu'arracher la tête et crever le ventre sont des thèmes spontanés de leur imagination que l'expérience de la poupée démantibulée ne fait que combler[9] ». Cette agressivité actée par le jeu des enfants, se retrouve dans le rejet horrifié de toute image de corps meurtri dans la réalité, que ce soit le sien ou celui de l'autre (la pitié n'en étant que l'envers déguisé). Elle prouve, si besoin est, combien est fragile cette identification primaire au miroir, si nécessaire soit-elle comme passage, imago salutaire et pourtant « orthopédique » du moi.

Comment ne pas alors percevoir le danger pour la construction narcissique du sujet lorsque ce corps morcelé surgit comme épreuve du réel, faisant voler en éclats l'image du miroir pour le transformer en miroir aux alouettes ? Le rêve de « Moi-Je » s'est envolé. L'image est a-néantie, réduite à néant et le miroir devient « moroir »… mort-à voir ? Image dépossédée de son efficacité symbolique pour retrouver une efficacité magique et maléfique comme une statue écroulée en miettes selon le vœu de mauvaises fées ou de mauvais génies.

La dépression cache souvent la haine de cette dépossession par le retour en deçà du miroir, dans la détresse infinie d'être projeté dans une époque ou l'infans était livré

---

9. LACAN J., « L'agressivité en psychanalyse », in Ecrits, *op. cit.*, pp. 104-105.

à l'autre tout puissant. Dans le miroir réel, l'image familière est engloutie. Et l'on est condamné à mendier son image dans l'aumône d'un regard sur le corps du délit, à mesurer la reconnaissance à l'aune d'une parole. Cette « meurtrissure » redouble la première, lorsque dans le miroir des yeux familiers ou étrangers, l'image aussi se ternit.

Devant cet ordre cancéreux où la nature prolifère et où se resignifie à l'infini du « même » dans un corps métastasé, il y a un engloutissement du sens qui ne peut s'apaiser que dans la rencontre humanisée par le pacte « Tu es toi, quoi qu'il arrive, je t'aimerai quoi qu'il arrive, je serai là quoi qu'il arrive ».

C'est la seule antidote à la fascination horrifiée du regard, à la réduction de l'être anéanti par son image.

3. Supporter la castration réelle

Si inaugurale soit-elle, la rencontre de son image dans le miroir ne garantit pas en soi la permanence d'identité et la sécurité du narcissisme. Si elle est source de jubilation, DOLTO nous rappelle bien quel piège elle représente et à quelle déception elle confronte si l'on s'y confond. Tout dépend de la relation à l'autre sur laquelle elle s'appuie et comment cette image du corps perçu vient s'articuler à « l'image inconsciente du corps »[10] qui lui préexiste. Support représentatif de la libido, cette image est l'incarnation symbolique inconsciente du sujet désirant, et ceci dès sa conception. Image reliée à son nom, image reliée à ses expériences émotionnelles, elle fonde le narcissisme du sujet et s'élabore dans son histoire. C'est une image dynamique, « métaphore subjective des pulsions de vie qui, sourcées dans l'être biologique sont continûment tendues par le désir du sujet de communiquer avec un autre sujet ».

Elle est constituée de trois modalités reliées entre elles : l'image de base, l'image fonctionnelle et l'image érogène. Leur cohésion, affirme DOLTO, est synonyme de sécurité.

---

10. DOLTO F., *L'image inconsciente du corps,* Paris, Seuil, 1984, p. 16.

Leur dissociation peut permettre aux pulsions de mort d'avoir la prépondérance sur les pulsions de vie. L'image de base est sans doute celle qui nous intéresse le plus au regard de notre sujet car c'est elle qui assure peu à peu l'enfant dans la conviction d'être, dans une « mêmeté d'être » demeurant quoi qu'il arrive comme épreuve dans sa vie. Cette image de base qui se construit peu à peu, selon la zone érogène prévalente pour le nourrisson puis l'enfant, devint en fait une véritable « architecture relationnelle » centrée autour des lieux érogènes de plaisir. Elle est d'abord respiratoire, olfactive, auditive, première image aérienne de base, puis orale en y associant l'image de la bouche, du ventre, du plein et du vide et enfin l'image de base anale.

Mais cette architecture relationnelle, véritable colonne vertébrale du désir de vivre, en même temps que souffle vital, ne peut se construire que si la mère nourricière associe la parole au toucher, au donner de ses soins. Elle permet de grandir selon les lois de la vie. Car tout au long de l'histoire d'un être humain, la fonction symbolique, l'image du corps et la castration sont étroitement liées. Les castrations successives imposées à l'enfant lui permettront ou non d'accéder à la communication interhumaine, subtile et créatrice, comme à la puissance de son désir, soumis à la Loi. La reconnaissance de l'interdit du cannibalisme puis de l'interdit du meurtre et de l'inceste l'aideront à orienter ses pulsions vers de nouveaux objets, séparés de lui-même. On pourrait dire que ces castrations successives délivrent la libido de sa soif dévorante de se fixer à un objet unique et permanent et l'amènent à cette assomption symbolique de lui-même où l'image de son corps témoigne de la circulation dynamique du désir, sous l'effet pacifiant de la triangulation. Ces castrations sont alors des moments potentiellement symboligènes, dont l'effet culmine avec la rencontre du Nom et du Non du Père, séparation définitive du corps à corps archaïque avec la mère et du rêve stérile d'être le « bouche-trou » de son désir.

Ainsi les castrations, au sens psychanalytique, loin d'être dévitalisantes sont des épreuves de partition symbolique qui garantissent au sujet la croissance physique et psychique, la santé mentale et du corps et lui assurent le pouvoir d'être un « allant-devenant selon le génie son sexe ». Épreuves marquées d'angoisse mais épreuves nécessaires au sujet pour qu'il vive, épreuves fécondes, du moins si elle sont référées au désir juste de l'autre, à des paroles vraies sur ce qu'il vit et à des rencontres chastes avec des adultes eux-mêmes castrés de leurs désirs incestueux.

Ainsi, chaque moment de la croissance du corps est passage, épreuve, chance et risque. Si les castrations viennent trop tôt ou ne sont pas parlées, reprises dans un appel et un support à devenir, elles restent des frustrations insupportables et provoquent une castration mutilatrice de l'image du corps dynamique, non symboligène. Si elles viennent trop tard, ou ne viennent pas, elles laissent le corps de l'enfant en proie imaginairement au corps de l'autre, où des morceaux de corps restent annexés dans l'autre. Et sans doute, la façon dont un sujet a supporté la traversée de ces différentes épreuves de castration va marquer son rapport à la maladie cancéreuse : Réveil dans sa chair d'insupportables mémoires, d'angoisse insoutenable ou de possible renaissance.

Si l'angoisse que provoque le cancer entraîne l'effondrement des repères identificatoires, elle ne peut que conduire le sujet à ces premiers moments de castration et à la façon dont il a pu y faire face ou non, y retrouver son visage, son nom et son sexe ou s'y anéantir. L'angoisse de mort, dont Freud nous dit qu'il la considère comme un analogue de l'angoisse de castration[11], s'impose de façon incontournable.

Deux réflexions me viennent alors à propos du cancer :

° Lorsque son apparition menace l'intégrité et la continuité de ces zones-là du corps, aussi essentielles à la structuration de l'image du corps, elles risquent effectivement de devenir des lieux hémorragiques de la continuité narcissique et d'être désinvesties des pulsions de vie, par pulsion de mort localisée dans ces organes meurtris. En même temps, surgissent des représentations archaïques très angoissantes. Car, nous dit DOLTO : « L'image de base ne peut être atteinte, ne peut être altérée sans que surgissent aussitôt une représentation, un fantasme qui menace la vie même. Ce fantasme n'est pourtant pas le produit des pulsions de mort car celles-ci sont inertie vitale et surtout

---

11. FREUD S., 1926, *Inhibition symptôme et angoisse*, Paris, PUF, 1971, p. 53.

sont sans représentation. Lorsque l'image de base est menacée, il apparaît un état phobique, moyen spécifique de défense contre un danger ressenti comme persécutif, la représentation de cette persécution fantasmée étant elle-même liée à la zone érogène actuellement prévalante pour le sujet. Celui-ci réagira donc à ce qui met en danger son image de base par un fantasme de persécution viscérale, ombilicale, respiratoire, orale, anale, crever-éclater aussi selon le moment traumatique le premier éprouvé dans son histoire »[12].

Mais ce qui est vrai dans un sens peut l'être dans l'autre : si l'épreuve réelle du cancer atteint l'image de base d'un sujet, à l'inverse, nous dit DOLTO, des « éclipses de narcissisme sont l'ouverture à quantité d'aberration pour l'équilibre humain »[13].

Plus encore : « Si l'image de base est touchée, il y a dévitalisation partielle ou totale et jusqu'à une réaction lésionnelle »[14]. Or, nous dit-elle, « toute épreuve est une expérience de survie du corps et tout se passe comme si celui-ci avait pour métaphore le psychisme. Mais pour que le psychisme reste vivant, il faut qu'il y ait langage échangé, expressif, actuel avec quelqu'un qui prête à celui qu'il écoute la valeur de sujet de sa propre histoire ».

DOLTO rejoint ainsi Joyce MAC DOUGALL lorsqu'elle suppose quelque chose de plus archaïque dans les troubles psychosomatiques que les troubles hystériques et où ce serait le narcissisme primaire de base qui serait atteint. Elle rejoint aussi FERENCZI. Elle va jusqu'à citer le cas d'une mère dont le cancer lui a semblé « typique d'un trouble psychosomatique »[15]. Cette femme avait ressenti comme un coup de poignard pendant les obsèques de son fils, décédé adulte, au moment de la mise au cercueil. A l'examen fait peu après, il s'est avéré qu'elle avait un cancer de l'estomac dont elle est morte le mois suivant, au jour anniversaire de la mort de son fils. Pour cette femme, « le détachement définitif de son corps lui arrachait la substance viscérale de son propre estomac... » Ceci parce que la souffrance qui brise le continuum d'une relation vitale, le sujet n'a pas de mot pour

---

12. DOLTO F., Ibidem, p. 51.
13. DOLTO F., Ibidem, p. 50.
14. DOLTO F., Ibidem, p. 368.
15. DOLTO F., Ibidem, p. 360.

la parler, et que l'arrachement du corps n'a pu prendre sens de castration symboligène, redynamisante.

° La seconde réflexion souligne l'importance essentielle de la réaction de l'autre, proche ou soignant. Seule une relation capable de rétablir un réseau de sécurité corporelle, affective et langagière est apte à colmater, apaiser ces blessures de l'image de base par la parole associée aux soins donnés et la reconnaissance de la continuité du sujet désirant, même et surtout si son image est à ce point ébranlée dans son dynamisme vital : car les images fonctionnelles, érogènes elles aussi sont atteintes et menacent le désir d'être, la certitude d'être soi et d'être le même pour l'autre que ne peut plus garantir le miroir.

C'est peut-être pourquoi la chute des cheveux est parfois si cruellement ressentie comme le signe visible qui brise le miroir et trouble la reconnaissance de son propre visage en tant que sexué, de sa chevelure comme valorisation narcissique de son sexe. Mais ce crâne chauve qui supprime la différence visible entre homme et femme au niveau supérieur ressemble aussi à celui d'un nourrisson en appel ardent de désir dans le regard de l'autre. Si la chute des dents est dans les rêves d'adultes une imagerie courante de l'angoisse de castration et signe l'acception œdipienne, la chute des cheveux artificielle ne réveille-t-elle pas aussi des fantasmes d'anéantissement au-delà du narcissisme primaire, dans le narcissisme originel ? D'où l'importance vitale du prénom, signe immortel de son identité sexuée, de sa naissance à l'autre, signe immortel du désir parental pour lui, tremplin de vie pour être « allant-devenant-désirant ».

Un exemple me vient à l'esprit : celui d'une jeune femme, mère de famille dont les traitements de chimiothérapie avaient entraîné la chute des cheveux, provoquant sa hantise du miroir mais plus encore : elle refusait catégoriquement de parler de ce cancer à quiconque et surtout pas à ses enfants. Devant leurs questions, elle avait évasivement fait allusion à une « maladie des cheveux ». C'est peut-être là que tremblait le cœur de cette femme à l'idée de se montrer « à visage nu » devant ses enfants. Leur regard, comme celui de tous les enfants, ne pouvait qu'interroger dans l'innocence de leur âge et nommer crûment (ce que l'on prend parfois pour de la cruauté) la chevelure manquante et le crâne nu de leur mère, sans lui rendre la certitude vivifiante d'être femme, petite fille comme eux devenue femme. Mère, elle le restait d'évidence pour eux mais il lui fallait se ressourcer au regard et au désir d'autres, représentants de ce désir initial qu'elle vive et garant de sa permanence d'être aujourd'hui, avec ou sans cheveux, avec ou sans sein.

« Je ne supportais pas de me montrer nue après l'opération » me dit une autre femme, « ni devant mes enfants, encore moins devant mon mari, je me déshabillais dans le noir. Il a fallu qu'un jour il me dise : « Maintenant, ça suffit ! Tu vas me montrer cette cicatrice une bonne fois pour toutes et on n'en parle plus ! ». Alors seulement, j'ai pu commencer à m'accepter, à me ressentir femme ».

Femme d'un homme, fille d'un père, les questions se relancent. Ai-je été désirée ? Suis-je encore désirée et reconnue désirante ?

Pour Janine L., la découverte de son profil dénudé dans le miroir à trois faces d'une amie mariée l'a menée, à sa grande surprise, à la trouvaille d'une possible similitude de traits avec son père, ce Krishnou énigmatique. Comme si son identification massive aux femmes blondes de sa lignée maternelle lui avait interdit de soulever le voile noir du Nom du Père, de son existence même, hors du mythe du grand égoïste ou du loup-garou. Et voilà que sous la blondeur de ses cheveux disparus, elle retrouvait sans fard la question de ses origines et trace de père dans son héritage le plus charnel, dans les traits de son propre visage. Le profil n'est-il pas d'ailleurs l'effigie des générations, souvent reproduite sur les médaillons d'autrefois et sur les blasons ? Ressemblance découverte qui ébranlait et questionnait sa propre image de base et les fondements de son identité. Accepter de voir, n'est-ce pas le premier pas vers la reconnaissance ? Ainsi l'image altérée, transformée, renouvelée, provoque-t-elle crise, rupture et dépassement d'évidence : La certitude d'être « moi » s'ébranle mais aussi remet en route une question : qui suis-*Je* ? D'où *Je* viens ? ou vais *Je* ?

4. Supporter le doute

Quand l'épreuve du doute devient source d'angoisse sur la vie elle-même, on a tendance instinctive à retomber au moment d'une certitude où la parole de l'autre garantissait la vie, certitude qui était l'apanage des constructions de l'originaire et du primaire.

Là réside la grande ambiguïté de la question de la « vérité », où la vérité questionnée n'est pas la même d'un côté et de l'autre de la barrière : médecin ou malade, si les deux ne tentent pas de s'entendre, on arrive à un dialogue de sourds, à un malentendu radical. Car derrière la demande explicite du malade : « Docteur, qu'est-ce que c'est ? Est-ce grave ? ». La question sous-jacente n'est-elle pas : « Docteur, dites-moi que vous pouvez me guérir ! Le pouvez-vous ? Est-ce que je vais vivre ou mourir ? » et puis « Pourquoi moi ? » Dès lors, il va immanquablement se retrouver à « ce moment d'épreuve où l'enfant doit renoncer à croire qu'un Autre peut toujours lui garantir la vérité du dit, peut continuer à être le lieu d'une toute-réponse, et où il devra accepter sa solitude et le poids du doute »[16].

La façon dont il va s'expliquer avec ce doute marquera radicalement son rapport au monde, à lui-même et au médical. Il peut totalement s'en remettre aux mains des médecins, abandonnant « la Vérité » au Savoir médical supposé savoir tout. Savoir qui lui dira ou non ce qu'il sait ou suppose de la vérité, c'est-à-dire de la réalité de la maladie organique et de son évolution possible ou probable, mais qui ne sait rien et parfois ne veut rien savoir de sa vérité à lui. « C'est grave Docteur ? — « Oui, euh..., enfin vous savez... Aujourd'hui à l'hôpital on arrive à certains résultats positifs dans le traitement du cancer. Je vous y envoie tout de suite, vous y verrez le professeur... et vous lui donnerez cette lettre. Ne perdez pas de temps »[17].

Ou alors il déniera tout savoir au monde médical puisqu'il ne peut lui garantir l'immortalité et se tournera

---

16. AULAGNIER P., « Vérité et illusion dans la quête de savoir », in *Un interprète en quête de sens,* Paris, Ramsay, 1986, p. 109.
17. PLAT Y., « Un chemin vers la transformation », in JALMALV, *Jusqu'à la mort accompagner la vie,* Juin 1989, n° 17.

ailleurs pour conserver l'illusion ou l'espoir de la toute puissance de l'autre, gardien de sa vie.

Ce premier mouvement est instinctif, tant l'épreuve du doute se paie de la perte du plaisir de la certitude. Cette certitude cherche à s'ancrer sur l'affirmation du désir de l'autre à travers ce qu'il dit, et conditionne le désir et le plaisir de vivre, et même de « se battre ».

Le « Vous allez guérir » ou bien le « Je vais vous aider à guérir » recherché exprime alors imaginairement la certitude du vœu de l'autre : « Je veux que vous viviez, mon désir est lié à votre existence ».

Ce désir étant régi par les lois du primaire, il est ressenti comme équivalent à la réalisation à venir, sans hésitation. « Puisqu'il me le dit, c'est que c'est vrai, puisqu'il il veut, je le veux aussi ». Ce que l'on recherche alors, c'est le désaveu confirmé par l'autre de toute « vérité » non conforme au principe de plaisir. C'est en quoi la reconnaissance elle-même de l'existence du cancer et de la mort possible est souffrance. Elle est, nous dit AULAGNIER, équivalent de la castration dans le registre de la pensée car le doute s'impose sur la vie elle-même et sur « ces énoncés par lesquels le Je se présente à lui-même comme aimant-aimé, désirant-désiré, demandeur-demandé »[18].

Et pourtant, ce moment de doute est essentiel à la structure du Je pour la conquête d'une autonomie de penser et d'exister. Sinon, il reste dans une dépendance greffée à l'autre, à la fois vitale et mortifère, haineuse et nécessaire. Ceci rejaillit forcément sur les relations soignant-soigné, familiales et amicales à un moment ou à un autre, comme sur la façon dont est vécu le cancer : impuissance absolue et repli dans une position de victime passive de la fatalité ou reprise à son propre compte de la toute puissance mégalomaniaque du désir : « Si je veux, je peux guérir », sur quoi se basent toutes les thérapies « actives » du cancer.

Or la question est bien de trouver un moyen terme « entre le pouvoir d'auto-engendrer le monde lui-même, ou le tout-pouvoir que le fantasmant attribuera au désir, et ce pouvoir de modification du Je sur la réalité, dont Freud nous dit qu'il est non seulement réel mais le signe d'un devenir non

---

18. AULAGNIER P., *Les destins du plaisir*, op. cit., p. 27.

pathologique du moi »[19]... Comment formuler le souhait de rencontrer une réalité qui rende le plaisir possible lorsqu'elle s'offre comme souffrance, au lieu même qu'il est « condamné à investir » pour continuer de vivre, son corps propre ? Comment investir « une espérance de vie » qui ne soit plus espérance de plaisir ? Interrogation qui concerne l'affect et le sens, ces deux forces qui organisent le champ vital et peuvent toujours le désorganiser, particulièrement quand la temporalité s'écartèle et que l'identification devient impossible. Reste la question du désir à l'état brut : Qu'est ce qui va me faire vivre hormis le désir de l'autre ?

5. Réinvestir son corps, entre plaisir et souffrance

L'exigence de pensée dont parle Piera AULAGNIER n'a rien d'un « luxe » réservé aux intellectuels ou aux poètes. Pour elle, le Je, dès son surgissement sur la scène psychique, est marqué par ce verdict : Tu es « condamné pour et par la vie à une mise en pensée et à une mise en sens de ton propre espace corporel, des objets-buts de tes désirs, de cette réalité avec laquelle tu devras cohabiter, qui leur assurent de rester, quoiqu'il arrive, les supports privilégiés de tes investissements »[20].

Mais jusqu'où vont les limites d'investissement dans ce « quoi qu'il arrive » en cas de maladie ? Tout va bien tant que le corps est lieu et source de plaisir. C'est d'ailleurs une condition nécessaire pour l'investissement de la réalité par le Je, à travers son corps propre et le Je de l'autre maternel, indissociés à l'origine : Plaisir venu du corps et de la parole de l'autre, plaisir donné à soi-même, plaisir de se reconnaître et d'être reconnu par le regard de l'autre. Plaisir nécessaire pour se sentir exister réellement, pour être bien dans sa peau. Mais que se passe-t-il lorsque le corps rencontre la souffrance ?

---

19. AULAGNIER P., Ibidem, p. 112.
20. AULAGNIER P.- « Condamné à investir », in *Un interprète en quête de sens, op. cit.*, p. 239.

Dès sa naissance, la non-satisfaction immédiate de ses besoins corporels ou un dysfonctionnement de son propre corps confrontent le petit enfant à une souffrance « à cause non identifiée ». La détresse hurlée témoigne qu'à ce stade de la vie, la souffrance organique et psychique sont confondues. La représentation psychique de cette souffrance physique est celle d'une relation de haine ou de désinvestissement réciproque de la zone souffrante et de l'objet complémentaire (ex : bouche sein) puis représentation fantasmatique où la faim non assouvie serait la preuve du désir maternel de le priver.

Cette souffrance s'atténue et peut devenir humanisée si la mère propose des réponses adéquates : immédiates par le sein ou médiatisées par le « holding » affectif, en réconfortant le « corps-psyché » par sa présence, sa chaleur, ses paroles pour rendre tolérable la souffrance inévitable : Souffrance inévitable et nécessaire pour accéder à la réalité de la différenciation entre soi et l'autre, reprise plus tard dans la souffrance de réaliser qu'il n'est pas le tout de l'autre et que le désir maternel l'oriente ailleurs, souffrance supportable car l'autre reste là et aide à la traverser.

Il n'empêche que même plus tard, même lorsqu'il peut nommer les causes objectives de sa souffrance, l'enfant garde sa conviction intime, secrète sur une autre sorte de causalité, psychique celle-ci, à savoir le désir maternel à son égard. « Si je suis malade... c'est qu'elle ne m'aime pas, ou bien « elle aurait pu l'empêcher,... si elle m'aimait plus ». Les manifestations de son corps sont directement adressées à l'autre. Mais dans le même temps, l'enfant a besoin d'*innocenter* cette mère, et par là même, de s'innocenter lui-même de ces mauvaises pensées ou pire de la pensée d'être mauvais lui-même et ainsi puni dans son corps. Il a aussi besoin d'une certaine façon d'innocenter son corps pour continuer à l'investir sans le ressentir comme persécuteur, lui imposant un éprouvé de souffrance qu'il ne peut fuir.

C'est ici que prend toute sa place le rôle du discours maternel, signe de son souci de lui et précurseur du revenir au bien-être.

« L'en plus de présence, d'affection, d'attention de la mère lors d'une maladie permet à l'enfant de penser la souffrance comme un accident contre lequel s'allient pour le combattre lui-même, son propre corps, le Je maternel et la réalité ambiante. Le corps devient un objet en péril, mais non responsable du danger qu'il court, la souffrance sera pensée comme un phénomène dont la cause se trouve à l'extérieur du Je et du corps, comme un accident temporaire grâce à quoi peut se préserver pour l'enfant un corps et une réalité investissable »[21]. Deux aspects me retiennent particulièrement dans ces phrases :

- La nécessité pour supporter et reconnaître un éprouvé de souffrance d'avoir rencontré et intériorisé une image maternelle qui permette d'investir son corps-souffrant tout en refusant la souffrance elle-même sans fuir ce corps-habitacle, ce corps-maison.

- La nécessité de parer à l'excès de causalité inconsciente ressurgie du primaire où l'accusation et la culpabilité font rage. Cette nécessité passe par la parole de l'autre comme de la sienne pour rendre à chacun son « degré présupposé d'innocence » et rétablir un lien d'amour scellé par le souci de l'autre et l'alliance contre cette souffrance imposée de l'extérieur.

Au cœur même de la souffrance sont réintroduites une *prime de plaisir* liée à ces soins et cette certitude d'amour, ainsi que l'attente du bien-être à revenir, l'anticipation de cet état dont on est sûr qu'il reviendra : Certitude basée sur le désir partagé et les expériences de réalité des maladies passées.

Ainsi se construit un mémorisé affectif de l'alternance des éprouvés de plaisir et de souffrance, fond de mémoire nécessaire au travail de réflexion et d'anticipation pour espérer modifier la réalité extérieure ou psychique. Ainsi l'enfant apprend-il à investir son propre corps, bien ou mal portant, bien ou mal porté par le Je de ces autres dont le désir se révèle autonome par rapport au sien, et à investir une réalité pas toujours conforme à la représentation qu'il en souhaiterait. Cette intensification du lien avec l'autre et du souci porté à son corps malade, corps porté, lui permet d'accepter que ce corps ou cet autre ou cette réalité soient périodiquement source de souffrance, et de résister au mouvement de désinvestissement. « Ce corps dont il peut haïr

---

21. AULAGNIER P., « Le Je et son corps », in *Les destins du plaisir*, *op. cit.*, p. 120

la souffrance qu'il lui impose reste une corps qu'il ne peut pas perdre, un objet dont il ne peut pas se détacher et par là un objet qu'il demander à un autre de réparer, de soigner »[22].

Cette alternance d'éprouvés accompagne le malade cancéreux jusqu'aux limites de sa vie. C'est elle qui, aux heures sombres des rechutes, peut lui permettre de raviver l'étincelle.

6. Raviver l'étincelle

« Quand cette étincelle, que je sens en moi, est cachée, bien cachée sous la cendre, comment la faire sortir et raviver le feu ? C'est ce que j'entends par misère : être éteint »[23], dit Christina. Mais qui peut juger de l'extinction définitive ou passagère ? Les apparences sont trompeuses.

Comment raviver le feu ? Deux choses essentielles, selon Christina : « Les malades le savent plus que quiconque : le contact avec les autres et avec les forces souterraines est nécessaire. Combien de malades meurent de solitude ! ».

Je voudrais souligner l'incessant paradoxe de ce travail : ouverture et fermeture, déni et reconnaissance de la maladie, confiance et peur envers les médecins, fuite et acceptation, réflexion ardue et fantaisie débridée, amour et haine face à l'autre porteur d'espoir ou annonciateur de mort, abandon à la fatalité, aux remous sauvages des houles de souffrance et reprise de fermeté aux sources les plus originaires de la vie, à la sagesse immémoriale des hommes souffrants, parole audacieuse et silence nécessaire.

L'épreuve traversée aux tréfonds du non-sens et du corps anéanti permet parfois de formuler cet incroyable paradoxe d'une maladie qui fait redécouvrir la vie. L'insoutenable dureté du moment se fait aussi gravité partagée lorsque se renouent, se consolident les liens avec les autres en un canevas serré de présence attentive, aimante, audacieuse. Car la solitude dont on meurt est souvent la résultante de la peur

---

22. AULAGNIER P., Ibidem, p. 116.
23. LILLIESTIERNA C., ZITTOUN R., *Docteur, pour la première fois nous avons parlé le même langage*, Paris, Hachette, 1979 (épuisé).

des autres et de la sienne. Quand cette peur se fait terreur, elle écarte du lit du malade et le laisse seul dans un cercle maudit, mortifère, sans aucune portance intime ou collective.

Mais il est des moments où, apparemment, plus rien ni personne ne peut atteindre celui qui est malade dans l'abîme où il se trouve. Il est hors de portée de voix, de regard, insensible à tout sauf à se rassembler, se préserver comme une coquille de noix ballottée par la tempête, attentif seulement à ne pas sombrer. Pour cela, il lui faut se relier, se brancher sur ses « *forces souterraines* ».

Quelles sont-elles ? Elles participent au secret intime de l'être. L'essentiel me paraît résider dans cette confiance de base, cette certitude plus ou moins forte d'être, d'exister dans cette « mêmeté d'être » dont parle DOLTO. Elle est liée à ces mémorisés sensoriels, affectifs, psychiques dont je parlais, passés et présents, qui impriment, engramment, enracinent ou non la foi en soi et en l'autre, quoi qu'il arrive, la foi en l'amour. C'est elle qui permet à un être humain de traverser des épreuves qu'un autre ne supporterait pas.

Cela dépend de son bagage physique et psychique, moral et spirituel, dont le seuil ultime est inconnu pour chacun, et qui se rejoue, se relance ou s'épuise au cœur des nouvelles épreuves. L'urgence s'impose de retrouver la source oubliée, d'y rebrancher l'énergie vitale, le désir originel à l'amour originel, au terreau originel. Le corps aspire à l'Etre et l'Etre aspire à la Présence.

J'ai évoqué le rôle bénéfique de la relaxation pour rentrer dans son corps, retrouver son centre de gravité, pesanteur et chaleur, souffle et échange primordial. Il existe d'autres chemins pour atteindre le même but : par cette intériorisation, la respiration se fait méditation profonde. La vie s'enracine au cœur des éléments essentiels, l'eau, la terre, l'air, le feu. Elle se laisse porter au rythme du contact sensoriel et de la voix, celle de l'autre ou la voix intérieure. L'angoisse se canalise et la pensée éclatée rentre dans des frontières corporelles. Elle se calme et s'endort pour se réveiller apaisée. Les ombres protectrices enveloppent à nouveau l'être, selon son histoire et sa foi, selon sa métamorphose intérieure, sa capacité à supporter le noir, à s'abandonner. Car il est des certitudes que l'on n'acquiert que dans la solitude et le dénuement absolu, dans l'agonie de l'anéantissement.

Mais la rencontre avec les malades m'a souvent montré de façon surprenante à quel point l'étincelle est vivace et ténue à la fois. Elle se nourrit d'un rien, de l'essentiel : une parole vraie, un regard, un silence, un chant d'oiseau, l'odeur d'une fleur, le souffle du vent, un air de musique, un rêve enchanteur, la mémoire d'un instant de bonheur, le rire d'un enfant, le goût d'un gâteau, l'effleurement d'une caresse, le murmure de son nom. Et le désir renaît de ses cendres, tenace, têtu, encombrant et rassurant. La vie devient si précieuse quand elle ne tient plus qu'à un fil, quand elle se conjugue au présent, dans l'insoutenable légèreté du verbe Etre...

C'est peut-être cela qui inquiète, fascine et apaise à la fois : d'expérimenter de façon radicale que « Je » n'existe que dans un corps, mais aussi que la dimension de la personne ne peut être limitée à son corps, aux images successives de ce corps. C'est bien pour cela qu'on ne peut se concevoir mort, même si chacun sait qu'il va mourir. La part immortelle n'est pas du côté charnel, elle est irréductible à ce qui meurt. Elle est mystérieusement liée à cette petite flamme intérieure qu'on appelle Désir. Mais il ne suffit pas de réanimer les corps pour que l'étincelle touche l'âme, ranime le sujet désirant. La maladie ne fait que révéler à l'extrême ce qui bouleverse les repères de l'être à chaque âge de la vie, dans la turbulente et inquiétante métamorphose de l'adolescence ou celle de l'âge mûr, puis de la vieillesse. Ce savoir auquel chacun accède à doses homéopathiques est étalé là, mis à plat sans fard et sans masque : la pesanteur et la grâce d'être humain, mortel et pourtant désirant, toujours... L'effort parfois surhumain de le rester, et la misère de ne plus l'être, d'être éteint avant que de s'éteindre.

Lorsque le danger est écarté, alors cette première *mise en forme* peut prendre formulation. Les mots expliquent-ils l'expérience sans en épuiser le sens ? Ils permettent plutôt, essentiellement, de s'expliquer après coup à soi-même et à l'autre, pour faire le pont entre un avant et un après relationnel et parer au gouffre de la souffrance de « ne plus être » le même. *Cette passerelle de mots retrouvés pour dire l'indicible de cette souffrance signe la réjouissance de la rencontre au-delà du gouffre.* Elle témoigne de la permanence du désir, même au plus profond de ce gouffre ; du moins pour certains cela est-il plus perceptible que pour d'autres.

Elle nous remet en mouvement, pèlerins dans la caravane de la vie. Elle nous délivre de la fascination mortifère de la souffrance et de la mort, comme des béquilles du savoir. Elle balaye toute prétention de certitude. Elle nous renvoie à nous-mêmes, voyageurs sans bagages, artistes sans filet, sinon le fil ténu des mots que l'on tisse et retisse, que l'on se repasse les uns aux autres comme la trame de notre propre création, unique et pourtant si semblable.

Paradoxalement, la « chute » dans la maladie rétablit aussi l'urgence de vivre dans la découverte de sa mortalité. Réveillant les projets enterrés, les rêves oubliés, les voyages remis à plus tard, la traversée du cancer en ravive souvent l'urgence d'accomplissement. « Plus tard » est devenu « à présent » avant qu'il ne soit trop tard. C'est là que l'histoire nous attend. Les actes manqués, les rencontres ratées perdent leur degré d'insignifiance pour devenir nécessité et prendre valeur vivifiante ou mortifère, pacifiante ou angoissante.

Dans cette création de l'instant, se redessine une ligne de vie, et lentement se réassure la densité de l'être, fragile et mouvante, intense et surprenante. Cet enracinement de l'espoir au cœur de la souffrance, cette interpellation réciproque sur ce qui s'appelle « La Vie », tissent le canevas d'un « autre langage », où la confrontation des idées et des expériences n'exclut pas la surprise de la rencontre mais en approfondit le mystère.

CHAPITRE VI

Vivre et mourir : une histoire de filiation, de partition et de transmission

1. Guérir et la dette de vivre

La réalité du cancer donne prise à la résurgence de fantasmes de mise à mort et de dette : « j'ai donné ce sein à ma mère » me dira une jeune femme. Ces fantasmes toujours prêts à renaître, risquent d'envahir en silence l'espace corporel et imaginaire du malade et de sa famille : Etre gros de l'autre et le détruire du dedans, éliminer le double-rival en soi, tuer l'enfant en soi pour renaître, rejoindre l'autre dans la souffrance et la mort. L'intime conviction trouve force de réalité, au point de n'en souffler mot.

De ce fait, le temps de la guérison se divise en deux temps, bien souvent dissociés, dont l'un peut aller sans l'autre : la guérison clinique, physique, n'est pas du même ordre que la guérison psychique, même si elles peuvent se renforcer l'une l'autre ou s'exclure. Cela oblige à un intense travail intérieur, que tous ne veulent ou ne peuvent pas faire, travail de deuil et de recréation, de fusion et de séparation, de distance et de retrouvailles.

La maladie, le médical, les personnages du médecin et des soignants ont ranimé des images intérieures de toute puissance, porteuses de vie et de mort. La guérison peut être alors synonyme d'être « abandonné ». La solitude est dure à accepter, à retrouver, sans cette béquille médicale, ces tuteurs de vie. Il faut recréer un espace intérieur, espace corporel et psychique, et un espace transitionnel d'échange avec l'extérieur qui permet aussi de l'intérioriser. Ce travail de deuil de l'enfant en soi, enfant porté, objet de tous les soins, rejoint le deuil de l'enfant de la mère, le deuil de la mère-placenta. Il y a donc une réactualisation du grand travail de séparation de l'enfance et de l'adolescence, séparation de corps, crise d'identité comme crise de désir.

Quand le danger réel est écarté, quand la guérison est confirmée par les instances médicales, il faut de nouveau négocier avec le désir de vivre, avec l'angoisse de mort redevenue flottante. Le cancer ne sert plus de catalyseur et le travail de *grandir* doit reprendre, travail de séparation et de symbolisation. Grande est la tentation du silence, de faire l'impasse sur cette reprise psychique d'un corps à habiter, d'un espace intérieur à retrouver. Reprendre parole, c'est alors une nouvelle tentative de se *remettre au monde*, se remettre en mouvement et en acte d'échange. C'est aussi une sorte de « réparation »[1] du lien après la mise à l'épreuve de celui-ci, et une réparation de l'âme après celle du corps.

Danièle BRUN explique la nécessité où se trouvent certains de trouver un lieu où ces mots-là soient recevables, où l'autre soit mis en position de « veilleur », à la fois promoteur de ces représentations infanticides si angoissantes et garant de leur silence... Pour que « je » vive, un enfant doit mourir... mais lequel ? Pas forcément l'enfant réel ![2]

Elle explique combien, lorsqu'il s'agit d'enfant, le fait même de guérir crée une fissure dans l'amalgame entre le corps de l'enfant et le corps de la mère. Donner à celle-ci l'occasion d'en parler, c'est à la fois la priver de sa seule identité de narrateur, mais aussi l'en délivrer pour raconter « son » histoire. C'est laisser les mots la relier à ses propres images archaïques, et à l'enfant donné pour mort à l'intérieur d'elle-même. C'est l'aider à délivrer son enfant d'une place impossible, celle de « revenant », pour s'expliquer, elle, avec sa propre mère. L'enfant réel en voie

---

1. KLEIN M., RIVIERE Joan, *L'amour et la haine, le besoin de réparation*, Paris, Petite Bibliothèque Payot, 1968.
2. BRUN D., « L'enfant donné pour mort », *Enjeux psychiques de la guérison,* Paris, Dunod, 1989.

de guérison doit se guérir aussi d'un lien indestructible avec la mère. Elle peut grandement l'y aider en se recentrant sur l'enfant qui doit mourir en elle.

Travail de mise en mots, travail de mise en forme, travail de recréation d'un espace intime, psychique et corporel, dans des frontières sûres... guérir est un rude labeur ! Ce travail de remise en route du désir est délivrance du corps de l'autre, du lien placentaire ou gemellaire au corps de l'autre. A ce prix il devient aussi réjouissance, par la découverte d'une image corporelle habitée par un sujet, véritable maison de son être désirant. Ce qu'on laisse derrière soi, comme le fruit d'une mue, réelle et symbolique, c'est le fantôme de l'enfant-Roi, la carapace du homard. Le « placenta » est mort et enterré, le « gâteau des morts » ouvre un espace aux vivants. Une autre fécondité peut s'inventer. La traversée cancéreuse représente alors comme une seconde naissance, un passage initiatique adolescent, une création de la maturité au moment où la fécondité quitte le corps. Guérir, c'est changer de peau psychique, parfois réellement physique, pour élargir son intérieur, développer des zones de contact, quitter père et mère, aller vers l'inconnu de soi-même et « déménager » jusqu'à quitter le ménage parental.

Une jeune fille disait à Danière BRUN : « J'ai envie d'avoir un intérieur où ma personnalité pourrait s'affirmer... écrire... ». Trouver un « intérieur », où cette jeune fille, guérie mais stérile à la suite des traitements, pourrait devenir grosse d'elle-même, se séparer de l'enveloppe maternelle, et supporter la perte, le « vide » d'enfant sans être « impavide ». Elle voulait « faire son trou », dans un intérieur qui ne serait plus celui qu'avait choisi sa mère pour elle, et inventer sa façon originale d'être féconde et créatrice. Inventer son mode d'être femme, pour que la stérilité, comme le cancer auparavant, ne lui colle plus à la peau comme un mot maudit, imprononçable ; pour qu'un jour aussi elle puisse l'oublier, ne plus se définir ainsi, se faire reconnaître ainsi, exister hors carapace[3].

« Je ne croyais pas que c'était si dur de ne pas le dire », confiait une autre jeune fille. Taire ou parler le cancer sans s'y identifier suppose un long chemin jusqu'à pouvoir

---

3. DOLTO F., DOLTO-TOLITCH C., *Paroles pour adolescents ou le complexe du homard*, Paris, Hatier, 1989.

l'oublier comme un moment fondateur de la nuit des temps. L'angoisse de mort alors peut redevenir flottante à l'arrière plan du psychisme. L'énergie pulsionnelle se mobilise pour réaffecter cet espace intérieur, en une circulation d'échange fécond avec l'extérieur. La mémoire se crée d'autres souvenirs, qui permettent le travail de l'oubli.

Ce *travail de guérison s'impose aussi pour les autres membres du corps familial* : parents, enfants, frères et sœurs. Il m'est arrivé de recevoir des fils, des frères ou sœurs tenaillés par l'angoisse d'être confrontés au mort, « revenant » venu hanter leurs rêves, et rongés en silence par la culpabilité de survivre. Il est alors très pacifiant de pouvoir mettre des mots sur ces peurs, dissocier les images archaïques des souvenirs réels, si douloureux soient-ils, et rétablir la dette de vivre en aval, et non plus en amont, vers l'origine. Oser reconnaître des affects si complexes vis-à-vis d'un mort, d'une morte, paraît criminel et insensé eut égard au respect qu'on leur doit. Freud le savait bien. Mais c'est là aussi une question de survie. Cette parole délivrée de la violence primitive des affects peut laisser revenir la mémoire de la tendresse, l'ambivalence du lien et le mystère de l'amour ou du moins la reconnaissance du mystère de l'autre, qui est infiniment plus que ce que l'on en sait. L'attachement au passé devient moins aliénant pour vivre le présent, et envisager sans trahison un futur hors du regard de l'autre disparu. Il arrive alors qu'anges et fantômes laissent en paix les vivants, pour avoir retrouvé juste place dans leur mémoire.[4]

Mais il arrive aussi que devant la guérison, ceux-ci attendent le passage à la génération suivante pour sauter dans d'autres corps, faute d'être entrés officiellement dans la lignée générationnelle, d'être reconnus et nommés dans l'album familial. Quand le travail de deuil n'a pu se faire, le cancer semble alors un rejeton anonyme, avorté, corporéisé, du processus mélancolique. Il ressurgit dans la confusion au niveau *transgénérationnel*, annulant les subjectivités. Les prénoms se redoublent, se renvoient les uns aux autres dans le désordre. Pour qu'un prénom demeure éternel et anonyme, signe de la permanence du corps familial, il faut

---

4. DUMAS D., « L'ange et le fantôme », *Introduction à la clinique de l'impensé généalogique*, Paris, Ed. de minuit, 1985.

du corps mort. Il faut tuer « un enfant », il faut « un enfant donné pour mort », pour que s'apaisent les démons collectifs, pour que la famille reste unie, que la cité ait le droit de vivre. La dette aux dieux immortels, ou au monstre a hanté les civilisations anciennes et donné naissance aux plus belles mythologies. Mais elle continue de hanter l'inconscient collectif, transgénérationnel. Le monstre réclame son lot de chair fraîche ! Sorcière, ogresse, méduse, hydre. Lorsque le Nom du Père est annulé, ne peut plus faire effet de nomination symbolique, le pouvoir de la famille devient totalitaire, arbitraire et cancérigène. A défaut de produire des psychoses ou à côté, la cancérisation d'un membre incarne cet évitement de la castration symbolique, condition de la transmission du Nom et de la vie. La faute, le prix de cette ignorance entretenue est payée par le plus jeune, le plus innocent, le plus pur, l'enfant de tous les talents, le jeune le plus doué, l'adulte le plus créateur... représentant de la victime innocente.

Si rien ne l'arrête, le réel cancéreux, sauvage et débridé, enflamme ces représentations tout en les assommant brutalement pour les reléguer au fond de l'inconscient familial. C'est la faute à personne, c'est la faute au destin ! L'innocence est à nouveau immolée, et chacun peut pleurer « l'enfant mort » hors de soi, surtout si c'est un enfant en bas âge ou un adolescent !

On devine combien la parole peut être risquée et combien elle nécessite de circonstances favorables. L'annonce ou la guérison du cancer peuvent prendre valeur d'un épisode psychotique, entraîner des confusions de plan. Se reconnaître héritier de ces représentations anonymes qui glissaient sur le fil des générations n'est pas simple. Mais lorsque cet héritage est assumé, si peu que ce soit, par un sujet, il est en mesure d'arrêter le déchaînement sauvage de ces représentations sur la chaîne des générations, du moins en aval. Un ange passe dans les rêves ou les mots surgis de l'inconscient, qui apaise les esprits. Car le fantôme est dans un rapport certain avec la pulsion de mort, tandis que l'ange véhicule le verbe par delà cette rupture qu'est la mort, comme le dit si bien Didier DUMAS.

2. Le paradoxe médical et le roman somatique libérateur

Le cancer provoque le sujet à un double mouvement, paradoxal, à la fois d'arrachement de soi tel que l'on était jusqu'à présent, et de rentrée, de reprise de soi dans de nouvelles frontières. Ce mouvement s'appuie aussi alternativement sur une reprise de parole et sur des temps de silence, en même temps que des actions énergiques sur le corps et des moments de récupération passive, pour laisser « agir » les traitements. Ainsi se nouent et se séparent, se rejoignent et se divisent les temps et les lieux d'une « partition » physique et symbolique, ainsi se modulent temps forts de souffrance et moments de réjouissance, en une tension ardente et douloureuse vers un renouveau de vie et vers d'autres créations.

Parfois c'est la maladie elle-même, en tant qu'expérience de rupture d'un fonctionnement à la fois physique et psychique, qui va relancer un discours subjectif à partir des perceptions et sensations retrouvées.

R... est une jeune femme de 36 ans, venue consulter avec son mari pour une tumeur mammaire perçue cinq mois auparavant. Il a déjà fallu ce temps-là pour sortir de l'ombre ce signe corporel muet, et le socialiser, lui donner réalité de chair en en parlant à son mari, puis au médecin. Il devient récit, et « roman somatique libérateur » auprès d'une psychologue.

Mais le plus frappant dans ce récit est que l'acte chirurgical proposé, *couper le sein*, n'intervient en rien comme symbole d'atteinte corporelle et de risque de mort, mais d'emblée comme *symbole de séparation*, de coupure relationnelle nécessaire.

« Mon mari est en traitement pour dépression nerveuse depuis la mort de ma mère qu'il adorait. Depuis, il s'est greffé sur moi... J'ai trop vécu en n'étant pas moi-même. Il fallait couper entre mon mari et moi. Cela ne pouvait durer ! ».

« La tumeur », nous dit très finement Khadija Besbès, « excédent corporel à éliminer, fait surgir un autre excédent accumulé au cours de ses échanges relationnels, et qui s'apparente au faux-self »[5]. Ainsi l'efficacité de la coupure qu'effectue le chirurgien prend valeur de partition symbolique, où le sein (maternant) est sacrifié comme organe envahissant le relationnel conjugal, pour réouvrir la voie au sexuel. Le rejet violent de cette « greffe de mari » à laquelle elle ne pouvait résister psychiquement s'inscrit alors dans le corps. La reconnaissance par le chirurgien, et la coupure de ce trop plein, de cet excédent de chair réamorce une circulation de désir sexué, une acceptation de séparation du corps maternel à travers son propre corps, et une désidentification de celle-ci pour redevenir épouse, retrouver corps propre, corps de femme. La médicalisation permet un processus d'individuation, de séparation d'un mari-enfant. Elle rend nul le fantasme inquiétant d'époux « jumeaux, qui se cramponnent sans pouvoir s'arracher l'un à l'autre ».

Lorsque les mots sont impossibles et impuissants à trancher pour délimiter un territoire personnel, physique et psychique, il arrive que l'hospitalisation et l'acte sécateur chirurgical apportent cette césure matérielle nécessaire pour que la coupure symbolique advienne. La relation fusionnelle et mortifère à l'autre est tranchée et *jetée au rebut* par l'organe qui la représente, ou même par un organe « insensé ». Il faut du « reste inutile » qui représente l'absurdité de liens délirants, déconstruits ou insensés. Cette singularisation dramatique renforce l'identité de base, corporelle et psychique, et accélère le processus de subjectivation pour pouvoir ensuite renoncer à ce cancer devenu inutile. C'est-à-dire désirer vraiment en sortir. « Voyez-vous, je me plais dans mon cancer, mais je veux en guérir ! ».

Ce corps, que R. vivait comme réceptacle, poubelle de toutes les déprimes de son mari, et qui lui interdisait sa propre déprime, a été remodelé par la maladie. Elle peut y retrouver des sensations vivifiantes, bien à elle, y greffer des images de circulation, d'expansion juste, de vie régénérée. Le cancer lui-même, en tant qu'expansion délirante des cellules, avait eu le mérite de réanimer une image du corps plate, désaffectée, dévalorisée, corps-annexe et otage des affects d'autrui comme un corps-siamois. Dans son

---

5. BESBES K., « Le roman somatique libérateur », in *Psychanalyse à l'université,* 1989, 14, 54, pp. 75-89.

exubérance, ce cancer représentait pour elle une remise en route, et la transgression des normes auxquelles elle s'était toujours soumise. Réveillée en sursaut, en catastrophe de son immobilité psychique, elle emploie alors des images essentielles, liées au rythme de la vie organique, biologique, au cycle des saisons. « J'ai toujours été dans un état d'hibernation plutôt que de germination. Je préférerais que ce soit une germination, quelque chose qui éclate, qui explose, qui change ce train-train. La monotonie, la routine, ça m'est très pénible et je pense que c'est cela qui a provoqué ma maladie du sein ». Comment ne pas penser à la révolte, au bouillonnement pulsionnel de l'adolescence ?

Mais il convient de ne pas entendre ces mots-là comme une rationalisation causaliste univoque. Il s'agit là du fruit de tout un travail de reconstruction, de réordonnance et de prise de parti dans sa propre histoire. La parole confirme alors la coupure, lui redonne sens métaphorique et entraîne une exigence de continuité dans ce retournement intérieur, de reprise de soi. « Je me demande si ce n'est pas pour me différencier de mon mari que j'ai fait ma maladie. Mais j'ai encore de la peine à décoller, à prendre mon envol, et là, je rabâche des trucs. Je suis tiraillée entre l'intérieur et l'extérieur, mais je connais mes limites maintenant ».

L'établissement et la reconnaissance de ces limites corporelles l'obligent ainsi à investir sa vie, à en assumer la charge à son tour : « Je me sens mal parce que j'accuse mon mari d'un tas de choses, mais c'est moi qui suis aussi concernée. J'ai l'impression de fuir mes responsabilités et de regarder toujours en arrière ».

Il est aussi très intéressant de constater comment le traitement de la maladie lui offre la première occasion de *remise en forme, en route*. Le rythme des programmes thérapeutiques, les allées et venues à l'hôpital et à la maison rétablissent un espace personnel et social, et des zones transitionnelles. La chimiothérapie elle-même revivifie le corps en y rétablissant une circulation dialectique : « C'est ma planche de salut. Ca passe dans tout le corps, ça diffuse comme les racines d'un arbre. La chasse est ouverte dans les deux sens, la chasse aux mauvaises cellules, et ça part partout comme de minuscules petites racines qui vont prendre vie et se développer ». Chasser renvoie au fait de s'enraciner :

racines de vie, racines de langage s'interpénètrent ainsi et replongent aux sources les plus essentielles de la vie organique et psychique, et au rythme du végétal humain, nécessaire ancrage pour une « prise d'histoire », où le temps s'accorde à l'espace et où le corps, l'image et la parole se soutiennent les uns les autres.

Par le sein retiré à ce qu'elle ressentait comme avidité dévorante, ce sein arraché de son corps par un puissant réflexe de survie, R. obéit aux lois primitives de la vie. « Si ton œil te nuit, arrache le ! »... Si ton sein te « pompe », coupe le ! Dans ce « sacrifice », elle put sans doute transformer radicalement son être au monde, plus proche jusqu'à présent du nourrisson savant. Dépassant les frontières de la relation à la mère, c'est à l'image de la terre nourricière et revitalisante qu'elle put faire appel, plongeant ses radicelles de vie dans l'humus commun à tous les hommes, respirant l'air subtil donné à tous en partage. Elle put alors intégrer cette « haine suffisamment bonne » à sa relation conjugale, et la relier à l'amour, pour le faire grandir, réconfortée par la différenciation accomplie.

L'espace vide retrouvé, corporel et psychique, permet enfin d'apprécier sa solitude, et d'inviter l'autre à l'intérieur de soi, dans ses espaces transitionnels, lieu de rencontre et de création.

Ceci n'est qu'un exemple particulier. Je l'ai choisi à dessein pour son caractère paradoxal, sa remise en question de l'aspect uniquement dramatique du médical sur le plan du réel. Il nous montre combien tout acte médical peut avoir une portée imaginaire et symbolique qui, si elle peut être reconnue, transforme l'expérience même du sujet qui le subit et dans cette dramatisation, se retourne en processus créateur.

3. Mourir, cet ultime processus créateur

Nous retrouvons l'intensité de ce processus créateur dans le témoignage de Michel de m'UZAN à propos d'une femme atteinte d'un cancer généralisé et venue lui demander une reprise de travail analytique, en dépit ou à cause d'un diagnostic et un pronostic très sombres[6]. Mme D. était soignée depuis dix ans pour un cancer du sein, bilatéralisé par la suite et suivi de métastases osseuses. Malgré sa tentation de baisser les bras, le savoir sur son état avait mobilisé en elle des forces insoupçonnées et très vite elle confia à son analyste le sentiment intense d'être de nouveau engagée dans un processus créateur.

A lire ce texte très intense, j'ai été frappée de retrouver ces deux versants de la recréation : rejet, « chasse » de quelque chose de menaçant pour la vie du sujet, et enracinement dans un terrain vivifiant, qui alimente et supporte cette re-création. Dans le cas de Mme D., l'enracinement se prit sur le terrain de l'analyse et avec la personne de l'analyste, au point de retrouver avec lui les zones d'identité incertaine des toutes premières relations. Au point aussi pour l'analyste de presque regretter, de « déplorer de n'être pas assez fou, d'être incapable de croire que la pleine utilisation des mécanismes primaires dans son action puisse par exemple enrayer l'évolution du cancer » ! Mais à défaut d'enrayer le cancer, Mme D. imprima sa trace sur l'analyste, pour se survivre en lui et à travers ce témoignage.

L'autre face de son travail, celui du rejet, se situe peu de temps avant sa mort. Comme par un dernier sursaut psychique, elle se surprend à confier à son analyste un phénomène étrange qu'elle observe depuis peu : « Voyez-vous, ce n'est pas moi qui suis malade, c'est l'autre... » Et elle précise en souriant : « Non, je ne suis pas schizo, ne le croyez pas ! Il s'agit de quelque chose de ténu, une sensation à côté de moi... comme c'est pénible d'avoir ainsi quelque chose à côté de soi ».

Parallèlement à la projection dans l'analyste et le désir de le marquer de son empreinte, survenait une sorte de **création d'un double**, destiné à mourir « à sa place ». Ce double gémellaire, où elle expulsait la part d'elle-même en explication aimante et hostile et en confusion avec la mère morte, lui permettait sans doute de préserver intacte sa part d'immortalité, sous la protection tutélaire de l'analyste. Et

---

6. de m'UZAN M., « Dernières paroles », in *Nouvelle revue de psychanalyse,* n° 23, 1982, pp. 117-130.

l'on peut bien penser, avec Michel de m'UZAN, qu'aux approches de la mort, l'appareil psychique archaïque redevient actif, sous la pression d'un fantasme présent depuis la nuit des temps de la vie, le fantasme du double, qui rejoint celui de « l'enfant donné pour mort ».

Il n'est pas fréquent d'assister à de telles modifications psychiques. Il n'est pas fréquent non plus pour un analyste de se laisser entraîner ainsi dans « l'orbite funèbre du mourant » et de s'associer au « travail de trépas » de façon aussi impérieusement proche et intime. On ne sort pas intact de telles rencontres, de tels passages... Mais les soignants en soins palliatifs, comme les proches qui veulent bien et qui peuvent y participer, savent bien quel appel pulsionnel urgent ils ressentent et à quelle place unique ils sont parfois convoqués dans cette ultime expérience relationnelle. Ceci peut engendrer aussi chez eux des angoisses archaïques et des mécanismes de défenses extrêmes.

Et pourtant, « à la dernière extrémité, il (le mourant) est habité par des pensées contradictoires. Ainsi lorsqu'il réclame que l'on hâte sa fin, il trouve dans le même temps le moyen d'exprimer en sourdine une toute autre demande, qu'il faut savoir déchiffrer. Profondément, le mourant attend qu'on ne se soustraie pas à cette relation, à cet engagement réciproque qu'il propose presque secrètement, parfois à son insu, et dont va dépendre le déroulement du trépas. En fait, il s'engage, en vertu de ce que j'imagine comme une sorte de savoir de l'espèce, dans une *ultime expérience relationnelle*. Alors que les liens qui l'attachent aux autres sont sur le point de se défaire absolument, il est paradoxalement soulevé par un mouvement puissant, à certains égards passionnel. Par là il surinvestit ses objets d'amour, car ceux-ci sont indispensables à son dernier effort pour assimiler tout ce qui n'a pu l'être jusque là dans sa vie pulsionnelle, comme *s'il tentait de se mettre complètement au monde avant de disparaître* »[7].

Tous les mourants ne manifestent pas un tel appétit libidinal, certains s'éteignent tranquillement quand ils ont « fini de vivre », selon le joli mot de Dolto, d'autres se retranchent dans un isolement absolu. De la même façon,

---

7. de m'UZAN M., « Le travail du trépas », in *De l'art à la mort,* Paris, Gallimard, 1977, p. 187.

tous les accompagnants ne se sentent pas la force d'être des « passeurs » à ce prix là. Mais ce travail laisse des traces vives chez tous ceux qui ont accepté d'aller au-delà de la vie ou de la mort « ordinaire », en assurant à « leur » mourant une présence quasi sans défaillance tout en supportant un certain flou de leur être. Cette qualité d'être en relation me semble unique et pourtant rejoindre dans cette présence paradoxale la première dyade formée par la mère et son nouveau-né. « Contact élémentaire, fut-il limité à deux mains qui se tiennent lorsque l'échange verbal est devenu impossible »[8]. Elle rejoint aussi l'essence de la fonction paternelle dans l'acceptation de la coupure et l'envoi, sans retenir celui, celle qui part. Ils partent seuls, avec pour talisman, la bénédiction de ceux-là qui ne les laissent qu'aux portes de la mort, et l'écho de leur prénom qui résonne encore bien au-delà.

Ingmar BERGMAN a su représenter de façon extraordinaire cet univers d'inquiétante étrangeté que réveille l'agonie d'un parent, et cette terreur d'être emporté dans la mort par l'autre, le double qui crève de mourir seul. Dans « *Cris et chuchotements* », le cancer terminal de leur jeune sœur réveille la violence furieuse et la tendresse haineuse qui relient les deux ainées à celle-ci et entre elles... A l'abri de ce cercle vicieux qui porte la marque de la mort, seule la servante Anna peut sans crainte prendre dans ses bras nus sa jeune maîtresse à l'agonie et la bercer dans son giron gonflé de douceur, apaisant de ses caresses et de ses mots-tendresse les terreurs de la nuit. Son secret ? C'est d'avoir affronté elle-même l'horreur à la mort de son enfant. Alors la jeune mourante, dépouillée de ce masque horrifiant que lui prêtaient ses sœurs, peut accueillir et recevoir de sa servante la tendresse maternelle qui seule peut aider à mourir, à passer de ses bras à ceux de « la troisième des femmes du destin, la silencieuse déesse de la mort ».

Nombreux sont ceux qui, comme la servante Anna, se sont retrouvés seuls sur la rive, passeurs abandonnés, mais gonflés d'une sève nouvelle et intensément pacifiés de ces traces là, de cette mémoire là, malgré la douleur de la perte. Ils se retrouvent à leur tour dépositaires de ce nouveau savoir, ce savoir si ancien que les générations successives se

---

8. de m'UZAN M., « Le travail du trépas », *ibidem*, p. 194.

transmettent depuis la nuit des temps, avec à leur charge de le transmettre à leur tour comme un savoir vivant.

4. La trace et les rites sacrés de la mémoire

La mort possible relance la question de l'enfant : « D'où je viens », et « quand je serai grand » se doublent de l'interrogation sur ce qui restera « quand je serai mort ». Moment ultime, nous dit AULAGNIER où « le Je veux savoir s'il a contribué à forger une histoire, ou s'il n'a fait que se raconter des histoires ». Tension douloureuse puisque de certaines vérités il ne veut rien savoir pour ne pas dévoiler l'effet illusoire de ce qu'il tenait pour vrai. Mais tension nécessaire en lien avec l'urgence que pose la mort à reconnaître quelles traces sa vie laissera dans la mémoire des autres, trace vive ou simple éraflure, mais trace réelle en vérité.

L'angoisse ultime de la mort rejoint cette question de la trace, le pire étant l'a-néantissement d'une vie, d'un sujet dans la trappe de la mort, sans trace symbolique de lui-même, effet et fruit de ses actes (de filiation, de pensée, de création). Cette petite partie détachable de lui-même et vouée à l'immortalité, en lien avec l'intérêt de ceux qui lui survivront, est sans doute liée aussi à la reconnaissance de la castration, à commencer par la première : la séparation irréductible de l'enfant du corps de sa mère.

Je voudrais ici relater une histoire relevée dans un article de Janine PILLOT[9], sur un *désir de mourir* ou une demande de mort qui traduisent, me semble-t-il, l'horreur de cet anéantissement, dans une « *souffrance morale telle qu'elle prive du désir de vivre* ». Désir de mourir, ou impossibilité de continuer à vivre « comme ça » ? Si court soit le temps qui lui restait à vivre, cette jeune femme semblait castrée de toute possibilité de transmission symbolique, à l'heure où devant mourir, elle venait de donner « le monde », naissance à son enfant. Mais qu'est le monde pour un nourrisson sans la

---

9. PILLOT J., « Ceux qui ne veulent plus vivre », in *Jalmalv*, n° 13, juin 1988, pp. 15 et 16.

voix et l'odeur de sa mère ? Et qu'est le monde pour une mère s'il ne se confond pas avec le regard de son enfant ?

« B. a 25 ans. Elle s'est mariée il y a un an. Elle est allée vivre à l'étranger dans le pays de son mari. B. est enceinte de 6 mois. Elle commence à ressentir des douleurs. On les attribue à une mauvaise position du bébé. B. souffre de plus en plus. On finit par découvrir un cancer, déjà métastasé sur le plan osseux et pulmonaire. B. est rapatriée dans son pays. Une césarienne permet la naissance prématurée de l'enfant qui est mis immédiatement en couveuse tandis que la mère est hospitalisée dans un service pour le traitement de sa maladie.

La jeune femme semble en état de choc. L'accumulation de la douleur au fil des jours, cette naissance, cette maladie, sa très grande faiblesse, tout cela semble la rendre incapable de réaliser, de sentir, de réagir. Elle communique peu et semble complètement repliée durant les premiers jours. Puis, peu à peu, elle réussit à faire face, à essayer de comprendre, à poser des questions ; mais là aussi, la douleur physique très diffuse au niveau des os n'est pas bien contrôlée et l'angoisse et la révolte la submergent ; elle pleure comme un bébé, régresse ou agresse, ou se replie complètement sur elle-même. Elle refuse ses traitement disant qu'ils n'amènent aucune amélioration, et ne croit plus aux antalgiques. Ses parents, son mari, souffrent aussi de cette situation, impuissants à la soulager, à l'aider ou à la stimuler.

Un soir, B. demande à ses parents que l'on mette un terme à sa vie. Elle dit qu'elle ne fait pas cette demande sur un coup de tête. Qu'elle a mûrement réfléchi. Mais que cela ne lui est plus possible de vivre ainsi. Que s'ils l'aiment, la seule preuve de leur amour, ce sera de faire tout cela, de lui permettre de mourir. Son père se fait l'intermédiaire de cette demande auprès du médecin qui la soigne. Il aurait voulu qu'elle se batte, qu'elle s'en sorte, mais accepte que la volonté de sa fille soit respectée si vraiment sa vie n'est plus que souffrance. Le médecin vient passer le soir même auprès de la jeune malade. Elle lui réitère sa demande, clairement, disant qu'elle souffre trop de vivre ainsi, et que la seule attitude humaine envers elle serait de l'aider à mourir. Le médecin lui explique alors qu'il comprend sa demande, qu'il comprend ce qui la motive, et en même temps lui explique que l'équipe soignante et médicale ne voudrait pas garder d'elle l'image de quelqu'un dont on aurait suspendu la vie sans avoir essayé de l'améliorer, de la rendre vivable et acceptable.

Aussi, prend-il du temps et négocie-t-il avec la jeune malade un essai plus approfondi de mieux contrôler les phénomènes douloureux, en faisant appel à toute l'attention, toute la créativité possible et l'écoute plus attentive de ses symptômes afin de trouver une attitude antalgique plus adaptée aux besoins de la malade. Face à la souffrance morale de cette malade, des entretiens psychologiques lui sont proposés dès le lendemain. La jeune malade explique alors le désarroi extrême qu'elle ressent d'avoir ainsi vécu sa grossesse, dont la joie a été complètement escamotée par les douleurs ; la naissance qui n'était plus que la caricature de ce qu'elle aurait pu imaginer ; le bébé qu'elle ne connaît pas, qui n'a pas besoin d'elle, dont elle est incapable de se réjouir, pour lequel elle ne ressent pas d'amour ; elle dit combien elle se trouve indigne, mauvaise mère, de ne pas trouver la force de vouloir se battre pour lui. Ce moment qui aurait pu être un bonheur pour tous, pour elle, pour son mari, pour ses parents, elle avait le sentiment de le gâcher et se sentait aussi coupable. Autant disparaître plutôt que d'apporter autant de malheur autour de soi et de n'avoir plus rien à donner, même à son bébé.

Face à cet éclairage de la situation de la malade, l'équipe soignante en accord avec la famille s'est mobilisée très vite. Au niveau de la douleur, une meilleure sédation a pu être obtenue. Tous les efforts ont été faits pour aider la jeune malade à trouver de meilleurs réponses à ses besoins physiques et une coordination a été faite avec l'équipe de médecine néonatale pour que, dès que cela serait possible, on amenât chaque jour le bébé dans la chambre de sa mère. Envisager cette rencontre a servi d'horizon à la jeune femme. Tout un rite se mit en place. On la préparait une heure avant l'arrivée du bébé. On lui donnait un calmant supplémentaire pour que ces heures soient sans douleur et que la malade puisse être détendue et disponible. Tous les après-midi, elle pouvait laisser dormir l'enfant contre son épaule, en lui faisant écouter des berceuses qu'elle faisait enregistrer pour lui par ses parents. Elle pouvait enfin vivre et ressentir la tendresse escamotée par ces semaines difficiles. Sa famille, autour d'elle, participait à ces moments de joie.

Il reste de ces moments que l'on peut dire « heureux » des photos très sereines, qui ont permis à tous, malade, famille, soignants, de garder - malgré la mort de la malade quelques semaines plus tard -le souvenir de moments qui conservaient, malgré la souffrance de tous, leur densité humaine et avaient trouvé sens pour la jeune malade et son entourage ».

Cet exemple dramatique nous fait entrevoir ces moments de retournement saisissants où au plus absurde de la souffrance, au plus aigu de la douleur physique, l'angoisse de mort s'apaise de retrouver visage humain et lien vivant à l'autre. Angoisse de mort et vœux de mort ne se confondent-ils pas lorsque l'on fait l'impasse du désir, et qu'on se laisse aveugler par l'horreur et l'injustice évidente de la situation ?

Mais qu'est la mort pour une mère dépossédée du premier lien avec son enfant ? Mort de son « Moi-maman » à peine né, qui l'anéantit avant l'heure de sa mort de femme et qui désespère, dévitalise le sujet du désir en elle. La retrouvaille avec son enfant nouveau-né lui a permis de réamorcer un lien vital avec elle-même, en une reliaison des pulsions de vie et de mort que je dirais *vitalement fécondes* dans l'urgence de l'instant. Elle a pu ainsi reporter l'issue de sa propre mort au moment exact où elle devait y arriver et seulement à ce moment-là, c'est-à-dire non *prématurément* par rapport à son désir.

Cet ultime embrasement du désir dans la conviction intime de l'échange jusqu'au cœur de la chair et dans la chair de l'âme permet peut-être seul la traversée pacifiée de cette mort « absurde et injuste » en soi objectivement, c'est-à-dire quand elle est déconnectée de tous repères symboliques. Et la mort elle même semble parfois s'incliner devant la violence de ce désir, et suspendre son œuvre pour le temps d'une rencontre, le temps d'un soupir, d'un regard, d'un adieu.

Cet exemple m'amène à approfondir la question de la castration et de la mort, en tant qu'ultime séparation, épreuve dernière qui dramatise le paradoxe évident de toute les « castrations » précédentes : Paradoxe provoquant d'un mot qui signifie « coupure », quand il est relié au mot

« symbolique » qui signifie « Ré-unir, Re-lier, mettre ensemble ».

Dans toutes les étapes de sa croissance et de sa vie, l'être humain aura à réagir par rapport aux castrations successives et à les penser, soit comme « symboliques » et fécondes, soit comme « diaboliques », comme une épreuve absurde et injuste qui sépare et délie. L'exemple précédent nous révèle à quel point l'évitement de la souffrance de séparation et de la mort, même pour « le bien » d'un malade, peut être « diabolique » et délier en lui le travail de liaison des pulsions, en le coupant des racines de son désir. C'est le priver de son dernier acte humain : laisser trace vivante et pacifiée grâce à la rencontre au cœur même de la mort à venir.

Il nous montre aussi combien l'immense travail de séparation qu'impose la mort n'est rendu « viable », humanisé, qu'à travers ces liens subtils et charnels à la fois, tissés sur les zones de contact élémentaires. Ils bercent et apaisent par le canal des cinq sens. Ils font trace de rencontre ultime à travers la voix, la peau, l'odorat, la mélodie des mots et la vibration des silences. Ils permettent que le travail de l'adieu ne soit pas vécu comme un impossible arrachement, source d'une hémorragie et désespoir absolu, mais aussi comme un moment sacré où l'âme des choses devient sensible, dans la lente métamorphose du lien. Alors, la présence peut devenir trace, et l'absence se faire mémoire.

TROISIÈME PARTIE

UNE CLINIQUE DE LA METAMORPHOSE

« *C'est par la peau qu'on fait rentrer la métaphysique dans les esprits.* »
Antonin Artaud
« *Le visage de l'autre m'oblige. Il m'oblige à ce miracle de nécessité qu'est le simple être là, dont la surprise excède toute prise et nous déstabilise de nous dans l'étonnement et dans l'effroi.* »
Henry Maldiney

CHAPITRE VII

D'un langage à l'autre

Les témoignages rencontrés nous montrent clairement l'intense travail intérieur auquel pousse la maladie, cette mise en route, cet arrachement de certitude, cette transformation des repères intérieurs à l'épreuve du doute pour trouver, inventer de part et d'autre de la passerelle un langage commun.

Mais l'accès à ce langage n'est en rien naturel. Il est douleur de culture. Il part de l'acceptation d'un profond mouvement de mort et de renaissance à l'image d'un rite initiatique, à l'issue duquel les mots acquièrent un autre sens, lestés d'un poids de valeur symbolique enracinée dans ce labour de la chair, lestés du poids de la gravité humaine, lourds de sens et d'énigme sur la vie et la mort, la transmission et l'identité.

Parler le même langage suppose de part et d'autre une perte : celle de la certitude et du filet de l'objectivité. Il faut tisser un autre réseau, en rentrant dans *un temps pour l'éprouvé*. Si on s'y laisse aller, cet éprouvé entraîne forcément vers un éprouvé originel, aux racines du soma, un éprouvé radical, en chute libre des mots. On retourne au magma « psychosomatique » originel, où les pulsions sont encore confondues, les affects mélangés et contradictoires, informes, et où il ne reste à dire que « Ça fait mal », ou « Ça fait peur ». C'est à partir de cet éprouvé brut qu'il faut remodeler les mots en même temps que l'on appelle un autre vers qui les lancer : un autre extérieur, support et représentant de l'autre intérieur.

Dans cet acte là, de parler et d'entendre, chaque partenaire est convoqué au plus près de ce qu'il peut supporter : proférer et entendre des mots qui parlent une souffrance « in-ouïe », une division insupportable, une angoisse qui transpire par tous les pores de la peau et même toutes les cellules du corps. Prononcer et entendre un appel fou, une demande impossible, un rejet insupportable, des affects quasi-délirants. Laisser monter du fonds de son corps et de l'âme des paroles « insensées » et supporter de ne plus rien y comprendre, perdu dans la brume, avec comme seul repère ce fil ténu de la parole qui se cherche, suspendue à un Autre obscur mais quand même là.

Le cancer est bien une clinique de la métamorphose ! Si elle s'impose au regard du côté du malade, elle n'épargne pas le soignant, ni l'entourage. Chacun est convoqué à cette dure nécessité, à la création d'un espace intérieur suffisant pour qu'un autre langage s'y déploie que le langage rationnel. Chacun le découvre à la mesure de son abandon, de sa patience et de sa capacité à entrer dans « la sagesse des éprouvés », qui nécessite d'accepter de perdre beaucoup.

Perdre au jeu de la puissance, perdre du temps, perdre la face, perdre le fantasme de guérison totale, de réconciliation totale psyché-soma, corps et inconscient, parfois accepter de perdre la raison, par instants fulgurants, d'entrer dans ces « agonies primitives » dont parle BION, et qui sont pourtant la condition de la croissance mentale.

Ce travail de métamorphose, s'il est au cœur de l'expérience du malade souffrant, rejoint exactement ce que l'on commence à reconnaître comme « *la souffrance des soignants* », en lien avec leur propre demande d'être reconnus comme véritablement soignants, confrontés aux limites de leur désir de guérir. La pression de la mort répétée, des fuites en avant thérapeutiques pour masquer l'insupportable de cette mort, les demandes intenses et contradictoires des malades et le sentiment d'impuissance ou d'échec engendrent des phénomènes émotionnels et psychosomatiques débridés, faits de colère, de désespoir larvé et aboutissant à une barricade protectrice d'indifférence affective. Ces symptômes constituent ce que l'on a appelé « *burn-out* »[1], cet épuisement de l'être qui condamne les soignants au silence et au désinvestissement de leur tâche,

---

1. FREUNBERGER-RICHELSON, *Burn-out : the high cost of high achievement*, Garden City, Doubleday and co, New York, 1980.

plus encore de leur identité de soignants et leur estime d'eux-mêmes. La dignité d'être soignant s'effondre avec la dignité reconnue aux malades devenus des numéros.

« Autour du lit du mourant commencent à se dévoiler les illusions d'une médecine qui s'espérait triomphante, d'un public qui se croyait sauvé, et de soignants qui se voulaient intouchables. Devant la mort, qui est toujours malheur, les souffrances se découvrent, se disent. Les soignants acquièrent là une dimension proprement humaine, ni saints ni démiurges, ni diables menaçants. Ils apparaissent en quête du sens de leur travail, à la recherche des causes du trouble qui les habite. Face à la mort, se tenant près du malade, ils sont des soignants en souffrance »[2].

Si elles ne sont pas reconnues et supportées par le groupe institutionnel et social, la culpabilité et l'angoisse deviennent telles qu'elles excluent d'entrer dans ce que Xavier RENDERS appelle « le jeu de la demande »[3]. Ce jeu risqué est pourtant vitalement nécessaire face au cancer, pour accompagner ces arrêts du désir quand l'angoisse est trop forte, supporter les mouvements pulsionnels trop intenses ou leur extinction, pour trouver les mots qui touchent, qui résonnent et font passerelle. Dans cet espace de jeu qui inclut forcément deux partenaires ou plus, dans cet espace protégé qui garantit la permanence du désir, peuvent être posés les jalons d'un langage commun, comme peuvent être instaurées des zones de silence où même les impasses de la parole. Les passages à vide et la solitude extrême sont respectés, soutenus. Le rejet lui-même peut être supporté dans le jeu de la bobine, si le fil est solide.

Mais ceci n'est possible que si les soignants rentrent dans la chambre des malades et jouent le jeu de l'offre et de la demande, car eux aussi sont en demande ! C'est pourquoi considérer cette souffrance des soignants comme riche de sens à trouver, un sens qui fait signe et interpelle les valeurs de notre société, offre une ouverture très importante. Cela nous permettra peut-être, personnellement mais aussi collectivement, de quitter « *l'agrippement psychique à la*

---

2. GOLDENBERG E., « Aider les soignants en souffrance », in *Jalmalv*, n° 14, sept. 1988, pp. 3 à 13.
3. RENDERS X., *Le jeu de la demande. Une histoire de la psychanalyse d'enfants*, Bruxelles, De Boeck Université, Coll. Oxalis, 1991.

pensée, comme à une sorte de *seconde peau intellectuelle* à laquelle on s'agrippe pour *ne pas rencontrer et ne pas éprouver l'intolérable et scandaleuse souffrance de l'autre.* Le patient devient alors un objet d'études, un objet inanimé, ayant perdu tout aspect humain... et au service du narcissisme du chercheur ». Ceci n'épargne ni médecins ni psychanalystes... « le véritable apprentissage, l'authenticité de la rencontre avec la pensée, supposent un état de dépressivité, favorable à la prise de contact avec l'intériorité et avec l'expérience du manque. L'agrippement adhésif à la pensée reste une activité périphérique et donne des « effets de bouche »[4].

Mais la demande des soignants n'est-elle pas justement en urgence d'être entendue quand ils restent « bouche-bée » et qu'il n'y a plus de mots pour dire là où « ça fait mal », dans la blessure vive de cette perte de toute-puissance, de ce « non-savoir » qui seul peut ouvrir à un autre savoir, dans l'ordre de l'humain, dans la dialectique de la personne et une éthique de désir ? Ces passages là sont initiatiques. Ils ouvrent la voie vers une « co-naissance » à la souffrance et l'angoisse d'être humain, au partage des limites et peut-être alors à une ré-jouissance de cette humanité partagée.

Notre société commence à ouvrir les yeux sur cette nécessité d'accompagnement des malades en fin de vie, à partir de l'horreur, de la solitude et de la souffrance inhumaine de certaines morts qu'elle-même engendre ou qu'elle ne peut contrôler[5]. La philosophie des Soins Palliatifs est le fruit d'une révolte issue de ces confrontations et d'une réflexion profonde, déstabilisante, pour aboutir à une prise de position bio-éthique sur la place de la souffrance et de la mort dans une vie humaine. Les hommes y redécouvrent le devoir sacré de s'accompagner les uns les autres dans ce grand passage. Cela suppose de créer les conditions de possibilité pour qu'il soit traversé humainement, de façon que « passeurs » et « passants » se trouvent un espace de

---

4. CICCONE A., LHOPITAL M., *Naissance à la vie psychique*, *op. cit.*, p. 49.
5. GOLDENBERG E., « Mort, angoisse et communication », Intervention au 1er Congrès de l'Association Européenne de Soins Palliatifs, Paris, 17-19 oct. 1990, in *Bulletin JALMALV*, n° 24, mars 1991, pp. 7-22.

souffrance et de réjouissance, et un langage commun. Cela suppose aussi de reconnaître la nécessité de se transmettre l'ignorance et le respect devant l'imprévu et le mystère de chaque passage, de chaque accompagnement.

Ainsi nous retrouvons, étonnés, inquiets et apaisés à la fois, que mourir est un moment de la vie, un passage « inquiétant et jouissif », comme en témoignait Françoise DOLTO à l'heure de sa propre mort. Ce passage mobilise tout un travail intérieur pour celui qui le vit et ceux qui l'accompagnent. Nous reconnaissons peu à peu la sagesse de l'Ecclésiaste, et la nécessité d'un temps pour vivre et d'un temps pour mourir, temps des larmes et temps du rire, temps du silence recueilli et temps des ultimes confidences, des ultimes caresses. Nous apprenons que la souffrance peut être humanisée, apprivoisée dans une mesure supportable et qu'elle peut, si nous la considérons comme digne de respect et d'écoute, se transformer en épreuve initiatique et en un processus extrêmement profond et irréversible de changement intérieur. Son versant d'absurdité et d'horreur peut se révéler porteur de germes oubliés de fécondité.

C'est de cette initiation, de cet enseignement que seule la souffrance apporte, que je voudrais approcher en ce terme de mon travail. Initiation proprement humaine, au-delà de toute différence culturelle et qui pourtant se doit d'être élaborée, transmise par chaque culture à travers ses valeurs propres, ses rites et son tissu social et symbolique. S'il est des souffrances évitables, celles que notre peur et notre idéalisation de la « jeunesse-beauté-santé », tiercé gagnant de nos sociétés modernes, laissent subsister dans ces lieux tabous que sont devenus les hôpitaux, hospices, il est d'autres souffrances auxquelles on doit laisser leur poids de gravité et leur charge de levain dans la pâte humaine. Si la douleur des corps est toujours à soulager au maximum des moyens possibles, il est une douleur de vivre que nul ne peut esquiver, sauf à s'atrophier lui-même. Notre tâche n'est pas de la nier en retour, mais de la « supporter » pour qu'elle puisse faire œuvre de levain.

Nous entamons les premiers pas de cette redécouverte. N'aurions-nous pas alors beaucoup à retrouver au contact d'autres sociétés, dites primitives ? Ne pourrions-nous pas nous enrichir de leurs rites, dans la reconnaissance des valeurs qui sous-tendent leur rapport au corps et animent leur conception de la santé ou de la maladie ? Non pas pour les imiter, ou pour revenir en arrière... mais pour rechercher, au cœur même de leur étrangeté, les symboles éternels, les thèmes fondamentaux qui pétrissent l'humanité, qui fermentent les sociétés et soutiennent la passion de vivre, comme le travail de mourir. De ces symboles, chaque être humain, chaque groupe humain, a soif comme la terre a soif de pluie, même s'ils l'ignorent ou qu'ils l'ont oublié. Pour reprendre souffle au moment du désastre, comme pour rendre le dernier souffle, nous avons besoin de mots qui donnent corps et sens comme de l'air pour respirer. Ce sont ces mots-là, ces rites-là, que nous sommes tenus de réinventer, selon notre génie culturel et personnel, mais pourquoi le faire au mépris d'autres rites, d'autres cultures soi-disant moins évoluées ?

Ma réflexion s'est éclairée de l'apport d'autres champs de découverte de l'humain. La psychanalyse se grossit de la recherche anthropologique comme un fleuve se grossit d'en rencontrer un autre. S'il nous importe de considérer l'homme souffrant dans son explication douloureuse et joyeuse avec lui-même et les autres au niveau intra-psychique, il est temps aussi de la resituer dans le terreau humain, social, familial, culturel où il s'enracine et qui le soutient ou non. Ce terreau, cette base, rendent possible ou non la conversion de l'absurde au symbole, si ce n'est à la grâce. Mais la grâce n'est -elle pas d'abord ce qui éclaire le réel d'un sens nouveau, le féconde et l'oriente de façon imprévisible ?

L'anthropologie nous rappelle combien la culture d'un groupe modèle l'art thérapeutique, tout comme ce dernier est en mesure de transformer les individus et leur culture. La santé ou la maladie, la guérison ou la mort même se réfèrent à des réalités sociales, culturelles, historiques changeantes. L'historien Philippe ARIES nous l'a démontré à propos de l'approche de la mort[6], mais c'est aussi vrai pour la vie. Nous avons découvert de puissants moyens thérapeutiques, à la mesure de l'atome. Ils ne sont pas les seuls à faire œuvre.

---

6. ARIES P., *Essais sur l'histoire de la mort en Occident du Moyen-Age à nos jours*, Paris, Seuil, 1977.

• LEVI-STRAUSS avait le premier éclairé l'impact et les moyens de l'**efficacité symbolique** lors de cures chamaniques, resituant les organes corporels et la circulation biologique dans le mouvement vital des lois de la transmission et de l'échange, basées sur les structures élémentaires de la parenté, la loi de l'alliance et l'interdit de l'inceste[7]. Il relate ainsi le traitement par un chaman d'une femme en difficulté d'accouchement : par l'effet de sa parole incantatoire, le chaman retrace le chemin à parcourir par l'enfant, comme s'il guidait celui-ci dans le dédale de l'utérus maternel, l'appelant au dehors, à la vie, tout en délivrant la femme de son esprit dévoyé, « Mu », pour le remettre dans l'ordre de la transmission.

Le rôle du thérapeute est à ce point de jonction de la nature et de la culture. En vue de « *tisser la pulsion vitale en fonction symbolique* »[8]... Expression magnifique et tellement parlante... Tisser le symbole sur la trame du corps... Le rôle du thérapeute est essentiel, comme un guide solide qui tire son savoir de sa propre expérience d'initié. L'efficacité symbolique de ses actes est garantie et soutenue par son vécu antérieur, sa propre traversée — renaissance de la maladie. A ce titre, il peut accompagner et guider son patient dans la même démarche aventureuse. Car il fait fonction de repère et de re-mère pour aller rechercher la puissance vitale, pulsionnelle et psychique là où elle s'était fourvoyée, emprisonnée. Pour ce faire, il s'implique lui-même totalement dans le jeu, s'offrant comme une sorte de paratonnerre pour capter l'énergie prisonnière de la maladie et convertir le mal.

Mais d'une certaine façon, ce travail est-il si étranger à ce que les malades attendent ? N'est-ce pas aussi à cet effort laborieux de retissage de la fonction symbolique sur la trame d'un corps en dérive, en quête d'incarnation juste, que se sont attelés chacune et chacun de ceux dont j'ai parlé dans ce travail ?

---

7. LEVI-STRAUSS C., « L'efficacité symbolique, magie et religion », in *Anthropologie structurale*, 1, Paris, Plon, 1973, pp. 205 à 226.
8. DEVISCH R., « Tisser la pulsion vitale en fonction symbolique. Lecture anthropologique d'une thérapie traditionnelle. Cas des Yakas au Zaïre. », in *Psychothérapies*, 1987, n° 4, pp. 199-208.

Et n'est-ce pas pour les y assister que certains ont convoqué médecins ou thérapeutes, maîtres ou élèves, amis ou parents ?

Devant cet appel intime et impérieux d'assistance, devant cette demande radicale de reconnaissance de soi comme tisserand de sa vie, de son être, qu'adresse le malade à tout autre proche de lui, mais particulièrement au soignant, thérapeute, quelle va être la réponse de celui-ci ? En fonction de quoi va-t-il s'y soumettre ou s'y soustraire ? L'urgence est là, dans cette convocation de l'autre au lieu et au temps de la mort possible. Le malade est-il « tenu à l'impossible » d'être seul à porter cette question, comme le souligne Philippe VAN MEERBEECK à propos de l'adolescent psychotique ?[9] Et pour celui qui répond, est-ce une place possible à accepter sans rendre l'autre fou ou devenir fou soi-même, fou ou pervers ?

S'instituer comme thérapeute n'est-ce pas essentiellement se proposer comme *médiateur de la transmission symbolique*, quitte à occuper pour un temps, la fonction de repère et de re-mère ? Il est des urgences qui l'imposent, à la condition essentielle de ne pas s'y confondre, et de pouvoir s'y soustraire, le temps venu, pour qu'advienne le sujet à partir de ce manque radical.

Passage nécessaire au risque du désir, où la limite entre l'abus de pouvoir et le fondement symbolique ne tient qu'à l'exigence et à la fermeté du passeur, à l'acuité de son regard intérieur, au nom qu'il se reconnaît en vérité, face au drame de celui qui l'appelle.

« Ce que je cherche dans la parole, c'est la réponse de l'autre. Ce qui me constitue comme sujet, c'est ma question. Pour me faire reconnaître de l'autre, je ne profère ce qui fut qu'en vue de ce qui sera. Pour le trouver, je l'appelle d'un nom qu'il doit assumer ou refuser pour me répondre »[10].

---

9. VAN MEERBEECK P., *L'adolescent psychotique tenu à l'impossible*, Thèse d'agrégation Faculté de médecine U.C.L., Bruxelles, 1983, et *Les années folles de l'adolescence,* Coll. Oxalis, De Boeck, 1988.
10. LACAN J., « Fonction et champ de la parole et du langage », in *Ecrits,* Paris, Seuil, 1966, p. 299.

CHAPITRE VIII

D'un regard à l'autre : la clairvoyance

La souffrance humaine, lorsqu'elle dépasse un certain seuil, aspire à une *dramatisation* qui lui permette d'en reprendre l'absurdité, le non-sens, dans un univers englobant de signes, qui fasse luire un horizon de sens, réincorpore l'être dans le relief et la densité de son existence, à travers les aléas de sa ligne de vie et la profondeur de son histoire, qui le rétablisse dans le champ pathique du vivant et la grâce d'exister. La souffrance ouvre un espace vide d'aspiration, un *appel d'air à la symbolisation*, en un mouvement violent de spirale qui peut soit tourner fou, à vide, si personne ne l'entend, soit tomber à plat si le sujet résiste à s'y laisser prendre, ou être rythmé, modulé au fil de la rencontre, si quelqu'un est là.

Elle amène à un double mouvement, paradoxal mais nécessaire, à la fois de repli extrême, de concentration totale sur l'être en bercement et gestation de lui-même, et de réalimentation, de rebranchement sur les sources les plus élémentaires du souffle vital, de l'esprit et du corps, dans cette puissance vitale régénérée au contact de l'autre, englobée et emportée dans un réseau de sens nouveau. Encore faut-il qu'au moins un autre réponde à cet appel extraordinairement poignant et angoissant. Car il est justement question de se laisser toucher par « l'intolérable et scandaleuse souffrance de l'autre », ce qui implique forcément un retournement du regard, du cœur et de l'intelligence pour entrer dans l'inconnu de cet appel, sans savoir comment on en sortira. Mais, faute d'entrer dans le drame, corps et âme, le regard réservé ne peut que neutraliser l'action, objectiver, piéger l'autre dans des catégories trop sensées, et le condamner à une souffrance devenue destin solitaire, aveugle et muet.

Car toute thérapeutique est un drame dont l'insu nous dépasse, à l'issue incertaine. Nous l'oublions trop souvent, c'est un drame où chacun est tenu d'occuper sa place, sinon le drame échoue à prendre forme et les sujets s'échouent dans l'anéantissement du désir, épinglés par trop de Savoir, mais un savoir qui n'en sait rien, un savoir perverti. Voilà bien pourquoi Maldiney disait aussi, à la suite de LEVINAS : « Le visage de l'autre m'oblige ». M'oblige à « ce miracle de nécessité gratuite qu'est le simple Etre là, dont la surprise excède toute prise et nous déstabilise de nous, dans l'étonnement et dans l'effroi »[1]. Voilà pourquoi « l'en face est inquiétant ». Devant cet *en face* de la souffrance de l'autre, il s'agit bien de transformer son regard pour entrer dans le drame avec lui... ou passer son chemin ! Sinon le regard rate ce qu'il cherche à voir, et ne trouve que l'ombre de sa proie, tout en croyant tout savoir, tout expliquer.

« Dans visage, il y a vision. Mais il ne faut pas se laisser abuser par cette parenté optique : le visage est la seule proie que ne peut jamais atteindre le chasseur d'images. L'œil revient toujours bredouille du visage de l'autre. Celui-ci se retire des formes qu'il prend, il déjoue la représentation, il est la contestation perpétuelle du regard que je pose sur lui »[2].

Robert ZITTOUN témoigne de la tension difficile à concilier le regard du médecin, celui qui diagnostique, et le regard du thérapeute qui rencontre la souffrance de ses malades. Mais si cette tension est commune à tous, certains acceptent de la ressentir, d'autres pas, car elle réveille l'angoisse. « Mais l'angoisse qu'on ne veut pas nommer serre la gorge. Il faut bien se défendre, les chiffres sont là, pour ça et pour les appareils. Quoi de plus beau qu'une cellule multicolore au microscope, qu'une réaction chimique, une courbe ? Oubliée la fatalité. Niée l'aventure. Le langage, communication polie d'information, devient

---

1. MALDINEY H., *Aîtres de la langue et demeures de la pensée*, Lausanne, L'âge d'or, 1975, p. 37.
2. FINKIELKRAUT A., *La sagesse du l'amour*, Paris, Gallimard, 1984, p. 30.

code et écran. Vite, il faut passer si nous sommes interpellés, il faut nous protéger nous-mêmes. »³.

Mais se protéger de quelle insupportable souffrance ? Certainement de partager la même angoisse de mort, certainement de partager l'impuissance. Mais peut-être aussi, encore plus profondément, d'entrer dans la cruauté de la vie, d'en partager la violence ? Il est des choses qui ne s'apprivoisent qu'à doses homéopathiques, comme l'angoisse, le désespoir ou la violence extrême, pour supporter de les voir sans être anéanti, d'autant plus pour supporter de les attirer à soi comme un paratonnerre, en vue d'un retournement.

Cela nécessite tout un parcours intérieur pour accéder au don de « **clairvoyance** ». Là encore, l'anthropologie nous éclaire.

« La clairvoyance est, tout comme la sexualité et l'olfaction, *une forme d'échange vital* et un attribut majeur du thérapeute. Comme elle implique l'intrusion la plus radicale dans l'intimité d'autrui, la clairvoyance prend son origine dans une « mooyi » très puissante. Elle est donc à même soit d'éveiller, soit d'étouffer, de dévier ou d'assimiler la puissance vitale de l'autre. Il s'agit de la clairvoyance bienveillante du thérapeute et du devin. »[4]

Quel passage permet donc d'accéder à un tel regard, à un tel échange vital ? Il me semble que seuls les moments de souffrance extrême, les crises existentielles radicales amènent à une telle profondeur de regard. L'accompagnement d'un malade, la traversée d'une analyse offre aussi de telles ouvertures, à de rares moments, avec des rares personnes, moment des plus grands risques et des plus grandes chances. L'art thérapeutique s'invente pas à pas avec comme seul guide ce tiers intérieur, ce regard intérieur qui ressemble au « daïmon » de Socrate. Un tel chemin ne se fait qu'au prix

---

3. LILLIESTIERNA C., ZITTOUN R., « Docteur, pour la première fois nous avons parlé le même langage », *op. cit.*, pp. 47-48, *De l'échange par dessus l'angoisse.*
4. DEVISCH R., MBONYINKEBE S., « Systèmes de soins de santé traditionnels en Afrique Centrale : un regard d'anthropologie médicale », in *Santé et maladie en Afrique Centale*, P.G. Jansens (Ed.), (Fondation Roi Baudouin), Paris, Masson, 1989.

d'une ascèse et d'une profonde solitude, mais son fruit en est une solitude accompagnée, et l'accès à la clairvoyance.

Mais il est des témoignages plus « mythiques » pour nous, occidentaux, pour rendre compte de ces passages, des témoignages issus de l'anthropologie, ce qui nous ramène à l'universel.

« *Les yeux de ma chèvre* » en est un, écrit par un jésuite français qui a vécu dix ans en Afrique, dont cinq ans dans un quartier populaire de Douala. Au cours de ce séjour, il fut adopté par « les maîtres de la nuit, les guérisseurs africains »[5]. Ce livre témoigne de son chemin et de son initiation. Étonnante initiation qui consiste à voir ce que tout le monde sait sans le voir vraiment, la « violence ordinaire » du monde, et dont la crudité serait insupportable si on la voyait vraiment, si on se laissait toucher par elle.

Dans les sociétés traditionnelles, au contraire, la société cache, repousse, voile le plus possible cette violence qui risque d'exploser si on lui laisse libre cours. Un des moyens les plus efficaces de détournement, de canalisation de la violence est la sorcellerie. Seuls les nganga peuvent la regarder en face, pour agir sur elle et sauvegarder la société, par l'art d'exploiter l'imaginaire : les rêves sont les meilleurs exutoires de l'agressivité contrariée, et éclairent le nganga. Mais là est la source de la peur que provoque le nganga et de la peur que lui-même peut ressentir.

Le guérisseur utilise la puissance mobilisatrice du rite, dont l'efficacité symbolique est reconnue et partagée par tout un groupe social. Car au niveau le plus essentiel, il agit comme un « régulateur des relations sociales » pour que le groupe familial élargi ne se disloque pas sous l'emprise des passions. « Une connaissance précise des structures familiales permet à un devin-nganga expérimenté de savoir d'avance quelles sont les oppositions latentes. Survient un accident, une maladie, une mort, il sait trouver la faille et qui accuser. » *Il redonne ainsi du sens au malheur et remobilise l'énergie vitale : l'agressivité se ressocialise. Car quand le nganga accuse, il soigne.* Chercher dans le groupe familial quel est l'ensorceleur, le responsable des malheurs, permet de dévoiler les secrets familiaux, de lever le voile sur

---

5. DE ROSNY E., *Les yeux de ma chèvre*, Paris, Plon, Coll. Terre humaine, 1981.

l'anonymat du destin et de circonscrire le danger. Suggérer le nom du coupable soulage la famille qui se rassemble dans le rejet de celui-ci, tout en ne le châtiant pas vraiment. Car les règles complexes de la parenté font porter le poids du mal sur l'un ou l'autre, tour à tour. Paradoxalement, le « sorcier », instrument désigné du malheur, garde une place dans le groupe, car il occupe une fonction utile de bouc émissaire : il prend sur lui, pour un temps, la charge explosive du mal, de la « malveillance ». Le sorcier peut même être désigné parmi les ancêtres morts, ce qui permet de les remettre à leur place. Les comptes étant réglés, ils permettent aux vivants de repartir dans leur vie.

On pourrait donc dire que le nganga travaille essentiellement à *reconnaître, libérer et réguler la violence primitive au sein de l'individu et du groupe social.*

Mais comment cela lui est-il possible et pourquoi son pouvoir est-il accepté par le groupe ? Nous entrons là dans la gravité de l'initiation, qui doit aboutir à la « **vision** ». Certains reculent devant ce pouvoir inquiétant, déstabilisant, et le refusent. « La grande peur du futur initié vient de l'anomalie de sa situation sociale qui lui donne des cauchemars. C'est un homme seul. En soulevant le manteau de la violence, il va à contre-courant de toutes les tendances de la vie publique et à rebours de son éducation. Anti-sorcier par fonction, il sera continuellement soupçonné de devenir son propre contraire, parce qu'il perçoit la violence et joue avec elle. C'est pourquoi il faut une initiation très progressive, sept ans, pour qu'il puisse remplir une fonction aussi dangereuse ».

La vision fait entrer dans un monde extrême où s'affrontent forces de vie et forces de mort. Mais, *l'initiation déplace le meurtre.* Ce qui doit mourir, c'est la transposition du mal, incarné dans un double de celui qui doit renaître, l'initié. Ici, c'est le corps d'une chèvre, choisie soigneusement, qui va peu à peu prendre en lui, jusqu'à en mourir, le « mal » qui habitait Eric de Rosny. Il ne s'agit pas là du mal que lui peut sécréter, mais de celui que d'autres ont pu jeter sur lui pour lui nuire. Ce mal, qui pouvait l'empoisonner et le dévitaliser est ainsi « ex-corporé » et repris dans le corps de la chèvre, qui se charge du poids du malheur, pour, en échange, lui donner ses yeux. Ainsi, peu à peu, s'ouvrent les yeux intérieurs du sujet au monde de la violence, le corps délesté du poids du malheur subi.

Il y a donc décalage d'une relation duelle, fascinante autant que menaçante, de transmission d'un pouvoir guérisseur extrêmement violent, avec le risque du meurtre de celui qui transmet, à une relation ternarisée, où le mal est déversé, inoculé en même temps que neutralisé par le passage au corps d'une tierce « entité », à la fois réelle et symbolique, la chèvre. Grâce à ce passage, à cette médiation symbolisée, à ce risque pris et traversé, les yeux intérieurs du postulant peuvent s'ouvrir et la force contenue dans la violence être retournée positivement.

Mais cela ne peut se faire que petit à petit, à dose homéopathique, dans un rite hautement symbolique jusqu'à la vision finale, déroutante d'évidence.

« 24 août : Au lever du jour, cauchemar encore : un briquet dont le gaz s'échappe, je n'arrive pas à l'éteindre. Asphyxie, réveil. J'avale la petite boule d'herbes comme prévu. Et soudain, l'instant tant attendu arrive : mes yeux s'ouvrent, les hommes s'entre-tuent, j'en ai la sensation visuelle (c'est une « évidence »). Tout ce que Din me répète depuis déjà longtemps se dévide devant moi comme une bobine : *la vision, c'est d'abord la révélation de la violence entre les hommes*. Il faut une grande force de caractère pour regarder en face la réalité brute. Sans initiation, sans pédagogue, cette vision rend neurasthénique ou précipite dans le cercle de la violence. La société est organisée pour cacher à ses membres la violence qui peut se déchaîner entre eux à tout moment. C'est pourquoi les rêves en parlent si bien. Révélation dangereuse pour la société, voilà pourquoi le nganga est une personnalité inquiétante.

7 heures du matin : je n'écoute pas le bulletin des informations de la même manière que d'habitude, abasourdi par la litanie des conflits dans le monde. »[6]

La conclusion d'Eric de Rosny force la réflexion : « La société moderne qui autorise des manifestations de violence comme une violence ordinaire, naturelle, se prive des services secrets de l'imaginaire et rend inutile l'initiation... Et une

---

6. DE ROSNY E., Ibidem, pp. 393-394.

violence criante, impossible à colmater, s'infiltre dans la vie publique... ». C'est bien le défi de cette fin de siècle !

On peut sourire devant la naïveté de telles interprétations, de telles initiations, si peu rationnelles. On peut aussi les méditer. Car plus on rejoint l'essence de ce qui fait l'humain, plus ce qui est dit là exprime, en un autre langage, ce qui court le fil de ma propre expérience de thérapeute, en un monde apparemment si différent.

N'est-ce pas là ce qui travaillait Janine, Sigmund, Sandor et les autres, à travers la diversité des époques, des cultures, des histoires individuelles : cet appel lancinant, obstiné et têtu, surgi d'on ne sait où, réprimé et exprimé tour à tour, cette soif de symbolique pour canaliser et ordonner la violence, pacifier l'être divisé, instaurer ou restaurer des rapports possibles entre les hommes et entre les générations, concilier l'inconciliable de l'amour et de la haine, de la jouissance et de la rencontre, calmer et soutenir le jeu de la vie et de la mort.

Il est étonnant d'entendre cette phrase sortie de la bouche d'un africain : « L'esprit », m'explique Elimbi en français, « c'est ça qui fait l'homme, et c'est ça qui voit double »[7]. C'est peut-être cela qu'on retrouve sous toutes les latitudes depuis la préhistoire, des prophètes de la Bible à commencer par Jérémie ou Abraham jusqu'à chacun de ceux qui témoignent de tels passages aujourd'hui : cette conversion du regard. Là est la véritable initiation, quelles qu'en soient les modalités, ce passage radical de la vie à la mort, en vue d'une renaissance. N'est-ce pas à cette initiation là que chacun de nous est confronté, à chaque étape de la vie, à chaque mutation de son être, à chaque passage, en préparation mille fois répétée de ce grand passage qu'est la mort, ultime et radicale expérience initiatique ?

De ces passages, on en porte les traces : quand les yeux se sont ouverts, on ne peut plus les refermer. C'est aussi la véritable transmission. Qu'on l'appelle le regard intérieur, le troisième œil ou le quatrième, le don de clairvoyance ou la sagesse, cette expérience là transforme radicalement un être humain, car il a risqué son être. De passant il devient passeur, aussi à ses risques et périls. Et cela se voit. Sa « vision des

---

7. DE ROSNY E., Ibidem, p. 341.

choses » a changé, mais aussi son être au monde, et jusqu'à son corps. Son maintien, sa stature, ses gestes ne sont plus les mêmes, tout comme son regard. Il a été inoculé de mystère, ce qui confère au regard une sorte d'audace tranquille et de profondeur étonnante.

Freud parlait du regard perçant et courroucé du Moïse de Michel-Ange auquel il ne pouvait s'empêcher de se soumettre, comme s'il se sentait percé à jour, saisi comme un enfant de respect et d'attente, en une sorte d'effroi désirant. Mais son regard à lui, Freud, était d'une acuité pénétrante et impressionnante, beaucoup l'ont souligné.

Janine, elle, avait découvert le regard de Krishnou qui dans son humanité énigmatique bousculait ses repères et désamorçait sa fureur, la reliant au fil ténu de son désir.

Chez d'autres, comme Ferenczi, cette acuité se teinte de douceur, se voile de compassion plus évidente. Chaque regard joue plus sur un registre ou un autre mais, chez tous, il reste comme une cicatrice à peine remarquée mais présente en toile de fond, ce fond de gravité issu de la souffrance rencontrée, une sorte de « soleil noir »[8] d'avoir regardé en face cette scandaleuse souffrance et d'avoir affronté la violence des pulsions ou leur extinction désespérée.

Il reste dans les prunelles cette mélancolie légère et l'ombre de ce que Michel TOURNIER a nommé si justement le « rire blanc »[9],.

« Est-ce d'avoir côtoyé la souffrance aux limites de la déraison, de l'absurde et de la folie, qui donne ce « gai savoir » ? Certainement ! « Car on ne saurait impunément sonder l'abîme d'un monde de douleur et de contradiction primordiale. On en crève, on le dénie, ou on en rit. Un rire qui n'est pas dérision, mais de grande santé, et je dirais de compassion, presqu'un sourire comme celui du Bouddha, bref, un rire blanc ». Est-ce aussi d'avoir traversé l'épreuve sans mourir ou en devenir fou ? Certainement aussi. Car « guérir est toujours un gai-rire, et bien sûr ne peut venir que

---

8. KRISTEVA J., *Soleil noir. Dépression et Mélancolie*, Paris, Gallimard, 1987, Coll. Blanche.
9. TOURNIER M., *Le vent Paraclet*, Paris, Gallimard, coll. Folio, n° 1138, 1979, pp. 199-220.

de surcroît, comme la grâce et l'amour »[10]. C'est bien pourquoi ces gens-là font signe, interpellent et attirent, tout en inspirant recul, méfiance et parfois haine, car ils « apportent la peste » par le pouvoir qu'on leur prête, par ce monde qu'ils entrouvrent et qu'on ne veut pas voir.

Alors... Sorciers ou sages ? Passeurs ou oiseleurs ? Délivreurs de vérité ou geôliers de vie, avaleurs de regards ? Miroirs ou gouffres ? La réponse est dans leur seul regard, reflet de leur parole qui interpelle en silence. Encore faut-il oser le voir en face, sans défense.

« Sans doute l'épaisseur est mince, qui sépare la subversion de la perversion. Elle n'a que la fente d'un rire, mais c'est énorme, d'un rire blanc qui ne s'entend pas. »[11]

Il suffit de regarder ainsi le visage du Nganga Elimbi sur la couverture du livre d'Eric de Rosny, pour le savoir. C'est lui « les yeux de ma chèvre » ! Et ce regard-là fait l'homme. Il « touche » car il propose et fait pressentir qu'à de telles catastrophes on peut survivre, et même en renaître. Il effleure les racines de l'être et fait tressaillir l'insu enfoui dans les entrailles, enseveli sous les couches de certitude, les sédiments d'habitude.

C'est cela aussi que la maladie réveille parfois : cette soif que l'on aiguise ou que l'on enterre tour à tour : une aspiration sourde à rejoindre l'inconnu en soi, comme un filet d'eau caché au cœur du désert. Ce regard sert de « signe de piste » pour enfin trouver la source, à la croisée de soi et de l'autre. C'est une aspiration à la mesure du désir et de la crainte qu'elle inspire, ou même du rejet violent qu'elle provoque. Là réside la « séduction » de tels regards : ils rendent possible l'accès à soi par le canal de sa propre souffrance. Du moins, ils témoignent que c'est possible car ils sont passés par là.

La souffrance ne se traverse jamais de gaieté de cœur ! C'est bien pourquoi on s'en protège farouchement : on tourne le bouton ! Mais parfois on n'a pas le choix : on est au pied du mur ! Le cancer est une des voies qui mènent au pied du mur. Alors, cette rencontre de regard, qu'on le veuille ou non, fait partie de la thérapeutique, intégralement

---

10. PIRARD R., *Au jeu du pair et de l'impair, Le couple dans l'œuvre de Michel Tournier, De père en part,* Conférence inédite.
11. PIRARD R., Ibidem.

partie. Et elle concerne à un même degré soignants et soignés, bien portants et malades. Chacun est au pied du mur de sa souffrance, au plus près de ses besoins vitaux. Cela fait brèche dans son désir à la mesure de ce qu'il peut supporter de sa souffrance et exprimer de sa demande.

CHAPITRE IX

La thérapeutique du cancer : miroir, mirage, visage d'une société

1. Le statut du magique : écarter le mauvais œil

La thérapeutique a toujours été partagée, tiraillée entre l'opérationnel, le magique et le symbolique. Entre l'idéal art de soigner et la technique pure, il reste à promouvoir un artisanat qui tienne compte de ces trois dimensions, où chacun invente sa thérapeutique au cas par cas. Travail exigeant et difficile qui nécessite l'engagement à ces trois niveaux.

Mais notre société privilégie les Maîtres et les Machines. Elle « adore » le réel, l'efficacité opérationnelle, opératoire et l'approche objective. Le regard se veut neutre et la technique pointue. Ce faisant, elle neutralise l'humain, ignore la demande qui s'adresse à « bon entendeur, salut ! » dans la demande de guérir et méprise tout autre recours à l'ordre que médical. Il n'y a que les cellules que l'on reconnaisse initiées. Et la seule initiation est celle du regard fixé sur le microscope, à la trace desdites cellules.

Où trouver un espace pour sauver l'imaginaire des hommes, redonner sens à l'absurde, reprendre courage en soi et dans la vie, dans l'autre ? Le magique est relégué au grenier des croyances périmées, son efficacité aussi méprisée que les traitements parallèles. L'appel symbolique qui s'y manifeste est ignoré autant que les rites ancestraux.

a) L'irruption du **discours de la science** a fait éclater les structures culturelles, remplacé les espaces de symbolisation par des systèmes de traitement liés aux percées anatomiques et biologiques, banalisé les actes rituels d'accomplissement des passages essentiels de la vie. L'écart se creuse entre une efficacité technologique qui fait reculer les limites de la mort et un imaginaire en quête de lieux où concevoir la présence de la mort, où reprendre corps au plus fort de la souffrance, en quête urgente de lieux qui offrent des systèmes d'explication et de contrôle symbolique du malheur.

L'Eglise, il n'y a pas si longtemps encore, remplissait socialement cette fonction et ordonnait le chaos par ses « mystères ». La vie était un passage subissant des cycles comme les saisons du bonheur et du malheur. La souffrance était reprise dans le partage et l'expiation. Le Ciel et l'Enfer séparaient les espaces du Bien et du Mal, le Purgatoire offrait un lieu de purification. La Foi permettait de symboliser l'incontrôlable, l'imprévisible, le non-domptable : l'infortune, le malheur impensable autant que l'anxiété, la haine et le désespoir.

Les pratiques millénaires reléguées dans l'obscurantisme du moyen-âge sont devenues alternatives, rejetées dans l'ombre. Mais rien ne peut les empêcher de subsister justement à la marge, de proliférer même en de multiples tentatives de contrôler le malheur. Car elles s'appuient sur un besoin fondamental : quand « ça ne va plus », quand le bonheur qui nous est dû s'effondre, se retourne en malheur, la rationalité s'interrompt aussi. Même si l'on *sait* que le cancer est lié au désordre cellulaire, on ne peut s'empêcher de chercher sens ou équivalence psychique à ce dérèglement pour tenter de réduire son pouvoir de mort en recourant à des pouvoirs supérieurs.

On peut refuser le mal en se cramponnant à la parole et à l'efficacité scientifique, au risque de déchanter si les choses tournent mal. On peut aussi se tourner vers des lieux où reprendre sa vie et se décharger du malheur, en agissant sur ses causes supposées cachées, non visibles. Mais les deux réactions sont au *même titre des mécanismes de défense* puissants et vitaux. S'accrocher au radeau de la technique, c'est risquer de la « sacraliser » et de faire des machines des instruments magiques, les nouvelles idoles de nos sociétés, gardiennes de nos vies et de notre bonheur. Ceci ne signifie pas qu'elles soient inutiles, loin de là ! Toute la question vient du pouvoir total et parfois totalitaire qu'on leur prête, et de la marge que leur laissent ceux qui les utilisent pour soutenir le désir humain ou l'ignorer, reconnaître la souffrance humaine et la mort comme partie intégrante de la vie ou comme échec, déraillement du pouvoir de la machine.

A côté, ou à cause même du rejet officiel de cette dimension du magique par la médecine traditionnelle, nous voyons s'accroître tout un système de réseaux parallèles qui la reprennent et l'organisent, des plus insensés et dangereux aux plus utiles.

Certains se présentent comme complémentaires des traitements officiels, d'autres en rupture de ban : il faut alors choisir comme on entre en religion. « Ça ne marche que si on y croit », convaincu sans l'ombre d'un doute ! Car on entre dans une dualité-rivalité qui reprend des couples d'opposés et les confrontent, sans forcément introduire un élément-tiers, médiateur symbolique, ce qui peut aboutir à des catastrophes.

Mais le symbolique ne vient pas « tout cuit ».. Il s'incarne dans le « cru », le corps des croyances, en les délestant de leur trop-plein d'imaginaire, d'absolu, il s'appuie sur les liens charnels pour les transcender. S'il apaise la souffrance, il ne la nie pas. En reconnaissant la perte douloureuse, il en fait son tremplin de vie.

Or, les thérapeutiques actuelles du cancer sont devenues extrêmement dures à supporter, les traitements lourds, les résultats parfois aléatoires, de guérison en rechute, alors que la relation se réduit à l'anonymat d'un organe malade, et que la douleur d'être n'est calmée souvent que par les médicaments. Qu'est-ce qui peut alors « alléger » la vie ?

L'appel au magique s'appuie sur l'imaginaire d'une « bonne nature » à rétablir et d'une cause que l'on peut contrôler, amadouer : « ce qui m'arrive est l'effet du désir d'un autre qui me veut « du mal ».

Les systèmes auxquels on fait appel ont deux fonctions :
• Donner du sens, c'est-à-dire dévoiler cet ordre devenu malveillant, trouver une cause, un coupable à accuser.
• L'origine du malheur étant circonscrite, y remédier en l'expulsant.

Ceci est bien la **fonction des rites**, comme le décrit LEVI-STRAUSS. « Ils apparaissent comme une sorte de *para-langage* qu'on peut employer de deux façons : modifier une situation pratique ou la désigner et la décrire. Mais là où l'empire de la pensée magique tend à s'affaiblir et quand les rites prennent le caractère de vestige, seule la seconde survit à la première »[1]. On peut expliquer l'origine organique du mal, reste une dimension que le langage scientifique ne peut comprendre ni modifier. Et l'on peut guérir les corps mais pas guérir les esprits, malades de la peste de plus de sens, de plus d'espoir, si l'on n'accède pas à ce para-langage, qui est de l'ordre de l'échange à partir de l'imaginaire, de l'ordre de l'engagement.

Nous l'avons vu, les rites de guérison dans les tribus primitives ont pour tâche de réordonner le chaos, de réinsérer le malade dans son réseau social en retissant des liens symboliques où les corps peuvent renaître. En désignant un coupable, le guérisseur re-subjective le malade, artisan et victime de son malheur d'avoir à son insu laissé agir en lui le mal de l'autre. Ainsi est régulée la violence entre membres d'un même groupe, et rétabli l'interdit fondamental du meurtre et de l'inceste. Le mauvais sort est alors écarté, et l'amour peut se manifester sans danger. Mais ces rites sont-ils si étrangers à nos sociétés ?

b) Le **discours de la sorcellerie** a été étudié pas si loin de nous, dans le Bocage normand, et il n'y a pas si longtemps, en 1969. Ce n'est pas le Moyen-Âge ! Une ethnologue, maître de recherche au CNRS, Jeanne FAVRET-SAADA, s'y installe alors avec ses enfants pour étudier la sorcellerie[2]. Comme Eric de Rosny, elle entra dans ce qui fut, dira-t-elle, « une mémorable aventure dont toute ma vie portera trace ». Pourquoi ? « Parce que ceux qui n'ont pas été pris ne peuvent pas en parler ! ». Elle fut donc « prise, parfois à son corps défendant, dans un univers de violence où le

---

1. LEVI-STRAUSS C., *Mythologiques I. Le cru et le cuit,* Paris, Plon, 1964, p. 343.
2. FAVRET-SAADA J., *Les mots, la mort, les sorts.*, Paris, Gallimard, Coll. Folio, Essais, 1977 et
FAVRET-SAADA J., CONTRERAS J., *Corps pour corps. Enquête sur la sorcellerie dans le Bocage*, Paris, Gallimard, Coll. Témoins, 1981.

désorceleur, celui qui enlève les sorts, est un recours contre la répétition du malheur, et un allié contre le sorcier, le jeteur de sort »[3].

L'appel au désorcellement vient de l'interrogation sur ces *répétitions du malheur* inexplicables, qui atteignent les uns après les autres les éléments du domaine (les vaches avortent, les moissons sont mauvaises, la maladie frappe, l'argent manque). On va trouver, sur les conseils de quelqu'un qui s'y connaît parce qu'il est passé par là, un guérisseur. Celui-ci tient son don de sa propre expérience d'avoir survécu au malheur. Pourvu d'une force à la mesure des forces du mal, il va désigner, ou plutôt faire désigner un responsable du malheur, le « sorcier », celui dont on sent que « ça doit être lui »... Tout le travail du guérisseur sera alors de casser ce cercle vicieux, et de renforcer l'énergie combative de ses consultants, pour les sortir de leur position passive de victime innocente. Son expérience vécue lui permet de supporter les décharges de haine, la violence meurtrière, pour aider son « patient » à extérioriser sa propre colère. Pour cela, il procède à deux niveaux : celui de la **parole** et celui des **actes**.

Avec sa parole, ses intonations, sa vigueur et sa certitude, le désorceleur opère une sorte de « transfusion » de rébellion, d'énergie agressive positive. Il s'agit donc une fois de plus de poser des actes qui mobilisent la capacité de rejet violent du mal infligé par l'autre. La chèvre, le mouton, l'agneau apprennent à combattre le loup en le chassant de la bergerie. Ils apprennent à « cracher » sur le sorcier, et à cracher le mal hors d'eux. Les actes rituels sont destinés à protéger ses frontières et à anéantir le pouvoir de l'adversaire, à travers des substituts de meurtre (ébouillanter un cœur de bœuf, y planter mille épingles), qui opèrent un renversement de pouvoir dans la tête de « l'ensorcelé ». De la même façon, toutes les frontières d'identité sont rétablies, défendues, élargies : du corps à la maison, à l'étable, aux champs, aux bêtes, aux machines. Là aussi, il faut des marques concrètes qui signent cette reprise de possession de son territoire : on

---

3. GUYOMARD P., Introduction à l'exposé de Jeanne Favret-Saada et Josée Contreras, « L'embrayeur de violence : quelques mécanismes thérapeutiques du désorcellement », in *Le Moi et l'Autre*, Paris, Denoël, L'espace analytique, 1985, p. 98.

jette du sel aux frontières, sur les animaux, ou de l'eau bénite, etc.

Quant aux personnes elles-mêmes, le contact avec le sorcier est interdit au niveau de tous les sens, et pas seulement de la parole. Il faut fermer toutes les issues sensibles, réceptrices, par lesquelles le mal pourrait entrer : refuser tout contact physique jusqu'à serrer la main et même tout échange de regard avec le sorcier présumé, éviter de lui parler et même de lui répondre, passer son chemin en l'ignorant.

Est-ce si fou ? Chacun sait qu'il est des mots qui tuent, des regards qui empoisonnent, des gestes qui paralysent, des personnes qu'on ne peut sentir, des rencontres qui vident la tête et les entrailles et qui font chanceler sur ses pieds. Là me semble résider la véritable source de l'efficacité thérapeutique. Elle permet de réagir, de sortir de l'absurde ou du cercle vicieux de la culpabilité. Elle affirme le droit de vivre et autorise une saine agressivité justifiée par le risque mortel. Car devant la répétition du malheur, ou quand le malheur dure trop longtemps, l'homme ne peut plus croire au simple hasard. C'est trop ! Il se sent impuissant à réagir devant les mauvais coups du sort, et se déprime, perd sa combativité. L'ennemi est trop fort et invisible. On le constate chez certains après quelques mois de chômage, après une rechute de maladie. Par le fait de proposer de choisir un sorcier supposé, le désorceleur rétablit un juste rapport au Malheur, à travers un « rapport de force » équitable, entre humains, d'homme à homme. Et par son énergie, il insuffle le droit à se défendre, il rétablit l'équilibre en démystifiant le pouvoir de l'autre.

Mais comment désigne-t-on le sorcier présumé, puisque Jeanne Favret-Saada fait remarquer qu'il n'existe sans doute pas réellement ? Peu importe, puisqu'il s'agit de remobiliser l'énergie écrasée par le Mal ! Dans l'imaginaire, qu'est-ce qui représente le mauvais œil ? qui peut avoir un tel pouvoir sinon celui qui est envahi par l'*Envie* ?[4] Le motif invoqué est souvent de cet ordre-là : « On vous veut du mal, ça marchait trop bien pour vous » ! Or, l'envie est un fluide paralysant, qui remplit de fiel celui qu'elle anime, et qui passe par le

---

4. KLEIN M., RIVIERE J., 1937, *L'amour et la haine*, trad. franç., Paris, Petite bibliothèque Payot, 18, 1968.

canal des cinq sens. Celui qui la ressent « transpire » l'envie par son regard, ses mots, son contact qui agissent comme le venin du serpent. Elle anesthésie les réactions de l'autre qui, sidéré d'une telle haine, ne la ressent parfois même que confusément. Il n'arrive pas à se représenter consciemment comme l'objet d'une telle haine. Mais quand arrive le malheur, s'il reçoit l'autorisation d'en nommer la source, l'ensorcelé n'est-il pas guidé instinctivement, viscéralement, vers ce regard-là sur lequel il projette toute l'envie du monde ? Et à quoi fait retour cette terreur, sinon aux toutes premières expériences de la vie ? Au regard envieux de l'enfant vert et blême devant le spectacle de l'autre qui a pris sa place sur le sein de sa mère ?

Là intervient le désorceleur, me semble-t-il. Car *son efficacité s'origine dans le retour à ces expériences archaïques,* à ces traumatismes primitifs, encore présents en chacun de nous, même s'ils ont guéri ou ont été recouverts de l'oubli. En réactivant des réactions plus paranoïdes, il aide à quitter la passivité dépressive.

Ainsi, le désorceleur recentre les énergies désarticulées, canalise les forces annihilées pour les ramener à la source du trauma, dans une répétition dramatisée du conflit originel en vue de le dépasser. Il rétablit l'ordre de la parole au cœur de cet échange mortifère de regard sans parole. Il remet du mouvement dans cette scène figée et ordonne des actes qui relancent la vie. Car en rétablissant l'ordre du désir de l'autre, même « mauvais », il officialise une scène pour l'imaginaire, où peut se regonfler, se redéployer le désir du sujet. Il importe finalement peu que le sorcier soit réellement sorcier, puisqu'on travaille dans ces eaux-là ! L'essentiel, c'est qu'on y croie. « On dirait que »... comme chez les enfants. Mais l'enjeu est vital, en cas de malheur. Il est toujours possible, pour le relier à une cause *envisageable,* de lui prêter le visage de tel ou tel voisin, ami, vécu comme soupçonneux, envieux à tort ou à raison.

Si c'est un cancer, la maladie est reprise dans ce discours de la sorcellerie : « Vous êtes mangé par l'autre. Vous l'avez incorporé et il vous empoisonne de l'intérieur ». C'est pourquoi encore aujourd'hui en Ardennes, comme dans le Bocage normand, on impose les mains contre le mauvais œil.

Mais, objectera-t-on, il s'agit là des coins les plus reculés des Ardennes, les régions plus primitives d'un pays ! Personne ne réagit ainsi dans les villes, personne ne peut croire sérieusement à de telles balivernes ! Est-ce si sûr ? Les médecins des hôpitaux universitaires témoignent régulièrement de malades qui les quittent pour chercher désespérément réconfort, sens et guérison dans d'autres voies de thérapeutique, quitte à revenir quand leurs espoirs sont déçus.

Alors ? Le recours au magique serait-il la seule solution envisageable dans un tel état de détresse, le seul recours suffisamment puissant pour rendre visage humain dans ce type de maladie, où l'on se voit mourir avant d'être mort, parfois même cadavérisé avant d'être cadavre ? Ou bien certaines personnes ont-elles des dispositions plus crédules que d'autres, avant même de tomber malades ? Certaines personnes se montrent plus ouvertement proches du système de pensée primaire, de ce rapport au magique. Mais je suis convaincue que pour chacun de nous, à un certain degré de danger et de détresse, la maladie réveille ce mode de pensée magique et l'appel à des forces supérieures pour combattre le Mal. Sinon le combat est trop inégal, les forces humaines n'y suffisent plus.

Chacun va placer cette force là où il le sent, projeter le Bien là où son organisation psychique va y croire le plus. Dans certains milieux urbains il est fort prisé de recourir aux méthodes « naturelles », comme l'homéopathie, à l'encontre de la médecine technicisée. Et même la mode de la psychanalyse ne répond-elle pas à cette angoisse archaïque, ce besoin universel de trouver un « supposé savoir », un quelqu'un qui va enfin tout comprendre, tout guérir, qui va me reconnaître dans mon unicité, mon entièreté ? Ce qui est refoulé par la rationalité fait alors retour de façon acceptable socialement.

Certains, plus rationnels, s'attacheront à la magie des machines et du verbe, rassurés par l'arsenal technologique et l'assurance des Professeurs de médecine. Plus le discours sera hermétique, plus ils seront impressionnés. Plus le nom d'un médicament sera sorcier, compliqué, plus il sera guérisseur. Et plus la thérapeutique sera radicale, plus elle sera efficace : la chimiothérapie peut être bon ou mauvais remède injecté dans les veines, elle peut brûler tout sur son passage ou réalimenter les bonnes cellules pour leur donner la force d'éliminer les mauvaises. Les rayons ont un pouvoir extra-terrestre... Là encore, au-delà de l'efficacité « rationnelle » des mots, des actes « purs », les traitements s'appuient sans doute à leur insu sur leur portée mythique, où le mot lui-même, l'évocation de l'acte transforment déjà leur portée, et injectent une efficacité symbolique, un *pouvoir guérisseur.*

D'autres se méfient du *pouvoir médical* trop proche à leurs yeux de la maîtrise absolue, trop robotisée, à mille lieues de leur monde. Il leur faut des intermédiaires de guérison plus proches de la Nature, de la pensée magique, et plus engagés dans ce combat terrifiant : des intermédiaires entre les forces obscures qui travaillent au corps et à l'âme le malade impuissant, capables de s'interposer activement pour les anéantir.

Mais il arrive plus souvent qu'on ne le pense que les malades fluctuent, oscillent dans leurs repères et passent d'un système d'explication et de soins à un autre, lorsque les résultats ne sont pas à la mesure de leurs espérances démesurées. Ils cherchent à mettre, comme Janine L., toutes les chances de leur côté, en ne mettant pas tous les œufs dans le même panier, pour conserver un espace d'autonomie. Sans parler de sorcellerie, les thérapies actives agissent sur les mêmes registres variés : remobiliser l'énergie vitale, l'agressivité envers le mal personnalisé, regonfler l'imaginaire, rendre droit de cité à une parole qui cherche sens, réorienter sa vie en fonction de ses désirs profonds. Le combat est intérieur, dans l'enceinte du sujet lui-même puisque le mal a franchi les frontières cellulaires et sauté dans le corps.

Là aussi, le rapport au thérapeute est essentiel et son engagement nécessaire. Mais là est bien la difficulté et le paradoxe : y « croire » assez pour soutenir le désir tout en gardant distance par rapport à cette toute puissance du désir. Supporter les processus primaires, reconnaître la nécessité et l'utilité de mécanismes de défense archaïques et laisser place à l'ambivalence pour pouvoir accompagner dans le douloureux processus de « désillusion » si la maladie se poursuit. Car il est une dimension plus essentielle, radicale, et qui est souvent reniée, renvoyée par le discours technologique, magique ou même religieux, tant elle est infiniment douloureuse. C'est la dimension de la perte et du manque, la porte étroite qui, seule, donne accès au symbole et à une réelle chance de pacification, de rencontre en vérité : une dimension qui accueille les passions dans leur radicale humanité.

La médecine actuelle rejette le magique. En imposant le Réel pur, elle ne réalise pas qu'elle sacralise ses méthodes au mépris de l'échange et de l'Etre. Elle ignore le transfert, cet affect puissant, cet appel vital à l'Autre.

Les traitements parallèles offrent un recours pour l'imaginaire et accueillent les malades à leur niveau de détresse, au niveau d'organisation psychique où la maladie les ramène. L'échec les guette tout autant, quand la maladie avance inexorablement. La nature obéit aussi à des lois : la mort fait partie de la vie. Le désespoir se réinstalle avec la perte de confiance. C'est le moment crucial, le moment de Vérité, dans l'aveu de l'impuissance à guérir.

Les unes comme les autres sont au pied du mur : pourront-elles aller au-delà, dans la reconnaissance de ce qui fait la souffrance humaine et insiste à être entendu malgré l'angoisse ?

Mais quelle peut être la place de la médecine dans ce drame ?

2. Le statut de l'ordonnance : incorporer les mots

Rien ne paraît plus banal, anodin et presque anonyme dans notre société, que de sortir de chez le médecin avec une ordonnance.

Au point qu'on s'étonne ou qu'on rouspète si l'on ne « reçoit » pas ou pas assez de médicaments à notre goût ! « Il ne m'a rien donné ! Est-ce un bon médecin ? »

Que reçoit-on alors de si rassurant ? Du tangible, de l'efficace, du réel ou du magique, de l'intérêt, de la présence ? Quelle « pilule » faut-il avaler, douce ou amère ?

A quelle sauce sera-t-on guéri, si ce n'est mangé ? Et à la racine, que signifie cette « ordonnance » ?
Mettre de l'ordre ? Mais lequel ?
Donner un ordre ? Au nom de quoi ? A l'impératif ou au subjonctif ? « Prends cela et tu vas guérir » ou bien « Si tu prenais cela, tu pourrais... tu aurais pu guérir » ? Ordonnance de vie, de mort, d'obéissance à quel prix ?

La diversité des thérapeutiques dont j'ai parlé m'amène à penser qu'avant d'avaler un médicament, de se soumettre à un traitement quel qu'il soit, le malade avale d'abord des mots. Il avale... ou recrache les paroles du médecin, du guérisseur, du sorcier qui les prononce. Et ces paroles, si objectives soient-elles font forcément référence à un système de valeurs, de sens et d'explication du monde auxquelles elles participent, adhèrent et qu'elles retransmettent dans la plus simple des ordonnances. Ces paroles, ces ordonnances, sont chargées de faire écran entre le malheur et la personne, d'écarter la maladie du malade.

En ce sens, toute ordonnance est talisman de vie, ou supposé l'être. Si l'on privilégie les médicaments, ils deviendront les seuls talismans valables, et l'on risque de ne jamais en avoir assez quand le mal surgit, ou même pour s'en garantir à l'avance.

En ce sens, le statut du médicament, de la thérapeutique, est toujours magique, même si l'on y croit plus ou moins. Peut-être même que plus on en prend, moins on y croit, dans une dépendance adhésive à cette pilule, donc à celui dont la main est nécessaire pour écrire l'ordonnance. Sa personne, sa parole n'a de valeur que comme distributeur automatique de pilules roses, bleues, rouges...

Or, je suis convaincue avec Gérard Haddad que « la parole précède l'incorporation comme un sandwich symbolique autour de ce qu'on avale »[5]. Manger entraîne un savoir. Le malheur est que le médecin du Réel n'entoure souvent l'incorporation d'aucun sandwich et rarement d'un sandwich symbolique, si parole il y a ! Ce qui passe alors difficilement, dur à avaler, c'est la précision des chiffres, les pourcentages d'analyses, éventuellement les probabilité statistiques, les chances calculées de s'en tirer, le temps qui

---

5. HADDAD G., *Manger le livre*, Paris, Grasset, 1984, p. 65.

reste à vivre, le nombre de chimiothérapie à avaler, le nombre de rechutes à craindre. Ni sandwich, ni baume pour le cœur, l'ordonnance est sèche, précise, définitive. La Vérité n'est considérée que dans son aspect factuel, de réalité. Elle exclut la croyance, l'espérance, la confiance ou la méfiance, la construction de vérité dans une relation en évolution, en tension. Mais à travers elle, se révèle le système de valeurs auquel se réfère celui qui l'énonce et la part de lui qu'il y engage, qu'il laisse incorporer par son patient. Maître absolu, non du Bien ou du Mal, mais de la Santé, il est supposé tel : son ordonnance ordonne. Il reste à obéir.

Réduit à un morceau de corps qui ne fonctionne plus, le sujet se soumet ou se révolte. Ou bien il avale, mais en ajoutant son propre sandwich, en enrobant le traitement proposé de son imaginaire à lui. Il est des « noms » de médicaments qui frappent, résonnent dans l'imaginaire. Et l'on connaît l'efficacité des placebos pourvu qu'on les pare de pouvoirs thérapeutiques, grâce à la Foi dans la parole du médecin. Parfois la confiance s'accroche au nom même, ou au prénom du médecin, ou bien à une expression, un tic, un clin d'œil, ou au tableau accroché au mur, simples détails qui rappellent un univers de sécurité passée. Qui sait vraiment pourquoi il fait confiance à tel ou tel ? Une intonation attire, un geste fait fuir...

Savoir et croyance sont si intimement mêlés ! Jean GUIR en a longuement parlé. Il va même jusqu'à penser que parfois le déclenchement d'une maladie psychosomatique pourrait provenir de l'absorption d'un signifiant lié à des événements traumatiques de l'histoire familiale[6]. Et pourquoi ne serait-ce pas possible, s'il est possible de guérir par le seul pouvoir d'un placebo, un mot qui « plaît »... Un signifiant qui surgit sans crier gare, sans être soutenu, enrobé lui aussi par des personnes peut créer des désordres, et pas seulement psychotiques. On peut y être allergique et le rejeter violemment. Janine L. le montrait à sa manière, elle qui n'avait jamais avalé d'être une enfant naturelle, mais qui se rebellait contre toute emprise trop absolue.

La médecine, elle, déclare qu'elle n'a rien à y voir. Elle s'occupe du réel, nomme la vie et la mort, le corps, soigne les

---

6. GUIR J., *Psychosomatique et cancer*, Paris, Point Hors Ligne, 1983.

organes morcellés, et « renvoie chacun dans l'angoisse dépressive à sa vérité dernière, celle d'un petit tas de chair, déchet parmi d'autres »[7]. Là aussi, lorsque celui qui nomme des signifiants aussi chargés tout en réduisant le corps à de la chair, de la viande, se dérobe à la rencontre, il énonce une Vérité toute crue impossible à entendre. La subjectivité se dépouille de ce corps offert et se dérobe à cette mascarade, consumée d'angoisse.

Où trouver secours, où se rassembler, se retrouver ? Dans le groupe, dans la Nature et dans la Foi.

• Le **groupe** familial est parfois trop déstabilisé, angoissé. Il se referme instinctivement sur son malade et le silence est un couvercle protecteur. Il réabsorbe le sujet en son sein ou le rejette. Ou bien lentement il s'ouvre à une autre dimension, dont l'enjeu est la perte possible de ce membre, l'accès douloureux à la présence absence. Pour cela, il faut bien en parler, évoquer la mort possible.

Ceci suppose une ascèse et là aussi une traversée initiatique que tous ne se risquent pas à faire, et à laquelle peu sont préparés par leur histoire familiale, ou soutenus culturellement.

Quant au groupe social, nous savons combien nous nous protégeons collectivement de toute vision, de toute allusion au malheur le plus naturel qui soit : la maladie et la mort, la souffrance inévitable des être humains. Nous avons désappris à tutoyer la mort, cette langue si proche de la langue maternelle. « Parler la mort, ou mieux encore, la laisser parler en soi, la laisser grandir en soi ». Rainer Maria Rilke disait un jour : « chacun porte la mort en soi comme une femme enceinte porte un enfant » et il ajoutait « comment ne pas comprendre qu'on élargit sa vie en y ouvrant des fenêtres sur la mort ? Ainsi chacune, chacun peut devenir « gros » de la mort. Mais c'est un long chemin. Le combat de toute une vie. Un travail d'enfantement, c'est-à-dire le dépouillement »[8]. Gabriel RINGLET nous invitait ainsi à rêver sur les traces, un jour de Toussaint.

Mais nous sommes si souvent démunis, perdus, angoissés « à mort » devant le malheur incarné par le cancer. Les

---

7. HADDAD G., *Manger le livre*, *op. cit.*, p. 201.
8. RINGLET G., *Seules les traces font rêver*, Carte blanche, Le Soir, 2 nov. 1992.

regards gênés se détournent, les mots manquent, le silence s'installe, pesant, comme un bloc de glace monolithique et isolant, engendrant le froid de la mort avant la mort. Nous avons si peu de garde fous collectifs, si peu de rites, de parole vraie, réellement pacifiante, que nous fuyons toute rencontre personnelle avec les malades, ces représentants ambulants du malheur.

• La **nature** est aussi un lieu extraordinaire de rassemblement, de recharge énergétique et de pacification. La terre qui accueillera en son sein les corps morts est aussi celle qui porte, soutient, régénère les vivants... A condition que l'on accepte de suivre sa rude loi, ses cycles de périssement, d'émondage, de pourriture en vue d'une renaissance. La nature n'est pas magique, car elle n'est pas immortelle. Elle ne peut que partager, nous entraîner dans le formidable élan qui l'anime inlassablement à s'engendrer de métamorphose en métamorphose, modelée ou saccagée par le travail des hommes. Mais elle témoigne constamment, nous rappelle comme un rappel de vaccin, la présence immuable de la mort en son sein, en sa « nature » essentielle. Cette vérité-là est pudiquement voilée quand on célèbre sa fécondité.

• Quant à la **Foi**, elle aussi doit traverser une rude ascèse, à l'épreuve de la souffrance. Le livre de Job en est un des cris les plus poignants et les plus universels, mais toute foi ne doit-elle pas se dépouiller de son idéalisation magique, que ce soit la foi dans l'Homme, la Nature, Dieu, la Science, la Psychanalyse, ou toute Parole avalée toute crue comme parole d'Evangile ? La Foi ne peut que subir les ondes de choc du doute et de la colère aux instants fulgurants de douleur, aux moments sombres du deuil et de la désespérance, du malheur absolu et de la révolte. Avant d'être recueil pacifiant, si Dieu le veut, le « silence de Dieu » n'est qu'un gouffre sans fond où résonne en écho le cri éperdu d'un désespoir fou de douleur. Parfois aussi le silence de la Nature oppresse les êtres remplis des rumeurs de leurs passions, agités de paroles ritournelles ou d'une angoisse sans fond.

Long est le chemin pour creuser en soi l'espace vide pour qu'une parole vienne s'y loger, une parole surgie du fond du silence.

C'est pourquoi je me suis tant interrogée avec Janine L. sur son attrait pour l'instinctothérapie et peu à peu souciée de l'ordonnance implacable qu'elle y rencontrait. « Ne mange que ce que tu sens. Ne fais confiance qu'à ton odorat pour sentir ce qui est bon pour toi, ce que tu peux absorber sans danger. Et ne mange que du « cru ». Le cuit est le fruit pourri, dénaturé de la culture. Elle a même dénaturé tes sens qu'il faut rééduquer. Elle t'impose ses recettes à elle, pour ton malheur et pour ta mort ». L'instinctothérapie s'appuie et supporte la rébellion devant les prises de corps arbitraires familiales, culturelles, religieuses et médicales. C'est pourquoi elle résonne profondément, réveillant le désir de « penser avec sa bouche ». Mais si l'on s'arrête un peu pour réfléchir avec Levi-Strauss sur l'importance capitale de la cuisine dans l'accès à la culture, et la place du Cuit ou du Cru, on éclaire d'un jour nouveau cette recette de guérison particulière. Car le code alimentaire est certainement le plus fondamental de tous. « La cuisine ne marque pas seulement le passage de la nature à la culture, mais par elle la condition humaine se définit avec tous ses attributs, même ceux qui comme la mortalité pourraient paraître les plus indiscutablement naturels ».[9]

C'est bien ce que la « pensée sauvage »[10] vient nous rappeler, à travers la structure feuilletée des mythes : les actes de la vie les plus quotidiens, naturels, sont inséparables de la culture qui les règle. Et il y a dans les mythes une psychologie, une philosophie inséparables d'une éthique, c'est-à-dire d'une économie particulière de la jouissance. Le feu comme la parole introduit de la discontinuité, de la transmutation en vue de la rencontre. Potion amère ? Il fait passer du doux au dur, du plein au vide par le sevrage, du liquide au solide, du faible au fort... à travers le « fort-da » ! S'il est miel de vie, il est aussi amère rencontre avec la mort, la perte, le manque.

Il est clair qu'ici je ne juge pas du bienfait physiologique de tel ou tel aliment, mais des valeurs qui imprègnent un

---

9. LEVI-STRAUSS C., « Le cru et le cuit », *Mythologiques I,* Paris Plan, 1964, p. 172.
10. LEVI-STRAUSS L., *La pensée sauvage*, Paris, Plon, 1962, Press Pocket, 1985.

certain discours, des résonances imaginaires sur lesquelles il s'appuie et des effets symboliques que cela entraîne.

Lorsque la vie même est menacée, il n'est pas anodin d'adopter tel ou tel style de vie, de se tourner vers telle ou telle thérapie, et d'avaler tout cru telle ou telle recette en promesse de guérison ! Car à ce niveau d'angoisse, tout discours résonne au niveau imaginaire.

C'est bien pourquoi le discours magique « pur » rassure. Il colmate les brèches d'angoisse et de doute. Il élimine le mot « FIN » en sacralisant la Faim, comme le discours scientifique élimine le mot SOUFFRANCE en sacralisant la SCIENCE.

Mais il est des mots terrifiants pour l'homme : la MORT en est un. La SOLITUDE aussi quand elle est ABANDON. Et pourtant... gavé d'instinct, il arrive qu'on reste sur sa faim... Et pourtant il est des potions amères qui soulagent le plus. Il est des « vérités » qui s'imposent et s'intercalent dans la sauvagerie de ce système de pensée primaire, en y apportant assez de présence pour préserver de la chute mortelle.

Le « médical-ment » souvent, taisant la vérité trop crue, trop angoissante, mais pour qui ? Le médecin ou le malade ? Ces mots-là ne « calment » rien de l'horreur, ils annulent l'angoisse de mort, ou bien terrassent le sujet comme un verdict asséné. Trois petits mots et l'on s'en va... La vérité est à la mesure de ce que l'on en supporte !

Il est des mots qu'il faut prononcer pour être vacciné contre leur pouvoir mortifère. Il est des mots qui délivrent d'avoir été articulés, partagés. Ils ne dorent pas la pilule, loin de là, mais ils tapissent assez l'intérieur pour pouvoir l'avaler.

Il est des mots « médi-mamans », comme le disait si joliment et avec tant de justesse Françoise Dolto, des mots qui mettent un baume sur la souffrance par l'accueil et la compassion qu'elle rencontre. Ces mots-là n'excluent pas la douleur d'être, comme ils n'excluent pas la mort possible.

Et je dirais que s'ils sont « médi-mamans », il est des mots plus « médi-papas », plus durs à avaler et infiniment pacifiants à la fois : ils prononcent des mots innommables et tranchent dans le vif. Mais ceux-là s'intercalent dans l'horreur du réel et redonnent densité au silence, partage dans l'impuissance. Ils restituent de la mémoire dans le présent affolant, de la souffrance envisageable dans le passage de la vie à la mort. Alors la Vérité n'est plus une affaire de réel, ou de cru et de pas cru. C'est une affaire de rencontre, de désir, et d'un accès douloureux et jouissif au partage de soi : « Je veux et je veux pas... vivre, mourir,... » et au partage avec l'autre. La Vérité que l'on énonce, qui s'articule à la jointure de la présence et de l'absence est à la mesure de cette refente du désir terrifiante et pacifiante.

Les médecins, thérapeutes, guérisseurs de toute obédience, sont d'abord tenus à cela : ils ne peuvent nommer la mort que s'ils s'engagent à soutenir la vie, la vie du sujet désirant qui s'adresse à eux autant que de leur corps. Mais ils ne peuvent soutenir la vie que s'ils sont capables de nommer la mort et d'accompagner ce chemin de perte, de manque douloureux à être un, immortel, totalement bon, parfaitement auto-suffisant.

Tout traitement, toute thérapeutique, comporte sa part de risque et de chance tant au niveau biologique que psychique. Il est des souffrances qui rendent fous, que l'on dit inhumaines. On y risque son âme et sa peau. Le seul talisman est alors l'engagement réciproque, soignant-soigné, dans ce processus paradoxal de métamorphose dans la solitude de la rencontre, dans ce dialogue ardu, aimant et hostile. La seule ordonnance est de rester à l'écoute du désir, imperceptible ou ardent, à bout de souffle ou renaissant, dans la sérénité et l'angoisse de la passation. Cette passation n'est plus alors « passation de pouvoir », dans le sens d'un acharnement à faire survivre mais passation de pouvoir garder visage humain, jusqu'au grand passage, passation d'humanité, où il arrive qu'un *ange passe* au cœur de la plus grande détresse et éclaire les esprits, inspire les mots de la présence et de l'adieu ou de la renaissance à la vie.

3. Le statut de la transmission : souffrance et jouissance du « passage »

Tel est le paradoxe auquel convie la maladie : avaler une vérité douloureuse, manger les mots de la souffrance, ruminer l'amertume de l'affaiblissement et de la perte de pouvoir, assimiler les pertes, digérer l'angoisse qui prend aux tripes, apaiser l'acidité de certaines rencontres, colmater les brèches vives de certains maux du corps autant que de certaines paroles. Ne dit-on pas : « manger son pain noir » ou « avaler des couleuvres », « en voir des vertes et des pas mûres » ? Autant d'expressions populaires qui signent cette incorporation du malheur, ces hauts le cœur devant le mur du réel. On peut renifler et s'éloigner de ce malheur qui pue la mort, on peut se boucher le nez et avaler *la vérité* si on ne peut plus faire autrement, et puis fermer les yeux et faire comme si... Mais le mur est là ! On peut aussi ruminer ce réel, cette vérité, se laisser broyer, transformer. Et puis faire volte-face, et recommencer...

La souffrance ne s'avale pas toute crue, ni d'un seul coup ! Elle se recrache et s'assimile à doses homéopathiques, elle reste bloquée dans un abcès du corps, dans un repli de l'âme, elle suit le labyrinthe des émotions. Le passage est étroit vers ce qu'on appelle l'acceptation. Et ce n'est pas un passage obligé, qui donnerait un satisfecit de bonne mort, de bons mourants ou bons vivants, pour rassurer la conscience des soignants ! Chacun a droit à sa « rébellion ». Si Elisabeth KUBLER-ROSS a éclairé les « stades » que traverse un malade, c'est à partir de l'expérience vécue de très nombreux malades, et de l'écoute qu'elle a pu montrer à leur égard.[11]

Ce n'est pas une échelle de valeurs. Chacun gravit comme il peut son échelle de Jacob et son seuil de tolérance lui est absolument personnel. Nul n'est tenu à l'impossible ! Car c'est un processus lent, douloureux et apaisant à la fois, proche effectivement de l'ingestion, du cycle long de la digestion où chaque organe se rebelle et participe tour à tour à cette assimilation lente, cette cuisson interne de la nourriture par les sucs, la bile, les sécrétions diverses après avoir été broyée par les dents.

Cette lente mutation de l'être, corps et âme, corps animé et âme incarnée, concerne chacun des acteurs de ce drame, et concerne la société entière. Car cette rumination du malheur,

---

11. KÜBLER-ROSS E., 1969, « *On death and dying* », *Les derniers instants de la vie*, Trad. fr. Labor et Fides, Genève, 1975, Librairie protestante, Paris.

si elle s'accomplit en vérité et arrive à terme, aboutit à des mots nouveaux, à une articulation nouvelle des soins, à une conception de la thérapeutique inspirée par elle. On y reconnaît la trace de vécu, la marque de l'épreuve. Tel est le message renouvelé des soins palliatifs, qui renouent avec l'humain, et avec la passion de soigner. L'ordonnance se modèle sur l'inconnu du passage, pour chacun, jeune ou vieux. L'accompagnement n'a pas de limite d'âge, et la misère des hospices de vieillards nous oblige à réfléchir sur le sens qu'ils avaient au Moyen-Age[12].

Des soignants en souffrance de parole se sont mis à l'écoute des patients en souffrance de présence, en acceptant de ne pas savoir. Las de fermer leurs yeux et leurs oreilles à cette souffrance de leurs malades, las de se blinder à l'intérieur de leurs forteresses vides, las de leur propre indifférence et de leur invulnérabilité, ils ont osé manger les mots de la souffrance d'autrui et ouvrir leur cœur, leur savoir et leur corps aux balbutiements de leur propre souffrance, aux cris de leur révolte, sans toujours ravaler leurs émotions, leurs colères et leurs larmes. Ils ont osé questionner leur propre désir de soignant, leurs jouissances et leurs peurs. Ils s'aventurent à partager les raisins de la colère, le pain amer des maux impossibles à guérir, des vies gâchées, des enfants enterrés, des parents orphelins. Ils ouvrent peu à peu leurs yeux et laissent leurs oreilles souffrir les murmures ou les grondements de la plainte. Ils ont osé parler la tendresse et le chagrin.

Chacun accepte de manger les mots des lamentations à la mesure de son possible. C'est à la fois une affaire collective et une affaire strictement personnelle, et même intime, d'une intimité sacrée. Nul ne peut imposer un tel travail à une personne précise. Mais l'enjeu d'une telle reconnaissance me paraît de l'ordre d'une responsabilité collective, d'un engagement sacré à la cause humaine qui doit s'exprimer à un niveau bio-éthique et politique. Toutes les traditions religieuses signent là le passage à un autre discours, à une autre parole vraie, inspirée. Mais ce passage concerne tout homme, toute société, croyante ou non, car il est iniatiatique.

---

12. SEBAG-LANOË R., *Mourir accompagné*, Paris, Desclée de Brouwer, Coll. Epi, 1986.

Le livre d'EZECHIEL le formule en un texte saisissant, repris par Gérard HADDAD[13].

Il s'ouvre sur la vision de quatre créatures étranges aux visages d'animaux, fascinants et terrifiants... (le cancer n'est-il pas lui aussi représenté par le crabe horrible ?). Puis, brisant la magie de ce monde du silence, la voix de Yahvé interpelle Ezéchiel :

« *Et toi, fils de l'homme, écoute ce que je vais te dire. Ne sois pas rebelle comme la maison de la rébellion. Ouvre ta bouche et mange ce que je vais te donner ». Je regardai et voici qu'un main se tendait vers moi et dans cette main il y avait un rouleau de livre. Il le déroula devant moi et le rouleau était écrit au recto et au verso et contenait des lamentations, des plaintes et des gémissements.*

Et il me dit : « Fils de l'homme, mange ce que tu trouves là, mange ce rouleau et va parler à la maison d'Israël ». J'ouvris la bouche et il me fit manger ce rouleau. Et il me dit : « Fils de l'homme, tu nourriras ton ventre et rempliras tes entrailles de ce rouleau que je te donne ». Je le mangeai et il devint dans ma bouche aussi doux que du miel. Il me dit encore : « Fils de l'homme, debout, va auprès d'Israël et communique leur mes paroles ».

Quel enseignement ! Nous trouvons là les sources de la transmission, la source de l'inspiration, le lieu d'où s'origine la parole vraie, et le savoir véritable : des entrailles ! Mais des entrailles complètement métamorphosées, imbibées par la parole de l'Autre, le rouleau de livre. On peut avoir les tripes dures et le cœur tendre, ou le cœur dur et les tripes tendres, prêtes à s'émouvoir sans conséquence, sans lendemain et sans actes. A force, les tripes aussi s'endurcissent. Il n'est que de voir les scènes de barbarie montrées à la télévision sans que cela émeuve quiconque. Voir, passe encore, mais manger le livre, les mots de la souffrance ! Quelle rébellion justifiée ! On est loin de la guérison par l'instinct ! La révolte, l'amertume règne sur les esprits, envahit les cœurs et fait se révulser les tripes. Mais dans ce va et vient douloureux d'un rouleau de lamentations, avalées, ruminées dans la désolation, la parole est en gestation. Ne dit-on pas aussi qu'on accouche d'un livre ? Gestation douloureuse, angoissante et

---

13. HADDAD G., *Manger le livre*, op. cit., pp. 94-95.

jouissive, en vue d'une parole partagée, d'une expérience transmise, offerte à qui veut bien à son tour la manger, se laisser toucher aux entrailles comme à l'intelligence ?

On opère toujours un tri, bien sûr. D'un livre on en prend, on en laisse. Mais il est des livres qu'on aborde avec crainte, car on sait qu'on risque d'en sortir différent. Les mots qu'ils transmettent sont poison *et* remède à la fois. Ils inoculent la douleur de vivre et la quête. C'est bien pourquoi la parole en partage des soignants en souffrance constitue le seul remède contre la cruauté de leur tâche, de même que la parole en partage entre les malades et leurs thérapeutes, médecins, infirmiers, psy... contre la cruauté de la vie.

Car elle médiatise les extrêmes : entre le monde pourri du cancer et le monde brûlé des traitements, elle apporte le feu de cuisine de la souffrance partagée, de la parole humanisée[14]. Elle apporte le baume de la rencontre et la présence distillée dans chaque acte technique ou non. Alors la fonction et la personne se rejoignent. Entre le monde pourri des soins anonymes et parfois sadiques, et la *consumation* de leur énergie jusqu'à brûler toutes leurs réserves énergétiques et affectives, elle apporte une recette pacifiante et l'acceptation de leurs limites jusqu'au droit à la « haine suffisamment bonne ».

Entre la jouissance horrifiée et parfois vécue comme transgressive d'accompagner aux limites de la mort, et l'anesthésie de tout sentiment qui laisse le patient en rade bien avant l'heure de sa mort, elle permet le va et vient d'investissement et le partage d'une équipe dans ce lent *accompagnement des mourants et des vivants.* Elle autorise aussi l'essoufflement et le temps de reprise sur terre dans sa vie quotidienne, une vie où l'on peut se retrouver en deuil et soulagé à la fois, simplement vivant et joyeux de l'être !

Alors, le pur et l'impur ne sont plus antinomiques, ni le profane et le sacré, ni la mort et la vie. Mais qui oserait le croire avant de l'avoir vécu, d'y être passé, « d'y avoir été pris » ?

Il arrive même que l'amertume de la mort possible puisse devenir miel de rencontre et laisser monter du fond de l'être des bulles de douceur, surgir des paroles pacifiantes, jusqu'à

---

14. LEVI-STRAUSS C., Le cru et le cuit, *op. cit.*, pp. 299-300.

même se propager aux regards à l'heure du passage. Les rouleaux de cris et chuchotements avalés dans l'amertume se font miel partagé à l'automne comme au printemps de la vie. Il n'y a pas d'âge pour cette initiation là, et les enfants parfois sont plus proches de cette sagesse. Les malades, comme les enfants ou les vieillards qui parfois retrouvent leur enfance et nous précèdent dans les âges de la vie, nous enseignent le langage d'autres livres que ceux d'anatomie, ou même de psychologie ou de psychanalyse. Ils n'ont que faire des Traités et nous ramènent à d'autres images que celles des clichés radiographiques ou nosographiques, ces étiquettes qui creusent un gouffre entre les uns et les autres et où chacun est pris, non dans un mouvement mais dans une fixité. Cancéreux, lépreux, psychotiques, fous, malades... et soignants, bien-portants.

Ceux que l'on traite en objet de diagnostic, de savoir, de thérapeutique appliquée, ramènent notre regard vers l'inconnu de la vie et le mystère de l'être. Comme les enfants et les anciens, ils nous enseignent et nous guident sur le chemin de la « co-naissance ». Ils nous remettent en mémoire l'importance de l'héritage familial en nous racontant leur histoire, en feuilletant devant nous l'album de famille. L'histoire se refait mouvance, se raconte pour se réinventer, reprend visage de photo en photo, de souvenir en souvenir... « Comment c'était quand j'étais petit ? ». Ainsi se retisse la toile des générations, ainsi se remémore l'épaisseur du désir et la densité des joies et des souffrances partagées ou tues, les impuretés et les drames comme les moments de grâce... « Et moi, qu'est-ce que je vais devenir ? »

L'enfant avale les mots qu'on lui raconte, ceux de son inscription dans la chaîne des générations, et reçoit ainsi promesse d'enfant à venir à son tour. Plus tard, il reprendra ces mots-là, il les racontera à sa manière, dans l'inquiétude et l'espoir de ce qu'il va devenir. Dans ce passage, cette reprise de parole à compte d'auteur, se joue aussi sa création. Au temps de l'épreuve, les malades aussi s'interrogent et nous interrogent. Ils racontent, certains plus que d'autres. Le passage de bien-être à souffrance creuse en eux des voies nouvelles, inédites, pour se remettre au monde et transmettre, partager l'inouï de ce qui se passe. Il initie à un autre savoir.

Telle est la véritable transmission. Elle n'est pas meurtre de l'autre, ni appropriation distraite ou jalouse de ce qu'on sait de lui, ou répétition appliquée de ce qu'on a appris par cœur. Le savoir transmis n'est vivant que s'il est ruminé à son tour, dans l'interrogation, l'angoisse et le doute, avant de devenir miel de paroles sûres. Sinon il n'est que duplicata, copie conforme, négatif emprisonné, comme l'image du jeune berger Ibrahim dans « *la goutte d'or* »[15].

Cette image emprisonnée dans la boîte noire de l'appareil photographique d'une touriste blonde à l'affût d'exotisme « authentique », Ibrahim n'aura de cesse que de la récupérer pour retrouver son âme. Il lui faudra un long parcours, une longue errance, pour découvrir à son tour que nul ne peut voler son âme et que l'image n'est rien. La dame blonde n'a de lui qu'un cliché mort, un mirage de connaissance. Il ne sera en paix qu'après s'être tourné vers la véritable transmission, à travers l'art de la calligraphie, le signe qui libère et vivifie, enseigné par un maître arabe.

Nous sommes tous des Ibrahims et nous avons tous peur d'être dépossédés de notre âme et de notre identité avec notre image. Peut-être plus celle de notre visage reproduit sur une photo, mais certainement celle d'un cliché anatomique, psychiatrique, où notre être est *dé-visagé*, dénudé par le regard médical, et notre nom réduit à un numéro, à l'organe ou au symptôme qui nous représente.

Il nous faut démystifier ces clichés sans doute utiles pour un diagnostic mais trompeurs quant à l'être, au devenir. A ce niveau-là, ce sont des faux-semblants, des trompe-l'œil empoisonnants, qui échappent à toute surprise. Et pour supporter les passages nécessaires dans ces lieux hautement technologiques et si impressionnants pour le commun des mortels, il faut des antidotes, des talismans de vie. Peut-être faut-il revenir à l'icône pour retrouver le mystère du visage humain, à la fois révélé et caché sous les feuillets successifs et invisibles de la toile préparée à recevoir une telle impression, à laisser transparaître une telle profondeur d'être. L'icône, c'est peut-être la transcription peinte de ces rouleaux de lamentations avalés et devenus miel, l'équivalent du Livre Sacré pour le regard. Elle ne s'impose pas, elle ne viole pas

---

15. TOURNIER M., *La goutte d'or*, Paris, Gallimard, 1986.

le regard, et n'assène pas un savoir. Elle se propose à la contemplation, à la fermentation de l'âme par la vision. Elle conduit à la clairvoyance, dans le clair-obscur du mystère approché. En elle aussi on mange un rouleau de vie, à travers les mystères qu'elle évoque, si on accepte une amputation du savoir : ne pas vouloir l'épuiser dans un système d'explication, une grille de décodage. La musique aussi nous introduit à cet au-delà.

Ainsi en est-il de la souffrance humaine. Elle crée une tension de rejet et d'acceptation solitaire qui ne se résout lentement que dans la douleur et la jouissance du partage, de la passation, de la transmission. Les mots n'apaisent pas tout. Il restera toujours un indicible, un « innommable »[16], insymbolisable. Il restera toujours de l'horreur absolue, des moments d'horreur. Mais il est aussi des instants d'éternité qui font des ronds dans l'eau de la mémoire, qui sédimentent et font l'humus de la renaissance en estompant l'horreur.

Mais si l'on veut tout contrôler, tout redresser, tout connaître, on perd contact avec l'humain, au risque de le tyranniser. On n'assiste plus la souffrance, on ne fait que la gérer, l'analyser et on la stérilise. Médecins et soignants du corps et de l'esprit sont au même titre responsables du parti qu'ils prennent : gestionnaires de la souffrance ou passeurs à leurs risques et périls. PANKOW le dit pour la psychose, ceci est aussi vrai pour le cancer :

« Il y a deux voies d'approche des psychoses :

- la première est la voie du dehors. Elle aboutit à l'édifice de la nosographie, dont nous avons hérité de la psychiatrie classique.

- la voie du dedans est la voie de l'engagement personnel, lorsque nous osons prendre le malade par la main et l'accompagner dans sa descente aux enfers. »[17]. De cette position fondamentale dépendra la transmission du savoir et de l'art thérapeutique, que ce soit ceux de la médecine ou de la psychanalyse. Savoir toujours impur, art toujours malmené, mais dont la nécessité d'inventer en actes et en paroles

---

16. MANNONI M., *Le nommé et l'innommable,* Le dernier mot de la vie, Paris, Denoël, 1991.
17. PANKOW G., *L'homme et sa psychose,* Paris, Aubier-Montaigne, 1969, p. 269.

se transmet de génération en génération, à leur charge, à leur risque et à leur chance.

Les livres vrais racontent le fruit de ces passages, de ces passations. A chaque génération on les reprendra en tant qu'héritiers ou gardiens de ce savoir, garants de son orthodoxie ou de son pouvoir subversif. Garder ainsi le savoir dispense de l'épreuve, mais assure la tyrannie et tue la vie. Contester les certitudes acquises, les approfondir, ne peut se faire que par celui qui s'est laissé transformer par le rouleau de vie. Au contraire de l'index officiel, il incorpore le mystère et l'accompagne, parfois jusqu'à l'agonie. Il incorpore le rouleau de vie de ses « patients » qui lui enseignent patiemment cet artisanat difficile, où la résistance ultime ne vient que de lui-même.

S'il se laisse déstabiliser par cet enseignement qui a toujours lien avec le désir, la joie et la souffrance humaine, alors à son tour il pourra parler. Et s'il s'inspire de certains « Maîtres », c'est une lecture choisie parmi ceux qui y ont aussi risqué leur personne, et mûri l'intelligence des choses au cœur de ces lamentations. Il peut faire de leurs paroles l'humus et le terreau de sa parole à venir. Alors à son tour, il parle, sans trahir. Là est la véritable transmission, à ce niveau de solitude et de partage. Il est des choses que l'on ne comprend qu'après avoir été meurtri par elles. C'est pourquoi toute parole nouvelle est subversive, transgressive en même temps qu'affiliée à un « corps de pensée » solide. Mais elle touche aussi au point aveugle des « maîtres », à leur souffrance inédite, à leurs points faibles, pour les laisser mûrir comme un abcès de fixation en soi et les transformer en mots nouveaux. Telle fut bien l'œuvre de Freud, paradoxale, puis celle de ses « fils » à commencer par Ferenczi. C'est une tâche risquée pour celui qui l'entreprend, au risque d'aller plus loin que le maître, au risque d'être mal-entendu. On ne peut supporter cela qu'à comprendre que la vie se transmet au-delà des individus, avec pour tâche de chacun de passer un petit bout de sa vérité, un petit bout de sa question, un petit bout de son être. Mais l'essentiel se transmet à l'insu des uns et des autres. On ne le sait qu'après en avoir été transformé.

En ce point, médecines et psychanalyses se trouvent au pied du mur, puisqu'elles ont pour vocation de reconnaître la souffrance, d'en supporter les misères et d'en inventer les passages. Bien au-delà de la question rabâchée de La Vérité, les hommes et les femmes qui les incarnent sont au pied du mur, confrontés à la vérité de leur désir face à cette souffrance humaine. Or, le désir de l'homme, nous rappelle LACAN, « s'est réfugié dans la passion la plus subtile et aussi la plus aveugle, la passion du savoir », ce qu'il relie à « un certain effondrement de la sagesse ». Qu'en ferons-nous ?

« L'organisation universelle a à faire avec le problème de savoir ce qu'elle va faire de cette science où se poursuit manifestement quelque chose dont la nature lui échappe. La science, qui occupe la place du désir, ne peut guère être une science du désir que sous la forme d'un formidable point d'interrogation. Elle est animée par quelque mystérieux désir, mais elle ne sait pas, pas plus que rien dans l'inconscient, ce que veut dire ce désir. L'avenir nous le révélera et peut-être du côté de ceux qui, par la grâce de Dieu, ont mangé le plus récemment le Livre, je veux dire qu'ils n'ont pas hésité à écrire avec leurs efforts, voire avec leur sang le livre de la science occidentale. Ce n'en est pas moins un livre comestible[18] »

Notre époque, notre culture, chacun de nous est convoqué en ce point : serons-nous les artisans de cette *science du désir et de la souffrance humaine* ou ses scribes indifférents, ses collecteurs de fonds et ses gestionnaires ? Auquel cas nous aurions accompli la seule faute éthique réellement inacceptable : celle d'avoir « cédé sur son désir », et nous en serions personnellement et collectivement responsables.

Reste le livre à manger. Chacun à sa mesure, à son rythme.

Reste que médecins, soignants, thérapeutes, ne peuvent plus ignorer qu'ils sont médecins, soignants, thérapeutes et avant tout passeurs de l'homme souffrant et désirant au plus vif de sa chair et de son âme. Leur vraie victoire sera de le redécouvrir et de partager ce savoir ruminé, incarné, pour inventer ensemble les voies nouvelles de la thérapeutique. Leur vraie découverte sera de s'inspirer aux sources héritées

---

18. LACAN J., « La dimension tragique de l'expérience analytique. Les paradoxes de l'éthique », in *Le Séminaire, Livre VII, L'éthique de la psychanalyse,* Paris, Seuil, 1986, p. 374.

des générations passées, des mythes universels et des rites vivifiants, en mémoire vivante des vrais maîtres et en transmission du pacte thérapeutique, en quête et en promesse de cet ordre symbolique auquel l'homme aspire.

CONCLUSION

« *Et s'il me faut vous dire encore une chose, que ce soit celle-ci : celui qui s'efforce de vous réconforter, ne croyez pas, sous ses mots simples et calmes qui parfois vous apaisent, qu'il vit lui-même sans difficulté. Sa vie n'est pas exempte de peines et de tristesses, qui le laissent bien en-deçà d'elles. S'il en eût été autrement, il n'aurait pas pu trouver ces mots-là.* »

Rainer Maria Rilke
Lettres à un jeune poète

Le cancer impose un énorme travail psychique pour « panser » l'épreuve autant que le corps. Comment le faire sans « penser » cette épreuve, et sans qu'elle soit entendue, recueillie, pensée par un autre, qui vous la restitue « envisagée » ? Ne serait-ce qu'un autre intérieur mais encore faut-il qu'il soit solidement présent à l'intérieur de soi.

Car c'est aussi la paradoxale nécessité de la souffrance : elle nécessite l'idée d'un Autre, issue de l'expérience d'une présence « suffisamment présente » pour soutenir « l'éprouvant » par son effort de compréhension, d'invention de moyens pour le soulager, une présence assez contenante pour supporte l'angoisse, le doute, la demande, la haine, l'amour... Elle nécessite aussi l'idée d'un Autre « suffisamment absent » pour que sa présence intérieure s'assure et s'estompe à la fois, et que dans cet espace rendu à la solitude de l'être, celui qui souffre puisse reprendre cette épreuve à son compte.

Alors ? Quelle est la place, la fonction de la parole ?

A la fois nécessaire et limitée, puisqu'elle ne peut pas « tout dire », ni tout réparer, elle peut être vivifiante ou destructrice, conductrice de vie et d'espoir ou d'anéantissement, vecteur de désir ou de désaffectation. C'est un travail solitaire ardu et un travail de partage, dans l'effort de parler « le même langage ».

Car le langage fonctionne, agit et résonne à différents niveaux de l'être. Parallèlement au langage commun, réaliste de la vie quotidienne, à côté du langage utilitaire, efficace du médical, qui ont chacun leur nécessité pour s'expliquer ce qui se passe et agir sur la réalité, j'ai la conviction que l'épreuve du cancer réintroduit la nécessité d'un autre langage. La reprise d'être au niveau du corps « tombé » malade rouvre l'accès à une langue souvent oubliée, plus archaïque et universelle. La rentrée dans un éprouvé de bien-être ou mal-être dans sa peau, dans ses organes ramène à des éprouvés bio-psychiques très flous et angoissants, en deçà des mots où s'estompent les frontières de soi et de l'autre, où la cohérence et la fragmentation du corps rappelle à la mémoire du tout petit enfant, si on peut se laisser aller à la ressentir.

La parole, pour le cancéreux comme pour le petit enfant, va puiser sa densité dans le plus primitif des sensations, des émotions, pour en même temps tenter de les contenir, leur donner forme en leur permettant d'exister. Les mots vont chercher leurs racines de sens, leur indice de vérité au plus près du corps atteint, et le « sujet » tente de se retrouver en rassemblant par les mots ses organes-cellules éparpillées, ses affects bousculés et antinomiques. Il invente un langage adressé à un autre qui puisse refléter sa déroute en assurant par la cohérence du lien la permanence de la « statue intérieure »[1] à travers l'image perdue, comme en témoigne François JACOB.

La traversée au long cours de la maladie se balise de mots, de silences, d'images qui accompagnent et soutiennent l'angoisse du passage, la grande angoisse de mourir, ou l'inconnu de la guérison.

C'est le paradoxe de l'homme : on peut survivre sans les mots, mais ils deviennent alors strictement utilitaires, univoques au présent absolu, ou ritournelles de lamentations au passé absolu. Quand la parole tente d'échapper à son histoire, elle se dépoétise, elle s'enlise et se confond avec l'instantané du besoin. Elle se sidère et cesse de désirer. Il est des mots talismans qui accompagnent, précèdent, qui « tissent la pulsion vitale » et qui calment la pulsion de mort en la

---

1. JACOB F., *La statue intérieure*, Paris, Seuil, Ed. Odile Jacob, 1987.

reconnaissant. Il est des mots qui font peau de mots pour le corps et colonne vertébrale pour le « dur désir de durer » dont parlait ELUARD. Il est des mots qui « prennent corps » et allègent à la fois, comme la musique nous emporte dans un mouvement plus large, où les harmoniques résonnent à différents niveaux d'émotion, où la douleur et l'allégresse s'accordent à la mesure du temps. Il en est d'autres qui arrachent au corps, le font éclater une seconde fois et interdisent d'y renaître, le mettant « sous scellés ».

Le cancer parfois joue ce rôle de détonateur de vieilles souffrances qu'on croyait enterrées et que nul ne peut, ne veut entendre. Ce n'est peut-être pas tant « la mort » qui soit redoutée dans certaines familles, dans certains milieux médicaux, ou plus largement dans nos sociétés, que le vieux cortège de culpabilité, de honte, de haine et de ressentiment qui refait son apparition avec elle, liés à l'impuissance. Le silence règne, aussi mortifère que le cancer. Les vieilles rancunes, les vieux désespoirs ne lâchent pas prise si facilement. Ils sont le masque à l'état pur de la pulsion de mort. Lâcher cela, quitter le masque, c'est comme quitter une vieille peau pour enfin retrouver le regard de l'enfance avec son « innocence » et son exigence et enfin retrouver le « sommeil du juste », ce dernier refuge dans le malheur.

Les malades, leurs familles que j'ai rencontrés, parlent tous de l'urgence et de la difficulté de retrouver racine dans cette terre d'enfance, pour pouvoir « innocenter » son corps, l'autre et soi-même au bout du compte, tous comptes réglés. La formule n'est pas magique, car elle confronte à la faute de vivre, la transgression de vivre, la dette de vivre. *Et le langage à inventer en partage, s'il est langage de tendresse véritable, n'exclut pas l'exigence de l'interpellation*, parfois de l'accusation, à la fois juste et outrancière. Il n'exclut pas non plus de reconnaître les limites de nos propres contradictions, de nos propres défenses, comme les limites de la relation, aimante et hostile à la fois.

Pour être retrouvés, reconnus, ces sentiments extrêmes, difficiles, ambivalents, doivent être accompagnés, entendus, « légitimés » jusque dans leur outrancière expression. Leur déni en renforce le poids mortifère et creuse un silence de mort dans les familles, silence lui-même désavoué dans ses effets. « C'est pour son bien »... De la même façon, le *désaveu* de la souffrance du malade, que ce soit celle qu'il éprouve de par sa maladie ou qui lui est infligée par les systèmes de soins et le corps médical en décuple l'effet traumatique. Toute la violence institutionnelle s'y aligne et se dédouane dans l'injonction de SILENCE, silence à la fois coupable et complice, impuissant et « neutre » à tous les niveaux. Car dans ce domaine, un regard neutre est un regard qui « neutralise » et renforce le verdict à son insu, qu'il le veuille ou non. « Si tu souffres, ce n'est finalement que de ta faute... Et moi je n'y suis pour rien ».

Mais à l'écoute des équipes soignantes, il m'est apparu que *les soignants sont trop souvent dans la même nécessité et le même paradoxe d'un silence qui à la fois protège de trop de souffrance et stérilise la vie, désespère l'être « soignant »* : Eux aussi, qu'ils soient médecins, infirmières, aides soignantes ou personnel de salle, supportent le poids de leur silence, victimes et complices de leur difficulté à reconnaître leur manque à guérir, leur angoisse infinie, leur rejet de la souffrance de l'autre, leur haine de sa demande extrême comme de leurs propres actes, à la fois nécessaires et dérisoires parfois, acharnés et impuissants à faire reculer la Mort.

Pour eux aussi, la passion de guérir est mise en échec, et la souffrance de leur impuissance les mène à l'agonie de « perdre » certains patients, de « perdre » le contrôle. Eux aussi, pour pouvoir quitter cet ultime bastion défensif qu'est la désaffectation et qui s'exprime par l'hypertechnicité du regard ou l'acharnement thérapeutique, auraient besoin d'être « légitimés » dans leur souffrance. Non pas pour « justifier » leurs actes, mais pour les pacifier : non pas pour justifier la violence ordinaire des hôpitaux, cette violence au quotidien si banale que personne sauf les malades ne la remarque, mais pour la sortir de l'anonymat, la reprendre à sa charge, à sa mesure et y porte « remède ».

Au deuxième Congrès Européen des Soins Palliatifs à Bruxelles, en octobre 1992, René SCHAERER témoignait d'une enquête récente effectuée auprès de médecins sur leur souffrance personnelle[2]. Nombreux parlaient de leur difficulté à accepter la mort d'un patient, leur sentiment

---

2. SCHAERER R., « La souffrance du médecin devant la mort des malades », in *Jalmalv* n° 14, sept. 1988, pp. 20-21.

d'échec et d'inutilité, la « dureté » de la séparation, l'impuissance devant la famille, et leur révolte ou leur culpabilité d'en avoir trop ou pas assez fait.

Nombreux aussi reconnaissaient les effets somatiques et psychiques de ces passages douloureux : pertes d'entrain, fatigue, inappétence, insomnies, céphalées, gastralgies, irritabilité, dépression, cauchemars, perte des relations familiales...

Beaucoup évoquaient la difficulté répétée, et parfois l'amertume des questions sans réponse, avec le sentiment de vide profond que cela entraîne. « Pourquoi... pourquoi ? ». Malade après malade, la mort paraît un jour comme une trappe qui engloutit, anéantit toute vie, et rend dérisoire ou vain tout effort thérapeutique, ou même relationnel. A quoi bon s'investir pour souffrir encore ?

Et pourtant, s'ils reconnaissaient cette expérience comme une véritable souffrance « professionnelle », une épreuve douloureuse, peu d'entre eux acceptaient d'y reconnaître l'expression d'un *véritable deuil*, comme si le mot était encore trop lourd, trop chargé affectivement de peine, de culpabilité et d'angoisse, ou trop intime. Comme s'il remettait aussi trop en question la fonction médicale et la place du médecin. Et pourtant, n'est-ce pas la reconnaissance et la traversée de ce deuil qui peut rendre à la médecine son vrai visage, et au soignant sa dignité comme son humilité d'artisan ?

La clinique du cancer m'est donc apparue de façon évidente comme une clinique de la MÉTAMORPHOSE, au sens le plus originel du terme. Métamorphose, au-delà de la forme habituelle. Il s'agit de s'aventurer au-delà de soi-même, de son image connue, de ses repères et de sa structure, et remodeler, inventer une autre forme ; se laisser entamer, sculpter, émonder, restructurer dans l'épreuve du passage. Il s'agit de trouver une autre circulation d'échange, à l'intérieur des frontières de soi et avec l'extérieur, recomposer avec le monde et les autres, Dieu et Diable. Il s'agit de trouver racines dans d'autres terres, et faire son lit d'autres pensées.

Le statut même de la pensée change, se métamorphose, obligée qu'elle est de penser l'impensable, penser la mort, penser le réel. Elle est acculée à élargir son horizon au-delà du principe de plaisir, à se grossir de gravité et s'incarner au présent. Le cancer représente une mise à l'épreuve dramatique de la pensée, car il l'accule à subir la dramatisation du désir, ou sa dérobade.

Jean LAPLANCHE imagine ainsi le mouvement de la pensée mise à l'épreuve de l'angoisse, en un mouvement de spirale ascendante. « La spirale repasse régulièrement, cycliquement, à la verticale des mêmes points. Une spirale aplatie sur un seul plan redevient un cercle, cercle purement répétitif. *Aucune pensée n'échappe à la répétition car aucune pensée n'échappe à son « exigence » et qui n'est que la projection au niveau intellectuel de notre désir. Une pensée féconde serait celle qui pourrait, au moins par moments, décoller du plan du cercle, transformer son mouvement circulaire en approfondissement* »[3].

Élargir sa pensée à l'humain, à ce qui fait l'humain dans sa réalité la plus charnelle, son angoisse et son désir, est la seule chance de faire « décoller » les soignants de la répétition pure ou de la technicité pure. C'est aussi ce qui peut faire décoller les malades du registre des lamentations pures, ou du pur ressentiment et entrer dans le cycle de la mise en mouvement de la souffrance, cette crise ultime de la « forme » humaine. Ceci représente un passage à haut risque et suppose une métamorphose personnelle et culturelle.

La répétition, cette insistance de la pulsion de mort, se retrouve dans toute forme de savoir, de pensée et se retrouve chez chacun des acteurs de ce drame, et pas seulement les malades, mais aussi leurs proches, les soignants ou la société. Elle s'aplatit à se dégager de son exigence, à céder sur son désir, ou elle décolle, s'humanise, se métamorphose. Une pensée sur soi, sur l'autre, sur la souffrance et la joie de vivre, ne devient féconde que si elle échappe aux platitudes de la certitude pour se lancer dans la surprenante découverte de soi et de l'autre : elle suppose aussi un **éthique de la surprise**. Tous les chercheurs le savent bien.

Mais comment faire en médecine pour rejoindre dans un même mouvement le langage scientifique et le langage de l'éprouvé ? Cela suppose une métamorphose même du

---

3. LAPLANCHE J., « Une métapsychologie à l'épreuve de l'angoisse », in *Vie et mort en psychanalyse*, Paris, Flammarion, 1989, p. 217.

savoir, un retournement de la pensée, un rassemblement du regard, un recueillement de l'être, tout aussi rigoureux. Une « conversion ».

« L'éprouvé » ce n'est pas de la guimauve ! C'est la soumission à la dure loi de la vie et ses effets sur l'être, sur le devenir. Nous avons actuellement donné tous les pouvoirs à la pensée scientifique pour nous secourir aux moments de souffrance. Ses découvertes représentent notre légitime fierté et confortent notre espérance de guérison. Mais est-ce la seule forme « efficace » de pensée, surtout si cette pensée a horreur de la mort ?

Je crois qu'elle gagnerait à se laisser rejoindre, dans l'ordre de l'humain, par ce qui concerne son « exigence » et qui étend le domaine de son efficacité à la fonction du regard, du langage et de la parole dans la rencontre thérapeutique. Elle découvrirait que cela n'exclut pas d'autres formes de pensée, tout aussi vitalement nécessaires à l'homme, la pensée mythique et la pensée poétique.

La pensée a plusieurs dimensions, plusieurs visées qui se soutiennent et s'intriquent les unes dans les autres, toutes aussi nécessaires.

La visée **scientifique** tend à définir le monde, à le préciser en concepts, en mots universels et univoques. Elle met ces mots, ces concepts à l'épreuve de la « réalité » pour en découvrir les lois et la modifier selon ces lois, et en ce qui nous concerne, les lois physiologiques, chimiques, immunologiques etc. du corps humain.

Mais il est d'autres formes de pensée, dont la visée et l'efficacité agissent à un autre niveau, bien qu'également thérapeutiques.

La visée **mythique** fait surgir, révèle par les mots, une autre dimension de la réalité qui l'ordonne autrement et donne place à chacun. Elle donne sens au chaos apparent et entretient l'équivoque, cultive la métaphore. Elle introduit des règles qui englobent les contraires, où le désir a sa place autant que le non-désir, où le plus court chemin d'un point à un autre est peut-être l'arabesque. Elle assure la cohésion du groupe en intégrant ses passions et régulant ses violences. Elle assiste l'individu dans le cours de son existence.

Les rites rejoignent les initiations sacrées des grands « passages » de la vie, de la naissance à l'adolescence jusqu'au grand passage de la mort. Dans ces passages à haut risque, ils donnent droit de cité aux contraires, et empruntent à la vie la liberté de se contredire, dans « la naissance et la mort, la victoire et la défaite, la mesquinerie et la grandeur d'âme, le rire et les larmes, l'amour et la haine, le désespoir et la jubilation »[4]. Car une vérité l'instant d'après chasse l'autre, sans forcément l'annuler. Ce faisant, les mythes englobent l'homme dans un univers de sens où la souffrance a sa part dans un nécessaire et fécond processus de métamorphose. Ils sacralisent les passages, initiant l'être à une autre réalité où l'imaginaire affolé se retrouve, se régule pour rentrer dans le temps de sa vie. Ils donnent sens au non-sens dans une dramatisation des cycles « naturels », des catastrophes « naturelles ».

Ils rejoignent par là la visée **poétique** du langage, où le langage se joue du réel, se célèbre lui-même et transfigure les choses et les êtres par la « magie des mots ». La poésie joue avec les mots et module les émotions comme l'enfant joue avec son corps, sa salive, ses doigts et ses intonations. Elle compose avec le réel comme l'enfant de Freud lançait sa bobine pour se jouer de l'absence, apprivoiser la perte et composer avec des émotions trop violentes, une souffrance impensable. Premier rythme, premiers mots, premier jaillissement poétique à la première vraie douleur d'être : le jeu, surtout quand il est grave, s'allège avec les mots et transforme le joueur désespéré en poète, en créateur de vie au cœur de l'absurde.

Il ne s'agit pas ici d'opposer la science et les mythes, la médecine et la nature, ni même une thérapeutique curative et palliative, mais de trouver des passerelles qui leur permettent de s'enrichir, de se féconder pour aider les hommes à supporter la cruauté de la vie, et y tisser des filets de sécurité qui préservent de la chute et du vertige, si ce n'est de la mort.

Chaque thérapeute s'associe ou non à ces passages initiatiques par la souffrance, pour à la fois la soulager dans la mesure du possible, l'accompagner et l'inclure dans un univers de sens. Parfois même ce travail peut rendre à la vie sa poésie, ce qui est l'ultime façon de sortir l'être de sa prison de souffrance et lui rendre visage humain.

---

4. SINGER C., *Les âges de la vie*, Paris, Albin Michel, 1984, pp. 86-87.

Chaque société participe ou non à ces rites de passage que sont le passage de santé à la maladie, et de maladie à trépas ou guérison, vers un rebondissement de vie ou son extinction.

Chaque système de savoir participe ou non à la formation des « passeurs », et à la transmission de cet artisanat du passage.

La thérapeutique du cancer s'enrichira de « jouer » sur ces différentes cordes, pour reconnaître la portée et la « portance » réelle, imaginaire et symbolique de tout acte médical, thérapeutique, acte de parole ou acte de l'outil qui chacun fait signe, « ordonne » vers la vie ou la mort, donne sens à la souffrance ou absurdité par le regard qu'il porte sur elle, par la façon dont il se laisse « toucher » par elle.

C'est en tout cas ce que m'ont laissé croire ma propre expérience autant que mes pérégrinations en compagnie des « maîtres de la nuit », des ngangas et désorcelleurs, ces « magiciens » des passions humaines, ces « passeurs de souffrance » comme le sont certains médecins de chez nous... Les plus grands étant les plus modestes.

J'ai confirmé ma conviction en compagnie de Janine L. et de bien d'autres : quand le sort se resserre, quand l'espace se rétrécit aux limites d'un lit, quand le temps s'angoisse, l'urgence vient de faire retour au temps où l'âme des choses était sensible. Quand les forces manquent, nous retrouvons le chemin des sources souterraines, des talismans de vie, des mots-clés pétris de mystère, qui sont la musique de l'épreuve.

Avec le support de ceux qui ont su ouvrir leurs yeux à une autre réalité, nous espérons traverser la forêt des cauchemars, munis du talisman des mots, ce langage de la présence. « Quand quelqu'un est là, il fait moins noir », quand Monsieur Seguin se soucie de sa chèvre, l'aube peut venir. Mais pour cela, le Monsieur Seguin de Janine L. a bien dû quitter l'enclos de ses certitudes et de sa maîtrise pour tenter de comprendre ce que sa Blanchette lui criait depuis si longtemps, en se mettant à sa place. Alors la quête se fit possible et la rencontre envisageable, même au moment où tout paraissait « perdu » : le savoir, la possession, la vie, la passion de garder en vie l'objet de son désir.

Tout médecin, tout soignant est sans doute un monsieur Seguin dont l'agonie passe par renoncer à « guérir » parfois pour juste « être là », et accompagner le passage sans savoir jusqu'où cela va aller. Quand l'angoisse accable, quand le théâtre du corps s'obscurcit, n'est-il pas temps pour d'autres mots, un autre langage, un langage élargi, pour que « dans la peur partagée et l'humilité et l'ignorance, le monde puisse reprendre sens. Alors peut-être, à voix basse, les malades gratifieront les « gens de savoir » de leur richesse »[5].

Ceci n'est possible que si les gens de savoir acceptent de mettre leur savoir et leur être à l'épreuve de la vie, dans l'angoisse de mourir et la souffrance de vivre, ce qui n'est pas désincarné :

« Mettre à l'épreuve une théorie, ce n'est pas aussi neutre, aussi scientifiquement désincarné que cela. C'est bien au contraire la malmener, la faire grincer, lui faire supporter les charges les plus insupportables. Non pas simplement pour la détruire, montrer sa vanité et ses contradictions, mais en quelque sorte pour lui faire « rendre l'âme »[6]. Pour les uns et les autres, malades, cancéreux, bien portants, soignants, soignés, ceci rejoint l'épreuve du chaos, ce temps d'agonie de l'être.

Mais je voudrais conclure par l'éloge du chaos, puisque les poètes le savent : NIETSCHE le disait avec Zarathoustra : « *Il faut avoir du chaos en soi pour accoucher d'une étoile qui danse* ».

Et conclure par l'équivoque d'un mot d'enfant cancéreux : « *Pour s'ouffrir il faut guérir* ».

De « s'ouffrir » à s'ouvrir, il est un pas. Certains restent au seuil, d'autres pas. Et de guérir au « gai rire », il en est un autre. Mais de souffrir à guérir, il reste le mystère de ce que pour chacun veut dire guérir. L'offrande de la vie est multiple et paradoxale. Elle « passe » souvent par la souffrance, parfois par la mort. Restent alors les traces, cette résonance de l'être dans le « corps » de ceux qui restent. Restent les mots, qui habitent le cœur des vivants. Reste la mémoire pacifiée, quand le travail de deuil peut se faire rebondissement de vie.

---

5. ZITTOUN R., « Fin du savoir », in *Docteur, pour la première fois, nous avons parlé le même langage, op. cit.*, p. 193.
6. LAPLANCHE J., *Vie et mort en psychanalyse, op. cit.*, p. 219.

BIBLIOGRAPHIE

ANZIEU Didier : *L'auto-analyse de Freud et la découverte de la psychanalyse*, Paris, PUF, 1975 - 1988, 3ème Ed., 576 pages.
Le corps de l'œuvre, Paris, Gallimard, Coll. Connaissance de l'inconscient, 1981, 377 pages.
Le moi-peau, Paris, Dunod, 1985, 254 pages.
ANZIEU D., BLEGER J., GUILLAUMIN J., KAËS R., KASPI R., MISSENARD A. : *Crise, rupture et dépassement*, Paris, Bordas, Coll. Inconscient et culture, 1979, 291 pages.
ARIES Philippe : *Essai sur l'histoire de la mort en Occident du Moyen-Age à nos jours*, Paris, Seuil, 1977, Coll. Points.
ARIES P., DOLTO F., MARTY E., RAIMBAULT E., SCHWARTZENBERG L. : *En face de la mort*, Paris, Privat, Coll. Epoques, 1983, 222 pages.
AULAGNIER Piera : *La violence de l'interprétation, du pictogramme à l'énoncé*, Paris, PUF, 1975, Coll. Le fil rouge - 249 pages.
« Le Je et la causalité », pp. 53-148, « Le Je et son corps », pp. 110-123, Le Je et le plaisir », pp. 149-212, « Le concept conscient d'une petite partie détachable de la mort », pp. 201-212, in *Les destins du plaisir, aliénation, amour, passion*- Paris, PUF, Coll. Le fil rouge, 268 pages.
« Le retrait dans l'hallucination : un équivalent du retrait autistique ? «, in *Lieux de l'enfance,* n° 3, Toulouse - Privat - 1985, pp. 149-164.
« Condamné à investir », pp. 239-263.

« Vérité et illusion dans la quête de savoir », pp. 107-110, in *Un interprète en quête de sens,* Paris, Ramsay, 1986, Coll. Psychanalyse, 422 pages.

« Naissance d'un corps, origine d'une histoire », in MAC DOUGALL et al. *Corps et histoire,* Paris, Les Belles Lettres, 1986, pp. 99-141.

BALMARY Marie : *L'homme aux statues, Freud et la faute cachée du père,* Paris, Grasset, 1979, 287 pages.

Le sacrifice interdit, Paris, Grasset, 1986.

de BALZAC Honoré : 1831, *La peau de chagrin,* Paris, Press Pocket - 1989, 420 pages.

BEGOIN Jean : « La violence du désespoir ou le contre-sens d'une 'pulsion de mort' en psychanalyse », in *Revue Française de psychanalyse, La pulsion de mort,* 2, mars/avril 1989, pp. 619-641.

BEN JELLOUN Tahar : *L'écrivain public,* Paris, Seuil, 1983, Coll. Points, 198 pages.

BERGERET Jean : *La violence fondamentale,* Paris, Dunod, 1984 - Coll. Psychismes, 251 pages.

BESBES Khadija : « Le roman somatique libérateur », in *Psychanalyse à l'université,* 1989 - 14, 54, pp. 75-89.

BION W.R. : 1957, « Différenciation de la partie psychotique et de la partie non psychotique de la personnalité », trad. française, in *Nouvelle revue de psychanalyse,* n° 10, Paris, Gallimard, 1974, pp. 61-78

et in *Réflexion faite* -pp. 51-73, Paris, PUF, Bibliothèque de psychanalyse, 1983, 192 pages.

« Attaques contre le lien », in *Nouvelle revue de psychanalyse,* n° 25, Paris, Gallimard, 1982, pp. 61-78

et in *Réflexion faite,* pp. 105-123, Paris, PUF, 1983, 192 pages.

1961, *Recherches sur les petits groupes,* trad. française - Paris, PUF, Nouvelle édition, 1982, Bibliothèque de psychanalyse, 140 pages.

1962, *Aux sources de l'expérience,* Paris, PUF, 1979, Bibliothèque de psychanalyse, 137 pages.

1962, « Une théorie de l'activité de pensée », trad. française, in *Réflexion faite,* pp. 125-135, Paris, PUF, 1983 - 192 pages.

1963, *Eléments de la psychanalyse,* Paris, PUF, 1979.

BRUN Danièle : *L'enfant donné pour mort, Enjeux psychiques de la guérison*, Paris, Dunod, 1989, 238 pages.

CICCONE Albert, LHOPITAL Marc : *Naissance à la vie psychique*, Paris, Dunod, 1991, 298 pages.

DE M'UZAN Michel : 1964, Aperçus sur le processus de la création littéraire, 1986 : « Freud et la mort », 1969 : « Le même et l'identique », 1976 : « Le travail du trépas », in *De l'art à la mort* - Paris, Gallimard, 1977, Coll. Tel, 282 pages.

« Dernières paroles », in *Nouvelle revue de psychanalyse*, n° 23, 1982, pp. 117-130.

DE ROSNY Eric : *Les yeux de ma chèvre*, Paris, Plon, 1981, Coll. Terre humaine/poche, 415 pages.

La nuit, les yeux ouverts, Paris, Seuil, 1996.

DEVISCH René : « Tisser la pulsion vitale en fonction symbolique. Lecture anthropologique d'une thérapie traditionnelle. Cas des Yakas au Zaïre », in *Psychothérapies*, n° 4, 1987, pp. 199-208.

DHOMONT Thérèse : « A propos du syndrôme de Lazare », in *Psychologie médicale*, vol. 20, n° 9, SPEI médical, Paris, Sept. 1988, p. 1276.

Dictionnaire des divinités indoues, Paris, Laffont.

DOLTO Françoise : *L'image inconsciente du corps*, Paris, Seuil, 1984, 375 pages.

DOLTO Françoise, NASIO Juan David : *L'enfant du miroir*, Paris - Rivages/psychanalyse, 1987, Rivage/poche - 1990.

DOLTO Françoise, DOLTO-TOLITCH Catherine : *Paroles pour adolescents ou le complexe du homard*, Paris, Hatier- 1989.

DUMAS Didier : *L'ange et le fantôme, Introduction à la clinique de l'impensé généalogique*, Paris, Ed. de Minuit, 1985.

ENRIQUEZ Micheline : « Les formes cliniques du rapport à la causalité : causalité et culpabilité », in *Topiques*, n° 22, déc. 1978 et in *Aux carrefours de la haine (Paranoïa, masochisme, apathie)*, pp. 99-123, Paris, Desclée de Brouwer, 1984, Coll. Epi, 275 pages.

« Du corps en souffrance au corps de souffrance », in *Topiques* - n° 26, 1980 et in *Aux carrefours de la haine*, pp. 175-198 - Paris, Desclée de Brouwer, 1984, Coll. Epi, 275 pages.

FAVRET-SAADA Jeanne : *Les mots, la mort, les sorts*, Paris, Gallimard, Coll. Folio-Essais, 1977, 427 pages.

FAVRET-SAADA Jeanne, CONTRERAS Josée : *Corps pour corps, Enquête sur la sorcellerie dans le Bocage*, Paris, Gallimard - Coll. Témoins, 1981, 368 pages.

FERENCZI Sandor : 1923, « Le rêve du nourrisson savant », in *Psychanalyse III*, (1919-1926), Trad. française Equipe du Coq Héron, Paris, Payot, 1974, p. 209, Coll. Science de l'homme, 449 pages.

1932, « Confusion de langue entre les adultes et l'enfant, Le langage de la tendresse et de la passion », in *Psychanalyse IV* - (1927-1938), pp. 125-135, Trad. française Equipe du Coq Héron, Paris - Payot, Coll. Science de l'homme, 1982 - 335 pages.

Journal clinique, Janvier-octobre 1932, Trad. française Equipe du Coq Héron, Paris - Payot, Coll. Science de l'homme, 1985, 298 pages.

FERENCZI Sandor, GRODDECK Georg : Correspondance, (1921-1933), Paris - Payot, Coll. Science de l'homme, 1982.

FINKIELKRAUT Alain : *La sagesse de l'amour,* Paris, Gallimard - 1984, 198 pages.

FRANCOS Ania : *Sauve-toi Lola*, Paris, Bernard Barrault, 1983.

FREUD Sigmund : Œuvre complète.

FREUD Sigmund, FERENCZI Sandor : *Correspondance* (1908-1914), Tome I, Trad. française Equipe du Coq Heron, Paris, Calmann-Lévy, 1992, 648 pages.

FREUNBERGER et RICHELSON : *Burn out : the high cost of high achievement*, Garden City, Doubleday and co, New York, 1980.

GIL Jean : *Métamorphoses du corps, Essais*, Paris, Ed. de la différence, 1985, 294 pages.

GOLDENBERG Emmanuel : « Aider les soignants en souffrance », in Bulletin de la Fédération Jusqu'à la mort accompagner la vie, Besoins et souffrance des soignants, *Jalmalv*, n° 14, sept. 1988, pp. 3 à 13.

« Mort, angoisse et communication », in *Bulletin Jalmalv*, n° 24 - mars 1991 - pp. 7 à 22.

GREEN André : *Narcissisme de vie, narcissisme de mort*, Paris, Ed. de Minuit, 1983, 280 pages.

GUIR Jean : *Psychosomatique et cancer*, Paris, Point Hors Ligne, 1963, 154 pages.

HADDAD Gérard : *Manger le livre. Rites alimentaires et fonction paternelle,* Paris, Grasset, 1984, Coll. Figures, 218 pages.

JACOB François : *La statue intérieure,* Paris, Seuil, Ed. Odile Jacob, 1987, 364 pages.
JONES Ernest : *La vie et l'œuvre de Sigmund Freud,* Trad. française A. Berman, 3 tomes, Paris, PUF.
JEAMMET Nicole : *La haine nécessaire,* Paris, PUF, 1989, Coll. Le fait psychosomatique, 144 pages.
KLEIN Mélanie : (1921-1945), *Essais de psychanalyse, Recueil d'articles,* Trad. française M. Derrida, Introduction E. Jones, Paris, Payot, 1968 - 1989, 452 pages.
1952, *Développement de la psychanalyse,* Trad. française W. Baranger, Paris, PUF, 1966.
1957, *Envie et gratitude et autres essais,* Trad. française V. Smirnoff, avec S. Aghion et M. Derrida, Paris, Gallimard, 1978, Coll. Tel, 230 pages.
KLEIN Mélanie, RIVIERE Joan : *L'amour et la haine. Le besoin de réparation,* Trad. française A. Stronck, Paris, Petite Bibiothèque Payot, 1968, 157 pages.
KRISTEVA Julia : *Soleil noir. Dépression et mélancolie,* Paris - Gallimard, 1987, Coll. Blanche, 265 pages.
KUBLER-ROSS Elizabeth : 1969, *On death and dying,* Trad. française C. Jubert et E. de Peyer, « Les derniers instants de la vie », Genève, Ed. Labor et Fidès, 1975, Diffusion franç. Librairie Protestante, Paris, 279 pages.
LACAN Jacques : « Variantes de la cure-type ».
« Le stade du miroir comme formateur de la fonction du Je, telle qu'elle nous est révélée dans l'expérience psychanalytique ».
« L'agressivité en psychanalyse ».
« Le temps logique et l'assertion de certitude anticipée. Un nouveau sophisme ».
« Fonction et champ de la parole et du langage en psychanalyse. », Rapport du Congrès de Rome, 26-27 sept. 1953.
« Variantes de la cure-type », in *Ecrits,* Paris - Seuil, 1966, pp. 323-362.
Encore, Séminaire, Livre XX, Paris, Seuil - 1975.
Le sinthôme, Ornicar 10.
« La dimension tragique de l'expérience analytique : la demande du bonheur et la promesse analytique. », Les buts moraux de la psychanalyse, Les paradoxes de l'éthique - pp. 337-375, in *Le Séminaire,* Livre VII, L'éthique de la

psychanalyse- Paris, Seuil, 1986, Coll. Le champ freudien - 375 pages.

LAPLANCHE Jean : *Vie et mort en psychanalyse*, Paris, Flammarion, 1989, Coll. Champs, 309 pages.

LECLAIRE Serge : *On tue un enfant*, Paris, Seuil, 1975, Coll. Le champ freudien, 137 pages.

LEHMANN André : *Psychologie et cancer*, 2èmes journées médicales, Paris, Masson, 1978.

LESOURNE Odile : *Le grand fumeur et sa passion*, Paris, PUF, 1984, Coll. Voies nouvelles en psychanalyse.

LESTERLIN Jean-Paul : « Le face à face. Extrait de journal », in Bulletin de la Fédération Jusqu'à la mort accompagner la vie - pp. 37-40, *Jalmalv*, n° 17, juin 1989, L'épreuve de la maladie.

LETELLIER N., MACHAVOINE J.L., COUETTE J.E. : « Effet paradoxal de la confrontation à un cancer : à propos de 60 histoires de cas », in *Psychologie médicale* - vol. 20, n° 9, SPEI médical, Paris, sept. 1988, pp. 1255-1256.

LEVI-STRAUSS Claude : « L'efficacité symbolique. Magie et religion - in *Anthropologie structurale*, I, Paris, Plon, 1973 - 425 pages.
La pensée sauvage, Paris, Plon, 1962, Press Pocket, 1985 - 408 pages.
Mythologiques I : le cru et le cuit, Paris, Plon, 1964.

LILLIESTIERNA Christina, ZITTOUN Robert : *« Docteur, pour la première fois nous avons parlé le même langage »*, *dit Christina*, Paris, Hachette Littérature, 1979, Coll. L'Echappée belle, 212 pages.

MAC DOUGALL Joyce : « Le transfert et la communication primitive », in *Plaidoyer pour une certaine anormalité*, pp. 117-138, Paris, Gallimard - 1978, 222 pages.
Théâtres du Je, Paris, Gallimard, 1982.
« La matrice du psychosoma ».
« De la privation psychique ».
« Un corps pour deux », in *Théâtre du corps*, Paris, Gallimard, 1989, 220 pages.

MALDINEY Henry : *Aîtres de la langue et demeures de la pensée*, Lausanne, L'âge d'or, 1975.

MANNONI Maud : *Le nommé et l'innommable. Le dernier mot de la vie*, Paris, Denoël, 1991, Coll. L'espace analytique.

MELTZER Donald : 1967, « Le processus psychanalytique », Trad. franç., Paris, Payot, 1971.

1989, « Réflexion sur l'identification adhésive », Trad. française, in *Le bulletin du groupe d'études et de recherche psychanalytiques pour le développement de l'enfant et du nourrisson*, vol. 16, Paris, pp. 57-60.

MICHEL Jean-Bernard : *Cancer, à qui la faute*, Paris, Gallimard - 1987, 274 pages.

MOREL Denise : *Cancer et psychanalyse*, Paris, Belfond, 1984.

PANKOW Gisela : *L'homme et sa psychose*, Préface Jean Laplanche - Paris, Aubier-Montaigne, 1969 - 1973, 1983.

PERROS Georges : *Lexique,* Précédé de : « En vue d'un éloge de la paresse », Paris, Calligrammes, 1981, 160 pages.

PILLOT Janine : « Ceux qui ne veulent plus vivre »- in Bulletin de la Fédération Jusqu'à la mort accompagner la vie, *Jalmalv*, n° 13, juin 1988, Réflexions autour de l'euthanasie.

« L'approche de la mort... ou le vécu du mourant », *Jalmalv* - n° 23, déc. 1990, pp. 28-38, « Les présupposés et les illusions de l'accompagnement ».

« La communication avec le malade atteint de cancer », *Jalmalv*, n° 24, mars 1991, pp. 23-30.

PIRARD Régnier : « Au jeu du pair et de l'impair, Le couple dans l'œuvre de Michel Tournier, De père en part », Conférence inédite, UCL, Chapelle aux Champs, 13/3/1992.

PLAT Yves : Un chemin vers la transformation, in Bulletin de la Fédération Jusqu'à la mort accompagner la vie, *Jalmalv,* n° 17, juin 1989, pp. 31-33, L'épreuve de la maladie.

QUINODOZ Jean-Michel : *La solitude apprivoisée*, Paris, PUF, 1991, Coll. Le fait psychanalytique, 175 pages.

RENDERS Xavier : *Le jeu de la demande, Une histoire de la psychanalyse d'enfants*, Bruxelles, De Boeck, Wesmael Université, Coll. Oxalis, 1991, 388 pages.

RINGLET Gabriel : « Seules les traces font rêver », Carte blanche - Le Soir, 2 nov. 1992.

ROSENBERG Benno : Masochisme mortifère et masochisme gardien de la vie, in *Monographies de la revue française de psychanalyse*, Paris, PUF, 1991.

ROUSTANG François : *Un destin si funeste*, Paris, Ed. de Minuit, 1976, Coll. Critique, 203 pages.

ROY Claude : *Permis de séjour*, Paris, Gallimard, 1983.

SAMI-ALI : *Penser le somatique, Imaginaire et pathologie,* Paris, Dunod, 1987, 148 pages.

« Imaginaire et pathologie, une théorie de la psychosomatique « - in *Revue française de psychanalyse*, n° 3 - 1990, La déliaison psychosomatique, pp. 761-767.

SCHAERER René : « La souffrance du médecin devant la mort des malades », in Bulletin de la Fédération Jusqu'à la mort accompagner la vie, *Jalmalv* - n° 14, sept. 1988, pp. 20-21 - Besoins et souffrance des soignants.

SCHOTTE Jacques : Notes de cours, Université Catholique de Louvain, 1983 - 86.

SCHNEIDER Michel : *Blessures de mémoire*, Paris, Gallimard, 1980, 288 pages.

SCHNEIDER Monique : *Père, ne vois-tu pas ? Le père, le maître, le spectre dans l'interprétation des rêves*, Paris, Denoël, 1985.
Le trauma et la filiation paradoxale, Paris - Ramsay, 1988 - 363 pages.

SCHUR Max : *La mort dans la vie de Freud*, Trad. française B. Bost, Paris, Gallimard, 1975, 688 pages, Coll. Tel.

SEARLES Harold : 1965, *L'effort pour rendre l'autre fou*, Trad. française B. Bost, Paris, Gallimard, 1977, 439 pages.

SEBAG-LANOE Renée : *Mourir accompagné*, Paris, Desclée de Brouwer, Coll. Epi, 1986, 235 pages.

SIMONTON Carl, MATTHEWS-SIMONTON Stéphanie, CREIGHTON James, 1968, *Guérir envers et contre tout. Le guide quotidien du malade et de ses proches pour surmonter le cancer*, Trad. française, Paris, Epi, 1983.

SINGER Christiane : *Les âges de la vie*, Paris, Albin Michel, 1984, 209 pages.

SPIEGEL D., KRAEMER H.C., BLOOM J.R., GOTTHEIL L.E., Effects of psychosocial treatment on survival of patients with metastatic breast cancer, in *The lancet*/11-14 oct. 1989, pp. 888-891, (cet article est commenté par LEBAUVY Daniel : « Dix années pour faire preuve à propos d'un article médical sur le traitement du cancer du sein, in *Revue française de psychanalyse*, 3, mai-juin 1990, La déliaison psychosomatique, pp. 845-854).

THIS Bernard : « Sigismund Freud », in BEDDOCK F. - *Comment t'appelles-tu ?*, pp. 83-89, Psychanalyse et nomination, Nice, Zéditions, 1991, Coll. Trames.

TOURNIER Michel : *Le vent Paraclet,* Paris, Gallimard.
La goutte d'or, Paris, Gallimard, 1985, Coll. Folio, 1986 - 264 pages.

VAN MEERBEECK Philippe : *L'adolescent psychotique tenu à l'impossible, Erreurs de diagnostic dans la prise en charge des adolescents délirants et hallucinés*, Thèse d'agrégation de l'enseignement supérieur, Faculté de médecine, Université Catholique de Louvain, avril 1983.
Les années folles de l'adolescence, Coll. Oxalis, De Boeck, 1981.

VON WEIZSAECKER Viktor : *Le cycle de la structure* (Der GestaltKreis) -Trad. française Michel Foucault et Daniel Rocher, Préface du Dr. Henry Ey, Bruges, Desclée de Brouwer - 1958, 230 pages.

WINNICOTT D.W. : « La haine dans le contre-transfert ».
« Objets transitionnels et phénomènes transitionnels ».
1958, « La capacité d'être seul », Trad. française J. Kalmanovitch, in *De la pédiatrie à la psychanalyse*, Paris - Payot, 1969, Petite Bibliothèque Payot 1978-1989 468 pages.
1960, « Distorsion du moi en fonction du vrai et du faux self », Trad. française J. Kalmanovitch, in *Processus de maturation chez l'enfant*- Paris, Payot, Science de l'homme - 1970, 259 pages.
1971, *Jeu et réalité, L'espace potentiel*, Trad. française C. Monod et J.B. Pontalis, Paris, Gallimard, 1971 -75- 212 pages.
« Le corps et le self », in *Nouvelle revue de psychanalyse*- III, Printemps 1971.
1974, « La crainte de l'effondrement », Trad. française J. Kalmanovitch, in *Nouvelle revue de psychanalyse*- XI, Printemps 1975, pp. 35-44.

ZORN Fritz : 1977, *Mars*, Trad. française G. Lambrichs, Paris, Gallimard, 1979, Coll. du monde entier, 260 pages.

ANNEXES

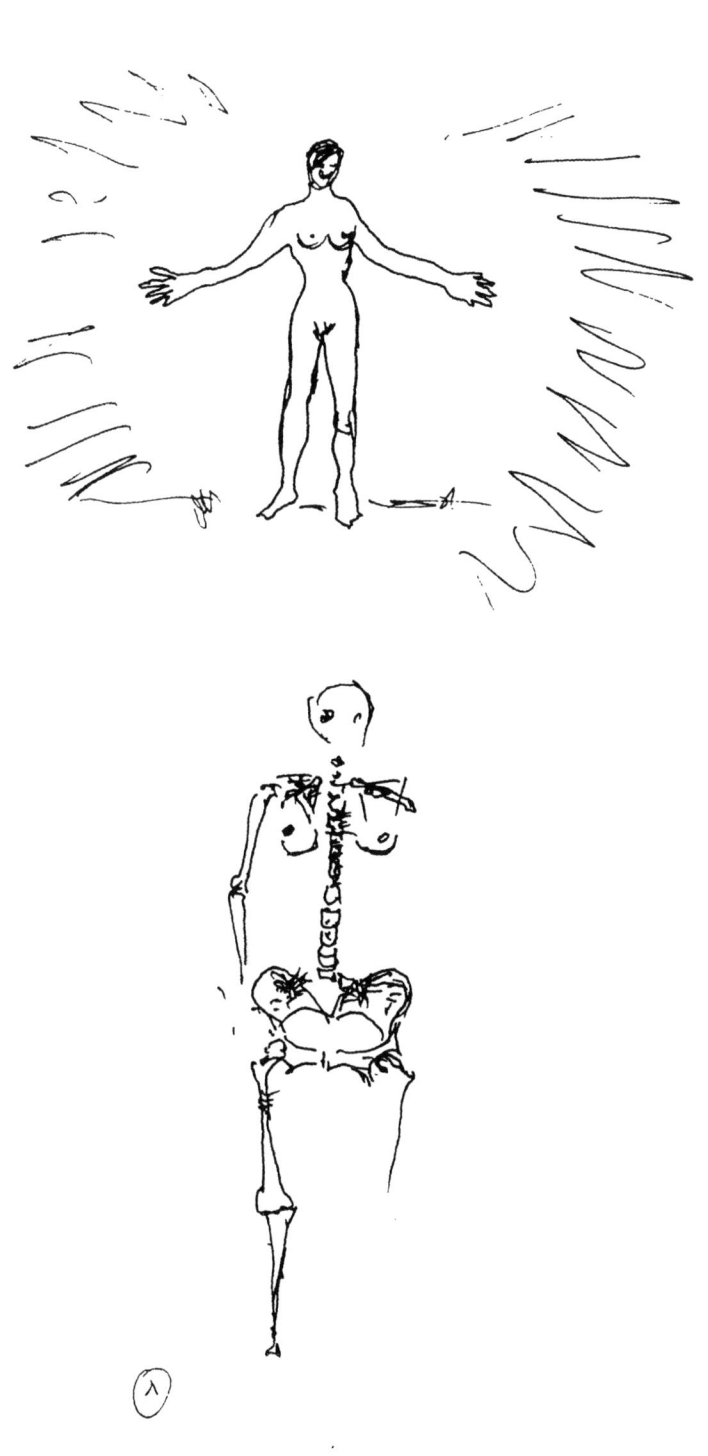

① bis première imagerie mentale, correspondant
à l'image radiologique entrevue pour les os
sont petit noyau isolé

des fleurs grises et diffuses
pas bien méchantes
avec des condensations blanches
à côté
Elles sont déjà stopées par mon
immunité

12.5.84

Deuxième imagerie mentale après avoir lu ce
texte
②
                                    fanion blanc et violet

multitude de chevaliers blancs
partant à l'attaque sur des chevaux blancs

misérables larves grises, piétinées par les chevaux,
implorant pitié, massacrées sans pitié par les
lances puis   par les hommes à
                         pied faisant
                         tournoyer
des épées terribles en poussant
des cris de guerre
les larves grises sont décapitées, hachées menue
ou se cachent, terrorisées
(sinon il n'en resterait plus une seule !)

⑧ Autre imagerie mentale (de rechange)

des chiens blancs qui croquent et lèchent les
cellules cancéreuses

Je suis un de ces chiens, le chef de la bande,
avec comme caractéristiques les plus valables
(dans ce cas et pour ce travail)

    orgueil
    esprit de décision
    combativité
    dynamisme
    optimisme
    confiance en moi

(4) Après cela, ~~quatrième~~ équipe, tout aussi importante, et respectée, de nettoyage

brosses

Omo lave plus blanc
balai

aspirateur puissant

cadavres de cellules cancéreuses

nettoient impeccablement les cadavres et les déchets et les envoient dans le sang où ils sont pompés et expédiés à la vessie et à l'intestin pour être éliminés à grands coups d'eau de Vittel, etc,

Après cela cinquième ~~quatrième~~ équipe : La Restauration
les globules rouges, en chantant et accompagnés et aidés par la couleur violette, passent partout et aident à la fabrication, harmonisation, remplacement des cellules détruites, (mauvaises) par de bonnes cellules

des seins impeccables
les autres organes aussi
une ossature solide et saine
lumineuse

  — j'ai dessin trop petit !

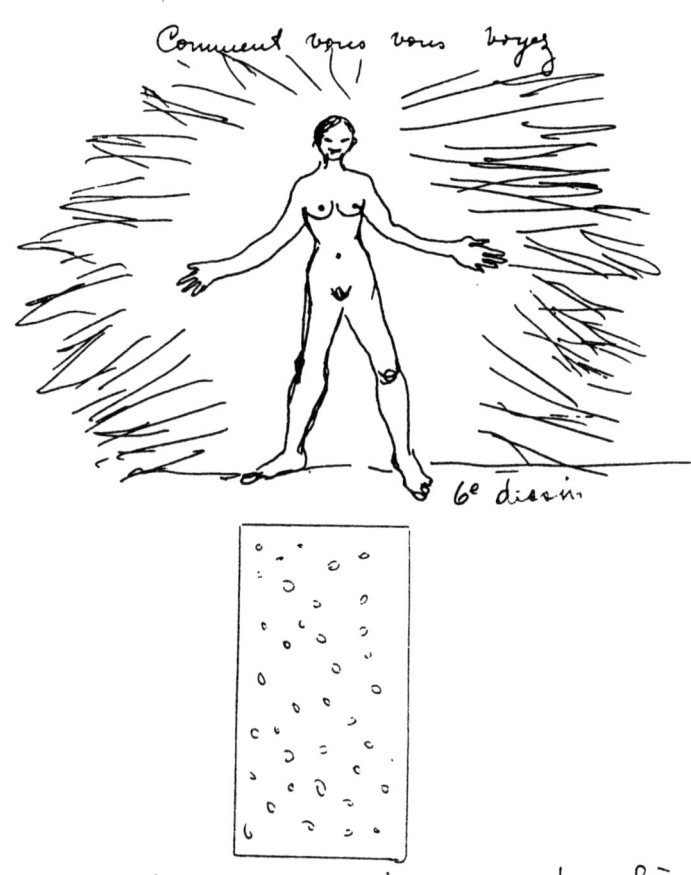

parfois je me vois comme la chèvre de M' Seguin se battant jusqu'au matin mais ça je ne veux pas le dessiner de peur de le concrétiser

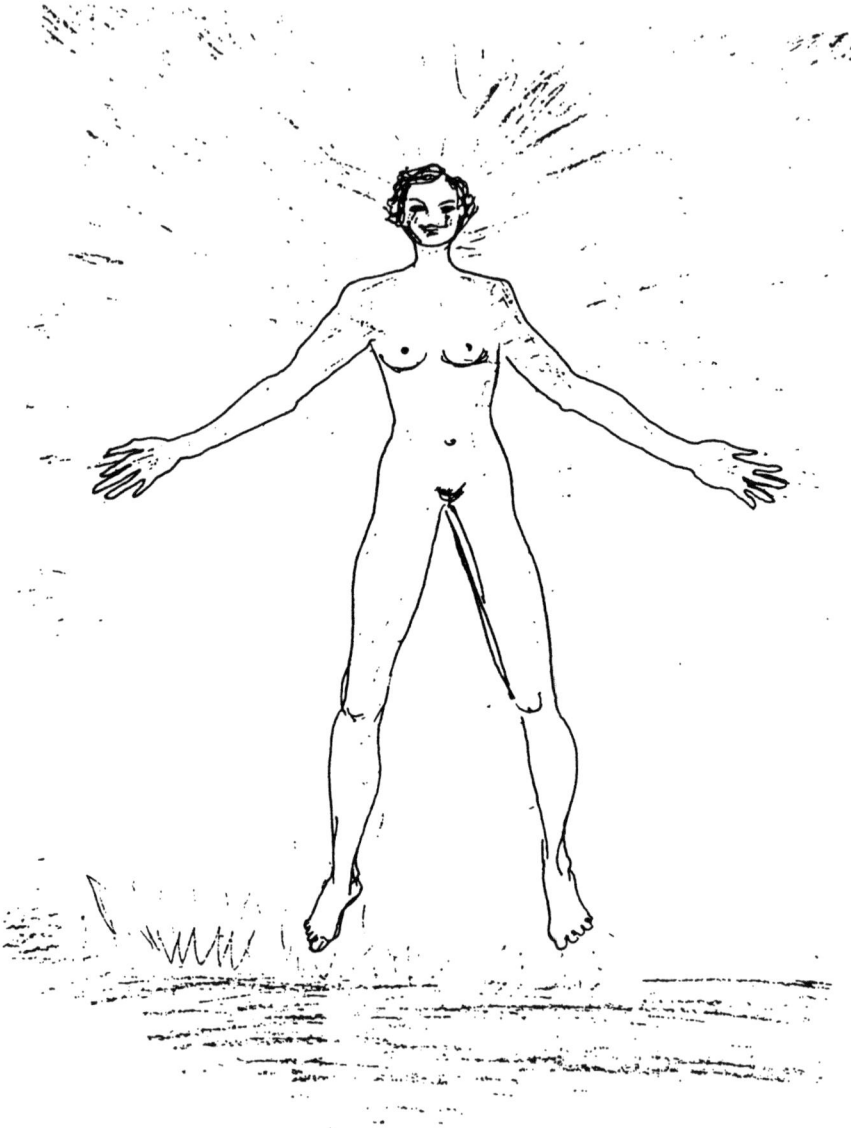

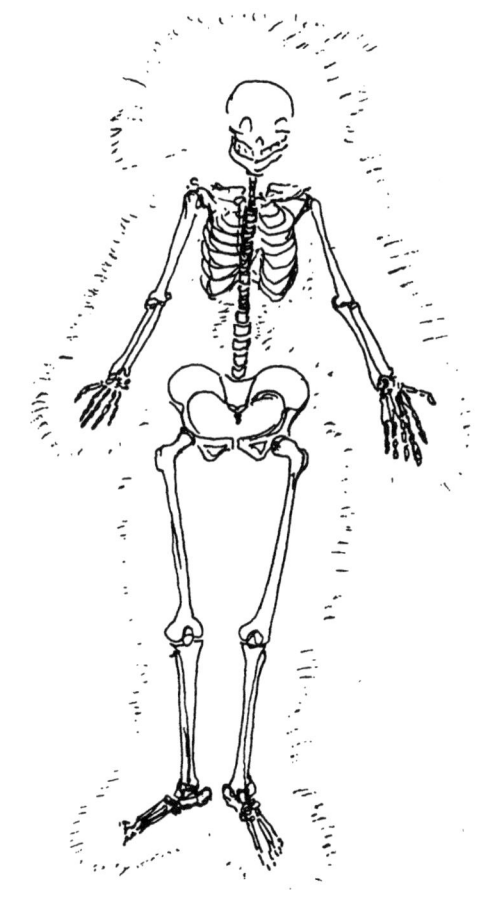

Squelette impeccable, guéri et lumineux

9e dessin

12.5.14

Nouvelle imagerie (le 17 V 84)

⚬⚬⚬⚬ des milliers de globules blancs
⚬⚬⚬⚬ dont la forme se transforme pour

entourer les cellules cancéreuses

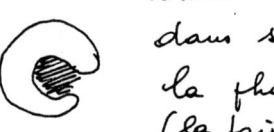 Comme en l'enserrant
dans ses bras et
la phagocyter
(la faire fondre)

10⁰ dessin

11ᵉ dessin Comment je me vois maintenant
(25 V 84)

Cadeaux qu'on me jette.

j'en suis un peu gênée

26 V 12ᵉ dessin comment Jean voit mon cancer

Chambre vide
Cancer s'y loge

Jean s'y loge (il demande à s'y loger) — une place vide doit être remplie —

Cancer chassé

l'ennui c'est que je suis dépendante. S'il me lâche……
Vomis ton cancer, rete bac pas +
Ne pas dire "si je guéris", mais "quand je serai guérie"

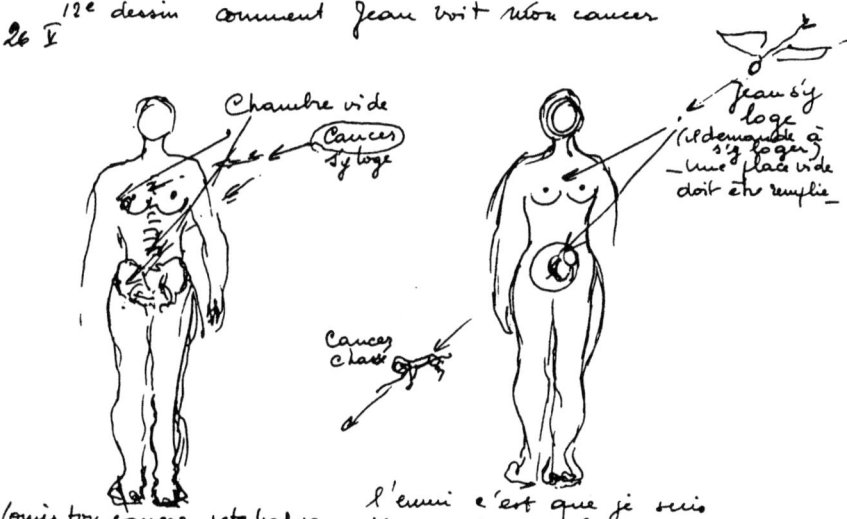

les 4 sœurs

avec 4 enfants

ascendence du Midi
la France

Mon père
grand,
égoïste
Maurice H

en nourrice à la campagne

ascendance
(tailleur de pierre)

p⁺⁺ noblesse
française

avec Napoléon
↓
↓

+ Tante

veuve avec
elles
tée par les
es maçons

+ commerce

rand mère
(Bobonne)

Père meurt jeune
franc maçon

Père ? | Mère remariée
sale caractère

Grand Père   s'est sauvé de chez lui
franc maçon
des idées, de la
fantaisie, de
l'aventure
aimait sa famille
touche à tout
n'a pas "réussi"
meurt qd j'ai un an
un raté de génie
Léo L
dessine et écrit en amateur
tous les métiers

les principes
n'aimait pas ça,
la vertu sans
problème
la bonté
peur de manquer
payés par les Francs maçons
en grande partie
ée
it le rôle du père
t qd j'ai 32 ans env

Marcelle L
des idées
du brillant
du mouvement
boulot bien fait
peur de manquer
en vieillissant
dessine sous le nom
de son père (avec lequel
elle ne s'entendait pas
toujours)
Léo L

⟵   + beau père
commerçant et dépensier
bruyant
meurt qd j'ai 29 ou 30 ans

Table des matières

Introduction..5

PREMIÈRE PARTIE
TOMBER MALADE : UNE HISTOIRE NATURELLE ?

CHAPITRE I
La demande de Janine L : « guérir » mais de quelle souffrance ?..19
   1. L'histoire de Janine L. : une histoire naturelle..................27
   2. La quête de Janine L. : une quête originelle ?..................31
Le travail de Janine L., un personnage en quête d'auteur. « Cherche désespérément »....................37
   1. Ordonner le chaos. « Et la tendresse bordel » ?..................37
   2. De l'image au modelage : un dessin qui s'anime. Une question qui prend forme..................40
   3. Du modelage à la scène primitive. « Quand donc passent les cigognes ? »..................49
   4. La mémoire à fleur de peau..................54
   5. Au jeu du désir... et pourtant « Krishnou aussi fumait »... 61
   6. Conclure ?... trop tard !... ? Mais Renoir ?..................67
   7. De la liste noire... à la flûte de Dieu... Mais l'araignée ?....73

CHAPITRE II
Et les autres... une parole nécessaire ?..................85
   1. Une parole nécessaire à quoi ? A la guérison ?..................86
   2. Une demande ignorée ?..................94
      A) L'appel au médical..................94
      B) L'appel aux « psy »..................97
      C) Comment donc entendre ces demandes ?......99

    3. Une urgence d'écriture 107
    4. Et créer... une aussi dévorante passion ?....................... 111

CHAPITRE III
La bouche d'ombre ou le cancer de Freud : le prix d'un œil. **117**
    1. 1894 122
    2. A 40 ans... 127
    3. Peu avant 60 ans 134
    4. Entre 1916 et 1923 138
    5. Dernière crise... 156

DEUXIEME PARTIE
LE TRAVAIL PSYCHIQUE DE LA MALADIE

CHAPITRE IV
Les fractures du moi-corps **169**
    1. La déliaison des pulsions 169
    2. L'œuvre au noir. Les manifestations de la pulsion de mort 175
        A) Le rapport au corps cancérisé 175
        B) L'imaginaire du cancer............................... 188
    3. L'œuvre au rouge : affects et mécanismes de défense 195
        A) Les stratégies défensives............................. 195
        B) Le « trauma » et l'impasse cancéreuse 207
        C) La haine nécessaire 217

CHAPITRE V
Reprendre corps **229**
    1. Réaffecter les mots 230
    2. Rassembler l'image meurtrie 233
    3. Supporter la castration réelle...................................... 237
    4. Supporter le doute 243
    5. Réinvestir son corps, entre plaisir et souffrance 245
    6. Raviver l'étincelle 248

CHAPITRE VI
Vivre et mourir : une histoire de filiation, de partition et de transmission **253**
    1. Guérir et la dette de vivre 253
    2. Le paradoxe médical et le roman somatique libérateur 258

3. Mourir, cet ultime processus créateur 261
4. La trace et les rites sacrés de la mémoire 265

TROISIÈME PARTIE
UNE CLINIQUE DE LA METAMORPHOSE

CHAPITRE VII
D'un langage à l'autre 273

CHAPITRE VIII
D'un regard à l'autre : la clairvoyance 281

CHAPITRE IX
**La thérapeutique du cancer : miroir, mirage,
visage d'une société** 291
   1. Le statut du magique : écarter le mauvais œil 291
   2. Le statut de l'ordonnance : incorporer les mots 300
   3. Le statut de la transmission : souffrance et jouissance
       du « passage » 307

CONCLUSION 319

BIBLIOGRAPHIE 331

ANNEXES 343

Psychanalyse et civilisations
Collection dirigée par Jean Nadal

Dernières parutions :

Les matins de l'existence, M. Cifali
Les psychanalystes et Goethe, P. Hachet
Œdipe et personnalité au Maghreb, Éléments d'ethnopsychologie clinique, A. Elfakir
Herbes vivantes, Espace analytique et poésie, J. Persini
Ethnologie et psychanalyse, N. Mohia-Navet
Le stade vocal, A. Delbe
L'orient du psychanalyste, J. Félicien
Psychanalyse, sexualité et management, L. Roche
Un mensonge en toute bonne foi, M.N.
L'image sur le divan, F. Duparc
Traitement psychothérapique d'une jeune schizophrène, J. Besson
Samuel Beckett et son sujet, une apparition évanouissante, M. Bernard
Du père à la paternité, M. Tricot, M.-T. Fritz
Transfert et structure en psychanalyse, Patrick Chinosi
Traces du corps et mémoire du rêve, Kostas Nassikas
Métamorphoses du corps. Dessins d'enfants et oeuvres d'art, S. Cady, C. Roseau
La jalousie, colloque de Cerisy sous la direction de Frédéric Monneyrou.
Ecriture de soi et Psychanalyse, sous la direction de Jean-François Chiantaretto.
Mort et création: de la pulsion de mort à la création , Béatrice Steiner.
L'invention psychanalytique du temps, Ghyslain Lévy.
Angel Guerra, de Benito Pérez Galdos. Une étude psychanalytique, S. Lakhdari
La haine de l'amour, Maurice Hurni et Giovanna Stoll.
Du droit à la réparation, Yolande Papetti-Tisseron
Mallarmé ou la création au bord du gouffre, Anne Bourgain-Wattiau
Le Transfert, J.P. Resweber.
Le sacré et le religieux. Expression dans la psychose, sous la direction de M. Laharie.
Les espaces de la folie, Jean-David Devaux.
Le psychotique : sa quête de sens, Claude Brodeur.

652803 - Mai 2016
Achevé d'imprimer par